舰船机械计算机控制技术

郭朝有　常广晖　张超杰　丁融冰　编著

电子工业出版社

Publishing House of Electronics Industry

北京·BEIJING

内 容 简 介

本书较全面地介绍了计算机控制系统的基本理论和应用，主要包括：计算机控制系统理论基础与设计，单片机及其在舰船机械控制中的应用，可编程控制器及其在舰船机械控制中的应用，网络控制技术等内容。

本书可作为舰船轮机工程、能源与动力工程等专业本科生、研究生及相关专业培训教材或参考书，也可供从事计算机控制领域研究、开发的教师、研究人员及工程技术人员学习参考。

图书在版编目（CIP）数据

舰船机械计算机控制技术/郭朝有等编著 . —北京：电子工业出版社，2018.8
ISBN 978-7-121-34581-4

Ⅰ．①舰⋯ Ⅱ．①郭⋯ Ⅲ．①船舶机械-计算机控制 Ⅳ．①U664

中国版本图书馆 CIP 数据核字（2018）第 137492 号

策划编辑：张正梅
责任编辑：刘小琳 特约编辑：郭 伟
印 刷：三河市鑫金马印装有限公司
装 订：三河市鑫金马印装有限公司
出版发行：电子工业出版社
　　　　　北京市海淀区万寿路 173 信箱 邮编 100036
开 本：787×1092 1/16 印张：20 字数：512 千字
版 次：2018 年 8 月第 1 版
印 次：2018 年 8 月第 1 次印刷
定 价：68.00 元

凡所购买电子工业出版社图书有缺损问题，请向购买书店调换。若书店售缺，请与本社发行部联系，联系及邮购电话：(010)88254888，88258888。

质量投诉请发邮件至 zlts@phei.com.cn，盗版侵权举报请发邮件至 dbqq@phei.com.cn。

本书咨询联系方式：(010) 88254757，zhangzm@phei.com.cn。

前　言

本书为舰船动力工程、机械工程等专业"舰船机械计算机控制技术"课程的教材，主要基于计算机控制技术的发展，特别是计算机控制技术在舰船机械的应用发展，总结近年的教学和科研成果，结合课程教学改革需求编写而成。

本书系统地阐述了计算机控制系统的分析方法、设计方法，以及可编程控制器、微控制器和现场总线网络等技术在舰船机械计算机控制中的应用。全书分为6章。第1章介绍了计算机控制系统的组成、分类及其发展趋势。第2章介绍了计算机控制理论基础，包括信号的采样与保持、Z变换、线性差分方程、脉冲传递函数及计算机控制系统的分析方法。第3章讨论了计算机控制系统的模拟化设计方法和离散化设计方法。第4章讨论了MCS-51单片机的工作原理，程序设计及其在舰船机械控制中的应用。第5章讨论了S7-200可编程控制器的基本概念及其在舰船机械控制中的应用。第6章介绍了控制网络的基本概念，以及在舰船控制中的应用。本书坚持理论与实践相结合，精心提炼舰船机械计算机控制技术实例；计算机控制理论充分考虑其公式抽象、概念难懂，紧密联系物理意义进行阐述；同步配套MATLAB例题和验证；叙述严谨、体系完整、通俗易懂，便于阅读和自学。

本书由郭朝有副教授统稿，其中第1、2、5章主要内容由常广晖副教授编写，第3、4、6章主要内容由郭朝有副教授编写，张超杰、丁融冰参与编写第4、5、6章。巫影教授对本书进行了全面、认真的审定并提出了宝贵的修改意见；曾凡明教授和吴杰长教授对教材体系结构、内容取舍提出了宝贵的意见；本书在编写过程中，得到教研室领导和同事的关心和帮助；书中引用了相关论著、教材的有关内容；本书在出版过程中，得到海军工程大学教务处的大力支持，在此一并表示衷心的感谢！

由于编者水平有限，书中难免有疏漏和错误，望使用该教材的师生批评指正，便于再版时进行更正和完善。

编　者
2018 年 7 月

目　　录

第1章 绪 论

进入 21 世纪后，随着自动控制、计算机、通信、网络技术的日益成熟和迅速发展，舰船平台正在向桥楼综合自动化、动力集成管理平台、卫星通信导航、全球定位系统、船岸信息直接交流的全船综合自动化方向发展。

全船综合自动化，是集机舱自动化、航行自动化、机械自动化等于一体的多功能综合系统。舰船桥楼综合自动化系统，担负着舰船航行安全管理与控制、导航信息处理、舰船航行操纵、作战信息的交互和舰船综合状态评估等重要使命。它将驾驶室内的电子海图、通信、导航、动力系统等设备集中进行监视、控制，在船舶上能像飞机驾驶员一样坐在驾驶舱内操纵舰船。它可提供正确的舰船方位、航向、航速、雷达图像，主、副机运行，各类监测报警等，使舰船能自动航行于最佳航线上，并能自动捕捉目标和判别危险目标，实施有效的舰船避碰和作战时的有利阵位机动。

舰船动力集成平台管理系统（Integrated Platform Management System，IPMS）、船舶机械自动化等应用计算机、通信、网络、自动控制等技术，将舰船动力和其他机械装置的主要系统及设备用计算机网络连接在一起，为舰船的操作管理人员提供了一个信息采集、显示和对这些系统及设备实现自动监控、远距离操纵及智能化管理的平台。船舶机械设备包括舰船推进系统、电力系统、辅助机械、战斗损害管制、实船训练系统、数字闭路电视系统、故障监视和视情维修专家系统等。所有工作母站和分控制系统采用高速传输技术组成一个综合网络系统，在网络上根据需要连接一定数量的工作分站，以达到在舰船重要部位对各设备进行监测、控制和操纵等目的。计算机网络打破了传统舰船各系统的"信息孤岛"封闭式结构，实现了全船各系统间的对话、岸与船、船与船之间的对话，进行各种信息交流。网络和控制技术使得各控制部件，甚至单个控制器、执行机构、传感器都具有智能和网络通信能力，它们不仅能完成自身的功能，还可以随时诊断自身运行状态，当某部件故障时，会自动地从网络中退出，不会影响其他部件。这种网络部件的自治功能极大地提高了系统的可靠性。

现代舰船机械控制已大量采用计算机控制技术，同时计算机控制技术被广泛应用到工业、农业、国防和科学技术的各个领域中。各类计算机控制系统发挥了巨大作用，奠定了自动控制技术的新方向，促进了自动控制技术的新发展，已成为自动控制的主流。因此，了解、掌握和应用计算机控制理论和技术，已成为现代工程技术人员必备的专业技术知识和能力。

1.1 计算机控制系统概述

计算机控制系统是自动控制系统的一种实现形式，是自动控制系统融合现代控制理论、计算机技术、通信与网络技术等发展形成的，是当前自动控制系统的主流方向。

1.1.1 计算机控制系统的一般概念

自动控制是指无须人工直接干预，利用外加控制装置操纵被控对象，使被控量按照预定规律运行变化的过程。而由被控对象和控制装置按某种结构形式有机组合在一起，实现特定功能和规律的整体即称为自动控制系统。

自动控制系统按结构可分为开环控制系统和闭环控制系统，典型结构如图 1-1-1 所示。

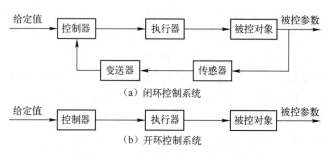

（a）闭环控制系统

（b）开环控制系统

图 1-1-1　控制系统的一般形式

从图 1-1-1（a）可知，该系统通过传感器对被控对象的被控参数（如温度、压力、流量、转速、位移等）进行测量，由变送器将被测参数变换成电信号，反馈给控制器。控制器将反馈回来的信号与给定信号进行比较，如有误差，控制器就产生控制信号驱动执行机构工作，使被控参数的值与给定值保持一致。这种基于反馈原理实现的控制称为反馈控制，是自动控制的基本形式。

图 1-1-1（b）是开环控制系统，该系统不需要被控对象的反馈信号，控制器直接根据给定信号去控制被控对象工作。开环控制系统不能自动消除被控参数偏离给定值带来的误差，控制系统中产生的误差全部反映在被控参数上。与闭环控制系统相比，控制性能要差。

由图 1-1-1 可见，自动控制系统的基本功能是进行信号的传递、加工、比较和控制。这些功能是由检测、变换发送装置、控制器和执行机构来完成的。其中控制器是控制系统的关键部件，决定了控制系统的控制性能和应用范围。

计算机控制系统就是采用计算机替代常规模拟控制系统中的部分控制装置（比较器、控制器等）而组成的一类控制系统。若将图 1-1-1 所示控制系统中的控制器用计算机来实现，就构成了如图 1-1-2 所示的计算机控制系统。

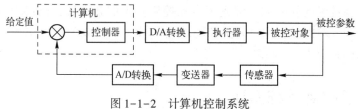

图 1-1-2　计算机控制系统

在计算机控制系统中，计算机的作用主要有三个方面：

（1）信息处理，对于复杂的控制系统，输入信号和根据控制规律的要求实现的输出偏差信号的计算工作量很大，采用模拟解算装置不能满足精度要求，因而需要采用计算机进行处理。

（2）用计算机的软件程序实现对控制系统的校正以保证控制系统具有所要求的动态特性。

（3）由于计算机具有快速完成复杂工程计算的能力，因而可以实现对系统的最优控制、自适应控制等高级控制功能及多功能计算调节。

在一般的模拟控制系统中，控制规律是由硬件电路产生的，要改变控制规律就要更改硬件电路。而在计算机控制系统中，控制规律是用软件实现的，计算机执行预定的控制程序，就能实现对被控参数的控制。因此，要改变控制规律，只要改变控制程序就可以了。这就使控制系统的设计更加灵活方便。特别是可以利用计算机强大的计算、逻辑判断、记忆和信息传递能力，实现更为复杂的控制规律，如非线性控制、逻辑控制、自适应控制、自学习控制及智能控制等。

在计算机控制系统中，计算机的输入和输出信号都是数字量，因此需要有将模拟量变成数字量的 A/D 转换器，以及将数字量转换成模拟量的 D/A 转换器。

从本质上看，计算机控制系统控制过程可以归结为以下三个步骤：

（1）实时数据采集：对被控参数的瞬时值进行检测并输入。

（2）实时决策：对采集到的表征被控参数的状态量进行分析，并按设定的控制规律，决定进一步的控制过程。

（3）实时控制：根据决策，适时地对控制机构发出控制信号。

上述过程不断重复，使整个系统能够按照一定的动态品质指标进行工作，并且对被控参数和设备本身出现的异常状态及时监督并作出迅速处理。

上面所讲的计算机控制系统的一般概念中，计算机直接连在系统中工作，而不必通过其他中间记录介质来间接对过程进行输入/输出及决策。生产过程设备直接与计算机连接的方式，称为"联机"方式或"在线"方式；生产过程设备不直接受计算机控制，而是通过中间记录介质，靠人进行联系并作相应操作的方式，称为"脱机"方式或"离线"方式。离线方式不能实时地对系统进行控制。

"实时"是指信号的输入、计算和输出都要在一定的时间范围内完成，亦即计算机对输入信息以足够快的速度进行处理，并在一定的时间内作出反应或进行控制，超出这个时间，就失去了控制的时机，控制也就失去了意义。实时的概念不能脱离具体过程。如柴油机的冷却水温度控制，延迟 1s，仍然认为是实时的。而火炮控制系统，当目标状态量变化时，一般必须在几毫秒或几十毫秒之内及时控制，否则就不能击中目标。实时性的指标，涉及的时间延迟包括：一次仪表的延迟、过程量输入的延迟、计算和逻辑判断的延迟、控制量输出的延迟和数据传输的延迟等。一个联机系统不一定是一个实时系统，但一个实时控制系统必定是一个联机系统。例如，一个只用于数据采集的微型机系统是联机系统，但它不一定是实时系统，而计算机直接数字控制系统，则必定是一个联机系统。

1.1.2 计算机控制系统的组成

计算机控制系统由计算机、外部设备、操作台、输入/输出通道、检测装置、执行机构、被控对象及相应的软件组成，如图 1-1-3 所示。

图 1-1-3　计算机控制系统的组成

1. 计算机

计算机是计算机控制系统的核心，通过接口可以向系统的各个部分发出各种命令，同时对被控对象的被控参数进行实时检测及处理。具体功能是完成程序存储、程序执行、数值计算、逻辑判断和数据处理等工作。

2. 输入/输出通道

输入/输出通道是计算机和被控对象（或生产过程）之间设置的信息传送和转换的连接通道。输入通道把被控对象（或生产过程）的被控参数转换成计算机可以接受的数字代码。输出通道把计算机输出的控制命令和数据，转换成可以对被控对象（或生产过程）进行控制的信号。输入/输出通道一般分为模拟量输入通道、模拟量输出通道、开关量输入通道、开关量输出通道。

3. 外部设备

实现计算机和外界交换信息的设备称为外部设备（简称外设）。外部设备包括输入/输出设备、外存储器和通信设备等。

输入设备最常用的有键盘、鼠标，主要用来输入（修改）程序、数据和操作命令等。

输出设备通常有显示器（数码显示器或 CRT 显示器）、打印机、记录仪等，主要用来向操作人员提供各种信息和数据，以便及时了解控制过程。

外存储器（简称外存）有磁盘（硬盘）、磁带等，兼有输入/输出功能，主要用来存储系统程序和数据。

通信设备通常有通信模块（网卡），主要用来与其他相关计算机系统进行联网通信，形成规模更大、功能更强的网络分布式计算机控制系统。

4. 操作台

操作台是操作人员与计算机控制系统进行“对话”的装置，主要包括如下几部分：

（1）显示装置。如显示屏幕或荧光数码显示器，以显示操作人员要求显示的内容或报警信号。

（2）一组或几组功能键。通过功能键，可向主机申请中断服务。包括复位键、启动键、打印键、显示键等。

（3）一组或几组数字键。用来输入某些数据或修改控制系统的某些参数。

5. 软件

软件是指能够完成各种功能的计算机控制系统的程序系统，它是计算机控制系统的神经中枢。整个系统的动作，都是在软件的指挥下进行协调动作的。它由系统软件和应用软件组成。

系统软件是指为提高计算机使用效率，扩大功能，为用户使用、维护和管理计算机提供方便的程序的总称。系统软件通常包括操作系统、语言加工系统和诊断系统等，其具有一定的通用性，一般随硬件一起由计算机生产厂家提供。

应用软件是用户根据要解决的实际问题而编写的各种程序，在计算机控制系统中则是指完成系统内各种任务的程序，如控制程序、数据采集及处理程序、巡回检测及报警程序等。

1.1.3 计算机控制系统的分类

计算机控制系统的分类方法很多，根据计算机在控制系统中的控制功能和控制目的，可将计算机控制系统分为以下几种类型。

1. 计算机操作指导控制系统

计算机操作指导控制系统（Operation Guide Control，OGC）的结构如图 1-1-4 所示，计算机只承担数据的采集和处理工作，而不直接参与控制。

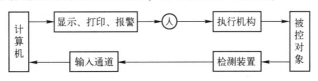

图 1-1-4　计算机操作指导控制系统

计算机操作指导控制系统对生产过程大量参数做巡回检测、处理、分析、记录及参数的超限报警。对大量参数的积累和实时分析，可以达到对生产过程进行各种趋势分析，为操作人员提供参考，操作人员根据这些结果去改变调节器的给定值或直接操作执行机构。

操作指导控制系统是一种开环控制结构。该系统的优点是结构简单，控制灵活和安全。缺点是要人工操作，速度受到限制，故不适合用于快速过程的控制和多个对象的控制。

2. 直接数字控制系统

直接数字控制系统（Direct Digital Control，DDC）的构成如图 1-1-5 所示。计算机通过测量元件对一个或多个物理量进行巡回检测，经采样、A/D 转换等过程把模拟量转换为数字量，并根据规定的控制规律进行运算，然后发出控制信号直接去控制执行机构，使各个被控制量达到预定的要求。

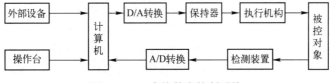

图 1-1-5　直接数字控制系统

DDC 系统中的计算机参与闭环控制过程，它不仅能完全取代模拟控制器，实现多回路的控制，而且不需改变硬件，只通过改变程序就能有效地实现较复杂的控制。如前馈控制、非线性控制、自适应控制、最优控制等。

3. 监督计算机控制系统

在直接数字控制方式中，对生产过程产生直接影响的被控参数给定值是预先设定的，并且存入计算机的内存中。这个给定值不能根据过程条件和生产工艺信息的变化及时修改，故直接数字控制方式无法使生产过程处于最优状态，这显然是不够理想的。

监督计算机控制（Supervisory Computer Control，SCC）中，计算机根据原始工艺信息和其他参数，按照描述生产过程的数学模型或其他方法，自动地改变模拟调节器或以直接数字控制方式工作的计算机中的给定值，从而使生产过程始终处于最优状态（如保持高质量、高效率、低消耗、低成本等）。从这个角度上说，它的作用是改变给定值，所以又称给定值控制（Set Point Computer Control，SPC）。

监督控制方式的控制效果，主要取决于数学模型的优劣。这个数学模型一般是针对某一目标函数设计的，如果这一数学模型能使某一目标函数达到最优状态，那么，这种控制方式就能实现最优控制。当数学模型不理想时，控制效果也不会太理想。监督控制系统也可以实现自适应控制。监督控制系统有两种不同的结构形式：一种是SCC+模拟控制器控制系统，如图1-1-6所示；另一种是SCC+DDC控制系统，如图1-1-7所示。

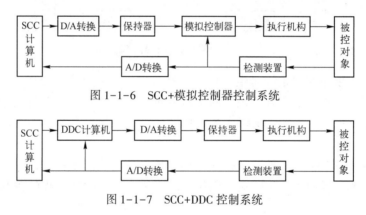

图 1-1-6　SCC+模拟控制器控制系统

图 1-1-7　SCC+DDC 控制系统

4. 计算机分级控制系统

生产过程既存在控制问题，也存在大量的管理问题。同时，设备一般分布在不同的区域，其中各工序、各设备同时并行地工作，基本相互独立，故全系统比较复杂。DDC 系统置于分级控制的最底层，管理用计算机置于上层。各级各类计算机之间使用高速通信线路互相连接，传递信息，协调工作。

计算机分级控制系统的结构如图1-1-8所示。其中 DDC 级直接用于控制生产过程，包括数据采集、监督报警等工作。SSC 级既要实现一些高级控制又要向上级反馈信息，以便上一级的管理工作。这种分级（或分布式）计算机控制系统有代替集中控制系统的趋势。该系统的特点是将控制任务分散，用多台计算机分别执行不同的任务，既能进行控制又能实现管理。

5. 分散控制系统

分散控制系统又称集散控制系统（Distributed Control Systems，DCS），是由多台计算机分别控制生产过程中多个控制回路，同时又可集中获取数据和集中管理的自动控制系统。集散控制系统是控制（Control）、计算机（Computer）、数据通信（Communication）和屏幕（CRT）显示技术的综合应用，通常也将集散控制称为 4C 技术。

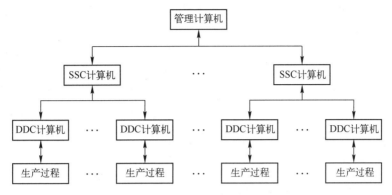

图 1-1-8　计算机分级控制系统

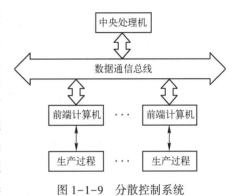

图 1-1-9　分散控制系统

　　分散控制系统通常具有二层结构模式、三层结构模式或四层结构模式。图 1-1-9 给出了二层结构模式的分散控制系统的结构形式。第一级为前端计算机，也称下位机、直接控制单元。前端计算机直接面对控制对象完成实时控制、前端处理功能。第二层称为中央处理机，又称上位机，完成后续处理功能。中央处理机不直接与现场设备打交道，如果中央处理机一旦失效，设备的控制功能依旧能得到保证。在前端计算机和中央处理机间再加一层中间层计算机，便构成了三层结构模式的分散控制系统。四层结构模式的分散控制系统中，第一层为直接控制级，第二层为过程管理级，第三层为生产管理级，第四层为经营管理级。分散控制系统的硬件组装积木化、软件模块化，应用组态控制系统、先进的通信网络，具有开放性、可靠性等特点。

1.1.4　计算机控制系统的特点

　　计算机控制系统和一般常规模拟控制系统相比有如下特点：

　　（1）由于计算机的运算速度快、精度高，含丰富的逻辑判断功能和大容量的存储单元，因此能实现复杂的控制规律，从而达到较高的控制质量。计算机控制实现了常规系统难以实现的多变量控制、最优控制、自适应控制、参数自整定等。

　　（2）由于计算机具有分时操作的功能，所以一台计算机能代替多台控制仪器，实现群控。对于连续控制系统，控制回路越多或控制规律越复杂，所需硬件也就越多、越复杂，成本也越高。对于计算机控制系统来说，增加一个控制回路的费用是很少的，控制规律的改变和复杂程度的提高由编制程序实现，不需改变硬件而增加成本，有很高的性价比。

（3）由于软件功能丰富、编程方便、硬件体积小、质量轻，以及结构设计模块化、标准化，因此计算机控制系统有很强的灵活性。如一些工控机有操作简易的结构化、组态化控制软件。硬件配置上可装配性、可扩充性好。

（4）由于采取有效的抗干扰、抗噪声方法，并采用各种冗余、容错等技术，因此计算机控制系统有很高的可靠性。

（5）由于计算机有监控、报警、自诊断功能，因此计算机控制系统有很强的可维护性。如有的工控机一旦出现故障，能迅速指出故障点和处理办法，便于立即修复。

另外，技术更新快、信息综合性强、操作便利等也都是计算机控制系统的一些特点。

1.2　计算机控制系统发展概况与趋势

1.2.1　计算机控制系统发展概况

自 1946 年第一台数字计算机在美国宾尼法尼亚大学诞生之后不久，研究人员就开始尝试将计算机用于导弹和飞机的控制。20 世纪 50 年代，首先在化工生产中实现了计算机的自动测量和数据处理。1959 年 3 月，世界上第一套工业过程计算机控制系统应用于美国得克萨斯州一家炼油厂的聚合反应装置，该系统实现了 26 个流量、72 个温度、3 个压力、3 个成分的检测及其控制，达成了反应器压力最小下 5 个反应器供料的最佳分配，以及根据催化剂活性控制热水流量和实现最优循环等控制目标。从此，计算机控制技术获得了迅速的发展。结合计算机技术的发展，其发展过程可概括为以下四个阶段：

1. 开创时期（1955—1962 年）

早期的计算机使用电子管，体积庞大，价格昂贵，可靠性差，所以开创时期计算机只能实现操作指导和设定值控制等基本功能。

2. 直接数字控制时期（1962—1967 年）

1962 年，英国的帝国化学工业公司利用计算机完全代替了原来的模拟控制，计算机直接控制 224 个变量和 129 个阀门，实现了直接数字控制（DDC）。DDC 是计算机控制技术发展方向上的重大变革，为以后的发展奠定了基础。

3. 集中型控制时期（1967—1972 年）

20 世纪 60 年代计算机技术有了很大的发展，主要特点是体积更小，速度更快，工作可靠，价格更便宜。到了 20 世纪 60 年代后半期，出现了各种类型的适合工业控制的小型计算机，计算机在生产控制中的应用有了很大的发展。但受设备、控制理论等方面的限制，计算机控制以集中型的计算机控制系统为主，采用高度集中的控制结构，存在因系统中任何故障导致全系统瘫痪等严重故障的缺陷。

4. 分散控制时期（1972 年至今）

1972 年之后，由于微型计算机的出现和发展，计算机控制技术进入了崭新的发展阶段。同时，计算机控制理论也得到了快速发展，特别是分级分布式控制系统结构的理论与方法得到了重视和应用。计算机控制系统的结构发生了变化，从传统的集中控制为主的系统逐步转变为分散控制系统（DCS），解决了传统的集中控制系统整体可靠性的问题，如美国 Honeywell 公司的 TDC-2000、TDC-3000，日本横河公司的 CENTUM 等。DCS 系统已得到了广泛的工业应用，但 DCS 不具备开放性、互操作性，步线复杂且费用高。

随着微处理在测量仪表、执行机构等应用的不断深入，出现了现场控制器和智能仪表。20 世纪 90 年代初，出现了采用现场通信总线互连构成的新型分散控制系统——现场总线控制系统（FCS）。FCS 具有开放性、互操作性和彻底分散性等特点，并易于同上层管理级及互联网实现互联，构成多级网络控制系统，已成为现今计算机控制系统发展的大方向。

1.2.2 计算机控制系统的发展趋势

目前，计算机控制已逐步取代常规模拟控制，为适应各种复杂和高级的控制需求，计算机控制技术和理论还在不断发展之中，发展趋势大致如下。

1. 推广应用成熟的先进技术

1）普及应用可编程序控制器（PLC）

可编程序控制器是当前应用最成功的计算机控制系统，高端的 PLC 已完全具备工业控制计算机的主要功能，具有智能 I/O 模块的 PLC，可以将顺序控制和过程控制结合起来，实现对生产过程的控制，并具有高可靠性。

2）广泛使用智能调节器

智能调节器不仅可以接收 4~20mA 电流信号，还具有 RS-232 或 RS-422/485 通信接口，可以与上位机连成主从式测控网络。

3）采用新型的 DCS 和 FCS

发展以工业以太网、现场总线技术等先进网络通信技术为基础的 DCS 和 FCS 控制结构，并采用先进的控制策略，向低成本综合自动化系统的方向发展。

2. 大力研究和发展先进控制技术

先进过程控制（APC）技术以多变量解耦、推断控制和估计、多变量约束控制、各种预测控制、人工神经元网络控制和估计等技术为代表。模糊控制技术、神经网络控制技术、专家控制技术、预测控制技术、内模控制技术、分层递阶控制技术、鲁棒控制技术、学习控制技术、网络控制技术等已成为先进控制的重要研究内容。在此基础上，又将生产调度、计划优化、经营管理与决策等内容加入 APC 之中，使 APC 的发展体现了计算机集成制造/过程系统的基本思想。由于先进控制算法的复杂性，先进控制的实现需要足够的计算能力作为支持平台。构建各种控制算法的先进控制软件包，形成工程化软件产品，也是先进控制技术发展的一个重要研究方向。

目前我国已进入"中国制造 2025"和"工业 4.0"时代，即以智能制造为主导的第四次工业革命。互联网+、移动互联网、3D 打印、云计算、大数据、物联网、智能机器人等理论与技术的快速发展，都为计算机控制技术提供了新的发展机遇。信息物理系统（CPS）作为计算进程和物理进程的统一体，是集成计算、通信与控制于一体的下一代智能系统。智能感知与互联、智能调控与优化、工业大数据、系统安全与防护等已成为重要研究方向。典型的智能制造系统就是 CPS+以太网或物联网（无线传感网络）+感知觉+智能机器人形式。"中国制造 2025"或"工业 4.0"解决方案包括软件和硬件。软件有工业物联网、工业网络安全、工业大数据、云计算平台、MES 系统、虚拟现实、人工智能、知识工作自动化等；硬件是工业机器人（包括高端零部件）、传感器、RFID、3D 打印、机器视觉、智能物流（AGV）、PLC、数据采集器、工业交换机等。

3. 计算机控制系统的发展趋势

1）控制系统的网络化

随着计算机技术和网络技术的迅猛发展，各种层次的计算机网络在控制系统中的应用越来越广泛，规模也越来越大，从而使传统意义上的回路控制系统所具有的特点在系统网络化过程中发生了根本变化，并最终逐步实现了控制系统的网络化。

2）控制系统的扁平化

随着企业网技术的发展，网络通信能力和网络连接规模得到了极大的提高。现场级网络技术使得控制系统的底层也可以通过网络相互连接起来。现场网络的连接能力逐步提高，使得现场网络能够接入更多的设备。新一代计算机控制系统的结构发生了明显变化，逐步形成两层网络的系统结构，使得整体系统出现了扁平化趋势，简化了系统的结构和层次。

3）控制系统的智能化

人工智能的出现和发展，促进自动控制向更高的层次发展，即智能控制。智能控制是一类无须人的干涉就能够自主地驱动智能机器实现其目标的过程，也是用机器模拟人类智能的又一重要领域。随着多媒体计算机和人工智能计算机的发展，应用自动控制理论和智能控制技术来实现先进的计算机控制系统，必将大大推动科学技术的进步和工业自动化系统的水平。

4）控制系统的综合化

随着现代管理技术、制造技术、信息技术、自动化技术、系统工程技术的发展，综合自动化技术广泛应用于工业过程，借助于计算机的硬件、软件技术，将企业生产过程中全部有关人、技术、经营管理三要素及其信息流、物流有机地集成并优化运行，为工业生产带来更大的经济效益。

思考题及习题

1. 计算机控制系统与常规模拟控制系统之间的区别是什么？
2. 典型计算机控制系统由哪些主要部分组成？
3. 列举一个计算机控制系统的应用实例，并说明其主要组成。
4. 计算机控制系统有哪些分类？试比较 OGC、DDC、SCC 的各自特点。
5. 与连续控制系统相比，计算机控制系统有哪些特点？
6. 简述舰船计算机控制技术的发展现状。
7. 简述计算机控制系统的发展概况。
8. 研讨计算机控制系统的发展趋势。

第 2 章　计算机控制理论基础

计算机控制系统就是用计算机硬件和软件，取代连续控制系统中的控制器，实现对连续被控对象的控制，其基本结构、基本原理与连续控制系统相仿，故连续控制系统中的概念、方法、理论都可以沿用到计算机控制系统中。

随着计算机技术的迅速发展和应用的不断推广，计算机作为控制器在舰船控制系统中得到了极为广泛的应用，并成为自动控制的不可或缺的工具。在计算机控制系统中，因计算机和 A/D、D/A 转换器件的引入，在计算机控制系统中至少有一部分信号不是时间的连续函数，而是以离散的脉冲序列或数字序列的形式出现，这样的系统称为离散控制系统。离散控制系统又称为采样控制系统，它是建立在采样信号基础上的。本章首先分析信号的采样和保持，并引入离散信号的拉普拉斯变换（以下简称拉氏变换）和 Z 变换这有力的数学工具，进而推导描述计算机控制系统的数学模型，得到描述整个闭环系统的传递函数（Z 传递函数），而后沿用连续控制系统的方法，对计算机控制系统进行分析。

2.1　信号的采样与保持

2.1.1　连续控制系统与计算机控制系统的区别

连续闭环控制系统如图 2-1-1 所示。它是基于反馈控制原理组成的控制系统。被控量在控制器作用下，以好的动、静态性能，跟随给定的变化。在反馈控制系统中，它根据误差信息的正负、大小、变化趋势及存在时间长短来确定控制量，如 PID 控制算法。在连续控制系统里，给定信号 $r(t)$、被控量 $y(t)$、误差 $e(t)$ 及控制信号 $u(t)$ 都是连续信号，所以称为连续控制系统。

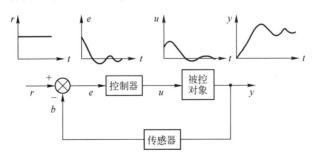

图 2-1-1　连续闭环控制系统框图

用计算机硬件和控制软件程序取代图 2-1-1 中的控制器，便组成典型计算机控制系统。我们知道，计算机必须通过 A/D 转换器才能"感知"连续型被控量的变化。而计算机只能处理数字信息。计算输出的数字信息经 D/A 转换器变成连续的信号才能去控制被控对象。根据计算机、A/D、D/A 转换器工作原理，可推知计算机控制系统在 A/D 转换器之后，D/A 转换器之前信息都是离散的。所以该系统也称为离散控制系统。它与连续控制系统的差异主要表现在以下方面。

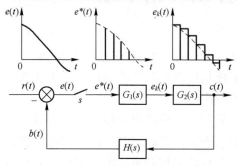

图 2-1-2　计算机闭环控制系统框图

1. 信号的差异

连续控制系统中，所有信号都是连续的。计算机控制系统中，由图 2-1-2 知，被控对象一般是连续物理对象，其误差 $e(t)$ 是连续信号，经 A/D 转换器后便成为时间上离散、幅值上也离散的信息。一般用 $e^*(t)$ 表示在幅值上连续、时间上离散的信号，也称为采样信号。用 $e^*(kT)$ 表示在幅值上离散、时间也离散的信号，在计算机内部所有信息都是这种时间和幅值都离散的信息。幅值上离散是由于 A/D，D/A 转换器量化造成的。适当提高其转换精度可以减小量化对计算机控制系统的影响。如果忽略幅值上量化，上述在幅值和时间上都离散的信号可近似认为幅值连续（A/D，D/A 转换精度足够高），时间离散信号去掉左上角的星号，表示为 $e(k)$。以后若不做特殊说明，都用不带星的符号表示。而量化效应在专门研究中加以考虑。在初步设计时为简化而暂时忽略量化效应的影响。这种连续信号、离散信号同时出现在控制系统不同的部位是计算机控制系统一个显著特点。

2. 控制器的差异

连续闭环控制系统中控制器的实现是用机械、气动、液动、电子元件或者由它们混合组成，用于实现各种控制策略（控制算法），满足对被控对象的控制。例如机械、液动、气液调速器，能在柴油机因负荷变化转速波动时，调速器自动调整供油量使柴油机转速趋于平稳。还可采用电子元器件实现各种控制策略而使调速器的控制功能大大加强，参数调整更加方便。

用计算机硬件和控制软件代替连续控制系统中控制器是控制领域的一场革命。计算机具有很强的计算、比较、逻辑推理、信息存储的能力。它不仅可以完全从功能上替代原有连续控制器，而且可以实现过去连续控制器难以实现的更为复杂的控制算法，如模糊控制、逻辑控制、最优控制、自适应控制和自学习控制等。

随着超大规模集成电路技术、软件智能化技术和自动控制理论的发展，计算机控制系统将以工作可靠、价格便宜、功能灵活的优势占领整个控制领域。

2.1.2　采样过程

采样过程可以用一个周期性闭合的采样开关 S 来表示，如图 2-1-3 所示。假设采样开关每隔 $T(\mathrm{s})$ 闭合一次，T 称为采样周期，闭合的持续时间为 τ。采样器的输入为连续信号，输出 $e^*(t)$ 为宽度等于 τ 的调幅脉冲序列，在采样瞬间 $nT(n=0,1,2,\cdots)$ 时出现。在 $t=0$ 时，采样器闭合 τ 秒，此时 $e^*(t)=e(t)$；$t=\tau$ 以后，采样器断开，输出

$e^*(t) = 0$。以后每隔 T 重复一次这种过程。

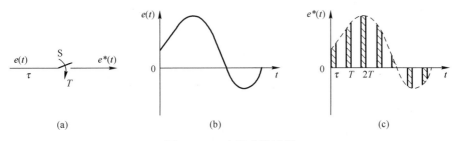

图 2-1-3　实际采样过程

　　对于具有有限脉冲宽度的采样控制系统来说，要准确进行数学分析是非常复杂的。考虑到采样开关的闭合时间 τ 非常小，一般远小于采样周期 T 和系统连续部分的最小时间常数，因此在分析时，可以认为 $\tau = 0$。这样，系统中的采样器就可以用一个理想采样器来代替。理想的采样过程如图 2-1-4 所示，其中图 2-1-4（d）为采样器。

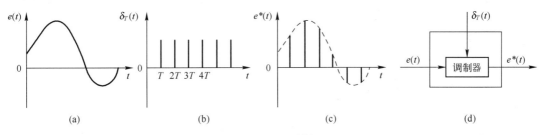

图 2-1-4　理想采样过程

　　采样信号 $e^*(t)$ 是在时间上离散、在幅值上连续变化的信号，为离散模拟信号，它不能直接进入计算机，必须经量化后成为数字信号才能被计算机接受。量化，就是采用一组数码（例如 8 位 A/D 转换器的数码范围是 $0 \sim 255$）来逼近离散模拟信号的幅值，将其转换成数字信号。量化过程可用图 2-1-5 说明，在模拟量的幅值变化范围内，等 q 间隔地分布若干条水平线，这些水平线对应量化的数码，每一采样时刻的模拟量幅值 A_i 则被量化为 A_i'，图中 q 为量化单位。

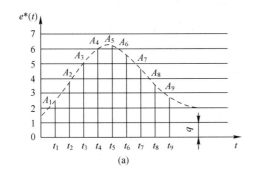 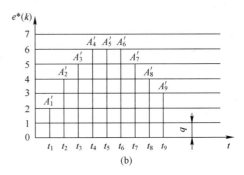

图 2-1-5　量化过程

　　在计算机控制系统中，将 $e(t)$ 转换为 $e^*(t)$ 的采样，以及将 $e^*(t)$ 转换为 $e^*(k)$ 的量化，都是由 A/D 转换器完成的，因此一般将这两个过程合称为采样。计算机控制系

统的采样周期 T 远小于被控对象的时间常数，所以其采样过程可看作是理想采样过程。

在图 2-1-4 中，采样开关的周期性动作相当于产生一串理想的脉冲序列，数学上可表示成如下形式：

$$\delta_T(t) = \sum_{n=0}^{\infty} \delta(t - nT) \tag{2-1-1}$$

输入模拟信号 $e(t)$ 经过理想采样器的过程相当于 $e(t)$ 调制在载波 $\delta_T(t)$ 上的结果，而各脉冲强度用其高度来表示，它们等于采样瞬间 $t=nT$ 时 $e(t)$ 的幅值。调制过程在数学上的表示为两者相乘，即调制后采样信号可表示为

$$e^*(t) = e(t)\delta_T(t) = e(t)\sum_{n=0}^{\infty} \delta(t - nT) = \sum_{n=0}^{\infty} e(t)\delta(t - nT) \tag{2-1-2}$$

因为 $e(t)$ 只在采样瞬间 $t=nT$ 时才有意义，故上式也可写成

$$e^*(t) = \sum_{n=0}^{\infty} e(nT)\delta(t - nT) \tag{2-1-3}$$

对于量化过程，如图 2-1-5 所示，设 e_{max} 和 e_{min} 分别为 A/D 转换器量化范围的最大值和最小值，则量化单位定义为

$$q = \frac{e_{max} - e_{min}}{2^n - 1} \tag{2-1-4}$$

式中：n 为二进制数码的字长。

量化过程实际上是一个取整的过程，有"向上取整""向下取整"及"四舍五入取整"，大部分 A/D 转换器采用的是"四舍五入取整"。在 $t=kT$ 时刻 A/D 转换器的输出信号

$$e(k) = \text{int}\left[\frac{e^*(t)}{q} + 0.5\right] \tag{2-1-5}$$

2.1.3 信号保持

连续信号经过采样器后转换成离散信号，经脉冲控制器处理后，其输出仍然是离散信号，而计算机控制系统的被控对象一般只能接收连续信号，因此需要保持器来将离散信号转换为连续信号。最简单同时也是工程上应用最广的保持器是零阶保持器，这是一种采用恒值外推规律的保持器。它把采样的时刻 nT 的 $u(nT)$ 原样保持到下一个采样时刻 $(n+1)T$，其输入信号和输出信号的关系如图 2-1-6 所示。

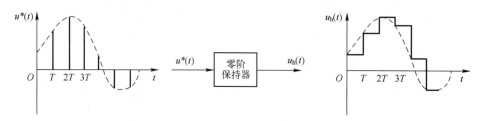

图 2-1-6　零阶保持器的输入与输出

零阶保持器的单位脉冲响应如图 2-1-7 所示，可表示为

$$g_h(t) = 1(t) - 1(t-T) \tag{2-1-6}$$

上式的拉普拉斯变换为

$$G_h(s) = \frac{1 - e^{-Ts}}{s} \qquad (2-1-7)$$

上式中令 $s = j\omega$，可以求得零阶保持器的频率特性

$$G_h(j\omega) = \frac{1 - e^{-j\omega T}}{j\omega} = |G_h(j\omega)| \angle G_h(j\omega) \qquad (2-1-8)$$

式中

$$\begin{cases} |G_h(j\omega)| = T\dfrac{\sin(\omega T/2)}{\omega T/2} \\ \angle G_h(j\omega) = -\dfrac{\omega T}{2} \end{cases} \qquad (2-1-9)$$

零阶保持器的幅频特性和相频特性如图 2-1-8 所示，其中 $\omega_s = 2\pi/T$。由此可见，它的幅值随着角频率的增大而衰减，具有明显的低通特性，但除了主频谱外，还存在一些高频分量。另外，它造成相位滞后，随着角频率的增大，负相位也线性增大。

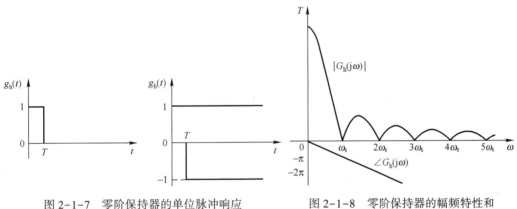

图 2-1-7　零阶保持器的单位脉冲响应　　　　　图 2-1-8　零阶保持器的幅频特性和
相频特性

2.1.4　采样定理

在计算机控制系统中，计算机只能通过 A/D 转换器间断地采样被控制量，很显然，如果采样频率无限高，那么计算机控制系统获取反馈信息的能力接近连续控制系统。但采样频率不是越高越好，过高的采样频率不仅给计算机系统提出过高要求，增加了费用，甚至还无法实现。相反，如果采样周期过长，甚至偶尔采样，是无法实现闭环控制的。如何合理地选择采样频率是设计计算机控制系统时必定会遇到的一个实际问题。

工程上通常采用的原则是：在满足系统的控制性能的前提下，尽可能选择长的采样周期，以降低对计算机硬件速度要求。

下面要讨论的问题是，如何确定能获得被控量"动态信息"所需的最小采样频率（即最长采样周期 T）。

由傅里叶变换知，满足一定条件的时间函数都可以展开成傅里叶级数，即可用频谱来表示（即频域表示法）。因为傅里叶变换是唯一的，故相同的频谱对应相同的时间

函数。同理，若两频谱差别不大，则其对应时间函数特性也相近。

$f^*(t)$ 是连续函数 $f(t)$ 的采样函数，它们的频谱必定与被采样函数 $f(t)$ 存在某种关系，而且这种关系与采样周期 T 有关。显然当 $T \to 0$ 时 $f^*(t)$ 和 $f(t)$ 完全一样，它们的频谱当然也相同，当加大采样周期 T，$f^*(t)$ 与 $f(t)$ 频谱肯定会出现差异。下面通过研究采样序列的频谱随采样周期 T 变化情况，看看能否找到某种处理方法，从采样序列的频谱中获取 $f(t)$ 的频谱，即获得原被采样时间函数的信息。

1. 采样定理的推导

如图 2-1-9 所示的采样器（采样周期为 T）和保持器（传函是 $G_b(s)$）。连续信号 $f(t)$ 每 $T(s)$ 被采样一次，得到采样序列 $f^*(t)$，随后的保持器把采样序列重构成连续阶梯波形信号 $y(t)$。为解答开始提出的问题，我们首先研究信号 $f(t)$、$f^*(t)$ 和 $y(t)$ 的频域特性。

设连续信号 $f(t)$ 的幅频如图 2-1-10 所示，其信号的频带是有限的，就是说，在 $\omega > \omega_{max}$ 和 $\omega < -\omega_{max}$ 的频域，$|F(j\omega)|$ 是零。

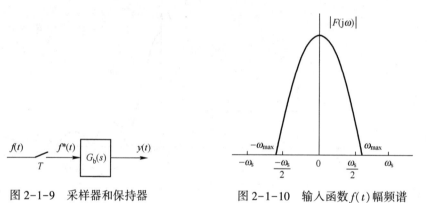

图 2-1-9　采样器和保持器　　　　　图 2-1-10　输入函数 $f(t)$ 幅频谱

再来看采样序列的频率特性。采样序列可表示为

$$f^*(t) = \sum_{n=0}^{\infty} f(t)\delta(t-nT) \tag{2-1-10}$$

令 $\delta_T(t) = \sum_{n=0}^{\infty} \delta(t-nT)$ 为理想单位脉冲序列，则式（2-1-10）可写为

$$f^*(t) = f(t)\delta_T(t) \tag{2-1-11}$$

$\delta_T(t)$ 是一个周期函数，可以展开为如下傅里叶级数形式：

$$\delta_T(t) = \sum_{n=-\infty}^{\infty} C_n e^{jn\omega_s t} \tag{2-1-12}$$

式中：ω_s 为采样角频率，$\omega_s = \dfrac{2\pi}{T}$；$C_n$ 是傅里叶系数，其值为

$$C_n = \frac{1}{T} \int_{-T/2}^{T/2} \delta_T(t) e^{-jn\omega_s t} dt \tag{2-1-13}$$

由于在 $\left[-\dfrac{T}{2},\ \dfrac{T}{2}\right]$ 区间中，$\delta_T(t)$ 仅在 $t=0$ 时有值，且 $e^{-jn\omega_s t}|_{t=0} = 1$，所以

$$C_n = \frac{1}{T} \int_{0^-}^{0^+} \delta_T(t) \, \mathrm{d}t = \frac{1}{T} \tag{2-1-14}$$

将式 (2-1-14) 代入式 (2-1-12)，得

$$\delta_T(t) = \frac{1}{T} \sum_{n=-\infty}^{\infty} \mathrm{e}^{jn\omega_s t} \tag{2-1-15}$$

再把式 (2-1-15) 代入式 (2-1-11)，有

$$f^*(t) = \frac{1}{T} \sum_{n=-\infty}^{\infty} f(t) \mathrm{e}^{jn\omega_s t} \tag{2-1-16}$$

上式两边取拉氏变换，由拉氏变换复数位移定理，得

$$F^*(s) = \frac{1}{T} \sum_{n=-\infty}^{\infty} F(s - jn\omega_s) \tag{2-1-17}$$

式 (2-1-17) 在描述采样过程的性质方面是非常重要的，因为该式提供了理想采样器在频域中的特点。令 $s = j\omega$，则得到采样序列的傅里叶变换。

$$F^*(j\omega) = \frac{1}{T} \sum_{n=-\infty}^{\infty} F[j(\omega - n\omega_s)] \tag{2-1-18}$$

采样序列的频谱表示在图 2-1-11 中。一般来说，若连续信号 $f(t)$ 的频谱 $|F(j\omega)|$ 是单一的连续频谱，如图 2-1-10 所示，其中 $\omega_{\max}$ 为连续频谱 $|F(j\omega)|$ 中的最高角频率，而采样信号 $f^*(t)$ 的频谱 $|F^*(j\omega)|$，则是以采样角频率 ω_s 为周期的无穷多个频谱之和。在图 2-1-11 中，$n=0$ 的频谱称为采样频谱的主分量，它与连续频谱 $|F(j\omega)|$ 形状一致，仅在幅值上变化了 $\frac{1}{T}$ 倍；其余频谱 ($n = \pm 1, 2, \cdots$) 都是由于采样而引起的高频频谱，称为采样频谱的补分量。从图中可以清楚地看出，只要频谱的主分量与补分量不重叠，即不出现频谱混叠现象，当消去频谱的补分量，再把幅值放大 T 倍，即可成功地从 $f^*(t)$ 重构 $f(t)$。

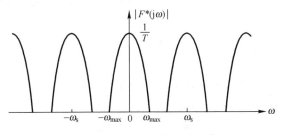

图 2-1-11　采样序列幅频谱

如果能有一个如图 2-1-12 所示幅频特性的保持器，这个保持器的作用是一个滤波器，它让 $|\omega| < |\omega_c|$ 的频谱中的频率分量无衰减地通过，滤去 $|\omega| > |\omega_c|$ 的频率分量，它是理想化的滤波器。只要不出现频谱混叠现象，让理想化的滤波器截止频率 $\omega_c = \omega_{\max}$，便可消去频谱的补分量来重构 $f(t)$。

在实际计算机控制系统中采用零阶保持器，其传递函数为

$$G_h(j\omega) = (1 - \mathrm{e}^{-Ts})/s \tag{2-1-19}$$

其幅频特性如图 2-1-12 (b) 所示，与理想滤波器幅频谱进行比较，显然，零阶保持器在重构模拟信号的同时，会造成值幅衰减和一定的失真，还会引入相位滞后和

高频干扰。由于零阶保持器结构简单，且可用 D/A 转换器方便实现，因此，目前控制系统中大多数都是采用零阶保持器。

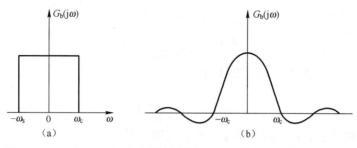

图 2-1-12 　　（a）理想滤波器幅频谱与（b）实际零阶保持器幅频谱

当采样频率小于连续信号有效频率分量中最高频率的 2 倍（即 $\omega_s < 2\omega_{max}$）时，将会发生如图 2-1-13 所示情况，在 $\omega_s/2$ 处部分频谱与相邻的边带频谱产生重叠现象。显然，产生重叠现象时即便采用理想滤波器，也不能将图 2-1-13 所示的频谱复现成如图 2-1-10 所示的信号。

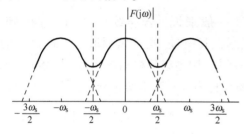

图 2-1-13 　当 $\omega_s < 2\omega_{max}$ 时采样序列频谱

当采样角频率 $\omega_s\left(=\dfrac{2\pi}{T}\right) > 2\omega_{max}$（$\omega_{max}$ 为被采样函数最高频率）时，采样信号频谱的主分量与补分量分离，通过保持电路滤去频谱的补分量可获得被采样时间函数的频谱，即原被采样函数信息。

香农采样定理指出：如果采样器的输入信号 $f(t)$ 具有有限带宽，并且有直到 ω_{max} 的频率分量，为保证采样信号 $f(t)$ 的频谱是被采样信号 $f^*(t)$ 的无重叠的重复，以便采样信号 $f^*(t)$ 能反映信号 $f(t)$ 的变化规律，采样频率 ω_s 至少应是 $f(t)$ 的频谱 $F(j\omega)$ 的最高频率 ω_{max} 的 2 倍，即

$$\omega_s \geqslant 2\omega_{max} \qquad\qquad (2-1-20)$$

2. 最佳采样周期的选择

采样定理虽然奠定了选择采样频率的理论基础，但对于连续对象的离散控制系统，不容易确定连续信号的最高频率。前面分析是一个有限频带信号的频谱。而实际信号都包含很宽频率范围，甚至无限宽频率范围。因此，采样序列的频谱总会产生一定程度的频率重叠，即使采用理想滤波器也无法全部恢复原连续信号频谱。因而，采样信号精确地恢复是不可能的，采样定理只是给出了采样周期选择的基本原则。

由采样定理知，采样周期 T 选择得越小，即采样频率越高，从被控量获得信息越多，失真越小，控制效果也会越好。但是，采样周期 T 选得过短，将增加不必要的计算负担，造成实现较复杂控制规律的困难，而且采样周期 T 小到一定程度后，再减小也没有实际意义了。反之，采样周期 T 选择得过长，又会降低系统的动态性能，甚至有可能导致整个控制系统失去稳定。

在一般工业过程控制计算机系统中，可参考表 2-1-1 列出的推荐值。工程实践表明，根据该表给出参考数据选择采样周期 T，可以取得满意的控制效果。

表 2-1-1　工业过程控制采样周期 T 的选择

控制过程	采样周期 T/s
流量	1
压力	5
液面	5
温度	20
成分	20

对快速的随动控制系统，采样周期的选择很大程度上取决于被控系统自身的特性。计算机控制系统结构如图 2-1-14 所示，这里要求输出 $y(t)$ 对参考输入 $r(t)$ 有很好的跟踪响应性能。

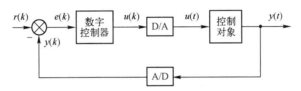

图 2-1-14　计算机控制系统的结构图

设闭环系统的频带为 ω_b，即该系统只能跟随输入信号 r 中的低于 ω_b 的频率成分。为此应选择采样角频率 $\omega_s > 2\omega_b$。这里 ω_s 只是采样频率的最低限，实际选择应远远大于这个数。为使系统具有令人满意的跟踪响应性能，选择采样周期的一些经验规则是：

（1）取 $\omega_s = (5-10)\omega_b$，典型数据为 10，因为 $T = \dfrac{2\pi}{\omega_s}$，所以采样周期为

$$T = \frac{\pi}{5\omega_b} \tag{2-1-21}$$

（2）也可从时域性能指标来取，采样周期 T 通过单位阶跃响应的上升时间 t_r 或调节时间 t_s 按下列经验公式选取：

$$T = \frac{1}{10} t_r \tag{2-1-22}$$

$$T = \frac{1}{40} t_s \tag{2-1-23}$$

（3）如果 T_d 是控制对象的主导时间常数，那么，可使采样周期的选择满足如下不等式：

$$T \leqslant \frac{T_d}{10} \tag{2-1-24}$$

2.2　Z 变换

2.2.1　Z 变换的定义

在连续控制系统理论中，应用拉氏变换把微积分的数学表达式变成代数方程，并

引入传递函数，对控制系统分析和设计带来方便。在计算机控制系统中拉氏变换也能起到类似的作用。

首先，回忆一下函数 $f(t)$ 的拉氏变换，它是由下式定义的，即

$$L[f(t)] = f(s) = \int_0^\infty f(t)e^{-st}dt \qquad (2\text{-}2\text{-}1)$$

前一节得到 A/D 转换器采样函数 $f^*(t)$ 和连续函数 $f(t)$ 的关系为

$$
\begin{aligned}
f^*(t) &= f(t)\sum_{n=0}^\infty \delta(t-nT) \\
&= \sum_{n=0}^\infty f(nT)\delta(t-nT) \\
&= f(0)\delta(t) + f(T)\delta(t-T) + \\
&\quad\ f(2T)\delta(t-2T) + f(3T)\delta(t-3T) + \cdots \qquad (2\text{-}2\text{-}2)
\end{aligned}
$$

这里 $f(T)\delta(t-T)$ 表示一个发生在 T 时刻的脉冲，其强度为 $f(T)$，现求式 (2-2-2) 的拉氏变换有：

$$
\begin{aligned}
& L[f(0)\delta(t)] + L[f(T)\delta(t-T)] + L[f(2T)\delta(t-2T)] + \cdots \\
&= f(0)L[\delta(t)] + f(T)L[\delta(t-T)] + f(2T)L[\delta(t-2T)] + \cdots \\
&= f(0) + f(T)e^{-sT} + f(2T)e^{-2sT} + \cdots \\
&= \sum_{n=0}^\infty f(nT)e^{-nsT} \qquad (2\text{-}2\text{-}3)
\end{aligned}
$$

为书写简便，我们引入一个新变量 $z = e^{sT}$，后面将会看到引入的新变量 z 有明确的物理意义。式 (2-2-3) 可写为

$$
\begin{aligned}
L[f^*(t)] &= \sum_{n=0}^\infty f(nT)e^{-nsT} \\
&= \sum_{n=0}^\infty f(nT)z^{-n} \qquad (2\text{-}2\text{-}4)
\end{aligned}
$$

这个结果定义为 $f(t)$ 的 Z 变换，并用符号 $F(z)$ 表示：

$$
\begin{aligned}
F(z) &= Z[f(t)] \\
&= L[f^*(t)] \\
&= f^*(s)\big|_{z=e^{sT}} \\
&= \sum_{n=0}^\infty f(nT)z^{-n} \qquad (2\text{-}2\text{-}5)
\end{aligned}
$$

从上述推导可知，时间函数 $f(t)$ 的 Z 变换即先把该函数离散（采样），再进行拉氏变换求得，当然与离散参数 T（采样周期 T）有关。后面还将会看到同一个时间函数，采样周期不同，得到 Z 变换结果不同。

从式 (2-2-4) 可以看到，$z^{-n}(e^{-nsT})$ 是脉冲函数 $\delta(t-nT)$ 的拉氏变换。z^{-n} 物理意义表示在 nT 时刻发生的脉冲，其强度由 $f(nT)$ 所确定。

2.2.2　常用函数的 Z 变换

从上面知道 Z 变换即时间函数 $f(t)$ 采样函数的拉氏变换，其变换结果可写成无穷和式。如果只有这种表达形式，可以说 Z 变换失去意义。下面可以看到当时间函数 $f(t)$

满足一定条件，其 Z 变换结果可写成新引入变量 Z 的闭合代数表达式，这也正是要引入 Z 变换的奥妙之处。

现在应用上述定义求一些常用函数的 Z 变换。

例 2.1 单位阶跃函数：
$$f(t) = u(t)$$

由于 $u(t)$ 在所有采样点时刻上的采样值均为 1，根据定义有：

$$Z[u(t)] = F(z) = \sum_{n=0}^{\infty} u(nT)z^{-n}$$
$$= 1 + z^{-1} + z^{-2} + \cdots + z^{-n} + \cdots$$

在上式中，若有 $|z^{-1}| < 1$，则上式无穷级数是收敛的，利用等比级数求和公式，可求得其 Z 变换闭合形式为

$$Z[u(t)] = \frac{1}{1-z^{-1}} \quad |z^{-1}| < 1 \tag{2-2-6}$$

因为 $|z^{-1}| = |e^{-sT}| = e^{-\sigma T} < 1$，意为 $\sigma > 0$，这是单位阶跃可以进行拉氏变换的限制条件。

例 2.2 指数函数 $f(t) = e^{-at}$ 的 Z 变换：

$$F(z) = Z[e^{-at}] = \sum_{n=0}^{\infty} e^{-anT}z^{-n}$$
$$= \sum_{n=0}^{\infty} (e^{-aT}z^{-1})^n$$
$$= \frac{1}{1 - z^{-1}e^{-aT}} \quad |z^{-1}| < e^{aT} \tag{2-2-7}$$

例 2.3 理想脉冲序列 $\delta_T(t)$ 的 Z 变换：

$$\delta_T(t) = \sum_{n=0}^{\infty} \delta(t - nT)$$

T 为采样周期，有

$$Z[\delta_T(t)] = \sum_{n=0}^{\infty} \delta(t - nT)$$
$$= \sum_{n=0}^{\infty} z^{-n}$$
$$= \frac{1}{1 - z^{-1}} \quad |z^{-1}| < 1 \tag{2-2-8}$$

由例 2.1 和例 2.3 可见 $u(t)$ 与 $\delta_T(t)$ 有相同的 Z 变换，由此可见相同的 Z 变换只能说明它们的值在采样时刻相同，但它们的原时间函数不一定相同。在利用 Z 变换分析时要特别注意这个问题。

例 2.4 斜坡函数 $f(t) = kt$ 的 Z 变换：

$$Z[kt] = \sum_{n=0}^{\infty} knTz^{-n}$$
$$= kT[z^{-1} + 2z^{-2} + 3z^{-3} + \cdots]$$
$$= kTz^{-1}[1 + 2z^{-1} + 3z^{-2} + \cdots]$$

$$= \frac{kTz}{(z-1)^2} \quad |z^{-1}| < 1 \qquad (2\text{-}2\text{-}9)$$

用类似方法，其他函数的 Z 变换也可以得到。常用时间函数 Z 变换见表 2-2-1。

表 2-2-1　Z 变换表

序　号	$f(t)$	$F(s)$	$F(z)$
1	$\delta(t)$	1	1
2	$\delta(t-kT)$	e^{-kTs}	z^{-k}
3	$\sum\limits_{k=0}^{\infty} \delta(t-kT)$	$\dfrac{1}{1-e^{-Ts}}$	$\dfrac{z}{z-1}$
4	$1(t)$	$\dfrac{1}{s}$	$\dfrac{z}{z-1}$
5	t	$\dfrac{1}{s^2}$	$\dfrac{Tz}{(z-1)^2}$
6	$\dfrac{t^2}{2}$	$\dfrac{1}{s^3}$	$\dfrac{T^2 z(z+1)}{2(z-1)^3}$
7	e^{-at}	$\dfrac{1}{s+a}$	$\dfrac{z}{z-e^{-aT}}$
8	$t \cdot e^{-at}$	$\dfrac{1}{(s+a)^2}$	$\dfrac{Tze^{aT}}{(z-e^{-aT})^2}$
9	$1-e^{-at}$	$\dfrac{a}{s(s+a)}$	$\dfrac{(1-e^{-aT})z}{(z-1)(z-e^{-aT})}$
10	$\sin\omega t$	$\dfrac{\omega}{s^2+\omega^2}$	$\dfrac{z\sin\omega T}{z^2-2z\cos\omega T+1}$
11	$\cos\omega t$	$\dfrac{s}{s^2+\omega^2}$	$\dfrac{z(z\sin\omega T)}{z^2-2z\cos\omega T+1}$
12	$e^{-at}\sin\omega t$	$\dfrac{\omega}{(s+a)^2+\omega^2}$	$\dfrac{ze^{-aT}\sin\omega T}{z^2-2ze^{-aT}\cos\omega T+e^{-2aT}}$
13	$e^{-at}\cos\omega t$	$\dfrac{s+a}{(s+a)^2+\omega^2}$	$\dfrac{z^2-ze^{-aT}\cos\omega T}{z^2-2ze^{-aT}\cos\omega T+e^{-2aT}}$
14	a^n	—	$\dfrac{z}{z-a}$
15	$a^n\cos n\pi$	—	$\dfrac{z}{z+a}$
16	na^{n-1}	—	$\dfrac{z}{(z-a)^2}$

2.2.3　Z 变换的性质

Z 变换有一些基本定理，可使得 Z 变换的应用变得简单和方便，其内容和形式与拉氏变换的基本定理有相似之处。

1. 线性定理

$$Z[f(t) + g(t)] = \sum_{n=0}^{\infty} [f(nT) + g(nT)]z^{-n}$$

$$= \sum_{n=0}^{\infty} f(nT)z^{-n} + \sum_{n=0}^{\infty} g(nT)z^{-n}$$

$$= Z[f(t)] + Z[g(t)] \tag{2-2-10}$$

即两个函数之和的 Z 变换等于它们各个函数作 Z 变换之和。

$$Z[Cf(t)] = \sum_{n=0}^{\infty} Cf(nT)z^{-n}$$

$$= C\sum_{n=0}^{\infty} f(nT)z^{-n}$$

$$= CZ[f(t)] \tag{2-2-11}$$

于是，一个常数和一个函数积的 Z 变换等于常数和函数 Z 变换的积。

2. 平移定理

平移定理又称实数位移定理，其含义是指整个采样序列在时间轴上平移若干周期。向左平移为超前，向右平移为延迟。

1）右平移（延迟）

如果 $f(t)$ 的 Z 变换为 $F(z)$，则有

$$Z[f(t-kT)] = z^{-k}F(z) \tag{2-2-12}$$

证明：由 Z 变换定义

$$Z[f(t - kT)] = \sum_{n=0}^{\infty} f(nT - kT)z^{-n}$$

$$= z^{-k}\sum_{n=0}^{\infty} f[(n - k)T]z^{-(n-k)} \tag{2-2-13}$$

令 $m = n-k$，则式（2-2-13）变成

$$Z[f(t - kT)] = z^{-k}\sum_{m=-k}^{\infty} f(mT)z^{-m}$$

由于 Z 变换的单边性，当 $m<0$ 时，有 $f(mT)=0$，所以上式可写为

$$Z[f(t - kT)] = z^{-k}\sum_{m=0}^{\infty} f(mT)z^{-m}$$

$$= z^{-k}F(z)$$

证毕。

2）左平移（超前）

如果 $f(t)$ 的 Z 变换为 $F(z)$，则有

$$Z[f(t + kT)] = z^{k}\left[F(z) - \sum_{n=0}^{k-1} f(nT)z^{-n}\right] \tag{2-2-14}$$

证明，先取 $k=1$，有

$$Z[f(t + T)] = \sum_{n=0}^{\infty} f(nT + T)z^{-n}$$

$$= z \sum_{n=0}^{\infty} \left[f(n+1)T \right] z^{-(n+1)}$$

令 $m = n+1$，上式可写为

$$Z[f(t+T)] = z \sum_{m=1}^{\infty} \left[f(mT) z^{-m} \right.$$

$$= z \left[\sum_{m=0}^{\infty} f(mT) z^{-m} - f(0) \right]$$

$$= z \left[F(z) - f(0) \right]$$

再取 $k=2$，同理得

$$Z[f(t+2T)] = z^2 \sum_{m=2}^{\infty} f(mT) z^{-m}$$

$$= z^2 \left[\sum_{m=0}^{\infty} f(mT) z^{-m} - f(0) - z^{-1} f(T) \right]$$

$$= z^2 \left[F(z) - \sum_{n=0}^{1} f(nT) z^{-n} \right]$$

若取 $k=k$，必有

$$Z[f(t+T)] = z^k \left[F(z) - \sum_{n=0}^{k-1} f(nT) z^{-n} \right]$$

在实数位移定理中，式（2-2-12）称为延迟定理，式（2-2-14）称为超前定理。显然可见，算子 z 有明确的物理意义：z^{-k} 代表时域中的延迟环节，它将采样信号全部退后 k 个采样周期。同理，z^k 代表超前环节，它把采样信号超前 k 个采样周期。但是，z^k 仅用于运算，在物理系统中并不存在。

实数位移定理是一个重要定理，其作用相当于拉氏变换中的微分和积分定理。

例 2.5　用实数位移定理计算延迟一个采样周期的指数函数 $e^{-a(t-T)}$ 的 Z 变换。

解：由式（2-2-12）有

$$Z[e^{-a(t-T)}] = z^{-1} Z[e^{-at}]$$

$$= z^{-1} \frac{z}{z - e^{-aT}}$$

$$= \frac{1}{z - e^{-aT}}$$

3. 复数位移定理

如果 $f(t)$ 的 Z 变换是 $F(z)$，则

$$Z[e^{\mp at} f(t)] = Z[f(t \pm a)]$$

$$= F(z e^{\pm at}) \tag{2-2-15}$$

证明：由 Z 变换定义

$$Z[e^{\mp at} f(t)] = \sum_{n=0}^{\infty} f(nT) e^{\mp anT} z^{-n}$$

$$= \sum_{n=0}^{\infty} f(nT) (z e^{\pm aT})^{-n}$$

令 $z_1 = z e^{\pm aT}$，则有

$$Z[\,\mathrm{e}^{\mp at}f(t)\,] = \sum_{n=0}^{\infty}f(nT)z_1^{-n}$$

$$= F(z\mathrm{e}^{\pm aT})$$

证毕。

复数位移定理含意是函数 $f(t)$ 乘以指数 $\mathrm{e}^{\mp aT}$ 的 Z 变换，等于在 $f(t)$ 的 Z 变换 $F(z)$ 中，以 $z\mathrm{e}^{\pm aT}$ 取代原算子 z。

例 2.6　用复数位移定理计算函数 te^{-aT} 的 Z 变换。

解：由 Z 变换表，知

$$Z[\,t\,] = \frac{Tz}{(z-1)^2}$$

再根据式（2-2-15），有

$$Z[\,te^{-aT}\,] = F(z\mathrm{e}^{+aT})$$

$$= \frac{Tz\mathrm{e}^{aT}}{(z\mathrm{e}^{aT}-1)^2}$$

$$= \frac{Tz\mathrm{e}^{-aT}}{(z-\mathrm{e}^{-aT})^2}$$

4. 初值定理

如果 $f(t)$ 的 Z 变换是 $F(z)$，则

$$\lim_{t\to 0}f(t) = \lim_{z\to\infty}F(z) \tag{2-2-16}$$

证明：根据定义

$$F(z) = \sum_{n=0}^{\infty}f(nT)z^{-n}$$

$$= f(0) + f(T)z^{-1} + f(2T)z^{-2} + \cdots$$

取 $z\to\infty$ 时的极限

$$\lim_{z\to\infty}F(z) = f(0) = \lim_{t\to 0}f(t)$$

证毕。

5. 终值定理

如果 $f(t)$ 的 Z 变换是 $F(z)$，则

$$\lim_{z\to 1}[\,F(z)(z-1)\,] = \lim_{t\to\infty}f(t) \tag{2-2-17}$$

证明：利用线性性质，有

$$Z[f(t+T)] - Z[f(t)] = \sum_{n=0}^{\infty}\{f[(n+1)T] - f(nT)\}z^{-n}$$

又根据平移定理，知

$$Z[f(t+T)] = zF(z) - zf(0)$$

则上式变为

$$(z-1)F(z) - zf(0) = \sum_{n=0}^{\infty}\{f[(n+1)T] - f(nT)\}z^{-n}$$

求极限，有

$$\lim_{z \to 1}(z - 1)F(z) - f(0) = \lim_{z \to 1}\sum_{n=0}^{\infty}\{f[(n+1)T] - f(nT)\}z^{-n}$$

$$= \sum_{n=0}^{\infty}\{f[(n+1)T] - f(nT)\}$$

$$= f(T) - f(0) + f(2T) - f(T) + \cdots$$

$$= -f(0) + f(\infty)$$

所以

$$\lim_{z \to 1}(z-1)F(z) = \lim_{t \to \infty}f(t)$$

证毕。

例 2.7　设 z 函数为

$$F(z) = \frac{0.792z^2}{(z-1)(z^2-0.416z+0.208)}$$

利用终值定理求 $f(nT)$ 的终值。

解：

$$\lim_{n \to \infty}f(nT) = \lim_{z \to 1}(z - 1)\frac{0.792z^2}{(z - 1)(z^2 - 0.416z + 0.208)}$$

$$= \lim_{z \to 1}\frac{0.792z^2}{z^2 - 0.416z + 0.208} = 1$$

2.2.4　Z 反变换

在连续控制系统中，应用拉氏变换把描述控制系统的微分方程转化成 s 的代数方程，然后很方便求得闭环传递函数。再利用拉氏反变换可获得系统的时间响应，从而简化运算。在计算机控制系统中，应用 Z 变换，也可把采样信号的描述式转化为 z 的代数方程，得到闭环系统的 z 传递函数（称为脉冲传递函数），再利用 Z 反变换求出离散系统的时间响应。

Z 反变换，是已知 z 变换的表达式 $F(z)$，求相应离散序列 $f(nT)$ 的过程。记为

$$f(nT) = Z^{-1}[F(z)]$$

下面介绍常用的 Z 反变换方法。

1. 部分分式法

部分分式法又称查表法，然而 Z 变换表毕竟是有限的，不可能包含所有的复杂情况。常遇到的 Z 反交换往往不能直接从表查到，必须进行一些数学运算，把 $F(z)$ 展开成部分分式以便查表。

设已知的 Z 变换式有

$$F(z) = \frac{b_0z^m + b_1z^{m-1} + \cdots + b_m}{a_0\prod_{i=1}^{n}(z - p_i)} \tag{2-2-18}$$

展开成

$$\frac{F(z)}{z} = \sum_{i=1}^{n}\frac{A_i}{z - p_i} \tag{2-2-19}$$

则 Z 反变换

$$f(nT) = z^{-1}\left[\sum_{i=1}^{n}\frac{zA_i}{z-p_i}\right] \tag{2-2-20}$$

例 2.8　求 $F(z) = \dfrac{0.6z^{-1}}{1-1.4z^{-1}+0.4z^{-2}}$ 的 Z 反变换。

解 1：

$$F(z) = \frac{0.6z}{z^2-1.4z+0.4}$$

$$\frac{F(z)}{z} = \frac{A_1}{z-1} + \frac{A_2}{z-0.4}$$

$$A_1 = (z-1)\frac{0.6}{z^2-1.4z+0.4}\bigg|_{z=1} = 1$$

$$A_2 = (z-0.4)\frac{0.6}{z^2-1.4z+0.4}\bigg|_{z=0.4} = -1$$

$$F(z) = \frac{z}{z-1} - \frac{z}{z-0.4}$$

$$f(nT) = z^{-1}\left[F(z)\right] = 1-0.4^n$$

解 2：应用 MATLAB 命令

　　nG = [0.60]；

　　dG = [1 −1.40.4]；

　　[rGoz, pGoz, other] = residue (nG, [dG0])

可以得到 $F(z)$ 极点和相应留数如下：

　　rGoz = 1.0000；−1.0000；0（留数）

　　pGoz = 1.0000；0.4000；0（极点）

根据极点和相应留数可以直接得到：

$$\frac{F(z)}{z} = \frac{1}{z-1} + \frac{-1}{z-0.4} + \frac{0}{z}$$

两边同乘 z，得到 $F(z) = \dfrac{z}{z-1} - \dfrac{z}{z-0.4}$。查 Z 变换表得

$$f(nT) = 1-0.4^n$$

例 2.9　求 $F(z) = \dfrac{3z-1.2}{(z-0.9)^2}$ 的 Z 反变换。

解：应用 MATLAB 命令

　　nG = [3−1.2]；

　　dG = [1−1.80.81]；

　　[rGoz, pGoz, other] = residue (nG, [dG0])

可以得到 $F(z)$ 极点和相应留数如下：

rGoz = 1.4815；1.6667；-1.4815（留数）

pGoz = 0.9000；0.9000；0（极点）

根据极点和相应留数可以直接得到：

$$\frac{F(z)}{z}=\frac{1.4815}{z-0.9}+\frac{1.667}{(z-0.9)^2}-\frac{1.4815}{z}$$

两边同乘 z，得到 $\frac{F(z)}{z}=\frac{1.4815z}{z-0.9}+\frac{1.667z}{(z-0.9)^2}-1.4815$。查 Z 变换表得

$$f(nT)=1.4815\,(0.9)^n+1.667n-1.4815\delta(n)$$
$$f(nT)=1.4815\,(0.9)^n+1.667\,(0.9)^{n-1}-1.4815\delta(n)$$

2. 长除法

Z 反变换的另一个方法是长除法，也称幂级数法，这种方法是通过长除法将 $F(z)$ 展开为 z^{-1} 的幂级数。

设

$$F(z)=\frac{b_0z^m+b_1z^{m-1}+\cdots+b_m}{a_0z^n+a_1z^{n-1}+\cdots+a_0}$$

用长除法可得

$$F(z)=f_0+f_1z^{-1}+f_2z^{-2}+\cdots+f_kz^{-k} \qquad (2\text{-}2\text{-}21)$$

根据 Z 变换定义可知，式（2-2-21）中的系数 $f_k(k=0,1,\cdots,)$ 就是采样脉冲序列 $f^*(t)$ 的脉冲强度 $f(nT)$，即

$$f(0)=f_0$$
$$f(T)=f_1$$
$$f(2T)=f_2$$
$$\vdots$$
$$f(kT)=f_k$$

在实际应用中，常常只需计算若干项就够了。因此用长除法计算 $f(nT)$ 最简便，这是 Z 变换法优点之一。但当 $F(z)$ 分子分母项数较多时，用长除法求 Z 反变换比较麻烦。使用计算机辅助计算可方便、简捷、精确地得到 Z 反变换。

例 2.10　求 $F(z)=\dfrac{-3+z^{-1}}{1-2z^{-1}+z^{-2}}$ 的 Z 反变换。

解：用长除法

$$
\begin{array}{r}
-3-5z^{-1}-7z^{-2}-9z^{-3} \\
1-2z^{-1}+z^{-2}\overline{\smash{\big)}\,-3+z^{-1}} \\
\underline{-3+6z^{-1}-3z^{-2}} \\
-5z^{-1}+3z^{-2} \\
\underline{-5z^{-1}+10z^{-2}-5z^{-3}} \\
-7z^{-2}+5z^{-3} \\
\underline{-7z^{-2}+14z^{-3}-7z^{-4}} \\
-9z^{-3}+7z^{-4} \\
\underline{-9z^{-3}+18z^{-4}-9z^{-5}}
\end{array}
$$

可得

$$F(z) = -3 - 5z^{-1} - 7z^{-2} - 9z^{-3} + \cdots$$

则

$$f(0) = -3$$
$$f(T) = -5$$
$$f(2T) = -7$$
$$f(3T) = -9$$

与前例相比，长除法虽简单但只能求得若干项的值，得不到 $f(nT)$ 的数学解析式。

本节讲述对连续时间 $f(nT)$ 的 Z 变换，其意义是，先对 $f(t)$ 进行采样，使之变成离散脉冲序列，再对该脉冲序列进行拉氏变换。并引进 $z = e^{sT}$ 新变量。回顾一下 Z 变换步骤对理解 Z 变换有帮助。

Z 变换的步骤是：

（1）以 $t = nT$ 代入 $f(t)$ 中得到 $f(nT)$。

（2）计算和式 $F(z) = \sum\limits_{n=0}^{\infty} f(nT) z^{-n}$。

（3）将结果表示成闭合代数式。

对 $F(z)$ 进行反变换求得 $f^*(t)$ 的过程是：

（1）将 $F(z)$ 展开成

$$\frac{F(z)}{z} = \sum_{i=1}^{n} \frac{A_i}{z - p_i}$$

（2）利用

$$A_i = \left[(z - p_i) \frac{F(z)}{z} \right] \Big|_{z = p_i}$$

求得 A_i。

（3）利用查表得到 $F(z)$ 中各项的反变换。

或者：

（1）用长除法求得 $F(z)$ 的 z^{-n} 幂级数。

（2）注意 z^{-n} 前的系数就是 $f(t)$ 在第 n 个采样时刻的值。

牢记 Z 变换是对连续信号的采样序列进行变换，因此 Z 变换与其原连续时间函数并非一一对应，而只是与采样序列相对应。例 2.1 和例 2.3 就表明了这样的事实，其中连续函数 $f_1(t)$ 和 $f_3(t)$ 的采样信号序列是相同的，有 $f_1^*(t) = f_3^*(t)$；它们的 Z 变换函数也是相等的，有 $F_1^*(z) = F_3^*(z)$。然而，这两个时间函数却是不相同的，有 $f_1(t) \neq f_3(t)$。

2.3 计算机控制系统的数学描述

2.3.1 差分方程

对于单输入、单输出线性定常系统，采用下列微分方程来描述：

$$c^{(n)}(t) + a_1 c^{(n-1)}(t) + a_2 c^{(n-2)}(t) + \cdots + a_{n-1} \dot{c}(t) + a_n c(t)$$

$$= b_0 r^{(m)} + b_1 r^{(m-1)}(t) + b_2 r^{(m-2)}(t) + \cdots + b_{m-1} \dot{r}(t) + b_m r(t) \qquad (2-3-1)$$

式中：$r(t)$ 和 $c(t)$ 分别为系统的输入信号和输出信号；$a_i(i=1,2,\cdots,n)$ 和 $b_j(j=0,1,\cdots,m)$ 为系统参数。

与线性定常连续系统类似，对于单输入单输出线性定常离散系统，可以用 n 阶线性常系数差分方程描述。

1. 差分方程的定义

离散系统在平衡点附近线性化后，可以近似地用线性常系数差分方程来描述。

连续函数 $y(t)$，经采样后变为 $y(kT)$，可定义：

一阶向前差分为

$$\Delta y(kT) = y(kT+T) - y(kT) \qquad (2-3-2)$$

n 阶向前差分为

$$\Delta^n y(kT) = \Delta^{n-1} y(kT+T) - \Delta^{n-1} y(kT) \qquad (2-3-3)$$

一阶向后差分为

$$\nabla y(kT) = y(kT) - y(kT-T) \qquad (2-3-4)$$

n 阶向后差分为

$$\nabla^n y(kT) = \nabla^{n-1} y(kT) - \nabla^{n-1} y(kT-T) \qquad (2-3-5)$$

一般地，一个 n 阶单输入单输出线性时不变离散系统在某时刻输出值 $y(kT)$ 不仅与这一时刻输入值 $r(kT)$ 有关，还与过去时刻输入值 $r(kT-T)$，$r(kT-2T)$，$\cdots$，$r(kT-mT)$，以及 $y(kT-T)$，$y(kT-2T)$，$\cdots$，$y(kT-nT)$ 有关，这种关系可以用向后差分方程表示为

$$y(kT) + a_1 y(kT-T) + a_2 y(kT-2T) + \cdots + a_n y(kT-nT)$$
$$= b_0 r(kT) + b_1 r(kT-T) + \cdots + b_m r(kT-mT) \qquad (2-3-6)$$

或表示为

$$y(kT) = -\sum_{i=1}^{n} a_i y(kT-iT) + \sum_{j=0}^{m} b_j r(kT-jT) \qquad (2-3-7)$$

式中：n 为差分方程的阶次；m 为输入信号的阶次。

由于式（2-3-6）中 $a_i(i=1,2,\cdots,n)$ 和 $b_j(j=0,1,\cdots,m)$ 是与系统结构和参数有关的常数，故称该方程为 n 阶线性差分方程，它在数学上代表一个离散系统。

2. 微分方程向差分方程的近似转换

为了加深理解，从微分方程出发来推导其离散形式——差分方程。

设一阶惯性环节，它的传递函数为

$$G(s) = \frac{K}{T_a s + 1} \qquad (2-3-8)$$

相应微分方程为

$$T_a \frac{\mathrm{d}y}{\mathrm{d}t} + y = Kx \qquad (2-3-9)$$

如图 2-3-1 所示，它的输入 $x(x=u(t))$ 和输出 y 都是时间变化的连续函数。

如果 X 为采样序列输入 $X=x(kT)$，$k=0,1,2,\cdots$，而输出也经输入同步采样开关为 $y(kT)$，$k=0,1,2\cdots$，如图 2-3-2 所示。

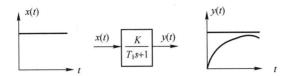

图 2-3-1　连续一阶惯性环节

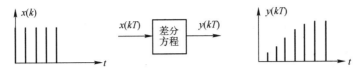

图 2-3-2　离散系统差分方程

现来求 $x(kT)$ 与 $y(kT)$ 之间数学描述式及差分方程表达式。该方程式只表述在采样点与原连续信号重合。

将式（2-3-9）进行拉氏变换，得

$$T_a sY(s) - T_a y_0 + Y(s) = K\frac{1}{s} \tag{2-3-10}$$

$$Y(s) = \frac{T_a y_0}{T_a s + 1} + \frac{K}{s(T_a s + 1)} \tag{2-3-11}$$

再将式（2-3-11）进行拉氏反变换，得

$$y(t) = y(0)e^{-\frac{t}{T_a}} + K(1 - e^{-\frac{t}{T_a}}) \tag{2-3-12}$$

从 $t=0$ 开始，计算 $t=T$ 时刻的 $y(T)$ 值，$y(0)$ 为已知，式（2-3-12）可写为

$$y(T) = y(0)e^{-\frac{T}{T_a}} + K(1 - e^{-\frac{T}{T_a}})$$

从 $t=T$ 开始，计算 $t=2T$ 时刻的 $y(2T)$ 值，$y(T)$ 为已知，上式可写为

$$y(2T) = y(T)e^{-\frac{T}{T_a}} + K(1 - e^{-\frac{T}{T_a}})$$

以此类推，可得到

$$y[(k+1)T] = y(kT)e^{-\frac{T}{T_a}} + K(1 - e^{-\frac{T}{T_a}}) \tag{2-3-13}$$

令 $a_1 = e^{-\frac{T}{T_a}}, b_0 = 1 - e^{-\frac{T}{T_a}}$，式（2-3-13）为

$$y[(k+1)T] = a_1 y(kT) + Kb_0 \tag{2-3-14}$$

即式（2-3-14）为所求差分方程。输出 $y[(k+1)T]$ 只与 kT 时刻 $y(kT), x(kT)$ 有关，称为一阶差分方程。

为加深对差分方程理解，我们再用近似公式

$$\left.\frac{dy(t)}{dt}\right|_{t=kT} \approx \frac{y[(k+1)T] - y(kT)}{T} \tag{2-3-15}$$

把式（2-3-15）代入式（2-3-9），并令 $t=kT$，求得该连续系统的近似解。

$$T_a \frac{y[(k+1)T] - y(kT)}{T} + y(kT) = Kx(kT) \tag{2-3-16}$$

整理后得

$$y[(k+1)T] = y(kT)\left(1 - \frac{T}{T_a}\right) + x(kT)K\frac{T}{T_a} \tag{2-3-17}$$

把式（2-3-17）与式（2-3-13）相比较，因为 $x(kT)$ 恒等 1，故可得到

$$e^{-\frac{T}{T_a}} = 1 - \frac{T}{T_a} ; \frac{T}{T_a} = 1 - e^{-\frac{T}{T_a}}$$

这可应用近似公式

$$e^{-x} = 1 - x(x \ll 1)$$

当 x 越小时该近似公式精度越高。式（2-3-17）中 T_a 为系统时间常数，T 为采样周期，由采样定理知，采样周期 T 应取：

$$T \leqslant \frac{T_a}{10}$$

则 $\frac{T}{T_a} \leqslant 0.1$ 该近似有足够的精度。

3. 差分方程的求解

常系数线性差分方程的求解方法有经典法、迭代法和 Z 变换法。与微分方程的经典法类似，差分方程的经典法也要求出齐次方程的通解和非齐次方程的一个特解。这里介绍工程上常用的迭代法和 Z 变换法。

1）迭代法

式（2-3-6）或者式（2-3-7）是一个 n 阶线性常系数差分方程。如果已知差分方程和输入序列及各序列的初始值，就可以利用递推关系，一步一步地迭代算出输出序列。

例 2.11 已知差分方程

$$y(kT) + y(kT-T) = r(kT) + 2r(kT-2T)$$

输入序列

$$r(kT) = \begin{cases} k, k \geqslant 0 \\ 0, k < 0 \end{cases}$$

初始条件为 $y(0) = 2$，试用迭代法求解差分方程。

解：以 $k = 1, 2, 3, \cdots$ 代入差分方程，有

$$k = 0, y(0) = 2$$
$$k = 1, y(T) = -y(0) + r(T) + 2r(-T)$$
$$= -2 + 1 + 0$$
$$= -1$$
$$k = 2, y(2T) = -y(T) + r(2T) + 2r(0)$$
$$= 1 + 2 + 0$$
$$= 3$$
$$k = 3, y(3T) = 2$$
$$k = 4, y(4T) = 6$$
$$\vdots$$

可以得到任意时刻的输出序列 $y(kT)$。

显然迭代法可以求出输出序列 $y(kT)$，但不是数学解析式。迭代法的优点是便于用计算机求解。

2）Z 变换法

在连续系统中用拉氏变换求解微分方程，使得复杂的微积分运算变成简单的代数运算。同样，在离散系统中用 Z 变换求解差分方程，也使得求解运算变成了代数运算，大大简化和方便离散系统的分析和设计。

用 Z 变换求解差分方程主要用到了 Z 变换的平移定理。

$$Z[y(kT - nT)] = z^{-n}Y(z) \tag{2-3-18}$$

$$Z[y(kT + nT)] = z^n\left[Y(z) - \sum_{j=0}^{n-1} z^{-j}y(jT)\right]$$

$$= z^nY(z) - \sum_{j=0}^{n-1} z^{n-j}y(jT) \tag{2-3-19}$$

例 2.12　求解差分方程

$$y(kT+2T) + 4y(kT+T) + 3y(kT) = 0$$

$$y(0) = 0, y(T) = 1$$

解：对差分方程作 Z 变换

$$z^2Y(z) - z^2y(0) - zy(T) + 4zY(z) - 4zY(0) + 3Y(z) = 0$$

代入初始条件，得

$$Y(z) = \frac{z}{z^2+4z+3} = \frac{0.5z}{z+1} - \frac{0.5z}{z+3}$$

取 Z 反交换

$$y(kT) = 0.5(-1)^k - 0.5(-3)^k$$

3）位移不变系统

观察迭代法和 Z 变换法中的例 2.12 的差分方程表达形式有差异，其实质是一样的。在 Z 变换例题中 $y(k+nT)$ 形式是为了进行 Z 变换时，引进初始值以便于求解。两种方式可以通过变换相互转换得到。这里要用到"时不变系统"概念，在离散系统称之为位移不变系统。

位移不变系统：

若 $y(kT)$ 是系统对 $r(kT)$ 的响应，当输入为 $r(kT-nT)$ 时，系统响应为 $y(kT-nT)$，$n=0$，$\pm1, \pm2, \cdots$。通俗地讲，时不变系统的输入与输出之间关系是不随时间改变的。

对例 2.12 中差分方程向后移 $2T$ 时刻，得

$$y(kT+2T-2T) + 4y(kT+T-2T) + 3y(kT-2T) = 0$$

整理，有

$$y(kT) + 4y(kT-T) + 3y(kT-2T) = 0$$

$$y(kT) = -4y(kT-T) - 3y(kT-2T)$$

再利用迭代法求解：

$$k=0 \qquad y(0) = 0$$
$$k=1 \qquad y(T) = 1$$
$$k=2 \qquad y(2T) = -4$$
$$k=3 \qquad y(3T) = 13$$
$$\vdots$$

与上例解析式所得结果相同。

2.3.2　脉冲传递函数

为了研究离散系统的性能，需要建立离散系统的数学模型。连续线性系统数学模型可用微分方程、传递函数表示。与连续系统的数学模型类似，线性离散系统的数学模型用差分方程、脉冲传递函数表示。本节主要介绍脉冲传递函数的基本概念。

与拉氏变换相仿，Z 变换的引入不仅是简化运算，更为重要的意义在于导出线性离散系统的脉冲传递函数，与连续系统中传递函数作用一样，脉冲传递函数给离散系统的分析和设计带来极大的方便。

1. 脉冲传递函数定义

在连续系统中，初始条件为零的情况下，输出量的拉氏变换与输入量的拉氏变换之比定义为传递函数。对于离散系统，脉冲传递函数的定义与连续系统传递函数的定义类似。

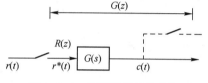

图 2-3-3　实际开环离散系统

设开环离散系统如图 2-3-3 所示，如果系统的初始条件为零，输入信号为 $r(t)$，采样后 $r^*(t)$ 的 Z 变换函数为 $R(z)$，系统连续部分的输出为 $c(t)$，采样后 $c^*(t)$ 的 Z 变换函数为 $C(z)$，则线性定常离散系统的脉冲传递函数定义为系统输出采样信号的 Z 变换与输入采样信号的 Z 变换之比，记为

$$G(z) = \frac{C(z)}{R(z)} = \frac{\sum\limits_{n=0}^{\infty} c(nT)z^{-n}}{\sum\limits_{n=0}^{\infty} r(nT)z^{-n}} \tag{2-3-20}$$

零初始条件，是指在 $t<0$ 时，输入脉冲序列各采样值 $r(-T)$，$r(-2T)$，…及输出脉冲序列各采样值 $c(-T)$，$c(-2T)$，…均为零。

式（2-3-20）表明，如已知 $R(z)$ 和 $G(z)$，则在零初始条件下，线性定常离散系统的输出采样信号为

$$c^*(t) = z^{-1}[C(z)] = z^{-1}[G(z)R(z)]$$

由于 $R(z)$ 是已知的，因此求 $c^*(t)$ 的关键在于求出系统的脉冲传递函数 $G(z)$。

然而，对大多数实际系统来说，其输出往往是连续信号 $c(t)$，而不是采样信号 $c^*(t)$，如图 2-3-3 所示。此时，可以在系统输出端虚设一个理想采样开关，如图 2-3-3 中虚线所示，它与输入采样开关同步工作，并具有相同的采样周期。虚设的采样开关是不存在的，它表明了脉冲传递函数所能描述的，只是输出连续函数 $c(t)$ 在采样时刻上的离散值 $c^*(t)$。

2. 脉冲传递函数物理意义

为了从概念上理解脉冲传递函数的物理意义，从系统的单位脉冲响应出发，来推导脉冲传递函数公式。

对于线性定常离散系统，如果输入为单位脉冲：

$$r(nT) = \delta(nT) = \begin{cases} 1 & n=0 \\ 0 & n \neq 0 \end{cases}$$

则系统的输出为单位脉冲响应，也称为"加权序列"和"脉冲过渡函数"。记作：

$$c^*(t) = \sum_{n=0}^{\infty} g(nT)\delta(t - nT) \tag{2-3-21}$$

如图（2-3-4）所示，$r(nT)$ 为输入单位脉冲，$c(t)$ 为连续输出信号，$c^*(t)$ 为单位脉冲响应序列。

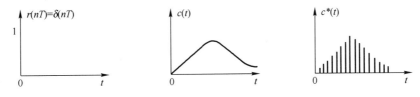

图 2-3-4　单位脉冲响应

式（2-3-21）所表达的输出响应序列，其中第 n 个序列的脉冲的幅值为

$$c(nT) = g(nT) \tag{2-3-22}$$

对于定常离散系统，一旦单位脉冲响应 $g(nT)$（$n=0,1,2,\cdots$）已知，则可用线性系统的性质，求出任意输入脉冲的响应。

如果输入单位脉冲的幅值为 $r(0)$，根据线性系统的叠加原理，那么系统响应的脉冲幅值为

$$c(nT) = r(0)g(nT) \quad n=0,1,2,\cdots$$

由于线性定常离散系统的位移不变性，当输入单位脉冲沿时间轴后移 k 个周期，为 $\delta[(n-k)T]$ 时，则单位脉冲响应也后移 k 个采样周期：

$$c(nT) = g[(n-k)T]$$

若输入为幅值、后移时间不同的脉冲串时，其输出脉冲是输入脉冲串作用之和。利用叠加原理可求出某时刻输出脉冲的幅值，某时刻的输出幅值是此前所有输入脉冲作用效果的叠加，下面来推导某时刻输出脉冲的幅值。

在 mT 时刻以前有一个输入脉冲 $r(nT)$，它在 $mT(m>n)$ 时刻的响应脉冲幅值为 $c_n(mT)$，显然 $c_n(mT)$ 的大小与输入脉冲的幅值（$r(nT)$ 的强度）和时间间隔$(m-n)$有关，根据线性和位移不变性原理，其表达式为

$$c_n(mT) = r(nT)[g(m-n)T] \tag{2-3-23}$$

式中：$c_n(mT)$ 为单个 $r(nT)$ 输入脉冲在 mT 时刻的输出；$r(nT)$ 为 nT 时刻输入脉冲的强度；$g[(m-n)T]$ 为 $\delta(nT)$ 输入脉冲的在 mT 时刻的响应幅值$(m>n)$。

若系统输入为脉冲串，则在 mT 时刻的响应是此前多个输入脉冲作用效果之和，即在 mT 刻系统响应幅值是从 0 至 mT 的输入脉冲作用的总和，有

$$c(mT) = \sum_{n=0}^{m} c_n(mT)$$

$$= \sum_{n=0}^{m} r(nT)[g(m-n)T]$$

考虑到在 mT 时刻以后作用于系统的输入脉冲不会对 mT 时刻上输出有任何影响$(g[(m-n)T]=0,n>m)$，所以可将上式中的求和上限扩展到 ∞ 无任何影响。

$$c(mT) = \sum_{n=0}^{\infty} r(nT)\left[g(m-n)T\right] \qquad (2-3-24)$$

$c(mT)$ 为在 mT 时刻的系统响应的幅值。而系统所有时刻的响应 $c^*(t)$ 的表达式为

$$c^*(t) = \sum_{m=0}^{\infty} c(mT)\delta(t-mT) \qquad (2-3-25)$$

对式 (2-3-25) 两边取 Z 变换，得

$$C(z) = \sum_{m=0}^{\infty} c(mT)z^{-m} \qquad (2-3-26)$$

将式 (2-3-24) 代入式 (2-3-26) 中，得

$$C(z) = \sum_{m=0}^{\infty}\sum_{n=0}^{\infty} r(nT)g\left[(m-n)T\right]z^{-m} \qquad (2-3-27)$$

记 $h=m-n$，式 (2-3-27) 可改写为

$$C(z) = \sum_{h=-n}^{\infty}\sum_{n=0}^{\infty} r(nT)g(hT)z^{-n}z^{-h} \qquad (2-3-28)$$

式 (2-3-28) h 求和只需从 $h=0$ 算起，nT 是激励输入时刻，mT 为响应输出时刻，即 $n \leqslant m$ 或 $h \geqslant 0h$ 才有意义。$h<0$ 意味着，在 mT 时刻之后的输入脉冲会影响 mT 时刻的输出，这当然是不可能的。上式中各项式可分开求和：

$$\begin{aligned}C(z) &= \sum_{h=0}^{\infty} g(hT)z^{-h}\sum_{n=0}^{\infty} r(nT)z^{-n} \\ &= G(z)R(z)\end{aligned} \qquad (2-3-29)$$

其中

$$G(z) = \sum_{h=0}^{\infty} g(hT)z^{-h} \qquad (2-3-30)$$

由式 (2-3-30) 还可得

$$G(z) = \frac{C(z)}{R(z)} \qquad (2-3-31)$$

由式 (2-3-31) 可得出脉冲传递函数的含义是：系统脉冲传递函数 $G(z)$，就等于系统单位脉冲响应 $g(nT)$ 的 Z 变换。

3. 脉冲传递函数求法

连续系统或环节的脉冲传递函数 $G(z)$，可以通过其传递函数 $G(s)$ 来求取。根据式 (2-3-30) 可知，由 $G(s)$ 求 $G(z)$ 的方法是：先求 $G(s)$ 的拉氏反变换，得到脉冲响应函数 $g(t)$，即

$$g(t) = \mathrm{L}^{-1}\left[G(s)\right] \qquad (2-3-32)$$

再将 $g(t)$ 按采样周期离散化，得脉冲响应序列 $g(nT)$；最后将 $g(nT)$ 进行 Z 变换，按式 (2-3-32) 求出 $G(z)$。这一过程比较复杂。其实，如果把 Z 变换表中的时间函数 $f(t)$ 看成 $g(t)$，那么表中的 $F(s)$ 就是 $G(s)$，而 $F(z)$ 则相当于 $G(z)$。因此，根据 Z 变换表可以直接从 $G(s)$ 得到 $G(z)$，而不必逐步推导。

例 2.13 设图 2-3-3 中的

$$G(s) = \frac{a}{s(s+a)}$$

试求相应的脉冲传递函数 $G(z)$。

解：将 $G(s)$ 展开为部分分式

$$G(s) = \frac{1}{s} - \frac{1}{s+a}$$

查 Z 变换表，得

$$G(z) = \frac{z}{z-1} - \frac{z}{z-e^{-aT}}$$

$$= \frac{z(1-e^{-aT})}{(z-1)(z-e^{-aT})}$$

4. 开环系统脉冲传递函数

当开环离散系统由几个环节串联组成时，其脉冲传递函数的求法与连续系统情况不完全相同。即使两个开环离散系统的组成环节完全相同，但是由于采样开关的数目和位置不同，求出的开环脉冲传递函数也会截然不同。

1）串联环节之间有采样开关

设开环离散系统如图 2-3-5 所示，在两个串联环节 $G_1(s)$、$G_2(s)$ 之间，由理想采样开关隔开。根据脉冲传递函数定义，可得

$$G(z) = Z[G_1(s)]Z[G_2(s)]$$
$$= G_1(z)G_2(z) \tag{2-3-33}$$

例 2.14　若 $G_1(s) = \dfrac{1}{s}, G_2(s) = \dfrac{a}{s+a}$，则

$$G(z) = Z[G_1(s)]Z[G_2(s)]$$
$$= Z\left[\frac{1}{s}\right]Z\left[\frac{a}{s+a}\right]$$
$$= \frac{1}{1-z^{-1}}\frac{a}{1-e^{-aT}z^{-1}}$$
$$= \frac{za}{(1-z^{-1})(z-e^{-aT})}$$

有理想采样开关的两个线性连续环节串联时的脉冲传递函数，等于这两个环节各自的脉冲传递函数之积。这一结论可以推广到类似的 n 个环节相串联的情况。

2）串联环节之间无采样开关

设开环离散系统如图 2-3-6 所示，在两个串联连续环节 $G_1(s)$ 和 $G_2(s)$ 之间，没有采样开关隔开。其推导过程用到采样拉氏变换的性质，故推导省略。其物理意义十分简洁，既然 $G_1(s)$、$G_2(s)$ 之间无采样开关，可用连续传函的方法化成

图 2-3-5　环节间有采样开关　　　　　图 2-3-6　环节间无采样开关

$$G(s) = G_1(s)G_2(s)$$

再利用公式求 $G(z)$ 即可，即

$$
\begin{aligned}
G(z) &= Z[G(s)] \\
&= Z[G_1(s)G_2(s)]
\end{aligned}
\tag{2-3-34}
$$

例 2.15　若 $G_1(s) = \dfrac{1}{s}, G_2(s) = \dfrac{a}{s+a}$，则

$$
\begin{aligned}
G_1(z) &= Z\left[\frac{1}{s}\,\frac{a}{s+a}\right] \\
&= Z\left[\frac{1}{s} - \frac{1}{s+a}\right] \\
&= \frac{z}{z-1} - \frac{z}{z - e^{-aT}} \\
&= \frac{z(1 - e^{-aT})}{(z-1)(z - e^{-aT})}
\end{aligned}
$$

由上可知，通常

$$Z[G_1(s)G_2(s)] \neq Z[G_1(s)]Z[G_2(s)]$$

在串联环节间有无采样开关隔离，其脉冲传递函数是不相同的。串联环节有采样开关隔离时，总的开环脉冲传递函数等于各串联环节脉冲传递函数之积。如在串联环节间无隔离，求取开环脉冲传函数时，需先求取串联环节的连续传递函数之积，然后再取连续传递函数积的 Z 变换。另外，从上两例中看到，当串联环节间有采样开关隔离时，开环脉冲传递函数的极点与零点分别和串联环节 Z 变换后所具有的极点与零点相同。若串联环节无采样开关，则开环脉冲传递函数的极点与串联环节 Z 变换后的极点相同，但其零点不同。

5. 离散系统的闭环脉冲传递函数

由于采样开关在闭环系统中可以有多种配置的可能性，因此闭环离散系统没有唯一的结构形式。下面将推导两种基本型的闭环系统脉冲传递函数。

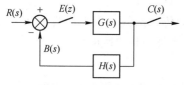

图 2-3-7　闭环离散系统结构图

图 2-3-7 是一种常见的误差采样闭环离散系统结构图。下面推导其闭环 Z 传递函数。

由图 2-3-7 可见，其误差信号的 Z 变换 $E(z)$ 为

$$
\begin{aligned}
E(z) &= Z[R(s) - B(s)] \\
&= R(z) - B(z)
\end{aligned}
\tag{2-3-35}
$$

其反馈信号的 Z 变换 $B(z)$ 为

$$B(z) = Z[G(s)H(s)]E(z)$$

记 $Z[G(s)H(s)] = GH(z)$，上式重写为

$$B(z) = GH(z)E(z) \tag{2-3-36}$$

系统输出的 Z 变换为

$$
\begin{aligned}
C(z) &= Z[G(s)]E(z) \\
&= G(z)E(z)
\end{aligned}
\tag{2-3-37}
$$

由式 (2-3-35) 和式 (2-2-36) 得

$$E(z) = \frac{R(z)}{1+GH(z)} \tag{2-3-38}$$

将式 (2-3-38) 代入式 (2-3-37) 得

$$C(z) = \frac{G(z)}{1+GH(z)} R(z) \tag{2-3-39}$$

闭环脉冲传递函数为

$$G_{\mathrm{b}}(z) = \frac{G(z)}{1+GH(z)}$$

图 2-3-8 是另一种常见的误差采样闭环离散系统结构图。下面推导其闭环脉冲传递函数。

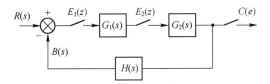

图 2-3-8 闭环离散系统结构图

$$E_1(z) = Z[R(s) - B(s)]$$
$$= R(z) - B(z)$$
$$E_2(z) = E_1(z) G_1(z)$$
$$B(z) = Z[G_2(s) H(s)] E_2(z)$$
$$= G_2 H(z) E_2(z)$$

所以

$$E_2(z) = \frac{G_1(z)}{1+G_1(z) \cdot G_2 H(z)} R(z)$$

又

$$C(z) = E_2(z) G_2(z)$$
$$= \frac{G_1(z) \cdot G_2(z)}{1+G_1(z) \cdot G_2 H(z)} R(z)$$

故

$$G_{\mathrm{b}} = \frac{G_1(z) \cdot G_2(z)}{1+G_1(z) \cdot G_2 H(z)}$$

通过类似的方法，还可以推导出采样开关为不同配置形式的其他闭环系统的脉冲传递函数。但是，只要误差信号 $e(t)$ 处没有采样开关，输入采样信号 $r^*(t)$ 便不存在，此时不能求出闭环离散系统对于输入量的脉冲传递函数，而只能求出输出采样信号的 Z 变换函数 $C(z)$。

采样开关在闭环系统中不同配置的闭环离散系统典型结构图，及其输出采样信号的 Z 变换函数 $C(z)$，可参见表 2-3-1。

表 2-3-1　典型闭环离散系统及输出 Z 变换函数

序号	系统结构图	$C(z)$ 计算式
1		$\dfrac{G(z)R(z)}{1+GH(z)}$
2		$\dfrac{RG_1(z)G_2(z)}{1+G_1(z)G_2H(z)}$
3		$\dfrac{G(z)R(z)}{1+G(z)H(z)}$
4		$\dfrac{G_1(z)G_2(z)R(z)}{1+G_1(z)G_2H(z)}$
5		$\dfrac{RG_1(z)G_2(z)G_3(z)}{1+G_1(z)G_2(z)G_3H(z)}$
6		$\dfrac{RG(z)}{1+G(z)H(z)}$
7		$\dfrac{R(z)G(z)}{1+G(z)H(z)}$
8		$\dfrac{G_1(z)G_2(z)R(z)}{1+G_1(z)G_2(z)H(z)}$

2.4　计算机控制系统的分析

2.4.1　计算机控制系统的稳定性分析

为了把线性定常连续系统在 S 平面上稳定性分析的方法推广到 Z 平面上的离散系统稳定性分析，首先需要研究这两个复平面之间的关系。

复变量 z 和 s 的关系为 $z=\mathrm{e}^{Ts}$，由 $s=\sigma+\mathrm{j}\omega$，则

$$z = e^{T(\sigma + j\omega)} = e^{\sigma T} e^{jT\omega}$$

所以 $|z| = e^{\sigma T}$，$\angle z = \omega T$。

在 S 平面上，虚轴 $s = j\omega$，对应于 Z 平面上 $z = e^{j\omega T}$。这表明：当 S 平面上的点沿虚轴移动，对应于 Z 平面上相应的点在单位圆周上运动。当 s 位于 S 平面虚轴的左半部（$\sigma < 0$）时，这时 $|z| < 1$，对应 Z 平面上的单位圆内；当 s 位于 S 平面虚轴的右半部（$\sigma > 0$）时，这时 $|z| > 1$，对应 Z 平面上的单位圆外部区域，如图 2-4-1 所示。

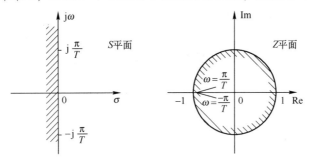

图 2-4-1 S 平面上虚轴在 Z 平面上的映像

对于图 2-3-7 所示的采样控制系统，闭环传递函数 $\Phi(z) = G(z)/[1 + GH(z)]$，其特征方程式为

$$1 + GH(z) = 0 \tag{2-4-1}$$

系统的特征根 $z_1, z_2, \cdots, z_n$ 即为闭环传递函数的极点。根据以上分析可知，闭环采样系统稳定的充分必要条件是，系统特征方程的所有根均分布在 Z 平面的单位圆内，或者所有根的模均小于 1，即 $|z_i| < 1 (i = 1, 2, \cdots, n)$。

由于 Z 平面上极点的分布位置对系统的瞬态响应有重要影响，所以我们首先讨论 Z 平面上极点分布与瞬态响应的关系。

（1）实轴上的单极点。如果系统的闭环脉冲传递函数 $G_b(z)$ 有一个实轴上的单极点 p_k，在单位脉冲作用下，对应的输出序列为

$$c_k(nT) = Z^{-1}\left[\frac{zc_k}{z - p_k}\right] = c_k p_k^n$$

c_k 为实常数，实轴上的单极点 p_k 的不同位置，会有不同的 $c_k(nT)$ 序列，如图 2-4-2 所示。

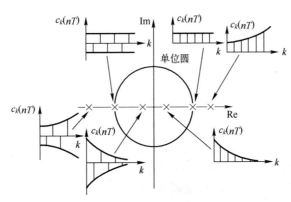

图 2-4-2 单极点位置和动态响应关系

① $p_k > 1$，$c_k(nT)$ 是发散序列。

② $p_k = 1$，$c_k(nT)$ 是等幅脉冲序列。

③ $0 \leq p_k < 1$，$c_k(nT)$ 是单调衰减正序列。

④ $-1 < p_k < 0$，$c_k(nT)$ 是交替变号的衰减序列。

⑤ $p_k = -1$，$c_k(nT)$ 是交替变号的等幅脉冲序列。

⑥ $p_k < -1$，$c_k(nT)$ 是交替变号的发散序列。

显然，当实轴上的单极点 p_k 在单位圆内时，序列 $c(n)$ 是收敛的，而且 $|p_k|$ 越小，$c(n)$ 衰减越快。

（2）共轭复数极点。如果系统的闭环脉冲传递函数 $G_b(z)$ 有一对共轭极点

$$p_k, \bar{p}_k = |p_k| e^{\pm j\theta_k} \qquad (2-4-2)$$

式中：θ_k 是极点 p_k，$\bar{p}_k$ 的相角；$|p_k|$ 为共轭极点模。对应的系统的单位脉冲响应是

$$c(nT) = Z^{-1} \left[\frac{c_k z}{z - p_k} + \frac{\bar{c}_k z}{z - \bar{p}_k} \right] \qquad (2-4-3)$$

c_k，$\bar{c}_k$ 为展开成部分分式时的系数，展开前 $G_b(z)$ 分子、分母是实数，因此展开后该系数是共轭复数，令其为

$$c_k = |c_k| e^{j\varphi_k}, \qquad \bar{c}_k = |c_k| e^{-j\varphi_k} \qquad (2-4-4)$$

系统的响应可由对式（2-4-3）求 Z 反变换获得：

$$c(nT) = c_k p_k^n + \bar{c}_k \bar{p}_k^n \qquad (2-4-5)$$

将式（2-4-2）和式（2-4-4）代入式（2-4-5），得

$$\begin{aligned}
c_k(nT) &= |c_k| e^{j\varphi_k} |p_k|^n e^{jn\theta_k} + |c_k| e^{-j\varphi_k} |p|^n e^{-jkn\theta_k} \\
&= |c_k| |p_k|^n \left[e^{j(n\theta_k + \varphi_k)} + e^{-j(n\theta_k + \varphi_k)} \right] \\
&= 2 |c_k| |p_k|^n \left[\cos(n\theta_k + \varphi_k) \right] \qquad (2-4-6)
\end{aligned}$$

共轭极点在 Z 平面上的位置，决定其脉冲响应的特性。分以下不同情况讨论，如图 2-4-3 所示。

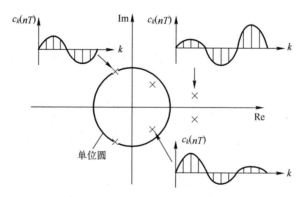

图 2-4-3　共轭极点位置和动态响应关系

① $|p_k| > 1$，$\theta_k \neq 0$、$\theta_k \neq \pi$，$c(nT)$ 振荡且发散。

② $|p_k| = 1$，$\theta_k \neq 0$、$\theta_k \neq \pi$，$c(nT)$ 等幅振荡。

③ $|p_k| < 1$，$\theta_k \neq 0$、$\theta_k \neq \pi$，$c(nT)$ 衰减振荡。

$|p_k|$ 越小，即共轭极点越靠近原点，振荡衰减过程越快。

例 2.16 设连续系统的传函 $G(s) = 10/(s^2+s+10)$，求 $G(s)$ 极点；并以 $Ts = 0.1$ 和 $Ts = 0.5$ 离散化 $G(z)$；求离散化 $G(z)$ 的极点，并在 Z 平面上画出其极点位置。

解： 用 MATLAB 命令

```
Gn = 10;
Gd = [1 1 10];
Gs = tf(Gn,Gd);
[zz,pp,kk] = zpkdata(Gs,'v')
Gz1 = c2d(Gs,0.1,'zoh')
Gz2 = c2d(Gs,0.5,'zoh')
figure(1)
pzmap(Gz1)
figure(2)
pzmap(Gz2)
```

得到

（1）$G(s)$ 的极点 pp = $-0.5000+3.1225i$；$-0.5000-3.1225i$。

（2）$G(z)$ 的零、极点（$Ts = 0.1$）zz = -0.9671，pp = $0.9052+0.2922i$；$0.9052-0.2922i$。

（3）$G(z)$ 的零、极点（$Ts = 0.5$）zz = -0.8340，pp = $0.0074+0.7788i$；$0.0074-0.7788i$。

从例 2.16 可知，改变采样周期，可以改变离散化 $G(z)$ 的极点的位置，如图 2-4-4、图 2-4-5 所示。

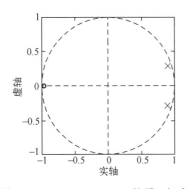

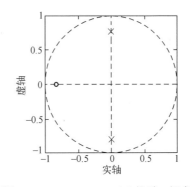

图 2-4-4　$Ts = 0.1$，$G(z)$ 的零、极点　　　　图 2-4-5　$Ts = 0.5$，$G(z)$ 的零、极点

与分析连续系统的稳定性一样，用直接求解特征方程式根的方法判断系统的稳定性往往比较困难，这时可利用劳斯判据来判断其稳定性。因为劳斯判据只能判断系统特征方程式的根是否在 S 平面虚轴的左半部，而线性离散系统中希望判别的是特征方程式的根是否在 Z 平面单位圆的内部。因此，可采用一种线性变换方法，使 Z 平面上的单位圆，映射为新坐标系 W 平面上的虚轴，这种坐标变换称为 W 变换。令

$$z = \frac{w+1}{w-1} \tag{2-4-7}$$

则

$$w = \frac{z+1}{z-1} \tag{2-4-8}$$

并令复变量

$$z = x + jy, \qquad w = u + jv$$

代入式（2-4-8）得

$$u + jv = \frac{x + jy + 1}{x + jy - 1} = \frac{(x^2 + y^2 - 1) - j2y}{(x-1)^2 + y^2}$$

对于 W 平面上的虚轴，实部 $u = 0$，即

$$x^2 + y^2 - 1 = 0$$

这就是 Z 平面上以坐标原点为圆心的单位圆的方程。单位圆内 $x^2 + y^2 < 1$，对应于 W 平面的左半部；单位圆外 $x^2 + y^2 > 1$，对应于 W 平面右半部。

例 2.17　判断图 2-4-6 所示系统在采样周期 $T = 1\mathrm{s}$ 和 $T = 4\mathrm{s}$ 时的稳定性。

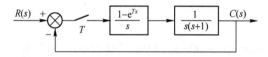

图 2-4-6　采样系统

解：开环脉冲传递函数为

$$G(z) = Z\left[\frac{1 - e^{-Ts}}{s} \cdot \frac{1}{s(s+1)} \right] = Z\left[(1 - e^{-Ts}) \cdot \frac{1}{s^2(s+1)} \right]$$

$$= (1 - z^{-1}) Z\left(\frac{1}{s^2} - \frac{1}{s} + \frac{1}{s+1} \right) = (1 - z^{-1}) \left[\frac{Tz}{(z-1)^2} - \frac{z}{z-1} + \frac{z}{z - e^{-T}} \right]$$

$$= \frac{T(z - e^{-T}) - (z-1)(z - e^{-T}) + (z-1)^2}{(z-1)(z - e^{-T})}$$

闭环传递函数为

$$G_c(z) = \frac{G(z)}{1 + G(z)}$$

闭环系统的特征方程为

$$T(z - e^{-T}) + (z-1)^2 = 0$$

即

$$z^2 + (T-2)z + 1 - Te^{-T} = 0$$

当 $T = 1\mathrm{s}$ 时，系统的特征方程为

$$z^2 - z + 0.632 = 0$$

因为方程是二阶的，故直接解得极点为 $z_{1,2} = 0.5 \pm j0.618$。由于极点都在单位圆内，所以系统稳定。

当 $T = 4\mathrm{s}$ 时，系统的特征方程为

$$z^2 + 2z + 0.927 = 0$$

解得极点为 $z_1 = -0.73$，$z_2 = -1.27$。因为有一个极点在单位圆外，所以系统不稳定。

从这个例子可以看出，一个原来稳定的系统，如果采样周期增大到一定程度后，系统将会不稳定。通常，T 越大，系统的稳定性就越差。

用 MATLAB 解本例的程序如下：

```
%example2.17
c1=[1  -1  0.632];
roots(cl)
c2=[1  2  0.927];
roots(c2)
```

例 2.18　设采样系统如图 2-4-7 所示，采样周期 $T=0.25s$，求能使系统稳定的 K 值范围。

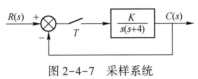

图 2-4-7　采样系统

解：开环脉冲传递函数为

$$G(z)=Z\left[\frac{K}{s(s+4)}\right]=Z\left[\frac{K}{4}\left(\frac{1}{s}-\frac{1}{s+4}\right)\right]=\frac{K}{4}\left(\frac{z}{z-1}-\frac{z}{z-e^{-4T}}\right)$$
$$=\frac{K}{4}\cdot\frac{(1-e^{-4T})z}{(z-1)(z-e^{-4T})}$$

闭环传递函数为

$$G_c(z)=\frac{G(z)}{1+G(z)}$$

闭环系统的特征方程为

$$1+G(z)=(z-1)(z-e^{-4T})+\frac{K}{4}(1-e^{-4T})z=0$$

将式（2-4-7）及 $T=0.25s$ 代入上式，得

$$\left(\frac{w+1}{w-1}-1\right)\left(\frac{w+1}{w-1}-0.368\right)+0.158K\frac{w+1}{w-1}=0$$

整理后可得

$$0.158Kw^2+1.264\omega+(2.736-0.158K)=0$$

劳斯表为

w^2　$0.158K$　　$2.736-0.158K$

w^1　1.264

w^0　$2.736-0.158K$

要使系统稳定，必须使劳斯表中第一列各项大于零，即

$$0.158K>0 \text{ 且 } 2.736-0.158K>0$$

所以使系统稳定的 K 值范围是 $0<K<17.3$。

2.4.2　计算机控制系统的稳态误差分析

设单位反馈采样控制系统如图 2-4-8 所示。

与连续系统类似，系统的误差

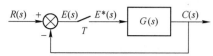

图 2-4-8　单位反馈采样控制系统

$$E(z) = \frac{1}{1+G(z)} R(z)$$

设闭环系统稳定，根据终值定理可以求出在输入信号作用下采样系统的稳态误差终值

$$e_{ssr} = \lim_{t \to \infty} e(t) = \lim_{z \to 1}(z-1)\frac{1}{1+G(z)}R(z) \qquad (2\text{-}4\text{-}9)$$

在连续系统中，如果开环传递函数 $G(s)$ 具有 v 个 $s=0$ 的极点，则由 $z=e^{Ts}$ 可知相应 $G(z)$ 必有 v 个 $z=1$ 的极点。我们把开环传递函数 $G(s)$ 具有 $s=0$ 的极点数作为划分系统型别的标准，并分别把 $v=0,1,2,\cdots$ 的系统称为 0 型、I 型和 II 型系统等。同样，在离散系统中，也可把开环脉冲传递函数 $G(z)$ 具有 $z=1$ 的极点数 v 作为划分系统型别的标准，把 $G(z)$ 中 $v=0,1,2,\cdots$ 的系统称为 0 型、I 型和 II 型（离散）系统等。

与连续系统对应的离散系统的静态位置误差系数、静态速度误差系数和静态加速度误差系数分别如下：

静态位置误差系数

$$K_p = \lim_{z \to 1}\left[1+G(z)\right] \qquad (2\text{-}4\text{-}10)$$

静态速度误差系数

$$K_v = \lim_{z \to 1}(z-1)G(z) \qquad (2\text{-}4\text{-}11)$$

静态加速度误差系数

$$K_a = \lim_{z \to 1}(z-1)^2 G(z) \qquad (2\text{-}4\text{-}12)$$

表 2-4-1 给出了不同系统型别的稳态误差与静态误差系数的关系。

表 2-4-1　单位反馈离散系统的稳态误差

系 统 型 别	典型输入作用下的稳态误差		
	阶跃输入 $1(t)$	速度输入 t	加速度输入 $t^2/2$
0 型系统	$1/K_p$	∞	∞
I 型系统	0	T/K_v	∞
II 型系统	0	0	T^2/K_a

例 2.19　线性离散系统如图 2-4-6 所示，采样周期 $T=1\mathrm{s}$。试求系统在单位阶跃、单位速度和单位加速度输入时的稳态误差。

解 1：由例 2.17 已求得系统的开环脉冲传递函数，可得

$$\frac{1}{1+G(z)} = \frac{(z-1)(z-e^{-T})}{(z-1)(z-e^{-T})+T(z-e^{-T})-(z-1)(z-e^{-T})+(z-1)^2}$$

$$= \frac{(z-1)(z-e^{-T})}{T(z-e^{-T})+(z-1)^2} = \frac{(z-1)(z-e^{-1})}{(z-e^{-1})+(z-1)^2}$$

$$= \frac{(z-1)(z-0.368)}{z^2-z+0.632}$$

稳态误差 $e_{ssr} = \lim_{t \to \infty} e(t) = \lim_{z \to 1}(z-1)\frac{1}{1+G(z)}R(z)$

（1）单位阶跃输入时，$R(z) = \dfrac{z}{z-1}$

稳态误差 $e_{ssr} = \lim\limits_{z \to 1}(z-1)\dfrac{(z-1)(z-0.368)}{z^2-z+0.632} \cdot \dfrac{z}{z-1} = 0$

（2）单位速度输入时，$R(z) = \dfrac{Tz}{(z-1)^2} = \dfrac{z}{(z-1)^2}$

稳态误差 $e_{ssr} = \lim\limits_{z \to 1}(z-1)\dfrac{(z-1)(z-0.368)}{z^2-z+0.632} \cdot \dfrac{z}{(z-1)^2} = 1$

（3）单位加速度输入时，$R(z) = \dfrac{T^2 z(1+z)}{2(z-1)^3}$

稳态误差 $e_{ssr} = \lim\limits_{z \to 1}(z-1)\dfrac{(z-1)(z-0.368)}{z^2-z+0.632} \cdot \dfrac{z(1+z)}{2(z-1)^3} = \infty$

解 2：由例 2.17 知系统的开环脉冲传递函数

$$G(z) = \dfrac{T(z-e^{-T})-(z-1)(z-e^{-T})+(z-1)^2}{(z-1)(z-e^{-T})} = \dfrac{ze^{-1}+1-2e^{-1}}{(z-1)(z-e^{-1})}$$

$$= \dfrac{0.368z+0.264}{(z-1)(z-0.368)}$$

可见系统含有一个积分环节，所以是 I 型系统。由表 2-4-1 可知：

单位阶跃输入时，$e_{ssr} = 0$

单位速度输入时，$K_v = \lim\limits_{z \to 1}(z-1)G(z) = \lim\limits_{z \to 1}(z-1)\dfrac{0.368z+0.264}{(z-1)(z-0.368)} = 1, e_{ssr} = \dfrac{T}{K_v} = 1$

单位加速度输入时，$e_{ssr} = \infty$

2.4.3　计算机控制系统的性能指标

如果可以求出离散系统的闭环脉冲传递函数 $G_c(z) = C(z)/R(z)$，其中 $R(z) = z/(z-1)$ 为单位阶跃函数，则系统输出量的 Z 变换函数

$$C(z) = G_c(z)\dfrac{z}{z-1}$$

将上式展成幂级数，通过 Z 反变换，可以求出输出信号的脉冲序列 $c(kT)$ 或 $c^*(t)$。由于离散系统的时域指标与连续系统相同，故根据单位阶跃响应曲线 $c(t)$ 可以方便地分析离散系统的动态性能。

例 2.20　设采样系统如图 2-4-8 所示，其中

$$G(z) = \dfrac{1.264z}{z^2-1.368z+0.369}$$

采样周期 $T=0.1s$，求系统指标调节时间 t_s 和超调量 σ 的近似值。

解：闭环脉冲传递函数为

$$G_c(z) = \dfrac{G(z)}{1+G(z)} = \dfrac{1.264z}{z^2-0.104z+0.368}$$

系统阶跃响应为

$$C(z) = G_c(z) R(z) = \frac{1.264z}{z^2 - 0.104z + 0.368} \cdot \frac{z}{z-1}$$

$$= \frac{1.264z^2}{z^3 - 1.104z^2 + 0.472z - 0.368}$$

用幂级数法得

$$C(z) = 1.264z^{-1} + 1.395z^{-2} + 0.943z^{-3} + 0.848z^{-4} + 1.004z^{-5} + 1.005z^{-6} + 1.003z^{-7} + \cdots$$

输出信号的采样序列

$$c^*(t) = 1.264\delta(t-T) + 1.395\delta(t-2T) + 0.943\delta(t-3T) + 0.848\delta(t-4T) + 1.004\delta(t-5T)$$
$$+ 1.055\delta(t-6T) + 1.003\delta(t-7T) + \cdots$$

将 $c^*(t)$ 在各采样时刻的值用"＊"标于图 2-4-9，光滑地连接图中各点，便得到系统输出 $c(t)$ 的大致曲线，于是

$$t_s \approx (6 \sim 7)T = 0.6 \sim 0.7\text{s}, \quad \sigma = 40\% \sim 50\%$$

用 MATLAB 可以方便地求出采样控制系统的阶跃响应，其程序如下：

```
%    example 2.20
num = [1.264   0]
den = [1   -0.104   0.368]
dstep(num, den)
```

其阶跃响应曲线如图 2-4-10 所示。与连续系统类似，采样控制系统的动态响应与闭环脉冲传递函数的极点、零点在 Z 平面上的分布有密切关系。有关这方面的内容可参考相关书籍。

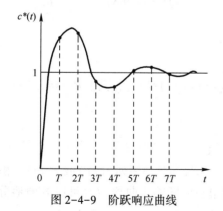

图 2-4-9　阶跃响应曲线

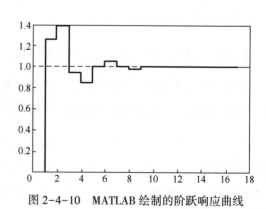

图 2-4-10　MATLAB 绘制的阶跃响应曲线

思考题及习题

1. 计算机控制系统中信号与连续控制中有何不同？为什么？

2. 为什么说 $\delta(t)$ 脉冲函数是离散理论中最重要的函数？

3. 试求下列函数的 Z 变换：

(1) $e(t) = a^n$　　　　　　　　　　(2) $E(s) = \dfrac{s+1}{s^2}$

（3）$e(t)=t^3 \mathrm{e}^{-3t}$　　　　　　（4）$E(s)=\dfrac{s}{s(s+1)}$

4. 试求下列函数的初值：

（1）$F(z)=\dfrac{1}{1-z^{-1}}$　　　　　　（2）$F(z)=\dfrac{Tz^{-1}}{(1-z^{-1})^2}$

5. 试求下列函数终值：

（1）$F(z)=\dfrac{1}{1-z^{-1}}$　　　　　　（2）$F(z)=\dfrac{Tz^{-1}}{(1-z^{-1})^2}$

（3）$F(z)=\dfrac{z^2}{(z-0.8)(z-1)}$

6. 试求下列函数的 Z 反变换：

（1）$F(z)=\dfrac{10z}{(z-1)(z-2)}$　　　　（2）$F(z)=\dfrac{-3+z^{-1}}{1-2z^{-1}+z^{-2}}$

7. 试述采样过程与采样定理的要点。

8. 采样频率过高或者过低对计算机控制系统有何影响？

9. 用 Z 变换解下列差分方程：

（1）$y(k+2)+3y(k+1)+2y(k+1)+6y(k)=0$。设 $y(0)=0$；$y(1)=1$

（2）$y(k+3)+6y(k+2)+11y(k+1)+6y(k)=0$。设 $y(0)=0$；$y(1)=1$；$y(2)=0$

10. 已知差分方程为

$$y(k)-4y(k+1)+y(k+2)=0$$

初始条件：$y(0)=0$；$y(1)=1$。试用迭代法求输出序列 $y(k)$，$k=0,1,2,3,4$。

11. 求下列 $G(s)$ 的脉冲传递函数：

（1）$G(s)=\dfrac{1}{s+a}$　　　　　　（2）$G(s)=\dfrac{1}{(s+a)(s+b)}$

12. 设开环离散系统如题图 2-1 所示，试求开环脉冲传递函数 $G(z)$

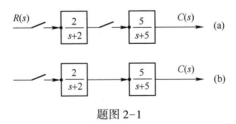

题图 2-1

13. 试求如题图 2-2 所示的采样控制系统在单位阶跃信号作用下的输出响应 $y^*(t)$。

设 $G(s)=\dfrac{20}{s(s+10)}$，采样周期 $T=0.1\,\mathrm{s}$。

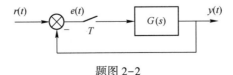

题图 2-2

14. 试求如题图 2-2 所示的采样控制系统在单位速度信号作用下的稳态误差。设 $G(s) = \dfrac{1}{s(0.1s+1)}$，采样周期 $T = 0.1\text{s}$。

15. 对于题图 2-2 所示的采样控制系统，设 $G(s) = \dfrac{10}{s(s+1)}$，采样周期 $T = 1\text{s}$。

（1）试分析该系统满足稳定的充要条件。

（2）试用劳斯准则判断其稳定性。

16. 设线性离散控制系统的特征方程为 $45z^3 - 117z^2 - 119z - 39 = 0$，试判断此系统的稳定性。

17. 设单位负反馈采样控制系统的开环传递函数为

$$G(z) = \frac{k}{(1-z^{-1})^2}$$

试用劳斯准则分析稳定性，确定 k 值的稳定范围。

第3章　计算机控制系统设计

计算机参与控制的形式是多种多样的，它取决于控制规律的选择及被控对象的特性，但计算机控制系统都存在共性，计算机只是系统的一个组成部分，其控制功能可用差分方程或者脉冲传递函数来描述，通常被控对象是连续的，其特性可用微分方程或传递函数来描述，因而计算机控制系统也称为"混合系统"。"混合系统"当从不同的角度来看待它时，既可视为一个"纯模拟系统"，也可等效为一个"纯离散系统"，因此既可以采用基于连续系统的设计方法，也可以采用基于离散系统的设计方法来设计计算机控制系统。

3.1　计算机控制系统模拟化设计

典型计算机控制系统如图 3-1-1 所示。现在从 B—B′ 来观察计算机和被控对象，从 B、B′ 往里看，B 点的输入是模拟量，B′ 点的输出也是模拟量。若把 A/D 转换器、计算机、D/A 转换器看作一个整体，可以将其等效成一个模拟控制器 $D(s)$，加上模拟对象 $G(s)$，这时可以把整个控制系统视为一个连续系统。显然把计算机和 A/D 转换器等效成模拟环节是有条件的，其误差取决于 A/D，D/A 转换器的量化误差和采样周期 T。也就是说，只要合理选用 A/D，D/A 转换器的精度和采样周期 T 的大小，系统的离散部分就可用连续系统（或环节）来近似。

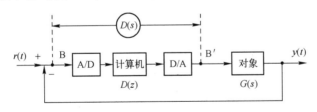

图 3-1-1　计算机控制系统模拟化

这样对"混合系统"的设计，完全可以按照连续系统的设计方法，先设计出控制器的传递函数 $D(s)$，然后再把它离散化，并由计算机控制软件来实现。

对连续控制系统的设计人们已积累了丰富的经验，并为广大从事自动控制的工程人员所熟悉，应用计算机控制系统模拟化方法既给控制系统的设计带来很大方便，也易于被人们理解和接受。模拟控制器的离散化，就是利用某种离散化方法，由 $D(s)$ 求出相应的 $D(z)$，并使 $D(z)$ 的动态特性（在采样点）近似于 $D(s)$ 的动态特性。

模拟化设计方法的一般步骤如下：

（1）根据性能指标要求和给定对象的 $G(s)$，用连续控制理论的设计方法设计 $D(s)$。

（2）确定离散系统的采样周期。

（3）在设计好的连续系统中加入零阶保持器。检查由于零阶保持器的滞后作用，对原设计好的连续系统性能是否有影响，以决定是否修改 $D(s)$。

（4）用适当的方法将 $D(s)$ 离散化成 $D(z)$。

（5）将 $D(z)$ 化成差分方程。

3.1.1　模拟控制器的离散化方法

将模拟控制器离散化成数字控制器的等效离散化设计方法有很多，无论用哪一种等效离散化方法，必须保证离散后的数字控制器与等效前的连续控制器具有近似一致的动态特性和频率响应特性，这是不容易实现的。采用某种离散化技术可能达到一致或基本一致的脉冲响应特性，但不能具有较好的频率响应逼真度，反之亦然。对于大多数情况，要匹配等效前后的频率响应特性是很困难的。离散后数字控制器的动态特性取决于采样频率和特定的离散化方法，降低采样频率会使离散的数字控制器的逼真度下降，如果采样频率足够高，等效离散的数字控制器与原连续控制器具有很近似的特性。下面介绍常用的几种等效离散化设计方法。

1. 冲激不变法

冲激不变法的基本思想是：数字滤波器产生的脉冲响应序列近似等于模拟滤波器的脉冲响应函数的采样值。

设模拟控制器的传递函数为

$$D(s) = \frac{U(s)}{E(s)} = \sum_{i=1}^{n} \frac{A_i}{s + a_i}$$

在单位脉冲作用下输出响应为

$$u(t) = L^{-1}[D(s)] = \sum_{i=1}^{n} A_i e^{-a_i t}$$

其采样值为

$$u(kT) = \sum_{i=1}^{n} A_i e^{-a_i kT}$$

即数字控制器的脉冲响应序列，因此得到

$$D(z) = Z[u(kT)] = \sum_{i=1}^{n} \frac{A_i}{1 - e^{-a_i T} z^{-1}} = Z[D(s)]$$

冲激不变法的特点是：

（1）$D(z)$ 与 $D(s)$ 的脉冲响应相同。

（2）若 $D(s)$ 稳定，$D(z)$ 也稳定。

（3）$D(z)$ 不能保持 $D(s)$ 的频率响应。

（4）$D(z)$ 将 ω_s 的整数倍频率变换到 Z 平面上的同一个点的频率，因而出现了混叠现象。

其应用范围是：连续控制器 $D(s)$ 应具有部分分式结构或能较容易地分解为并联结构。$D(s)$ 具有陡衰减特性，且为有限带宽信号的场合。这时采样频率足够高，可减少频率混叠影响，从而保证 $D(z)$ 的频率特性接近原连续控制器 $D(s)$。

2. 加零阶保持器的 Z 变换法

这种方法就是用零阶保持器与模拟控制器串联，然后再进行 Z 变换离散化成数字控制器，即

$$D(z) = Z\left[\frac{1-\mathrm{e}^{-Ts}}{s}D(s)\right]$$

例 3.1　已知模拟控制器 $D(s) = \dfrac{a}{s+a}$，求数字控制器 $D(z)$。

解：
$$D(z) = Z\left[\frac{1-\mathrm{e}^{-Ts}}{z}\frac{a}{s+a}\right] = \frac{z^{-1}(1-\mathrm{e}^{-aT})}{1-\mathrm{e}^{-aT}z^{-1}}$$

控制算法
$$u(k) = \mathrm{e}^{-aT}u(k-1) + (1-\mathrm{e}^{-aT})e(k-1)$$

加零阶保持器 Z 变换法的特点：

(1) 若 $D(s)$ 稳定，则 $D(z)$ 也稳定。

(2) $D(z)$ 不能保持 $D(s)$ 的脉冲响应和频率响应。

3. 差分变换法

模拟控制器若用微分方程的形式表示，其导数可用差分近似。常用的一阶差分近似方法有两种：后向差分和前向差分。

1）后向差分变换法

设微分控制规律为

$$u(t) = \frac{\mathrm{d}e(t)}{\mathrm{d}t} \tag{3-1-1}$$

对式（3-1-1）两边求拉氏变换得到微分控制器传函为

$$D(s) = \frac{U(s)}{E(s)} = s \tag{3-1-2}$$

对式（3-1-1）采用后向差分近似可得

$$u(k) \approx \frac{e(k)-e(k-1)}{T} \tag{3-1-3}$$

再对式（3-1-3）两边求 Z 变换，可得微分控制脉冲传函为

$$D(z) = \frac{U(z)}{E(z)} = \frac{z-1}{Tz} \tag{3-1-4}$$

若要把式（3-1-2）微分控制离散化，由式（3-1-4）知，只须令 $s=\dfrac{z-1}{Tz}$ 即可，即 $D(s)$ 的离散化公式为

$$D(z) = D(s)\big|_{s=\frac{z-1}{Tz}} \tag{3-1-5}$$

由式（3-1-5）定义的 z 与 s 是一对一的映射关系，如图 3-1-2 所示，该映射将 S 左半平面映射为 Z 平面中单位圆内的一个小圆，即原连续控制器是稳定的，当采用该方法离散后的计算机控制系统也是稳定的。

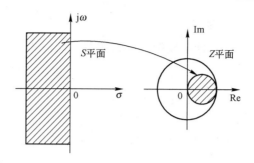

图 3-1-2　后向差分变换的 Z 平面与 S 平面映射关系

2）前向差分变换法

对于给定的 $D(s) = \dfrac{U(s)}{E(s)} = \dfrac{1}{s}$，其微分方程为

$$\frac{\mathrm{d}u(t)}{\mathrm{d}t} = e(t) \tag{3-1-6}$$

对式（3-1-6）采用前向差分近似可得

$$\frac{\mathrm{d}u(t)}{\mathrm{d}t} \approx \frac{u(k+1) - u(k)}{T} \tag{3-1-7}$$

再对式（3-1-7）两边求 Z 变换可得微分控制脉冲传函为

$$D(z) = \frac{U(z)}{E(z)} = \frac{1}{\dfrac{z-1}{T}} \tag{3-1-8}$$

若把式（3-1-6）微分控制离散化，由式（3-1-8）知，只须令 $s = \dfrac{z-1}{T}$ 即可，对 $D(s)$ 的离散化公式为

$$D(z) = D(s)\,\big|_{s=\frac{z-1}{Tz}} \tag{3-1-9}$$

由式（3-1-9）定义的 z 与 s 是一对一的映射关系，如图 3-1-3 所示，映射表明左半 S 平面的极点可能映射到 Z 平面的单位圆以外。可见，用前向差分法获得的离散数字控制器可能变成不稳定，因此一般在实际中不采用前向差分法作为离散化方法。

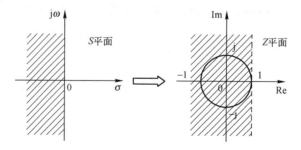

图 3-1-3　前向差分变换的 Z 平面与 S 平面映射关系

前向差分变换法中稳定的 $D(s)$ 不能保证变换成稳定的 $D(z)$，且不能保证有相同的脉冲响应和频率响应。

3.1.2　数字 PID 控制

数字控制器是计算机闭环控制系统的核心部分，系统控制性能的好坏直接与数字控制器的设计相关。数字控制器的设计，是指针对特定的控制对象，在满足实际应用需要的条件下，设计出满足控制性能的控制算法和开发相应的计算机控制程序。PID 控制算法是工业中常用的数字控制器，它属于数字控制器连续化设计技术中的一种方法。

长期以来，在连续控制领域中，按偏差的比例（Proportional）、积分（Integral）和微分（Differential）进行控制的控制器（又称 PID 调节器），是应用最为广泛的一种控制器。PID 控制器经过长期工程实践，总结形成了一套 PID 控制方法，由于它形成了典型结构，且参数整定方便，结构改变灵活，在大多数工程控制中（当被控对象的数学模型满足一定的要求）效果较好，因此长期以来被广泛采用，它不仅为工程技术人员熟练掌握，现场操作人员也很容易使用和调试。在实际过程控制中，由于控制对象的精确数学模型难以建立，系统参数的时变性和非线性，运用控制理论分析既要耗费很大代价，有时还不能得到预期的精度和效果，因此常采用 PID 调节器，依靠经验或现场调试决定控制器参数，常常可以得到满意的控制效果。PID 调节器正是具备了工程应用中所需的适应性、灵活性和鲁棒性（Robustness），鲁棒性即被控对象的动态特性在一定范围内发生变化时，系统的控制性能变化不明显。因此在计算机用于控制领域以前，各种类型的 PID 调节器几乎一直占据垄断地位，计算机的出现和它在控制领域的应用才使这种情况开始有所变化，近几十年来相继出现的，以现代控制技术为基础的复杂控制算法，只有采用计算机控制才能实现。然而在目前，即使在计算机控制领域中，PID 控制仍然是应用最广泛的控制算法。用计算机实现 PID 控制，不仅仅是简单地把 PID 控制规律数字化，而是进一步与计算机的逻辑判断能力结合起来，使 PID 控制更加灵活多样，更能满足各式各样的特殊控制要求，而且 PID 与现代控制理论的结合，更使以数字 PID 为基础的控制技术焕发了青春，结出了累累硕果。

1. PID 控制器物理意义

PID 控制器是根据闭环系统偏差（也称误差）的大小、偏差变化趋势和偏差存在时间长短来实施控制的，其控制算法本质上是拟人控制方法的数学抽象，PID 各控制分量有着明显的物理概念。了解 PID 控制器各控制分量的物理意义，对深刻理解 PID 控制的内涵，深刻领会各种 PID 改进算法的思路，以及对现场 PID 控制器的控制参数整定技术的掌握非常有益。

为便于理解和论述，现以连续控制系统为例来进行讲述。图 3-1-4 为典型的闭环控制系统，控制器采用 PID 算法，$e(t)$ 为误差信号，是控制器输入，$u(t)$ 是控制器控制输出，它们分别表示为

$$e(t) = r(t) - y(t) \tag{3-1-10}$$

$$u(t) = K_p \left(e(t) + \frac{1}{T_i} \int e(t)\,\mathrm{d}t + T_d \frac{\mathrm{d}e(t)}{\mathrm{d}t} \right) \tag{3-1-11}$$

当 $r(t)$ 为单位阶跃时，测得输出响应如图 3-1-5 所示。为了分析控制器控制算法的物理意义，根据式（3-1-10）画出相应的误差 $e(t)$ 时间函数，如图 3-1-6 所示。该曲线可直接由图 3-1-5 求得，因为系统输入 $r(t) = 1$，误差 $e(t) = r(t) - y(t)$，故 $e(t)$

曲线为将系统输出 $y(t)$ 取反再上移而成。

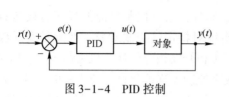 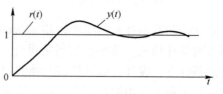

图 3-1-4　PID 控制　　　　　　　图 3-1-5　闭环系统单位阶跃响应

PID 控制器可以理解为由三个独立的 P、I、D 控制量组合而成。这三个控制分量的输入相同，PID 控器总控制输出为三者之和，其结构框图如图 3-1-7 所示。下面分别讨论 PID 控制器的三个控制分量 P、I、D 的物理意义。

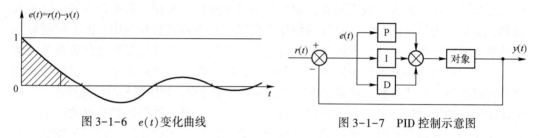

图 3-1-6　$e(t)$ 变化曲线　　　　　　图 3-1-7　PID 控制示意图

1）比例控制物理意义

比例控制分量的输出由式（3-1-11）知，其输出为

$$u_p(t) = K_p e(t) \tag{3-1-12}$$

比例控制分量的物理意义非常简明。

重画图 3-1-6 曲线于图 3-1-8，在 t_1 时刻，系统偏离稳态点较大（$e(t_1)$ 较大），根据式（3-1-12），$u_p(t_1)$ 分量输出值也较大，在 $u_p(t_1)$ 的控制作用下，$y(t)$ 迅速上升而趋向稳态值。在 t_2 时刻，$e(t_2)$ 较小，$u_p(t_2)$ 也较小。在 t_3 时刻 $e(t_3)=0$，$u_p(t_3)$ 也为零。

在 t_4 时刻 $e(t_4)<0$（即 $y(t_4)$ 高于给定值），$u_p(t_4)$ 输出也为负，在负值的 $u_p(t_4)$ 的作用下，使 $y(t)$ 减小而趋向稳态值。由上可见比例控制分量的大小与 $e(t)$ 成比例，其控制作用是使 $e(t)$ 减小（即使被控量 $y(t)$ 趋向平衡点）。比例控制作用强弱可以通过改变系数 K_p 来调整。当 K_p 值大时比例控制作用强，被控量能在较短的时间内稳定到达平衡值。

但 K_p 值是否越大，$y(t)$ 会越迅速到达平衡值，系统响应越快，系统的稳定时间越短，其控制性能越好呢？下面来讨论这个问题。我们知道绝大多数被控对象都具有滞后的特性，另外被控量的测量，或多或少也会有测量滞后，这种滞后特性使得 $u_p(t)$ 的控制作用也具有滞后性，具有滞后性的控制会给控制系统造成不利影响。图 3-1-8 中 $e(t)$ 为被控对象和测量装置都无滞后时的误差曲线，用 $e(t)$ 计算的 $u_p(t)$ 控制作用非常及时、同步，也就是说 $y(t)$ 偏大，$u_p(t)$ 控制作用使 $y(t)$ 减小；$y(t)$ 偏小，$u_p(t)$ 使 $y(t)$ 增加；当 $y(t)$ 在平衡点时（$e(t)=0$），$u_p(t)=0$ 即无控制输出。实际的控制系统中 $e(t)$ 或多或少都会存在滞后，如图 3-1-9 中的 $e'(t)$ 所示。在 t_1 时刻，被控量 $y(t)$ 已上升到平衡点（$e(t)=0$），但滞后的 $e'(t)$ 却仍大于零，此时滞后的 $e'(t)$ 使比例控制分量继续输出一个正的控制量, 使 $y(t)$ 继续上升冲过平衡点。这种"逆向"控制作用一直要延续到 t_2 时刻 ($e'(t_2) = 0$)。同理, 在 t_3 与 t_4 时刻间也存在"逆向"控制作用。显然 K_p 值越大, 控制系统的滞后越大这种"逆向"控制越严重。在实际的控制系统中滞后特性总是或多或少存在的, 当比例控制分量 K_p 增大到一定程度, $y(t)$ 会产生大幅度振荡而使整个控制系统无法工作。因而在实际应用中 K_p 值不适过大, K_p 的最大值受到整个闭环系统总滞后量的限制。也就是说, 系统总滞后量小的系统 K_p 值可以稍大些, 而系统总滞后量大的系统 K_p 值只能小些。

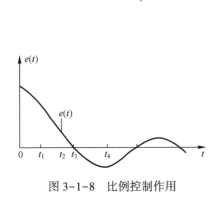

图 3-1-8　比例控制作用

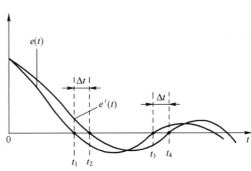

图 3-1-9　滞后对控制系统影响

2) 微分控制的物理意义

微分控制分量的输出由式 (3-1-11) 知, 其输出为

$$u_D(t) = K_p T_d \frac{de(t)}{dt} \qquad (3-1-13)$$

为理解微分控制分量的物理意义, 重画图 3-1-6 的 $e(t)$ 曲线于图 3-1-10。$\dfrac{de(t)}{dt}$ 是曲线 $e(t)$ 的斜率, 在 t_1 时刻, 因为

$$\frac{de(t_1)}{dt} < 0$$

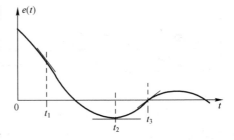

图 3-1-10　微分控制作用

故 $u_D(t)$ 控制分量的输出值为负值。此时, 被控量 $y(t)$ 是在其他控制分量作用下, 迅速上升而趋向平衡值, 此时负值的 $u_D(t_1)$ 分量的控制作用使 $y(t)$ 上升变缓, 防止被控量 $y(t)$ 上升过快而冲过头, 导致产生大的超调量。在 t_2 时刻

$$\frac{de(t_2)}{dt} = 0$$

此时的 $y(t)$ 已到达最高点的拐点, 此时 $e(t_2)$ 的斜率为零, $u_D(t_2)$ 控制分量为零。同理在 t_3 时刻 $y(t)$ 正在下降, 此时 $e(t_3)$ 的斜率为正, $u_D(t_3)$ 产生一个正的控制分量。正的控制分量的控制作用使 $y(t)$ 下降趋势变缓, 防止被控量 $y(t)$ 下降过多, 产生大的动态误差。由上分析知微分控制分量与 $e(t)$ 的斜率成比例。误差 $e(t)$ 波动时, 被控制量 $y(t)$ 也在波动, 当 $e(t)$ 上下波动时, 便会产生一个微分控制分量, 当 $y(t)$ 上升时会产生一个负的控制分量, 当 $y(t)$ 下降时会产生一个正的控制分量, 该控制分量会抑制

$y(t)$的波动，使波动幅值减小。其抑制波动能力可以调整参数T_d来改变。

那么是否微分控制作用越强，$y(t)$会越平稳呢？也不是，因为对被控量的测量通路中存在噪声干扰，微分控制分量对$e(t)$中的突变非常敏感，当微分控制作用过强会引进噪声干扰，反而引起被控量的波动。给定输入突变也是一种扰动，在图3-1-9中$t=0$时刻，$\dfrac{de(t_0)}{dt}=\infty$，理想的微分控制会输出一个非常大的尖波控制分量，给系统施加一个不利的脉冲扰动。

3）积分控制的物理意义

积分控制分量的输出由式（3-1-11）知，其输出为

$$u_I(t) = \frac{K_p}{T_i}\int e(t)\,dt \tag{3-1-14}$$

引进积分控制能消除稳态误差，改进控制性能，其一是当$y(t)$基本稳定和误差$e(t)$很小时，由前面分析知此时的比例控制和微分控制能力很小；其二是比例控制必定会残留有误差。积分控制分量$u_I(t)$为$e(t)$对时间积分，只要残留有误差，随着时间增长，$u_I(t)$会产生一个逐渐增大的控制量使残留误差消除。

与其他两个分量一样，积分作用过强也会产生不利影响。在系统存在大误差（如图3-1-6的阴影部分）会造成积分控制过量，而使被控量迅速上升，造成超调过大。甚至会使控制器"饱和"，即执行机构较长时间内停留在极限位置，在此时间段内控制器不能根据误差来实施控制，即反馈信号与控制信号断开，闭环成为开环，导致系统失控。

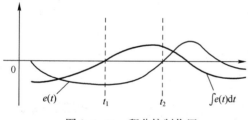

图3-1-11　积分控制作用

由于积分控制分量具有滞后特性，会对系统稳定性产生不利影响，如图3-1-11所示。因为$\int e(t)\,dt$滞后于$e(t)$，在t_1，t_2时间内$e(t)$为负，即$y(t)$超过平衡点而偏高，而$u_I(t)$控制作用此时为正，将使$y(t)$进一步偏移平衡点，产生一个"逆向"控制作用，对系统稳定性产生不利影响。

从前面分析可见，PID控制的各个控制分量有着明确的物理意义。它本质上是把人们在生产实践中的控制方法和控制经验加以总结、归纳、提炼、抽象，用数学语言来精辟描述，并用物理系统来实现。

"自动控制原理"采用拉氏变换、传递函数方法对闭环控制系统的稳定性，误差及动态性能进行分析，这是对控制系统的真实抽象、科学总结。学习掌握这些理论对解决实际问题有指导意义。但这还不够，还要理解其物理意义，并会用学到的理论知识分析控制工程中现象，解决控制系统中存在的问题。只有了解PID物理意义，才能深刻理解PID的各种改进算法，才能灵活运用PID参数现场调整方法。

2. PID控制的数字化

PID控制是应用最为广泛的一种控制算法，其算式为

$$u(t) = K_p\left(e(t) + \frac{1}{T_i}\int e(t)\,\mathrm{d}t + T_d\frac{\mathrm{d}e(t)}{\mathrm{d}t}\right) \tag{3-1-15}$$

或写成传递函数形式：

$$\frac{U(s)}{E(s)} = K_p\left(1 + \frac{1}{T_i s} + T_d s\right) \tag{3-1-16}$$

式中：K_p 为比例增益；T_i 为积分时间；T_d 为微分时间；$u(t)$ 为输出控制量；$e(t)$ 为偏差。

为采用计算机实现 PID 控制算法，必须把式（3-1-16）离散化为差分方程。为此，可作如下近似，即（为简化书写将 $e(t)$ 改写为 e，其意义不变）

$$\int e\,\mathrm{d}t \approx \sum_{i=0}^{k} T e(i) \tag{3-1-17}$$

$$\frac{\mathrm{d}e}{\mathrm{d}t} \approx \frac{e(k) - e(k-1)}{T} \tag{3-1-18}$$

式中：T 为采样周期（或控制周期）；k 为采样序号，$k = 0,\ 1,\ 2,\ \cdots$；$e(k-1)$、$e(k)$ 为第 $(k-1)$ 和 k 次采样计算得的偏差信号。

将式（3-1-17）和式（3-1-18）代入式（3-1-15），可得离散化后差分方程

$$u(k) = K_p\left\{e(k) + \frac{T}{T_i}\sum_{i=0}^{k} e(i) + \frac{T_d}{T}[e(k) - e(k-1)]\right\} \tag{3-1-19}$$

式中：$u(k)$ 为第 k 时刻的控制量。如果采样周期选择合适，这种近似是合理的，并与连续系统的控制效果十分接近。

1）位置型算式

模拟执行机构的调节动作是连续的，在执行机构工作范围内每一个 $u(k)$ 都对应执行机构相应的位置。由式（3-1-19）得到的数字 PID 控制器输出 $u(k)$ 也与执行机构某个位置相对应，故式（3-1-19）称为位置型算式。

数字 PID 控制器的输出 $u(k)$ 通常由 D/A 转换器转换成模拟量（如 0～20mA，0～10V 的直流电信号），再用模拟量电信号控制执行机构，一直保持到下一个控制周期。

计算机实现位置型算式不方便，这是因为偏差 $e(k)$ 的累加占用较多的存储单元，而且不便于计算机编程实现。

2）增量型算式

根据式（3-1-19）可得第 $(k-1)$ 时刻的控制量 $u(k-1)$，即

$$u(k-1) = K_p\left\{e(k-1) + \frac{T}{T_i}\sum_{i=0}^{k-1} e(i) + \frac{T_d}{T}[e(k-1) - e(k-2)]\right\} \tag{3-1-20}$$

将式（3-1-19）减式（3-1-20）得 k 时刻控制量的增量 $\Delta u(k)$ 为

$$\begin{aligned}
\Delta u(k) &= K_p\left\{e(k) - e(k-1) + \frac{T}{T_i}e(k) + \frac{T_d}{T}[e(k) - 2e(k-1) + e(k-2)]\right\} \\
&= K_p[e(k) - e(k-1)] + K_i e(k) + K_d[e(k) - 2e(k-1) + e(k-2)]
\end{aligned} \tag{3-1-21}$$

式中：K_p 称为比例增益；$K_i = K_p\dfrac{T}{T_i}$ 称为积分系数；$K_d = K_p\dfrac{T_d}{T}$ 称为微分系数。

由于式 (3-1-21) 中的 $\Delta u(k)$ 对应于第 k 时刻执行机构的增量，故称为增量算式。因此，第 k 时刻的实际控制量为

$$u(k)=u(k-1)+\Delta u(k) \tag{3-1-22}$$

式中：$u(k-1)$ 为第 $(k-1)$ 时刻的控制量。

计算 $\Delta u(k)$ 和 $u(k)$ 只用到 $(k-1)$、$(k-2)$ 时刻历史数据 $e(k-1)$、$e(k-2)$ 和 $u(k-1)$。采用平移法可方便保存这些历史数据。例如，计算 $u(k)$ 后，首先用 $e(k-1)$ 数据刷新存放 $e(k-2)$ 数据的内存单元，然后再用 $e(k)$ 数据刷新存放 $e(k-1)$ 数据的内存单元，以及把 $u(k)$ 存入 $u(k-1)$ 的内存单元。

由此可见，采用增量型算式（3-1-21）和式（3-1-22）计算 $u(k)$ 的优点是，编程简单，历史数据可以递推使用，且占用存储器单元少，运算速度快。

为了编程方便，也可将式（3-1-21）整理成如下形式：

$$\Delta u(k)=q_0 e(k)+q_1 e(k-1)+q_2 e(k-2) \tag{3-1-23}$$

其中

$$q_0 = K_p\left(1+\frac{T}{T_i}+\frac{T_d}{T}\right)$$

$$q_1 = -K_p\left(1+\frac{2T_d}{T}\right)$$

$$q_2 = -K_p\frac{T_d}{T}$$

若在控制过程中无须更改参数，q_0、q_1、q_2 可事先算好，可以加快运算速度。

增量型算式仅仅是计算方法上改进，并没有改变位置算式的本质。如果执行机构采用具有保持历史位置的机构，如用步进电机作为执行机构时，数字控制器只需输出 $\Delta u(k)$，即将 $\Delta u(k)$ 变换成驱动脉冲，驱动步进电机从历史位置正转或反转若干度，相当于完成式（3-1-22）计算。

3.1.3　数字 PID 控制算法的改进

在讨论 PID 控制算法的物理意义时，介绍了 PID 控制算法各个控制分量中存在的若干"缺陷"，在连续 PID 控制系统中这些"缺陷"无法避免，只能降低系统的控制性能予以妥协。数字 PID 算法可以利用 CPU "智能"，充分发挥 PID 控制器各控制分量"优点"，弥补"不足"，使得 PID 控制性能趋于完善。

1. 积分项的改进

在 PID 控制中，积分控制分量的主要作用是消除静差，提高控制精度。为充分发挥其功效，又避免某些副作用，可采取如下改进措施。

1）积分分离式 PID 控制算法

为尽快消除静差，可选取小积分系数 T_i 来增强积分控制分量的作用。但在控制动态过程中特别是大幅度波动和大幅度改变给定时，会因大的偏差，使积分控制项幅值快速上升。由于系统有惯性和滞后，再加上积分控制算法具有滞后特性，势必会引起系统较大的超调和长时间的波动。特别对于具有较大滞后对象的控制系统，这一现象

更为严重。在连续控制系统中，只有减小积分控制分量的作用来避免控制系统大超调和波动，同时也削弱了积分控制分量消除静差，提高控制精度的能力。在数字 PID 中，可采取积分分离算法。其基本思想是偏差 $e(k)$ 大时，取消积分作用，以免过大积分控制作用使系统稳定性变差。当偏差 $e(k)$ 较小时，将积分作用投入，用以消除系统静差，提高控制精度。其控制算法如下：

当 $|e(k)|>\beta$ 时，用 PD 控制；

当 $|e(k)|\leqslant\beta$ 时，用 PID 控制。

积分分离值 β 应根据具体对象及要求确定。若 β 值过大，达不到积分分离的目的；若 β 值过小，一旦被控量 $y(t)$ 不能进入积分区，只能进行 PD 控制，将会出现大的系统残差，如图 3-1-12 曲线 b 所示。

为实现积分分离，编程时必须从 PID 差分方程中分离出积分项，即式（3-1-23）应改写成

$$\Delta u_{pd}(k)=K_p[e(k)-e(k-1)]+K_d[e(k)-2e(k-1)+e(k-2)] \qquad (3\text{-}1\text{-}24)$$

$$\Delta u_i(k)=K_i e(k) \qquad (3\text{-}1\text{-}25)$$

当 $|e(k)|>\beta$ 时，有

$$u(k)=u(k-1)+\Delta u_{pd}(k)$$

当 $|e(k)|\leqslant\beta$ 时，有

$$u(k)=u(k-1)+\Delta u_{pd}(k)+\Delta u_i(k)$$

采用积分分离 PID 算法后效果如图 3-1-13 所示，采用积分分离 PID 使得控制系统具有高的静态精度的同时，其动态性能也有大的改善。

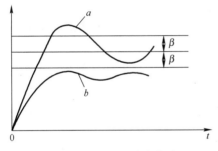
图 3-1-12　积分分离曲线

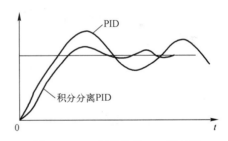
图 3-1-13　积分分离 PID 的效果

2) 抗积分饱和式 PID 控制算法

由于长期存在较大偏差，PID 的控制量有可能溢出。溢出就是输出的控制量 $u(k)$ 超出 D/A 所能表示的数字范围或执行机构运行范围。例如 10 位 D/A 的数值范围为 00H 至 3FFH（H 表示十六进制）。一般执行机构有两个极限位置，如执行器是调节阀其两个极限位置对应调节阀的全开或全关，若 $u(k)$ 为 3FFH 时调节阀全开，当 $u(k)$ 为 00H 时调节阀全关。为了提高运算精度，通常采用双字节或浮点数计算 PID 控制量。在控制过程中如果执行机构已到极限位置，因某种原因仍然不能消除偏差时，但此时积分仍在起作用，尽管 PID 运算结果继续增大或减小，因执行机构已到极限位置而无法继续跟随 PID 控制输出，这种现象就称为积分饱和。当出现积分饱和时，执行机构在较长的时间内停留在极限位置，在执行机构饱和期间闭环系统实际成为开环系统，

控制品质变差。

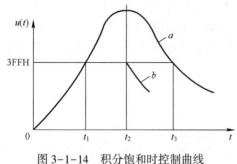

图 3-1-14　积分饱和时控制曲线

图 3-1-14 中的曲线 a 为积分饱和现象，在 t_1 时刻执行机构已到达上极限位置，此时尽管 PID 控制输出 $u(k)$ 继续增加，执行机构只能停留在上极限位置，一直至 t_3 时刻，执行机构才跟随 PID 控制输出 $u(k)$ 开始减小。这种现象的出现是因为执行机构达到上极限位置时，积分控制分量仍在起作用，导致执行机构在 t_1 至 t_3 时间内保持在上极限位置。执行机构的调节滞后会造成被控量超调增加和波动。为防止积分饱和现象的出现或减少执行机构的控制滞后，当执行机构达到极限位置时，对 PID 控制输出 $u(k)$ 限幅，同时把积分作用切除。以 10 位字长 D/A 为例：

当 $u(k)<0$ 时，则取 $u(k)=0$；

当 $u(k)>3FFH$ 时，则取 $u(k)=3FFH$。

采用对 $u(k)$ 限幅措施后，消除了执行机构（t_3-t_2）秒的滞后时间（图 3-1-14 中的曲线 b），使闭环系统失控的时间缩短，大大改善了系统控制品质。

3）消除积分不灵敏区

PID 数字控制器的增量型算式中，积分控制分量为

$$\Delta u_i(k)=K_p\frac{T}{T_i}e(k) \tag{3-1-26}$$

由于计算机字长的限制，当运算结果小于字长所能表示数的精度，计算机就作为"零"数丢掉。

从式（3-1-26）可知，当计算机的运算字长较短，采样周期 T 较小，而积分时间 T_i 又较大时 $\Delta u_i(k)$ 容易出现小于字长的精度而丢失，这种现象称为积分不灵敏区。

例如某温度控制系统，其反馈的测量量程为 0~1000℃，若采用 10 位 A/D 输入，并用 10 位字长来计算积分控制分量。

设 $K_p=2$，$T=0.2s$，$T_i=1$，$e(k)=2.44℃$，根据式（3-1-26），积分控制分量为

$$\Delta u_i(k)=2\times\frac{0.2}{1}\times\frac{1024}{1000}\times2.44=1$$

上面计算说明，如果误差 $e(k)<2.44℃$，则 $\Delta u_i(k)<1$，计算机就作为"零"将此数丢掉，PID 控制器就没有积分作用。只有当误差超过 2.44℃ 时，才会有积分作用。这样，势必造成控制系统的残差。

为消除积分不灵敏区，通常采用以下措施：

（1）增加 A/D 转换位数，加长运算字长，可减小到达舍去值的 $e(k)$；

（2）当积分项 $\Delta u_i(k)$ 连续出现小于输出精度 ε 的情况，不视为"零"舍掉，而是累加起来，即

$$s_i=\sum_{j=1}^{k}\Delta u_i(j)$$

直到累加值 $s_i > \varepsilon$ 时，输出 s_i，同时把累加单元清零。

2. 微分项的改进

微分控制分量对各种脉冲扰动非常敏感，极易因测量噪声和给定值的突变对系统造成脉冲扰动。为此可采用如下改进。

1) 实际微分 PID 控制

在图 3-1-6 中误差 $e(t)$ 曲线中，在 $t=0$ 时刻，$\dfrac{\mathrm{d}e(t)}{\mathrm{d}t}=\infty$，则微分控制分量中产生非常大的脉冲输出，为减小或消除从测量噪声和给定值突变引入的脉冲扰动，把纯微分控制用一个惯性环节和微分环节串联，把它称为实际微分，式（3-1-13）称为理想微分。惯性环节具有滤波特性，用实际微分替代理想微分可有效消除各种脉冲扰动对系统影响，在实际应用中取得好的效果。实际微分的 PID 算法的传函为

$$\frac{U(s)}{E(s)} = K_p \left(1 + \frac{1}{T_i s} + \frac{T_d s}{1 + \frac{T_d}{K_d} s} \right) \qquad (3\text{-}1\text{-}27)$$

式中：K_d 为微分增益，其他系数与式（3-1-16）相同。

下面推导实际微分控制分量的数字算法。其传递函数为

$$\frac{U_d(s)}{E(s)} = \frac{K_p T_d s}{1 + \frac{T_d}{K_d} s} \qquad (3\text{-}1\text{-}28)$$

整理式（3-1-28）有

$$U_d(s) = K_p T_d s E(s) - \frac{T_d}{K_d} s U_d(s) \qquad (3\text{-}1\text{-}29)$$

拉氏变换中 s 算子表示对时间函数的微分运算，那么 $sE(s)$ 的原时间函数可用如下离散近似运算简化：

$$\frac{\mathrm{d}e(t)}{\mathrm{d}t} \approx \frac{e(k) - e(k-1)}{T} \qquad (3\text{-}1\text{-}30)$$

式中：T 为离散时间（采样周期）。

用式（3-1-30）离散近似运算简化式（3-1-29），有

$$u_d(k) = K_p T_d \left[\frac{e(k) - e(k-1)}{T} \right] - \frac{T_d}{K_d} \left[\frac{u_d(k) - u_d(k-1)}{T} \right] \qquad (3\text{-}1\text{-}31)$$

整理式（3-1-31）有

$$u_d(k) = \frac{T_d}{K_d T + T_d} \{ u_d(k-1) + K_p K_d [e(k) - e(k-1)] \} \qquad (3\text{-}1\text{-}32)$$

式中：$u_d(k)$ 和 $u_d(k-1)$ 分别为实际微分环节第 k 和 $(k-1)$ 时刻的输出。

2) 偏差平均

为减少测量噪声对控制器造成的扰动，可用平均误差 $\bar{e}(k)$。m 表示在一个采样周期内测量次数。m 值取决于被控对象的特性，结合采样周期及测量噪声干扰情况综合确定。

$$\bar{e}(k) = \frac{1}{m} \sum_{i=1}^{m} e \qquad (3-1-33)$$

3) 测量值微分

当控制系统的给定 $r(k)$ 发生阶跃时，微分控制分量为尖峰脉冲控制分量，这样不利于稳定操作。因此，在微分项中可不考虑给定值 $r(k)$，只对测量值 $y(k)$ 进行微分。

由式（3-1-21）知

$$\Delta u_d(k) = K_d[e(k) - 2e(k-1) + e(k-2)]$$

用 $y(k)$ 代替 $e(k)$ 的改进算式为

$$\Delta u_d(k) = -K_d[y(k) - 2y(k-1) + y(k-2)] \qquad (3-1-34)$$

用该算式可取得较好的控制效果。

3.1.4 PID 控制参数的整定

PID 控制器的设计，可以利用获得的被控对象数学描述表达式（如微分方程、传递函数），根据控制系统所要求动、静态性能参数，运用控制领域各种方法（根轨迹法、频率法等）来确定 PID 控制器的结构形式（P，PI，PID）及有关参数（K_p，T_i，T_d）。但是实际的被控对象是非常复杂的，有的得不到较精确的数学模型，难以满足控制理论分析的要求，还有的因其数学模型过于复杂，甚至无法进行数学求解。因此在工程实践中 PID 控制器的设计，往往还不得不求助于经验公式和现场的实验方法。模拟 PID 调节器应用历史悠久，已研究出多种行之有效的实验方法。

1. 模拟 PID 控制参数整定方法

1) 稳定边界法

多数被控对象都具有滞后的特性，这种滞后使得 $u_p(t)$ 的控制出现"逆向"控制现象。随着比例控制作用加强，"逆向"控制现象越来越严重，最后导致振荡。下面利用比例控制作用"逆向"现象来确定 PID 控制器结构和控制参数。

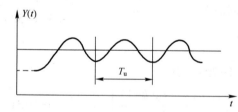

图 3-1-15 稳定边界实验曲线

稳定边界法是通过测定闭环系统稳定边界来整定 PID 参数。实验步骤是，选用纯比例控制，并加阶跃给定信号。从较小的 K_p 开始，逐渐加大 K_p 直至出现如图 3-1-15 所示临界振荡为止。记下临界的振荡周期 T_u 和临界放大系数 K_{pu}。然后用表 3-1-1 经验公式计算控制参数 K_p，T_i，T_d。

表 3-1-1 稳定边界法整定 PID 参数

控制器类型 \ 控制参数	K_p	T_i	T_d
P	$0.5K_{pu}$		
PI	$0.45K_{pu}$	$T_u/1.2$	
PID	$0.6K_{pu}$	$T_u/2$	$T_u/8$

　　由表 3-1-1 可见，如采用单比例控制器，$K_p = 0.5K_{pu}$，这是显然易见的，这也是实际经验的总结，它既能减小"逆向"控制现象对系统不利影响，又能获得较好的控制效果。

　　如果采用 PI 控制器，由表 3-1-1 可见 K_p 要比纯比例控制时要小。这是因为引入积分控制分量来消除系统的稳态误差，提高控制系统的控制精度，同时也使系统的稳定性下降（"逆向"控制现象影响加大），为保持系统好的动态性能，应使 K_p 稍稍下降。

　　如果采用 PID 控制器，此时 $K_p = 0.6K_{pu}$，这是因为引入微分控制分量，改善了系统的动态特性，允许加大比例控制参数和引入积分控制来提高系统控制精度。

　　2）衰减曲线法

　　有的控制系统不允许采用稳定边界法，因为较大的波动会对该控制系统造成危害，此时可采用衰减曲线法，它与稳定边界法相似，首先选用纯比例控制，给定值为阶跃输入，从较小的 K_p 开始，逐渐增加 K_p，直到被控量出现如图 3-1-16 所示的 4:1 振荡幅值衰减过程为止。记下此时 K_{pu}，两相邻波峰之间的时间 T_u。然后，按表 3-1-2 的经验公式计算 K_p，T_i，T_d。其方法与稳定边界法相同。

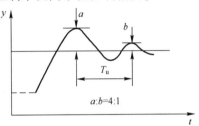

图 3-1-16　衰减曲线方实验曲线

表 3-1-2　衰减曲线法整定 PID 参数

控制器类型 ＼ 控制参数	K_p	T_i	T_d
P	K_{pu}		
PI	$0.83K_{pu}$	$0.5T_u$	
PID	$1.25K_{pu}$	$0.3T_u$	$0.1T_u$

　　3）凑试法

　　在使用凑试法时，根据各 PID 各控制分量的物理意义及对控制过程影响趋势，来指导各控制分量系数的调整。控制器结构选择采用先比例、后积分、再微分的步骤，其具体方法如下：

　　（1）首先整定比例控制系数，即采用纯比例控制，将比例系数由小缓慢增加，并观察系统的响应，直到系统具有响应快、超调小的动态特性。如果系统的稳态误差较小或在允许的范围内，那么只需要比例调节器即可，控制器整定工作结束。

　　（2）如果采用比例控制器时系统的静态误差不能满足设计要求，则需加入积分环节。整定时首先将积分时间 T_i 取较大值，调整积分时间前将比例系数调小（如取纯比例时的 0.8 倍），然后缓慢减小积分时间，在保持系统良好动态性能的情况下，静态误差得到消除。在此过程中，可据响应曲线的好坏反复调整比例系数和积分时间，直到系统具有满意的动、静态性能。

　　（3）如果采用比例积分控制消除误差后，系统的动态性能经反复调整仍达不到要求，则可加入微分环节，即采用 PID 控制器。在整定时，先将微分时间 T_d 置为零，缓慢增加微分时间，并根据各控制分量的物理意义和控制作用来指导比例系数和积分时间调整，逐步凑试，以获得满意的动态、静态控制特性。

2. 数字 PID 控制参数整定方法

1）扩充临界比例法

扩充临界比例法是以模拟 PID 控制器的临界比例法（稳定边界法）为基础的一种数字 PID 控制器参数整定方法。具体整定步骤如下：

（1）选择一合适的采样周期。合适是指采样周期应足够小。若系统存在纯滞后，采样周期应小于纯滞后时间的 1/10。

（2）采用选定的采样周期，选用纯比例控制，加阶跃给定信号，逐渐增大比例系数 K_p，直到系统出现等幅振荡为止，将此时的比例系数记为 K_{pu}，振荡周期记为 T_u。

（3）选择控制度。控制度就是以模拟调节器为基准，将数字控制器的控制效果与模拟控制器的控制效果相比较，控制效果通常用误差二次方积分表示，则控制度为

$$控制度 = \frac{\left[\int_0^\infty e^2(t)\,dt\right]_{数字}}{\left[\int_0^\infty e^2(t)\,dt\right]_{模拟}} \tag{3-1-35}$$

通常，当控制度为 1.05 时，可认为数字与模拟控制效果相当；当控制度为 2.0 时，数字比模拟控制效果差。

（4）按表 3-1-3 求得采样周期 T、比例系数 K_p、积分时间常数 T_i 和微分时间常数 T_d。

表 3-1-3　扩充临界比例法整定 PID 参数

控制度	控制器类型	T	K_p	T_i	T_d
1.05	PI	$0.03T_u$	$0.53K_{pu}$	$0.88T_u$	
	PID	$0.014T_u$	$0.63K_{pu}$	$0.49T_u$	$0.14T_u$
1.2	PI	$0.05T_u$	$0.49K_{pu}$	$0.91T_u$	
	PID	$0.043T_u$	$0.47K_{pu}$	$0.47T_u$	$0.16T_u$
1.5	PI	$0.14T_u$	$0.42K_{pu}$	$0.99T_u$	
	PID	$0.09T_u$	$0.34K_{pu}$	$0.43T_u$	$0.20T_u$
2.0	PI	$0.22T_u$	$0.36K_{pu}$	$1.05T_u$	
	PID	$0.16T_u$	$0.27K_{pu}$	$0.40T_u$	$0.22T_u$

2）归一参数整定法

P. D. Roberts 在 1974 年提出一种简化扩充临界比例整定法，由于该方法只需整定一个参数即可，故称其为归一参数整定法。

已知增量型 PID 控制的公式为

$$\Delta u(k) = K_p\left\{e(k) - e(k-1) + \frac{T}{T_i}e(k) + \frac{T_d}{T}\left[e(k) - 2e(k-1) + e(k-2)\right]\right\}$$

如令 $T = 0.1T_u$，$T_I = 0.5T_u$，$T_D = 0.125T_u$，则

$$\Delta u(k) = K_p\left[2.45e(k) - 3.5e(k-1) + 1.25e(k-2)\right]$$

即将数字 PID 参数整定简化为只要整定一个参数 K_p。改变 K_p，观察控制效果，直到满意为止。此法为实现简易的自整定控制带来方便。

数字 PID 控制参数整定方法除了上述方法外，还有扩充响应曲线法、优选法、凑试法、自整定法等。

3.2　基于离散化的设计方法

基于离散化的设计方法，也称数字控制器的直接设计方法，它是假定被控对象本身是离散化模型或者是用离散化模型表示的连续对象。离散化设计方法比模拟化设计方法更具有通用性，它完全是根据离散系统的特点进行分析和设计，得到相应的数字控制器。由于所设计的数字控制器 $D(z)$ 是依照稳定性、准确性和快速性的指标设计的，所以设计结果比模拟化设计方法精确，故又称为精确设计法。此时采样周期 T 的选择主要取决于被控对象特性，采样周期 T 的选择灵活。离散化的设计方法要用到广义脉冲传递函数的概念，下面介绍它的定义和求取方法。

重画典型的计算机控制系统结构框图如图 3-2-1，现改变观察点和方向，从 A，A′点向两边看，D/A 转换器、连续被控对象及 A/D 转换器可以看成一个整体。从 A′点输入的是离散数字信号，由 A 点输出也是离散的信号，那么图虚框内可看作一个离散的被控对象，可以用脉冲传递函数 $G(z)$ 来表示。这样，整个控制系统就离散化了，可用闭环脉冲传递函数描述整个系统，并可采用纯离散系统的设计方法来进行设计。

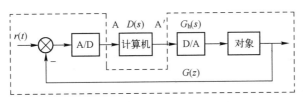

图 3-2-1　计算机控制系统框图

在用离散化设计方法时，必须先要得到被控对象的脉冲传递函数。由图 3-2-1 知，零阶保持器 $G_h(s)$ 和连续被控对象 $G(s)$ 连在一起，可看成一个整体，称为广义被控对象。广义被控对象的脉冲传递函数为

$$G(z) = Z[G_h(s) G(s)]$$
$$= Z\left[\frac{1-\mathrm{e}^{-Ts}}{s} G(s)\right] = G_h G(z) \qquad (3-2-1)$$

例 3.2　被控对象的传递函数是 $G(s) = \dfrac{a}{s+a}$，现采用零阶保持器，其传函为 $G_h(s) = \dfrac{1-\mathrm{e}^{-Ts}}{s}$，如图 3-2-2 所示。求其广义脉冲传递函数 $G(z)$。

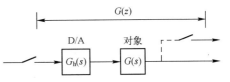

图 3-2-2　零阶保持器与被控对象 $G(z)$

解：

$$G(z) = Z\big[G_\mathrm{h}(s)G(s)\big]$$

$$= Z\left[\frac{1-\mathrm{e}^{-Ts}}{s}G(s)\right]$$

$$= Z\left[\frac{G(s)}{s}-\mathrm{e}^{-Ts}\frac{G(s)}{s}\right]$$

$$= Z\left[\frac{G(s)}{s}\right]-z^{-1}Z\left[\frac{G(s)}{s}\right]$$

$$= (1-z^{-1})Z\left[\frac{G(s)}{s}\right]$$

把 $G(s)=\dfrac{a}{s+a}$ 代入上式，有

$$G(z) = (1-z^{-1})Z\left[\frac{a}{s(s+a)}\right]$$

$$= (1-z^{-1})Z\left[\frac{1}{s}-\frac{1}{s+a}\right]$$

$$= \frac{(1-\mathrm{e}^{-aT})z^{-1}}{1-\mathrm{e}^{-aT}z^{-1}}$$

图 3-2-1 所示计算机控制系统等效为一个纯离散系统，其闭环脉冲传递函数为

$$\Phi_\mathrm{b}(z) = \frac{D(z)G(z)}{1+D(z)G(z)} \tag{3-2-2}$$

式中：$D(z)$ 为数字控制器的脉冲传递函数；$G(z)$ 为广义被控对象的脉冲传递函数。

有了系统的闭环脉冲传递函数后，就可以用离散化的设计方法，进行计算机控制系统的设计与分析。

离散化设计法首先将系统中被控对象加上保持器一起构成的广义对象离散化，得到相应的以脉冲传递函数，差分方程或离散系统状态方程表示的离散系统模型。然后利用离散控制系统理论，直接设计数字控制器。由于离散化设计法直接在离散系统的范畴内进行，避免了由模拟控制系统向数字控制器转化的过程，也绕过了采样周期对系统动态性能产生严重影响的问题，是目前采用较为广泛的计算机控制系统设计方法。

3.2.1　最少拍计算机控制系统的设计

最少拍设计，属离散化设计方法，是指系统在典型输入信号（如阶跃信号、速度信号、加速度信号等）作用下，经过最少拍（有限拍）使系统输出的稳态误差为零。图 3-2-3 所示是最少拍控制系统结构图。

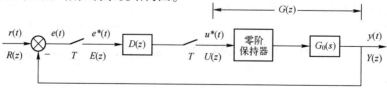

图 3-2-3　最少拍系统结构图

1. 最少拍系统设计的基本原则

最少拍控制系统是在最少的采样周期内达到在采样时刻输入/输出无误差的系统。显然，这种系统对闭环脉冲传递函数 $\Phi_b(z)$ 的性能要求是快速性和准确性。

对系统提出性能指标要求是，在单位阶跃函数或等速度函数、等加速度函数等典型输入信号作用下，系统在采样点上无稳态误差，并且调整时间为最少拍。

利用直接数字设计法设计最少拍控制系统，要考虑以下几点：

（1）对于特定的参考输入信号，到达稳态后，系统在采样时刻精确实现对输入的跟踪。

（2）系统以最快速度达到稳态。

（3）$D(z)$ 是物理可实现的。

（4）闭环系统是稳定的。

2. 最少拍系统设计步骤

1）假设条件

为了使设计简明起见，提出如下三个假设条件：

（1）$G(z)$ 在单位圆上和圆外无极点，$(1, j0)$ 点除外；

（2）$G(z)$ 在单位圆上和圆外无零点；

（3）$G_0(s)$ 中不含纯滞后环节。

2）希望脉冲传递函数

为了选择适当的数字控制器 $D(z)$，可以先将性能指标要求表达成希望闭环脉冲传递函数 $\Phi(z)$ 或者闭环误差脉冲传递函数 $\Phi_e(z)$ 或者开环脉冲传递函数 $D(z)G(z)$，然后再根据 $G(z)$ 反求出 $D(z)$。这样，求得的 $D(z)$ 只要满足物理可实现的条件，那么 $D(z)$ 就是所要求的数字控制器。

闭环脉冲传递函数为

$$\Phi(z) = \frac{D(z)G(z)}{1+D(z)G(z)} \tag{3-2-3}$$

闭环误差脉冲传递函数为

$$\Phi_e(z) = \frac{1}{1+D(z)G(z)} \tag{3-2-4}$$

其中，$G(z)$ 是已知的，$D(z)$ 是待求的，而 $\Phi(z)$、$\Phi_e(z)$ 是由性能指标确定的。

为了确定 $\Phi(z)$ 或 $\Phi_e(z)$，讨论在单位阶跃、单位速度、单位加速度三种典型输入信号作用下无稳态误差最少拍系统的 $\Phi(z)$ 或 $\Phi_e(z)$ 应具有的形式。

根据终值定理得

$$e^*(\infty) = \lim_{z \to 1}(1-z^{-1})E(z)$$
$$= \lim_{z \to 1}(1-z^{-1})\Phi_e(z) \cdot R(z)$$

对于以上三种典型输入信号，$R(z)$ 分别为：

单位阶跃：$R(z) = \dfrac{1}{1-z^{-1}}$

单位速度：$R(z) = \dfrac{Tz^{-1}}{(1-z^{-1})^2}$

单位加速度：$R(z) = \dfrac{T^2(1+z^{-1})z^{-1}}{2(1-z^{-1})^3}$

可统一表达为

$$R(z) = \frac{A(z)}{(1-z^{-1})^m}$$

式中 $A(z)$ 为不含 $(1-z^{-1})$ 因子的 z^{-1} 的多项式。

对于

单位阶跃：$m=1$，$A(z)=1$

单位速度：$m=2$，$A(z)=Tz^{-1}$

单位加速度：$m=3$，$A(z)=\dfrac{T^2(1+z^{-1})z^{-1}}{2}$

则有

$$e^*(\infty) = \lim_{z \to 1}(1-z^{-1})\Phi_e(z)\frac{A(z)}{(1-z^{-1})^m}$$

若要求稳态误差为零的条件是 $\Phi_e(z)$ 应具有如下形式

$$\Phi_e(z) = (1-z^{-1})^m F(z)$$

则　　　　　　　　　　$$e^*(\infty) = \lim_{z \to 1}(1-z^{-1})A(z)F(z) = 0$$

式中：$F(z)$ 为待定的不含因子 $(1-z^{-1})$ 的关于 z^{-1} 的有理分式或关于 z^{-1} 的有限项多项式；m 为 $R(z)$ 的分母 $(1-z^{-1})$ 的阶数。

为使稳态误差最快衰减到零，即为最少拍系统，就应使 $\Phi_e(z)$ 最简单，即阶数最小，即完全可以想象若取 $F(z)=1$，则 $\Phi_e(z)$ 最简单，则得到无稳态误差最少拍系统的希望闭环误差脉冲传递函数就应为

$$\Phi_e(z) = (1-z^{-1})^m$$

希望闭环脉冲传递函数应为

$$\Phi(z) = 1-\Phi_e(z) = 1-(1-z^{-1})^m$$

对于不同输入 $\Phi_e(z)$、$\Phi(z)$ 形式如下：

单位阶跃：$m=1$，$\Phi_e(z)=1-z^{-1}$，$\Phi(z)=z^{-1}$

单位速度：$m=2$，$\Phi_e(z)=(1-z^{-1})^2$，$\Phi(z)=2z^{-1}-z^{-2}$

单位加速度：$m=3$，$\Phi_e(z)=(1-z^{-1})^3$，$\Phi(z)=3z^{-1}-3z^{-2}+z^{-3}$

由上式可知，使误差衰减到零或输出完全跟踪输入所需的调整时间，即为最少拍数，对应于 $m=1$，2，3 分别为 1 拍、2 拍、3 拍。

3）$D(z)$ 的确定

根据给定的 $G(z)$，可由满足性能指标要求的希望开环脉冲传递函数直接求解出对应于 $m=1$，2，3 时的数字控制器 $D(z)$。

由于 $D(z)G(z) = \dfrac{1-\Phi_e(z)}{\Phi_e(z)} = \dfrac{\Phi(z)}{1-\Phi(z)}$

则　　　　$$m=1, \quad D(z)G(z)=\frac{z^{-1}}{1-z^{-1}}, \quad D(z)=\frac{z^{-1}}{(1-z^{-1})G(z)}$$

$$m=2, \quad D(z)G(z)=\frac{2z^{-1}(1-0.5z^{-1})}{(1-z^{-1})^2}, \quad D(z)=\frac{2z^{-1}(1-0.5z^{-1})}{(1-z^{-1})^2G(z)}$$

$$m=3, \quad D(z)G(z)=\frac{z^{-1}(3-3z^{-1}+z^{-2})}{(1-z^{-1})^3}, \quad D(z)=\frac{z^{-1}(3-3z^{-1}+z^{-2})}{(1-z^{-1})^3G(z)}$$

4）最少拍系统分析

（1）单位阶跃输入时

$$Y(z)=\Phi(z)\cdot R(z)=\frac{z^{-1}}{1-z^{-1}}=z^{-1}+z^{-2}+z^{-3}+\cdots$$

$$y(0)=0, \quad y(1)=y(2)=y(3)=\cdots=1$$

$$E(z)=\Phi_e(z)\cdot R(z)=(1-z^{-1})\frac{1}{1-z^{-1}}=1$$

$$e(0)=1, \quad e(1)=e(2)=e(3)=\cdots=0$$

也就是说，系统经过 1 拍，输出就可以无差地跟踪上输入的变化，即此时系统的调节时间 $t_s=T$，T 为系统采样时间。误差及输出系列如图 3-2-4 所示。

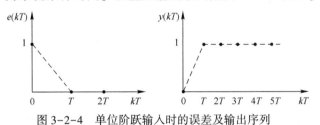

图 3-2-4　单位阶跃输入时的误差及输出序列

（2）单位速度输入时

$$Y(z)=\Phi(z)\cdot R(z)=(2z^{-1}-z^{-2})\cdot\frac{Tz^{-1}}{(1-z^{-1})^2}=2Tz^{-2}+3Tz^{-3}+4Tz^{-4}+\cdots$$

$$y(0)=0, y(1)=0, y(2)=2T, y(3)=3T, \cdots$$

$$E(z)=\Phi_e(z)\cdot R(z)=(1-z^{-1})^2\frac{Tz^{-1}}{(1-z^{-1})^2}=Tz^{-1}$$

$$e(0)=0, \quad e(1)=T, \quad e(2)=(3)=\cdots=0$$

也就是说，系统经过 2 拍，输出就可以无差地跟踪上输入的变化，即此时系统的调节时间 $t_s=2T$，T 为系统采样时间。

误差及输出系列如图 3-2-5 所示。

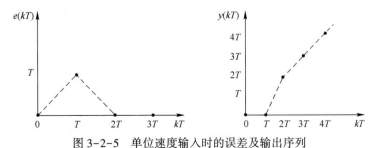

图 3-2-5　单位速度输入时的误差及输出序列

（3）单位加速度输入时

$$Y(z) = \Phi(z) \cdot R(z) = (3z^{-1}-3z^{-2}+z^{-3}) \cdot \frac{T^2(1+z^{-1})z^{-1}}{2(1-z^{-1})^3}$$

$$= 1.5Tz^{-2}+4.5Tz^{-3}+8Tz^{-4}+\cdots$$

$$y(0)=0, y(1)=0, y(2)=1.5T^2, y(3)=4.5T^2, y(4)=8T^2, \cdots$$

$$E(z) = \Phi_e(z) \cdot R(z) = (1-z^{-1})^3 \frac{T^2(1+z^{-1})z^{-1}}{2(1-z^{-1})^3} = \frac{1}{2}T^2z^{-1}+\frac{1}{2}T^2z^{-2}$$

$$e(0)=0, e(1)=\frac{1}{2}T^2, e(2)=\frac{1}{2}T^2, e(3)=e(4)=\cdots=0$$

也就是说，系统经过 3 拍，输出就可以无差地跟踪上输入的变化，即此时系统的调节时间 $t_s=3T$，T 为系统采样时间。

误差及输出序列如图 3-2-6 所示。

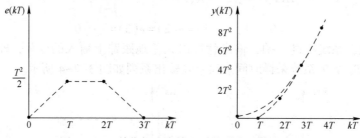

图 3-2-6　单位加速度输入时的误差及输出序列

由上面讨论可以看出，设计最少拍控制器时，$\Phi_e(z)$ 或 $\Phi(z)$ 的选取与典型输入信号的形式密切相关，即对于不同的输入 $R(z)$，要求使用不同的闭环脉冲传递函数。所以，这样设计出的控制器对各种典型输入信号的适应能力较差。若运行时的输入信号与设计时的输入信号形式不一致，将得不到期望的最佳性能。

例 3.3　对于图 3-2-3 所示的系统，设 $G_0(s) = \dfrac{10}{s(s+1)}$，$T=1s$，输入为单位速度函数，要求系统为无稳态误差和过渡过程时间为最少拍，试确定数字控制器 $D(z)$。

解：

$$G(z) = Z\left[\frac{10(1-e^{-Ts})}{s^2(s+1)}\right] = \frac{3.68(1+0.718z^{-1})z^{-1}}{(1-z^{-1})(1-0.368z^{-1})}$$

为满足等速度输入时无稳态误差最少拍要求，则应选

$$\Phi_e(z) = (1-z^{-1})^2$$

可得

$$D(z) = \frac{1-\Phi_e(z)}{\Phi_e(z) \cdot G(z)} = \frac{0.543(1-0.5z^{-1})(1-0.368z^{-1})}{(1-z^{-1})(1+0.718z^{-1})}$$

验证所求 $D(z)$ 能否满足性能指标要求：

$$Y(z) = \Phi(z)R(z) = (2z^{-1}-z^{-2}) \cdot \frac{z^{-1}}{(1-z^{-1})^2} = 2z^{-2}+3z^{-3}+4z^{-4}+5z^{-5}+\cdots$$

$$E(z) = \Phi_e(z)R(z) = (1-z^{-1})^2 \cdot \frac{z^{-1}}{(1-z^{-1})^2} = z^{-1}$$

　　输出和误差变化的动态过程如图 3-2-7 所示。从图中可以看出，系统在单位等速度信号输入作用下，经过了两个采样周期以后，在采样点上的过渡过程结束（调整时间为 2 拍），且在采样点上，系统的输出完全跟踪输入，稳态误差为零。因此，所求得数字控制 $D(z)$ 完全满足设计指标要求。

　　上例是针对等速度信号输入下设计的无稳态误差最少拍系统的数字控制器 $D(z)$，下面是所设计的系统在单位阶跃或在单位加速度输入作用时，系统的输出情形。

　　对于单位阶跃信号输入，则

$$Y(z) = \Phi(z)R(z) = (2z^{-1}-z^{-2}) \cdot \frac{1}{1-z^{-1}} = 2z^{-1}+z^{-2}+z^{-3}+z^{-4}+\cdots$$

$$E(z) = \Phi_e(z)R(z) = (1-z^{-1})^2 \cdot \frac{1}{1-z^{-1}} = 1-z^{-1}$$

　　由此可知，也是经过 2 拍后过渡过程结束，但在第一个采样时刻时，有 100% 的超调量。其输出变化的动态过程如图 3-2-7（a）所示。

　　对于单位加速度信号输入，则

$$Y(z) = \Phi(z)R(z) = (2z^{-1}-z^{-2}) \cdot \frac{(1+z^{-1})z^{-1}}{2(1-z^{-1})^3} = z^{-2}+3.5z^{-3}+7z^{-4}+11.5z^{-5}+\cdots$$

$$E(z) = \Phi_e(z)R(z) = (1-z^{-1})^2 \cdot \frac{(1+z^{-1})z^{-1}}{2(1-z^{-1})^3} = 0.5z^{-1}+z^{-2}+z^{-3}+z^{-4}+\cdots$$

$$e^*(\infty) = \lim_{z \to 1}(1-z^{-1})E(z) = \lim_{z \to 1}\frac{(1+z^{-1})z^{-1}}{2} = 1$$

由此可知，过渡过程仍为 2 拍，但有恒定的稳态误差。其输出变化的动态过程如图 3-2-7（b）所示。

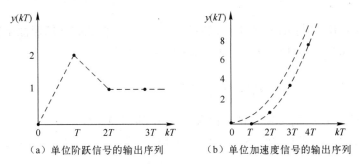

（a）单位阶跃信号的输出序列　　　　　（b）单位加速度信号的输出序列

图 3-2-7　其他输入设计时的输出序列

3.2.2　任意广义对象的最少拍控制器设计

　　在上面的设计讨论中，假定广义被控对象 $G(z)$ 是稳定的且不包含纯滞后环节 z^{-q}（即满足三个假设条件）。满足这些条件，才能保证上述设计得到的闭环系统是稳定的。因此，对于任意广义对象，上述设计方法要作相应的修改，这时的设计目标应包括三个方面，即稳定性、准确性和快速性。

　　由如图 3-2-1 所示的系统得到

$$\Phi(z) = \frac{D(z)G(z)}{1+D(z)G(z)} = D(z)G(z)\Phi_e(z) \tag{3-2-5}$$

当 $G(z)$ 中含有 Z 平面单位圆外或圆上的极点，并且该极点没有与 $D(z)$ 或 $\Phi_e(z)$ 的零点完全对消时，它将成为 $\Phi(z)$ 的极点，从而造成整个闭环系统不稳定。

又因为

$$D(z) = \frac{1}{G(z)} \frac{\Phi(z)}{1-\Phi(z)} \tag{3-2-6}$$

可知，如果 $G(z)$ 存在不稳定的零点，$D(z)$ 会把 $G(z)$ 不稳定的零点当作极点，因此数字控制器是不稳定的，这会使控制器输出的控制量 $D(z)$ 发散，造成执行机构不稳定，从而加快机械磨损，影响控制质量。

为保证闭环系统稳定，当 $G(z)$ 中含有 Z 平面单位圆外或圆上的零、极点时，零点应被 $\Phi(z)$ 的零点抵消；极点应被 $D(z)$ 或 $\Phi_e(z)$ 的零点抵消。而用 $D(z)$ 的零点或极点抵消 $G(z)$ 的极点是不允许的，这是因为，简单地利用 $D(z)$ 的零点或极点去对消 $G(z)$ 中的不稳定极点，从理论上来说可以得到一个稳定的闭环系统，但这种稳定是建立在零极点完全对消基础上的。当系统参数产生漂移，或者对象参数辨识有误差时，这种零极点对消就不可能准确实现，从而引起闭环系统不稳定。所以，建立在零极点对消基础上的稳定系统实际上是不可能稳定工作的，没有实用价值。

设最少拍系统广义脉冲传递函数为

$$G(z) = \frac{z^{-N}(p_0 + p_1 z^{-1} + \cdots + p_m z^{-m})}{q_0 + q_1 z^{-1} + \cdots + q_n z^{-n}} = z^{-N} \frac{\prod\limits_{i=1}^{u}(1 - b_i z^{-1})}{\prod\limits_{j=1}^{v}(1 - a_j z^{-1})} G'(z) \tag{3-2-7}$$

为避免发生 $D(z)$ 与 $G(z)$ 的不稳定零极点对消，应满足如下稳定性条件：

(1) $\Phi_e(z)$ 的零点应包含 $G(z)$ 中全部不稳定的极点。

$$\Phi_e(z) = \prod_{j=1}^{v}(1 - a_j z^{-1})F_1(z) \tag{3-2-8}$$

式中：$F_1(z)$ 是关于 z^{-1} 的多项式且不包含 $G(z)$ 中的不稳定极点 a_j（除（1，j0）外）。

(2) $G(z)$ 在单位圆上或圆外的零点应全部包含在希望闭环脉冲传递函数 $\Phi(z)$ 的零点中。

$$\Phi(z) = \prod_{i=1}^{u}(1 - b_i z^{-1})F_2(z) \tag{3-2-9}$$

式中：$F_2(z)$ 是关于 z^{-1} 的多项式且不包含 $G(z)$ 中的不稳定零点 b_i。

(3) 如果 $G(z)$ 中含有纯滞后环节即 z^{-N}（N 为整数），则 $G(z)$ 分子中的 z^{-1} 因子应全部包含在 $\Phi(z)$ 分子中，这会使系统过渡过程时间延长。

$$\Phi(z) = z^{-N} \prod_{i=1}^{u}(1 - b_i z^{-1})F_2(z) \tag{3-2-10}$$

式中：$F_2(z)$ 是关于 z^{-1} 的多项式且不包含 $G(z)$ 中的纯滞后环节和不稳定零点 b_i。

因此，满足了上述稳定性条件后

$$D(z) = \frac{\Phi(z)}{\Phi_e(z)G(z)} = \frac{F_2(z)}{F_1(z)G'(z)} \tag{3-2-11}$$

即 $D(z)$ 不再包含 $G(z)$ 的 Z 平面单位圆上或单位圆外零极点和纯滞后环节。

上述限制条件的结果，是使最少拍数增加若干拍，由前面讨论的最少拍系统的设计原则可知，要满足上述限制条件中的 $F(z)$ 不能简单地等于 1，而应选 $F(z)$ 的零点中含 $G(z)$ 的全部不稳定极点，并使 $\Phi_e(z)$ 为最简单形式，使 $E(z)$ 含 z^{-1} 因子的多项式的项数最少，使误差以最快速度衰减到零。

综上所述，得到满足上述限制条件的闭环脉冲传递函数 $\Phi_e(z)$ 和闭环误差脉冲传递函数 $\Phi(z)$ 的一般形式为

$$\Phi(z) = z^{-N} \prod_{i=1}^{u} (1 - b_i z^{-1}) F_2(z)$$

其中 $F_2(z) = k(1 + c_1 z^{-1} + \cdots + c_{m+v-1} z^{-(m+v-1)}), c_1, \cdots, c_{m+v-1}, k$ 为常系数。

$$\Phi_e(z) = (1 - z^{-1})^m \prod_{j=1}^{v} (1 - a_j z^{-1}) F_1(z)$$

其中 $F_1(z) = 1 + d_1 z^{-1} + \cdots + d_{N+u-1} z^{-(N+u-1)}, d_1, \cdots, d_{N+u-1}$ 为常系数，且以上常系数可由 $\Phi(z) = 1 - \Phi_e(z)$ 求得。

对于单位阶跃、单位速度、单位加速度，m 分别取值为 1、2、3。

由式（3-2-12）得到数字控制器 $D(z)$，即

$$D(z) = \frac{\Phi(z)}{\Phi_e(z)G(z)} \tag{3-2-12}$$

3.2.3　无波纹最少拍计算机控制系统的设计

按最少拍控制系统设计出来的闭环系统，在有限拍后即进入稳态。这时闭环系统输出在采样时刻精确地跟踪输入信号。然而，进一步研究发现，虽然在采样时刻闭环系统输出与所跟踪的参考输入一致，但是在两个采样时刻之间，系统的输出存在纹波或振荡。这种纹波不但影响系统的控制性能，产生过大的超调和持续振荡，而且还增加了系统功率损耗和机械磨损。下面通过实例说明最少拍系统波纹的存在。

例 3.4　对于图 3-2-8 所示的系统，设 $G_0(s) = \dfrac{10}{s(s+1)}$，$T = 1\mathrm{s}$，输入为单位阶跃信号，试确定最少拍系统的数字控制器 $D(z)$，并分析系统输出响应。

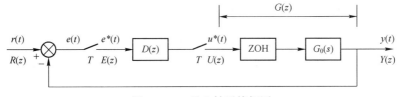

图 3-2-8　最少拍系统框图

解：

$$G(s) = Z\left[\frac{1-\mathrm{e}^{-Ts}}{s} \cdot \frac{10}{s(s+1)}\right] = \frac{3.68z^{-1}(1+0.718z^{-1})}{(1-z^{-1})(1-0.368z^{-1})}$$

$$\Phi(z) = z^{-1}, \quad \Phi_e(z) = 1 - z^{-1}$$

$$D(z) = \frac{\Phi(z)}{\Phi_e(z) G(z)} = \frac{0.272(1 - 0.368z^{-1})}{1 + 0.718z^{-1}}$$

$$Y(z) = \Phi(z) R(z) = z^{-1} + z^{-2} + z^{-3} + \cdots$$

经仿真计算，系统连续输出响应 $y(t)$ 如图 3-2-9 所示，可以看出系统输出存在波纹。

进一步分析可知，产生波纹的原因是数字控制器 $D(z)$ 输出序列 $u^*(t)$ 在系统输出 $y^*(t)$ 过渡过程结束后，还在围绕其平均值不停地波动。

$$U(z) = D(z) E(z) = D(z) \Phi_e(z) R(z) = \frac{0.272(1 - 0.368z^{-1})}{1 + 0.718z^{-1}}$$

$$= 0.272 - 0.295z^{-1} + 0.212z^{-2} - 0.152z^{-3} + 0.109z^{-4} - 0.078z^{-5} + \cdots$$

其输出如图 3-2-10 所示。

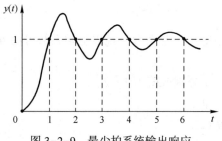

图 3-2-9　最少拍系统输出响应

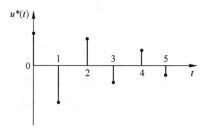

图 3-2-10　数字控制器输出序列

下面进一步从数学关系上分析产生波纹的原因和消除波纹的方法。

由图 3-2-8 可得到

$$Y(z) = \Phi(z) R(z)$$

$$Y(z) = G(z) U(z)$$

所以
$$\frac{U(z)}{R(z)} = \frac{\Phi(z)}{G(z)}$$

又
$$U(z) = D(z) E(z) = D(z) \Phi_e(z) R(z)$$

所以
$$\frac{U(z)}{R(z)} = D(z) W_e(z)$$

$$D(z) \Phi_e(z) = \frac{\Phi(z)}{G(z)}$$

由最少拍系统的分析可知，若要求系统的输出 $y^*(t)$ 在有限拍内结束过渡过程，就要求选择的希望闭环脉冲传递函数 $\Phi(z)$ 为关于 z^{-1} 的有限多项式。

如果要求 $u^*(t)$ 在有限拍内结束过渡过程，就要求 $\frac{U(z)}{R(z)} = D(z) \Phi_e(z)$ 为关于 z^{-1} 的有限多项式。产生波纹的原因是 $\frac{U(z)}{R(z)} = D(z) \Phi_e(z)$ 不是关于 z^{-1} 的有限多项式，这样使 $u^*(t)$ 的过渡过程不结束，从而使输出 $y^*(t)$ 产生波动。

要想消除波纹，就要求 $u^*(t)$ 和 $y^*(t)$ 同时结束过渡过程，否则会产生波动现象，

要求 $D(z)\Phi_e(z)$ 为 z^{-1} 的有限多项式，即 $\Phi(z)$ 能被 $G(z)$ 整除即可。

设计系统时应使 $\Phi(z)$ 零点中含 $G(z)$ 的全部零点，使得 $G(z)$ 的全部零点被 $\Phi(z)$ 的零点所抵消，这样 $\Phi(z)$ 就能被 $G(z)$ 整除。当然，这样选取的 $\Phi(z)$ 会使系统的过渡过程加长，但却消除了波纹。

设最少拍系统广义脉冲传递函数为

$$G(z) = z^{-N}\frac{k_1\prod\limits_{i=1}^{u}(1-b_iz^{-1})}{\prod\limits_{j=1}^{v}(1-a_jz^{-1})\prod\limits_{p=1}^{w}(1-f_pz^{-1})}$$

式中：$b_1,b_2,\cdots,b_u$ 是 $G(z)$ 的 u 个零点；$a_1,a_2,\cdots,a_v$ 是 $G(z)$ 的 v 个不稳定极点；f_1，$f_2,\cdots,f_w$ 是 $G(z)$ 的 w 个稳定极点；k_1 为常系数；z^{-N} 为 $G(z)$ 中含有的纯滞后环节。

可得

$$\Phi(z) = z^{-N}\prod\limits_{i=1}^{u}(1-b_iz^{-1})F_2(z)$$

其中 $F_2(z) = k(1+c_1z^{-1}+\cdots+c_{m+v-1}z^{-(m+v-1)})$，$k$ 为常系数。

$$\Phi_e(z) = (1-z^{-1})^m\prod\limits_{j=1}^{v}(1-a_jz^{-1})F_1(z)$$

其中 $F_1(z) = 1+d_1z^{-1}+\cdots+d_{N+u-1}z^{-(N+u-1)}$。

对于单位阶跃、单位速度、单位加速度输入 m 分别取值为 1、2、3。

例 3.5　对于图 3-2-8 所示的系统，设 $G_0(s) = \dfrac{10}{s(s+1)}$，$T=1\text{s}$，试按输入为单位阶跃信号，确定无波纹最少拍系统的数字控制器 $D(z)$。

解：
$$G(z) = Z\left[\frac{1-\text{e}^{-Ts}}{s}\frac{10}{s(s+1)}\right] = \frac{3.68z^{-1}(1+0.718z^{-1})}{(1-z^{-1})(1-0.368z^{-1})}$$
$$\Phi(z) = kz^{-1}(1+0.718z^{-1})$$
$$\Phi_e(z) = (1-z^{-1})(1+d_1z^{-1})$$

由 $\text{E}(z) = 1-\Phi_e(z)$ 得

$$kz^{-1}(1+0.718z^{-1}) = (1-d_1)z^{-1}+d_1z^{-2}$$
$$\begin{cases}k=0.582\\ d_1=0.418\end{cases}$$
$$\Phi(z) = 0.582z^{-1}(1+0.718z^{-1})$$
$$\Phi_e(z) = (1-z^{-1})(1+0.418z^{-1})$$
$$D(z)\Phi_e(z) = 0.1582(1-1.368z^{-1}+0.368z^{-2})$$

数字控制器的输出为

$$U(z) = D(z)\Phi_e(z)R(z) = 0.1582-0.058z^{-1}$$

可见 $D(z)\Phi_e(z)$ 为关于 z^{-1} 的有限多项式，并且 $u^*(t)$ 经过 2 拍后过渡过程结束。同时，经过 2 拍后 $y^*(t)$ 的过渡过程也结束了，也就是 $u^*(t)$ 与 $y^*(t)$ 同时结束过渡过程。由此可见，此时，系统经过 2 拍以后就消除了波纹，如图 3-2-11 所示。

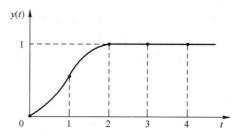

图 3-2-11　输入为单位阶跃时的输出响应

3.3　计算机控制常用算法

最少拍设计方法主要适合于某些随动系统，对系统输出的超调量有严格限制的控制系统并不理想。实际工程中，经常遇到纯滞后调节系统，它们的滞后时间比较长。对于这样的系统，往往允许系统存在适当的超调量，以尽可能地缩短调节时间。即仅要求系统没有超调量或很小的超调量，而调节时间则允许在较多的采样周期内结束。也就是说，超调是主要设计指标。对于这样的系统，用一般的随动系统设计方法是不可行的，PID 算法效果也欠佳。

3.3.1　大林算法

针对这一要求，IBM 公司的大林（Dahlin）在 1968 年提出了一种针对工业生产过程中含有纯滞后对象的控制算法，其目标就是使整个闭环系统的传递函数相当于一个带有纯滞后的一阶惯性环节。

1. 数字控制器的形式

设被控对象 $G(s)$ 为带纯滞后的一阶或二阶惯性环节，即

$$G(s) = \frac{K}{1+T_1 s} e^{-\tau s}$$

或

$$G(s) = \frac{K}{(1+T_1 s)(1+T_2 s)} e^{-\tau s}$$

式中：τ 为纯滞后时间；T_1、T_2 为时间常数；K 为放大系数。

大林算法的设计目标是使整个闭环系统的传递函数相当于一个带有纯滞后的一阶惯性环节，即

$$\Phi(s) = \frac{K}{1+T_\tau s} e^{-\tau s}$$

式中：T_τ 为闭环系统的时间常数。

闭环系统的纯滞后时间 τ 与被控对象纯滞后时间相同，且与采样周期 T 有整数倍关系，即 $\tau = NT$，N 为正整数。

计算机控制系统如图 3-2-3 所示，其所对应的期望闭环传递函数

$$\Phi(z)=\frac{Y(z)}{R(z)}=Z\left[\frac{1-\mathrm{e}^{-Ts}}{s}\cdot\frac{\mathrm{e}^{-\tau s}}{1+T_\tau s}\right]=\frac{(1-\mathrm{e}^{-T/T_\tau})z^{-N-1}}{1-\mathrm{e}^{-T/T_\tau}z^{-1}} \qquad (3\text{-}3\text{-}1)$$

则

$$D(z)=\frac{1}{G(z)}\frac{\Phi(z)}{1-\Phi(z)}=\frac{1}{G(z)}\frac{(1-\mathrm{e}^{-T/T_\tau})z^{-N-1}}{1-\mathrm{e}^{-T/T_\tau}z^{-1}-(1-\mathrm{e}^{-T/T_\tau})z^{-N-1}} \qquad (3\text{-}3\text{-}2)$$

若已知被控对象的传递函数 $G(z)$，则可求出数字控制器 $D(z)$。

（1）若被控对象为带纯滞后的一阶惯性环节，其脉冲传递函数为

$$G(z)=Z\left[\frac{1-\mathrm{e}^{-Ts}}{s}\cdot\frac{K\mathrm{e}^{-\tau s}}{1+T_1 s}\right]=\frac{K(1-\mathrm{e}^{-T/T_1})z^{-N-1}}{1-\mathrm{e}^{-T/T_1}z^{-1}} \qquad (3\text{-}3\text{-}3)$$

数字控制器为

$$D(z)=\frac{(1-\mathrm{e}^{-T/T_\tau})(1-\mathrm{e}^{-T/T_1}z^{-1})}{K(1-\mathrm{e}^{-T/T_1})[1-\mathrm{e}^{-T/T_\tau}z^{-1}-(1-\mathrm{e}^{-T/T_\tau})z^{-N-1}]} \qquad (3\text{-}3\text{-}4)$$

（2）若被控对象为带纯滞后的二阶惯性环节，其脉冲传递函数为

$$G(z)=Z\left[\frac{1-\mathrm{e}^{-Ts}}{s}\cdot\frac{K\mathrm{e}^{-\tau s}}{(1+T_1 s)(1+T_2 s)}\right]=\frac{K(C_1+C_2 z^{-1})z^{-N-1}}{(1-\mathrm{e}^{-T/T_1}z^{-1})(1-\mathrm{e}^{-T/T_2}z^{-1})} \qquad (3\text{-}3\text{-}5)$$

其中

$$\begin{cases} C_1=1+\dfrac{1}{T_2-T_1}(T_1\mathrm{e}^{-T/T_1}-T_2\mathrm{e}^{-T/T_2}) \\[2mm] C_2=\mathrm{e}^{-T(1/T_2+1/T_1)}+\dfrac{1}{T_2-T_1}(T_1\mathrm{e}^{-T/T_2}-T_2\mathrm{e}^{-T/T_1}) \end{cases} \qquad (3\text{-}3\text{-}6)$$

数字控制器为

$$D(z)=\frac{(1-\mathrm{e}^{-T/T_\tau})(1-\mathrm{e}^{-T/T_1}z^{-1})(1-\mathrm{e}^{-T/T_2}z^{-1})}{K(C_1+C_2 z^{-1})[1-\mathrm{e}^{-T/T_\tau}z^{-1}-(1-\mathrm{e}^{-T/T_\tau})z^{-N-1}]} \qquad (3\text{-}3\text{-}7)$$

2. 振铃现象及其消除方法

振铃（Ringing）现象是指数字控制器的输出以接近 1/2 采样频率大幅度衰减的振荡，这与最小拍有纹波系统中的纹波实质是一致的。但纹波是控制器的输出一直是振荡的，导致系统的输出一直有纹波。而振铃现象中的振荡是衰减的，被控对象中惯性环节的低通特性，使得这种振荡对系统的输出几乎没有任何影响，但振铃现象会增加执行机构的磨损；在有交互作用的多参数控制系统中，还有可能影响系统的稳定性。

1）振铃现象产生原因与强度

振铃现象产生的根源在于 $\Phi(z)$ 有 Z 平面的单位圆内负实轴上的极点，且在 $z=-1$ 附近。极点在 $z=-1$ 时最严重，离 $z=-1$ 越远，振铃现象越弱。在单位圆内右半平面有零点时，会加剧振铃现象；而在左半平面有极点时，则会减轻振铃现象。

通常用振铃幅度（Ringing Amplitude，RA）衡量振铃现象的强烈程度，实际中常用单位阶跃输入作用下数字控制器第 0 拍输出量与第 1 拍输出量的差值来衡量振铃幅度。

数字控制器的输出 $U(z)$ 与输入函数 $R(z)$ 间的关系

$$\Phi_\mathrm{u}(z)=\frac{U(z)}{R(z)}=\frac{\Phi(z)}{G(z)}$$

表示成一般形式为

$$\Phi_{\mathrm{u}}(z) = \frac{1 + b_1 z^{-1} + b_2 z^{-2} + \cdots}{1 + a_1 z^{-1} + a_2 z^{-2} + \cdots}$$

在单位阶跃输入作用下，数字控制器输出

$$U(z) = R(z)\,\Phi_{\mathrm{u}}(z) = \frac{1}{1 - z^{-1}}\,\frac{1 + b_1 z^{-1} + b_2 z^{-2} + \cdots}{1 + a_1 z^{-1} + a_2 z^{-2} + \cdots}$$

$$= \frac{1 + b_1 z^{-1} + b_2 z^{-2} + \cdots}{1 + (a_1 - 1)z^{-1} + (a_2 - a_1)z^{-2} + \cdots}$$

$$= 1 + (b_1 - a_1 + 1)z^{-1} + \cdots$$

所以

$$RA = 1 + (b_1 - a_1 + 1) = a_1 - b_1 \tag{3-3-8}$$

2）振铃现象分析

被控对象为带纯滞后的一阶惯性环节时，有

$$\Phi_{\mathrm{u}}(z) = \frac{(1 - e^{-T/T_\tau})(1 - e^{-T/T_1}z^{-1})}{K(1 - e^{-T/T_1})(1 - e^{-T/T_\tau}z^{-1})} \tag{3-3-9}$$

求得极点 $z = e^{-T/T_\tau}$，显然 z 永远大于零。故在带纯滞后的一阶惯性环节组成的系统中，数字控制器 $\Phi(z)$ 不存在负实轴上的极点，即不会产生振铃现象。

被控对象为带纯滞后的二阶惯性环节时，有

$$\Phi_{\mathrm{u}}(z) = \frac{(1 - e^{-T/T_\tau})(1 - e^{-T/T_1}z^{-1})(1 - e^{-T/T_2}z^{-1})}{KC_1\left(1 + \dfrac{C_2}{C_1}z^{-1}\right)(1 - e^{-T/T_\tau}z^{-1})} \tag{3-3-10}$$

求得极点 1 为 $z = e^{-T/T_\tau}$，不会引起振铃现象；极点 2 为 $z = -\dfrac{C_2}{C_1}$，在 $T \to 0$ 时，有

$$\lim_{T \to 0}\left(\frac{C_2}{C_1}\right) = -1$$

说明可能出现负实轴上在 $z = -1$ 附近的极点，该极点将引起振铃现象，其振铃幅度

$$RA = \frac{C_2}{C_1} - e^{-T/T_\tau} + e^{-T/T_1} + e^{-T/T_2} \tag{3-3-11}$$

$T \to 0$ 时，有

$$\lim_{T \to 0} RA = 2$$

3）振铃现象的消除

大林提出一种消除振铃现象的方法，即先找出引起振铃现象的极点因子，令其中 $z = 1$，即可消除该极点。根据终值定理，这种消除振铃现象的方法不会影响输出的稳态值，但将改变数字控制器的动态特性，将改变闭环系统的瞬态性能。

如在带纯滞后的二阶惯性环节系统中，引起振铃现象极点为 $z = -\dfrac{C_2}{C_1}$，令极点因子 $C_1 + C_2 z^{-1}$ 中的 $z = 1$，即可消除该振铃极点。

3. 大林算法的设计步骤

具有纯滞后系统中直接设计数字控制器所考虑的主要性能指标是控制系统无超调或超调很小，要求系统稳定，同时需注意振铃现象。下面为考虑振铃现象时设计数字

控制器的一般步骤：

(1) 根据系统的性能，确定闭环系统的参数 T_τ，给出振铃幅度 RA 的指标。

(2) 由式（3-3-11）所确定的振铃幅度 RA 与采样周期 T 的关系，求解给定振铃幅度下对应的采样周期，如果 T 有多个解，则选择较大的采样周期。

(3) 确定纯滞后时间 τ 与采样周期 T 之比（τ/T）的最大整数 N。

(4) 求广义对象的脉冲传递函数 $G(z)$ 及闭环系统的脉冲传递函数 $\varPhi(z)$。

(5) 求数字控制器的脉冲传递函数 $D(z)$。

例 3.6　已知某控制系统被控对象的传递函数为 $G_0(s) = \dfrac{e^{-s}}{1+s}$。试用大林算法设计数字控制器 $D(z)$。设采样周期 $T = 0.5\text{s}$，并讨论该系统是否会发生振铃现象。如果振铃现象出现，如何消除。

解：由题可知，$\tau = 1$，$K = 1$；$N = \tau/T = 2$，当被控对象与零阶保持器相连时，系统的广义对象的传递函数为 $G(s) = \dfrac{1-e^{-Ts}}{s} G_0(s) = \dfrac{(1-e^{-0.5s})e^{-s}}{s(1+s)}$，则广义对象的数字脉冲传递函数为

$$G(z) = \frac{K(1-e^{-T/T_1})z^{-N-1}}{1-e^{-T/T_1}z^{-1}} = \frac{1-e^{-0.5}}{1-e^{-0.5}z^{-1}}z^{-3} = \frac{0.3935z^{-3}}{1-0.6065z^{-1}}$$

采用大林算法设计，取 $T_\tau = 0.1\text{s}$，则数字控制器

$$D(z) = \frac{1}{G(z)}\frac{\varPhi(z)}{1-\varPhi(z)} = \frac{1}{G(z)}\frac{(1-e^{-T/T_\tau})z^{-N-1}}{1-e^{-T/T_\tau}z^{-1}-(1-e^{-T/T_\tau})z^{-N-1}}$$

$$= \frac{1-0.6065z^{-1}}{0.3935z^{-3}}\frac{(1-e^{-5})z^{-3}}{1-e^{-5}z^{-1}-(1-e^{-5})z^{-3}} = \frac{2.524(1-0.6065z^{-1})}{(1-z^{-1})(1+0.9933z^{-1}+0.9933z^{-2})}$$

由上式可知，$D(z)$ 有三个极点，即 $z_1 = 1$，$z_2 = -0.4967 + 0.864\text{j}$，$z_3 = -0.4967 - 0.864\text{j}$，其中极点 $z = 1$ 不会引起振铃现象，引起振铃现象的极点为

$$|z_z| = |z_3| \approx 0.9966 \approx 1$$

要消除振铃现象，应消除振铃因子 $1+0.9933z^{-1}+0.9933z^{-2}$，即令 $z = 1$（即 $|z_z| = |z_3| \approx 0.9966 \approx 1$），代入即可消除振铃现象。

所以，无振铃现象数字控制器的脉冲传递函数

$$D(z) = \frac{2.524(1-0.6065z^{-1})}{(1-z^{-1})(1+0.9933+0.9933)} = \frac{0.8451(1-0.6065z^{-1})}{(1-z^{-1})}$$

3.3.2　多回路串级控制

串级控制是在单回路 PID 控制的基础上发展起来的一种控制技术。当 PID 控制应用于单回路控制一个被控量时，其控制结构简单，控制参数易于整定。但是，当系统中同时有几个因素影响同一个被控量时，如果只控制其中一个因素，将难以满足系统的控制性能。串级控制针对上述情况，在原控制回路中，增加一个或几个控制内回路，用以控制可能引起被控量变化的其他因素，从而有效地抑制了被控对象的时滞特性，提高了系统动态响应的快速性。

1. 串级控制的结构和原理

图 3-3-1 是一个炉温控制系统，其控制目的是使炉温保持恒定。假如煤气管道中的压力是恒定的，管道阀门的开度对应一定的煤气流量，这时为了保持炉温恒定，只需测量实际炉温，并与炉温设定值进行比较，利用二者的偏差以 PID 控制规律控制煤气管道阀门的开度。

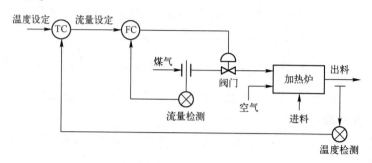

图 3-3-1　炉温控制系统

但是，实际上，煤气总管道同时向许多炉子供应煤气，管道中的压力可能波动。对于同样的阀位，由于煤气压力的变化，煤气流量要发生变化，最终将引起炉温的变化。系统只有检测到炉温偏离设定值时，才能进行控制，但这种已产生了控制滞后。为了及时检测系统可能引起被控量变化的某些因素并加以控制，本例中，在炉温控制主回路中，增加煤气流量控制副回路，构成串级控制结构，如图 3-3-2 所示，图中主控制器 $D_1(s)$ 和副控制器 $D_2(s)$ 分别表示温度调节器 TC 和流量调节器 FC 的传递函数。

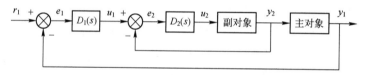

图 3-3-2　炉温串级控制

2. 数字串级控制算法

根据图 3-3-2，$D_1(s)$ 和 $D_2(s)$ 若由计算机来实现时，则计算机串级控制系统如图 3-3-3 所示，图中的 $D_1(z)$ 和 $D_2(z)$ 是由计算机实现的数字控制器，$H(s)$ 是零阶保持器，T 为采样周期，$D_1(z)$ 和 $D_2(z)$ 通常是 PID 控制规律。

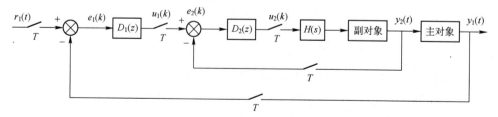

图 3-3-3　计算机串级控制系统

不管串级控制有多少级，计算的顺序总是从最外面的回路向内进行。对图 3-3-3 所示的双回路串级控制系统，其计算顺序如下：

（1）计算主回路的偏差 $e_1(k)$：

$$e_1(k) = r_1(k) - y_1(k) \tag{3-3-12}$$

（2）计算主回路控制器 $D_1(z)$ 的输出 $u_1(k)$：

$$u_1(k) = u_1(k-1) + \Delta u_1(k) \tag{3-3-13}$$

$$\Delta u_1(k) = K_{P1}\left[e_1(k) - e_1(k-1)\right] + K_{I1}e_1(k) + K_{D1}\left[e_1(k) - 2e_1(k-1) + e_1(k-2)\right] \tag{3-3-14}$$

式中：K_{P1} 为比例增益；$K_{I1} = K_{P1}\dfrac{T}{T_{I1}}$ 为积分系数；$K_{D1} = K_{P1}\dfrac{T_{D1}}{T}$ 为微分系数。

（3）计算副回路的偏差 $e_2(k)$：

$$e_2(k) = u_1(k) - y_2(k) \tag{3-3-15}$$

（4）计算副回路控制器 $D_2(z)$ 的输出 $u_2(k)$：

$$u_2(k) = u_2(k-1) + \Delta u_2(k) \tag{3-3-16}$$

$$\Delta u_2(k) = K_{P2}\left[e_2(k) - e_2(k-1)\right] + K_{I2}e_2(k) + K_{D2}\left[e_2(k) - 2e_2(k-1) + e_2(k-2)\right] \tag{3-3-17}$$

式中：K_{P2} 为比例增益；$K_{I2} = K_{P2}\dfrac{T}{T_{I2}}$ 为积分系数；$K_{D2} = K_{P2}\dfrac{T_{D2}}{T}$ 为微分系数。

3. 副回路微分先行串级控制算法

为了防止主控制器输出（也就是副控制器的给定值）过大而引起副回路的不稳定，同时，也为了克服副对象惯性较大而引起调节品质的恶化，在副回路的反馈通道中加入微分控制，称为副回路微分先行，系统的结构如图 3-3-4 所示。

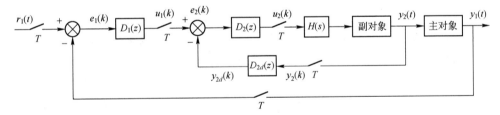

图 3-3-4　副回路微分先行的串级控制系统

微分先行部分的传递函数为

$$D_{2d}(s) = \frac{Y_{2d}(s)}{Y_2(s)} = \frac{T_2(s)}{\alpha T_2(s) + 1} \tag{3-3-18}$$

式中：α 为微分放大系数。

相应的微分方程为

$$\alpha T_2 \frac{\mathrm{d}y_{2d}(t)}{\mathrm{d}t} + y_{2d}(t) = T_2 \frac{\mathrm{d}y_2(t)}{\mathrm{d}t} + y_2(t) \tag{3-3-19}$$

改成差分方程为

$$\frac{\alpha T_2}{T}\left[y_{2d}(k) - y_{2d}(k-1)\right] + y_{2d}(k) = \frac{T_2}{T}\left[y_2(k) - y_2(k-1)\right] + y_2(k) \tag{3-3-20}$$

整理得

$$y_{2d}(k) = \frac{\alpha T_2}{\alpha T_2 + T} y_{2d}(k-1) + \frac{T_2 + T}{\alpha T_2 + T} y_2(k) - \frac{T_2}{\alpha T_2 + T} y_2(k-1) + b_1 y_{2d}(k-1) + b_2 y_2(k) - b_3 y_2(k-1)$$

$$(3-3-21)$$

式中

$$b_1 = \frac{\alpha T_2}{\alpha T_2 + T}, \quad b_2 = \frac{T_2 + T}{\alpha T_2 + T}, \quad b_3 = \frac{T_2}{\alpha T_2 + T}$$

具体副回路微分先行的串级控制算法如下：

（1）计算主回路的偏差 $e_1(k)$：

$$e_1(k) = r_1(k) - y_1(k) \tag{3-3-22}$$

（2）计算主回路控制器的输出 $u_1(k)$：

$$u_1(k) = u_1(k-1) + \Delta u_1(k) \tag{3-3-23}$$

$$\Delta u_1(k) = K_{P1}[e_1(k) - e_1(k-1)] + K_{I1}e_1(k) + K_{D1}[e_1(k) - 2e_1(k-1) + e_1(k-2)]$$

$$(3-3-24)$$

式中：K_{P1} 为比例增益；$K_{I1} = K_{P1}\dfrac{T}{T_{I1}}$ 为积分系数；$K_{D1} = K_{P1}\dfrac{T_{D1}}{T}$ 为微分系数。

（3）计算微分先行部分的输出 $y_{2d}(k)$：

$$y_{2d}(k) = b_1 y_{2d}(k-1) + b_2 y_2(k) - b_3 y_2(k-1) \tag{3-3-25}$$

（4）计算副回路的偏差 $e_2(k)$：

$$e_2(k) = u_1(k) - y_{2d}(k) \tag{3-3-26}$$

（5）计算副回路控制器的输出 $u_2(k)$：

$$u_2(k) = u_2(k-1) + \Delta u_2(k) \tag{3-3-27}$$

$$\Delta u_2(k) = K_{P2}[e_2(k) - e_2(k-1)] + K_{I2}e_2(k) \tag{3-3-28}$$

串级控制系统中，副回路给系统带来了一系列的优点：串级控制较单回路控制系统有更强的抑制扰动的能力，通常副回路抑制扰动的能力比单回路控制高出十几倍乃至上百倍，因此设计此类系统时应把主要的扰动包含在副回路中；对象的纯滞后比较大时，若用单回路控制，则过渡过程时间长，超调量大，参数恢复较慢，控制质量较差，采用串级控制可以克服对象纯滞后的影响，改善系统的控制性能；对于具有非线性的对象，采用单回路控制，在负荷变化时，不相应地改变控制器参数，系统的性能很难满足要求，若采用串级控制，把非线性对象包含在副回路中，由于副控回路是随动系统，能够适应操作条件和负荷的变化，自动改变副控调节器的给定值，因而控制系统仍有良好的控制性能。

在串级控制系统中，主、副控制器的选型非常重要。对于主控制器。为了减少稳态误差，提高控制精度，应具有积分控制，为了使系统反应灵敏，动作迅速，应加入微分控制，因此主控制器应具有 PID 控制规律；对于副控制器，通常可以选用比例控制，当副控制器的比例系数不能太大时，则应加入积分控制，即采用 PI 控制规律，副回路较少采用 PID 控制规律。

3.3.3　预测控制

预测控制是一类控制算法的统称，其中有动态矩阵控制（Dynamic Matrix Control,

DMC)、模型算法控制（Model Algorithmic Control，MAC）、预测控制（Predictive Control，PC）及广义预测控制（Generalized Predictive Control，GPC）等。虽然这些算法的表示形式和控制方法各不相同，但其基本思想都是采用工业生产过程中较易测取的对象阶跃响应或脉冲响应等非参数模型，从中取一系列采样时刻的数值作为描述对象动态特性的信息，由此预测未来的控制量及响应，从而构成预测模型。

预测控制系统结构如图 3-3-5 所示，主要由内部模型、预测模型、参考轨迹和预测控制算法组成。

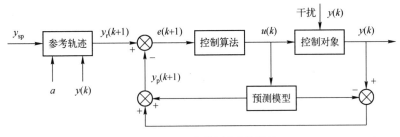

图 3-3-5　预测控制系统结构

1. 内部模型

内部模型即为被控对象的阶跃响应或脉冲响应，如图 3-3-6 所示通过实验方法获取对象的阶跃响应或脉冲响应，分别以 $\hat{a}(t)$ 和 $\hat{h}(t)$ 表示。

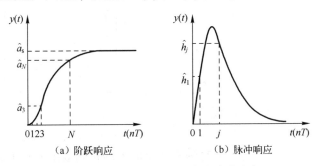

图 3-3-6　对象的阶跃响应或脉冲响应

对象的阶跃响应如图 3-3-6（a）所示，采样周期为 T，对每个采样时刻 jT 有对应的响应值 $\hat{a}_j$，从 $t=0$ 开始变化直到 $t=NT$ 时刻对象趋向稳态值 $\hat{a}_s$，其中 N 为截断步长。这有限个响应信息 $\hat{a}_j(j=1,2,\cdots,N)$ 的集合就是对象的内部模型。

对象的脉冲响应如图 3-3-6（b）所示，采样周期为 T，对每个采样时刻 jT 有对应的响应值 $\hat{h}_j$，从 $t=0$ 开始变化直到 $t=NT$ 时刻对象趋向稳态值 $\hat{h}_s=0$，其中 N 为截断步长。这有限个响应信息 $\hat{h}_j(j=1,2,\cdots,N)$ 的集合就是对象的内部模型。

2. 预测模型

根据内部模型的信息，预测未来的控制量及响应，即构成预测模型。

1）基于阶跃响应的开环预测模型

针对图 3-3-6（a）所示的对象阶跃响应，设预测步长为 P，预测模型的输出为

y_m，则根据内部模型计算获得从 k 时刻起到 P 时刻的预测输出 $y_m(k+i)$：

$$y_m(k+i) = \hat{a}_s u(k-N+i-1) + \sum_{j=1}^{N} a_j \Delta u(\hat{k}+i-j)$$

$$= \hat{a}_s u(k-N+i-1) + \sum_{j=1}^{N} a_j \Delta u(\hat{k}+i-j) \mid_{i<j} \qquad (3\text{-}3\text{-}29)$$

$$+ \sum_{j=1}^{N} a_j \Delta u(\hat{k}+i-j) \mid_{i \geq j}, \quad i = 1,2,\cdots,P$$

式中：对象输入增量 $\Delta u(k+i-j) = u(k+i-j) - u(k+i-j-1)$。

　　式（3-3-29）中第一、二项相加是 k 时刻以前输入变化序列对输出变量 y_m 作用的预测；第三项是 k 时刻以后输入变化序列对输出变量的作用，也就是对输出变量受到未来输入序列影响的预测。

　　式（3-3-29）可进一步写成向量的形式：

$$\boldsymbol{y}_m(k+1) = \hat{a}_s \boldsymbol{u}(k) + A_1 \Delta \boldsymbol{u}_1(k) + A_2 \Delta \boldsymbol{u}_2(k+1) \qquad (3\text{-}3\text{-}30)$$

式中

$$\boldsymbol{y}_m(k+1) = [y_m(k+1), y_m(k+2), \cdots, y_m(k+P)]^T$$

$$\boldsymbol{u}(k) = [u(k-N)\,u(k-N+1)\cdots u(k-N+P-1)]^T$$

$$\Delta \boldsymbol{u}_1(k) = [\Delta u(k-N+1)\,\Delta u(k-N+2)\cdots \Delta u(k-1)]^T$$

$$\Delta \boldsymbol{u}_2(k) = [\Delta u(k)\,\Delta u(k+1)\cdots \Delta u(k+P-1)]^T$$

$$A_1 = \begin{pmatrix} \hat{a}_N & \hat{a}_{N-1} & \cdots & \hat{a}_2 \\ & \hat{a}_N & \cdots & \hat{a}_3 \\ 0 & \ddots & \vdots & \vdots \\ & \hat{a}_N & \cdots & \hat{a}_{P+1} \end{pmatrix}_{P\times(N-1)} \quad A_2 = \begin{pmatrix} \hat{a}_1 & & & \\ \hat{a}_2 & \hat{a}_1 & 0 & \\ \vdots & \vdots & \ddots & \\ \hat{a}_P & \hat{a}_{P-1} & \cdots & \hat{a}_1 \end{pmatrix}_{P\times P}$$

2）基于脉冲响应的开环预测模型

针对图 3-3-6（b）所示的对象脉冲响应，设预测步长为 P，预测模型的输出为 y_m，则根据内部模型计算获得从 k 时刻起到 P 时刻的预测输出 $y_m(k+i)$：

$$y_m(k+i) = \sum_{j=1}^{N} \hat{h}_j u(k+i-j) \quad i = 1,2,\cdots,P \qquad (3\text{-}3\text{-}31)$$

也可写成

$$y_m(k+i-1) = \sum_{j=1}^{N} \hat{h}_j u(k+i-j-1) \quad i = 1,2,\cdots,P-1 \qquad (3\text{-}3\text{-}32)$$

由式（3-3-31）减去式（3-3-32），则可得到控制增量式

$$y_m(k+i) = y_m(k+i-1) + \sum_{j=1}^{N} \hat{h}_j \Delta u(k+i-j) \qquad (3\text{-}3\text{-}33)$$

式中：对象输入增量 $\Delta u(k+i-j) = u(k+i-j) - u(k+i-j-1)$。

　　式（3-3-33）可进一步写成向量的形式：

$$\boldsymbol{y}_m(k+1) = H_1 \boldsymbol{u}_1(k) + H_2 \boldsymbol{u}_2(k+1) \qquad (3\text{-}3\text{-}34)$$

式中

$$\boldsymbol{y}_m(k+1) = [y_m(k+1) \quad y_m(k+2) \quad \cdots \quad y_m(k+P)]^T$$

$$\boldsymbol{u}_1(k) = \begin{bmatrix} u(k-N+1) & u(k-N+2) & \cdots & u(k-1) \end{bmatrix}^{\mathrm{T}}$$

$$\boldsymbol{u}_2(k+1) = \begin{bmatrix} u(k) & u(k+1) & \cdots & u(k+P-1) \end{bmatrix}^{\mathrm{T}}$$

$$\boldsymbol{H}_1 = \begin{pmatrix} \hat{h}_N & \hat{h}_{N-1} & \cdots & \hat{h}_2 \\ & \hat{h}_N & \cdots & \hat{h}_3 \\ 0 & \ddots & \vdots & \vdots \\ & \hat{h}_N & \cdots & \hat{h}_{P+1} \end{pmatrix}_{P \times (N-1)}$$

$$\boldsymbol{H}_2 = \begin{pmatrix} \hat{h}_1 & & \\ \hat{h}_2 & \hat{h}_1 & 0 \\ \vdots & \vdots & \ddots \\ \hat{h}_p & \hat{h}_{p-1} & \cdots & \hat{h}_1 \end{pmatrix}_{P \times P}$$

式（3-3-30）和式（3-3-34）是分别根据对象阶跃响应和脉冲响应得到的 k 时刻的预测模型，它们完全依赖于对象的内部模型，而与对象的 k 时刻的实际输出无关，所以称为开环预测模型。

3）闭环预测模型

由于被控制对象的非线性、时变及随机干扰，使得预测模型的预测输出值 $y_m(k)$ 与对象的实际输出值 $y(k)$ 之间存在偏差。因此，需要对开环预测模型进行修正。修正的方法之一是将第 k 步的实际输出值 $y(k)$ 与预测输出值 $y_m(k)$ 之间的偏差加到模型的预测输出值 $y_m(k+1)$，得到闭环预测模型 $y_\mathrm{p}(k+1)$ 为

$$\boldsymbol{y}_\mathrm{p}(k+1) = y_m(k+1) + \boldsymbol{h}_0 [y(k) - y_m(k)] \tag{3-3-35}$$

式中

$$\boldsymbol{y}_\mathrm{p}(k+1) = \begin{bmatrix} y_\mathrm{p}(k+1) & y_\mathrm{p}(k+2) & \cdots & y_\mathrm{p}(k+P) \end{bmatrix}^{\mathrm{T}}$$

$$\boldsymbol{h}_0 = \begin{bmatrix} 1 & 1 & \cdots & 1 \end{bmatrix}^{\mathrm{T}}$$

以对象的脉冲响应预测模型为例，其闭环预测模型为

$$\begin{aligned} y_\mathrm{p}(k+1) &= y_m(k+i) + [y(k) - y_m(k)] \\ &= y(k) + [y_m(k+i) - y_m(k)] \\ &= y(k) + \sum_{j=1}^{N} \hat{h}_j [\Delta u(k+i-j) + \Delta u \quad (k+i-j-1) + \cdots \\ &\quad + \Delta u(k+2-j) + \Delta u(k+1-j)], \quad i = 1, 2, \cdots, P \end{aligned} \tag{3-3-36}$$

考虑到脉冲响应和阶跃响应之间的关系为

$$\hat{a}_i = \sum_{j=1}^{i} \hat{h}_j \tag{3-3-37}$$

则由式（3-3-36）可得对象的脉冲响应的闭环预测模型为

$$\boldsymbol{y}_\mathrm{p}(k+1) = \boldsymbol{h}_0 y(k) + \boldsymbol{p} + \boldsymbol{A} \Delta \boldsymbol{u}(k+1) \tag{3-3-38}$$

式中

$$\boldsymbol{y}_\mathrm{p}(k+1) = \begin{bmatrix} y_\mathrm{p}(k+1) & y_\mathrm{p}(k+2) & \cdots & y_\mathrm{p}(k+P) \end{bmatrix}^{\mathrm{T}}$$

$$\boldsymbol{h}_0 = \begin{bmatrix} 1 & 1 & \cdots & 1 \end{bmatrix}^{\mathrm{T}}$$

$$p = \begin{bmatrix} P_1 & P_2 & \cdots & P_p \end{bmatrix}^{\mathrm{T}}$$

$$\Delta u(k+1) = \begin{bmatrix} \Delta u(k) & \Delta u(k+1) & \cdots & \Delta u(k+P-1) \end{bmatrix}^{\mathrm{T}}$$

$$A = \begin{pmatrix} \hat{a}_1 & & \\ \hat{a}_2 & \hat{a}_1 & 0 \\ \vdots & \vdots & \ddots \\ \hat{a}_p & \hat{a}_{p-1} & \cdots & \hat{a}_1 \end{pmatrix}$$

式（3-3-38）为矩阵控制（DMC）算法的闭环预测模型，矩阵 A 称为动态矩阵。

从以上闭环预测模型可以看出，由于在每个预测时刻都引入对象的实际输出值 y (k) 和预测输出值 $y_m(k)$ 之间的偏差，使闭环预测模型不断得到及时修正，从而有效克服模型的不精确性和对象存在的不确定性。

3. 预测控制算法

预测控制的目的是使被控制对象的输出变量 $y(t)$ 沿着一条预定的曲线逐渐到达设定值 y_{sp}，这条预定的曲线称为参考轨迹 y_{r}。考虑到对象的动态特性，减小过量的控制作用使对象的输出能平滑地到达设定值，通常选用一阶指数形式的参考轨迹

$$\begin{cases} y_{\mathrm{r}}(k+1) = \alpha^i y(k) + (1-\alpha^i) y_{\mathrm{sp}}, & i=1,2,\cdots,P \\ y_{\mathrm{r}}(k) = y(k) \end{cases} \tag{3-3-39}$$

式中：$\alpha = \exp(-T/\tau)$；T 为采样周期；τ 为参考轨迹的时间常数。通常 $0 \leqslant \alpha < 1$。

由预测控制算法求出一组 M 个控制量 $u(k) = \begin{bmatrix} u(k) & u(k+1) & \cdots & u(k+M-1) \end{bmatrix}^{\mathrm{T}}$，使选定的目标函数最优，此处 M 称为控制步长。目标函数可以取不同形式，如

$$J = \sum_{i=1}^{P} \begin{bmatrix} y_{\mathrm{p}}(k+i) - y_{\mathrm{r}}(k+i) \end{bmatrix}^2 \omega_i \tag{3-3-40}$$

式中：ω_i 为非负的加权系数，用来调整将来各采样时刻误差在品质指标 J 中所占的比例。

由于参考轨迹已定，可以选取常用的优化方法，如最小二乘法、梯度法等。通过优化求解得到现时刻的一组最优控制输入 $\begin{bmatrix} u(k) & u(k+1) & \cdots & u(k+M-1) \end{bmatrix}$，只将其中第一个控制输入 $u(k)$ 作用于被控对象。等到下一个采样时刻 $(k+1)$，再根据采集到的对象输出 $y(k+1)$，重新进行优化求解，又得到一组最优控制输入，也只将其中第一个控制输入 $u(k+1)$ 作用于被控对象。以此类推，不断滚动优化，始终把优化建立在实际的基础上，有效地克服对象中一些不确定的因素，使系统具有较好的鲁棒性。尽管这种滚动优化在有限时域内进行，优化目标有一定的局限性，得到的是全局次优解，但能够及时考虑到模型失配等不确定的因素，这一点对复杂的工业生产过程的应用尤为重要。

1）动态矩阵控制（DMC）

动态矩阵控制具有算法简单、计算量小和鲁棒性强等特点。动态矩阵控制算法首先要建立 DMC 预测模型，然后按照滚动优化和反馈校正的步骤实现预测控制。

动态矩阵控制算法的离散卷积模型为

$$y_{\mathrm{p}}(k+1) = h_0 y(k) + P + A\Delta u(k+1)$$

式中：预测步长为 P；控制步长为 M。取 $M < P$，则式中 $A\Delta u(k+1)$ 项分别表示为

$$\Delta\boldsymbol{u} = \begin{bmatrix} \Delta u(k) & \Delta u(k+1) & \cdots & \Delta u(k+M-1) \end{bmatrix}^{\mathrm{T}} \tag{3-3-41}$$

$$\boldsymbol{A} = \begin{pmatrix} \hat{a}_1 & & & \\ \hat{a}_2 & \hat{a}_1 & 0 & \\ \vdots & \vdots & & \\ \hat{a}_M & \hat{a}_{M-1} & \cdots & \hat{a}_1 \\ \vdots & \vdots & & \\ \hat{a}_P & \hat{a}_{P-1} & \cdots & \hat{a}_{P-M+1} \end{pmatrix}_{P \times M}$$

若采用式（3-3-39）中的参考轨迹，则系统的误差方程为

$$e = y_{\mathrm{r}} - y_{\mathrm{p}} = \begin{pmatrix} 1-\alpha \\ 1-\alpha^2 \\ \vdots \\ 1-\alpha^P \end{pmatrix} [y_{\mathrm{sp}} - y(k)] - A\Delta u - P \tag{3-3-42}$$

令

$$\boldsymbol{e}' = \begin{pmatrix} (1-\alpha)e_k - p_1 \\ (1-\alpha^2)e_k - p_2 \\ \vdots \\ (1-\alpha^P)e_k - p_P \end{pmatrix}$$

式中：e_k 为 k 时刻设定值与实际输出值之差，$e_k = y_{\mathrm{sp}} - y(k)$。

式（3-3-42）可改写为

$$e = -A\Delta u + e' \tag{3-3-43}$$

式中：e 为参考轨迹与闭环预测值之差；e' 为参考轨迹与零输入下闭环预测值之差。

若取目标函数为

$$J = e^{\mathrm{T}} e \tag{3-3-44}$$

将式（3-3-43）代入上式，可以得到无约束条件下目标函数最小时的最优控制量 Δu 为

$$\Delta u = (A^{\mathrm{T}} A)^{-1} A^{\mathrm{T}} e' \tag{3-3-45}$$

如果取预测步长 P 等于控制步长 M，则可求得控制向量的精确解为

$$\Delta u = A^{-1} e' \tag{3-3-46}$$

需要指出的是，虽然计算出最优控制量 Δu 序列，但是通常只把第一项 $\Delta u(k)$ 作用于被控制对象，等到下一个采样时刻再重新计算 Δu 序列，仍然只输出该序列中的第一项，以此类推，这也是预测控制算法的特点之一。

2）模型算法控制（MAC）

模型算法控制主要由内部预测模型、输入参考轨迹、输出预测和滚动优化等组成。

假定对象实际脉冲响应为 $\boldsymbol{h} = \begin{bmatrix} h_1 & h_2 & \cdots & h_N \end{bmatrix}^{\mathrm{T}}$，预测模型脉冲响应为 $\hat{\boldsymbol{h}} = \begin{bmatrix} \hat{h}_1 & \hat{h}_2 & \cdots & \hat{h}_N \end{bmatrix}^{\mathrm{T}}$。

已知开环预测模型为

$$y_m(k+i)=\sum_{j=1}^{N}\hat{h}_j u(k-j+i) \tag{3-3-47}$$

这里假设预测步长 $P=1$，控制步长 $L=1$，即为单步预测、单步控制问题。实现最优时，应有 $y_r(k+1)=y_m(k+1)$，则有

$$y_r(k+1)=y_m(k+1)$$
$$=\sum_{j=2}^{N}\hat{h}_j u(k-j+1)+\hat{h}_1 u(k)$$

由上式可得

$$u(k)=\frac{1}{\hat{h}_1}\Big[y_r(k+1)-\sum_{j=2}^{N}\hat{h}_j u(k-j+1)\Big] \tag{3-3-48}$$

假设

$$y_r(k+1)=\alpha y(k)+(1-\alpha)y_{sp}$$
$$\boldsymbol{u}(k-1)=[\,u(k-1)\quad u(k-2)\quad\cdots\quad u(k+1-N)\,]^{T}$$
$$\boldsymbol{\Phi}=[\,e_2\quad e_3\quad\cdots\quad e_{N-1}\,0\,]^{T}$$

其中

$$\boldsymbol{e}_i=[\,0\quad 0\quad\cdots\quad 1\quad 0\quad\cdots\quad 0\,]^{T}$$
$$\downarrow$$
$$\text{第 } i \text{ 项}$$

则单步控制 $u(k)$ 为

$$u(k)=\frac{1}{\hat{h}_1}[\,(1-\alpha)y_{sp}+(\alpha\boldsymbol{h}^{T}-\hat{\boldsymbol{h}}^{T}\boldsymbol{\Phi})u(k-1)\,] \tag{3-3-49}$$

如果考虑闭环预测控制，用闭环预测模型式（3-3-38）代替式（3-3-47），可以得到闭环下的控制 $u(k)$ 为

$$u(k)=\frac{1}{\hat{h}_1}\Big\{y_r(k+1)-[\,y(k)-y_m(k)\,]-\sum_{j=2}^{N}\hat{h}_j u(k-j+1)\Big\}$$

$$u(k)=\frac{1}{\hat{h}_1}\{(1-\alpha)y_{sp}+[\,\hat{\boldsymbol{h}}^{T}(I-\boldsymbol{\Phi})-\boldsymbol{h}^{T}(1-\alpha)\,]u(k-1)\} \tag{3-3-50}$$

对于更一般情况下的 MAC 控制律推导如下：

已知对象预测模型和闭环校正预测模型分别为

$$y_m(k+1)=\hat{a}_s u(k)+A_1\Delta u_1(k)+A_2\Delta u_2(k+1)$$
$$y_p(k+1)=y_m(k+1)+h_0[\,y(k)-y_m(k)\,]$$

输出参考轨迹为 $y_r(k+1)$，设系统误差方程为

$$e(k+1)=y_r(k+1)-y_p(k+1) \tag{3-3-51}$$

如果选取目标函数

$$J=\boldsymbol{e}^{T}\boldsymbol{Q}\boldsymbol{e}+\Delta\boldsymbol{u}_2^{T}\boldsymbol{R}\Delta\boldsymbol{u}_2 \tag{3-3-52}$$

式中：$\boldsymbol{Q}$ 为非负定加权对称矩阵；$\boldsymbol{R}$ 为正定加权对称矩阵。

使上述目标函数最小，可求得最优控制量 Δu_2 为

$$\Delta u_2=[\,A_2^{T}\boldsymbol{Q}A_2+\boldsymbol{R}\,]^{-1}A_2^{T}\boldsymbol{Q}e' \tag{3-3-53}$$

式中：e' 为参考轨迹与在零输入响应下闭环预测输出之差，有

$$e'(k+1) = y_r(k+1) - \{\hat{a}_s u(k) + A_1 \Delta u_1(k) + h_0[y(k) - y_m(k)]\} \quad (3\text{-}3\text{-}54)$$

思考题及习题

1. 在 PID 调节中，P、I、D 各控制分量的作用是什么？

2. PID 调节中 K_p、T_i、T_d 对控制质量各有什么影响？

3. 用数字 PID 替代模拟 PID 调节器，它对采样周期有什么要求？为什么？

4. 什么是位置式和增量式 PID 数字控制算法？试比较它们的优缺点。

5. 什么叫做积分饱和？是怎么引起的？它对控制系统有何危害？克服这种现象的常用方法有哪些？

6. 试述稳定边界法整定 PID 参数过程。

7. 试述扩充临界比例法整定数字 PID 参数过程。

8. 什么是最少拍系统？最少拍系统有什么不足之处？

9. 设离散系统如题图 3-1 所示。

题图 3-1

其中采样周期 $T=1\text{s}$，试求当 $r(t) = R_0 1(t) + R_1 t$ 时，系统无稳态误差且过渡过程在最少拍内结束的 $G_D(z)$。

10. 已知离散系统如题图 3-2 所示。其中采样周期 $T=1\text{s}$，连续部分传递函数 $G_0(s) = \dfrac{1}{s(s+1)}$，试求当 $r(t) = 1(t)$ 时，系统无稳态误差，且过渡过程在最少拍内结束的数字控制器 $G_D(z)$。

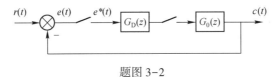

题图 3-2

11. 某控制系统如题图 3-3 所示，已知被控对象的传递函数为

$$G_0(s) = \frac{1}{s(1+0.1s)(1+0.05s)}$$

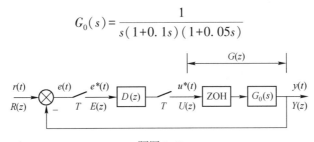

题图 3-3

　　设采样周期为 0.1s，针对单位速度输入设计有波纹系统的数字控制器，计算采样瞬间数字控制器和系统的输出响应并绘制图形。

　　12. 对上题，针对单位速度输入设计快速无波纹系统的数字控制器，计算采样瞬间数字控制器的系统输出响应并绘制图形。

　　13. 某控制系统的控制器为

$$D(s) = \frac{1}{s^2 + 0.2s + 1}$$

设采样周期 $T = 1\text{s}$，试用后向差分变换法求数字控制器 $D(z)$。

　　14. 某控制系统的控制器为

$$D(s) = \frac{s+1}{0.1s+1}$$

设采样周期 $T = 0.25\text{s}$，试用双线性变换法求数字控制器 $D(z)$。

第4章 单片机及其在舰船机械控制中的应用

单片机，全称单片微型计算机（Single Chip Microcomputer），又称微控制器（Microcontroller Unit）或嵌入式控制器（Embedded Controller）。将中央处理器（CPU）、存储器、输入/输出接口等计算机基本部件集成在一块芯片上即为单片机。单片机以其体积小、功耗低、功能强、性价比高、易于推广应用等显著优点，在工业控制、数据采集、智能仪表、机电一体化、家用电器等领域得到了广泛的应用。近年来，舰船机械控制装置也开始大量应用单片机。

自1971年Intel公司发明4位单片机以来，已陆续推出了8位、16位、32位等几十个系列，几百多个品种，常用的有MCS系列单片机、Z8系列单片机、MC6801系列单片机等。目前，尽管16位和32位单片机已为人们所熟悉，但在今后一段时间内，8位单片机仍然是实际应用中的主导品种，大多数单片机的应用仍会以MCS-51单片机为主。本章简要介绍MCS-51系列8位单片机的结构、工作原理及其在舰船机械控制中的应用。

4.1 单片机概述

4.1.1 单片机的发展

1971年单片机诞生，5年之后即1976年Intel公司推出第一片8位MCS-48单片机，至今单片机的发展主要经历了四个阶段。

1. 第一阶段（1976—1978年）

单片机的探索阶段。以Intel公司的MCS-48为代表，其特点是将8位CPU、并行I/O接口、8位定时器/计数器、RAM等集成在一片集成电路芯片上，无串行I/O接口，存储器容量较小，寻址范围不大于4K，指令系统设计面向控制功能要求，其他功能不强。

2. 第二阶段（1978—1982年）

单片机的完善阶段。Intel公司在MCS-48基础上推出了完善的、典型的MCS-51系列单片机。MCS-51系列单片机虽仍为8位单片机，但其更为完善、功能更强大、兼容性强、品种全、软硬件资源丰富，并带有串行I/O接口、多级中断处理系统、定时器/计数器为16位、片内ROM和RAM的容量增大、寻址范围最大可达64K，指令系统除了增强控制功能之外，还设置了大量的位操作指令。

3. 第三阶段（1982—1990年）

8位单片机的快速发展及16位、32位单片机推出阶段。继8位单片机之后，Intel

公司又在 1983 年推出了 16 位单片机 MCS-96 系列。与 MCS-51 相比，MCS-96 不但字长增加一倍，而且在其他性能方面也有很大提高，如在片内增加一个 4 路或 8 路的 10 位 A/D 转换器，具有 D/A 转换功能等。

4. 第四阶段（1990 年至今）

微控制器的全面发展阶段。随着单片机在各个领域全面深入的发展和应用，出现了高速、大寻址范围、强运算能力的 8 位/16 位/32 位通用型单片机，以及小型廉价的专用型单片机。

4.1.2　单片机的特点

单片机将计算机的基本部件集成在一块芯片上，是一个不带显示器、键盘、监控程序和外设的微型计算机，其特点如下：

（1）受芯片集成度限制，片内存储器容量较小。一般 ROM 小于 4KB/8KB，RAM 小于或等于 256B；但可在芯片外部进行扩展，通常 ROM、RAM 可分别扩展至 64KB。

（2）可靠性好。芯片本身是按工业测控环境要求设计的，其抗噪声干扰优于通用 CPU；程序指令、常数、表格固化在 ROM 中不易破坏。

（3）易扩展。片内具有计算机正常运行所必需的部件，芯片外部有许多供扩展用的三总线及并行、串行 I/O 引脚，很容易构成各种规模的计算机应用系统。

（4）控制功能强。单片机指令系统中有丰富的条件分支指令、I/O 口的逻辑操作及位处理指令。单片机的逻辑控制功能及运行速度均高于通常的微处理器。

4.1.3　单片机的应用

由于单片机具有良好的控制性能和灵活的嵌入品质，近年来单片机在各种领域都获得了极为广泛的应用。概要地分成以下几个方面。

1. 智能仪器仪表

单片机用于各种仪器仪表，可以完成数据的采集、处理、零位校正、数字显示、报警、记录打印等工作。单片机的应用提高了仪器仪表的使用功能和精度，使仪器仪表智能化，同时还简化了仪器仪表的硬件结构，从而可以方便地完成仪器仪表产品的升级换代。如各种智能电气测量仪表、智能传感器等。

2. 机电一体化产品

机电一体化产品是集机械技术、微电子技术、自动化技术和计算机技术于一体，具有智能化特征的各种机电产品。单片机在机电一体化产品的开发中发挥了巨大的作用。典型产品如机器人、数控机床、自动包装机、点钞机、医疗设备、打印机、传真机、复印机等。

3. 工业控制

工业控制中的控制器，原来都是用电阻、电容、运算放大器等模拟分立元件构成，体积大、功能有限，难以实现复杂的控制过程。利用单片机作为系统控制器，可以根据被控对象的不同特征采用不同的智能算法，实现期望的控制指标，从而提高生产效率和产品质量。典型应用如电动机转速控制、温度控制、自动生产线等。

单片机还可以用于各种物理量的采集与控制。电流、电压、温度、液位、流量等物理参数的采集和控制均可以利用单片机方便地实现。

4. 家用电器

家用电器是单片机的又一重要应用领域，前景十分广阔。如空调器、电冰箱、洗衣机、电饭煲、高档洗浴设备、高档玩具等。

5. 其他

另外，在交通领域中，汽车、火车、飞机、航天器等均有单片机的广泛应用。如汽车自动驾驶系统、航天测控系统、黑匣子等。

目前，各个行业，各个领域，在新产品的设计中都尽可能地应用单片机技术，来提高产品的智能化程度，增强产品的竞争力，适应技术的进步。在传统的机械产品中也正在经历着一场机电一体化的革命。机电一体化的根本就是应用单片机技术、电子技术对机械产品进行改革，使原有的机械产品性能提高，体积缩小，材料、能耗降低，更便于操作、使用。单片机正在迅速渗透到各个领域，改变着原有产品的现状。随着技术的发展，单片机将会发挥更大、更重要的作用。

4.1.4　MCS-51 系列单片机

MCS-51 系列单片机是高档 8 位单片机，与 MCS-48 系列单片机相比，性能全面提高，其许多功能也超过了 8085CPU 和 Z80CPU，成为当前工业测、控类应用系统的优选单片机。

MCS-51 系列单片机包括下列型号：

（1）8051/8751/8031 这 3 种芯片常称为 8051 子系列芯片，它们之间的区别仅在于片内程序存储器不同。8051 片内有 4KB ROM，8751 片内有 4KB EPROM，8031 片内无程序存储器，其他结构性能相同。其中，8031 易于开发，价格低，应用广泛。

（2）8052/8752/8032 这是 8051/8751/8031 的改进型，常称为 8052 子系列芯片。其片内 ROM 和 RAM 比 8051 子系列各增加一倍，ROM 容量为 8KB，RAM 容量为 256B；另外增加了一个定时/计数器和一个中断源。

（3）80C51/87C51/80C31 这 3 种型号是 8051 子系列的 CHMOS 型芯片，可称为 80C51 子系列芯片，二者功能兼容。CHMOS 型芯片的基本特点是集成度高和功耗低。

目前，对于这类 8 位 CHMOS 型单片机，许多计算机公司（首推 Atmel 及 Philips 公司）正在不断开发它的新产品，从而形成了新一代高性能兼容性的 80C51 系列单片机。其主要技术发展方向如下：

（1）提供不同类型的存储器。除掩模 ROM、EPROM 以外，还能提供 E^2PROM 或 PEROM（Flash Memory）。

（2）扩展存储器容量。目前 ROM 容量已扩至 32KB，RAM 容量已扩至 512B。

（3）提高运行速度，时钟频率已达 16MHz/24MHz。

（4）发展低电压专用芯片，工作电压可低于 1.8V。

（5）扩大接口功能，如设置高速 I/O 接口，扩展 I/O 接口的数量，增加外部中断源，以及将 ADC、PWM 做入片内。

（6）扩展定时/计数器的数量和功能。

（7）提高可靠性，如设置"看门狗"（WDT）、电源监测和时钟监测。

（8）完善和发展串行总线，促进单片机多机和网络系统的发展。

（9）提供多种封装形式。

在 8 位机中，Intel 公司的 MCS-51 系列单片机是应用最广泛的单片机，许多新型的单片机，在硬件和软件上都与 MCS-51 系列单片机相兼容，如 ATMEL 公司生产的闪速存储器型 AT89 系列单片机，在软件、硬件上与 MCS-51 系列单片机完全兼容。

4.1.5　单片机应用系统开发流程

单片机仅集成了计算机的基本部件，未将计算机的全部电路都集成到其中，如组成时钟和复位电路的石英晶体、电阻、电容等。此外，在实际的控制应用中，还经常需要扩展外围电路和外围芯片，如存储器、定时器/计数器、中断源等。因此，单片机系统是指在单片机芯片的基础上辅以必要的外围设备构成的具有一定应用能力的计算机系统。它包括硬件和软件两部分。图 4-1-1 所示为单片机系统的组成框图。

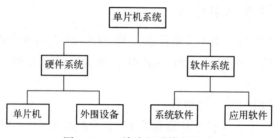

图 4-1-1　单片机系统的组成

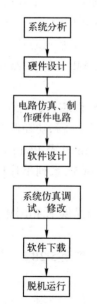

图 4-1-2　单片机应用系统开发流程

单片机应用系统是能满足控制对象全部要求的电路系统和应用软件的总称，需在单片机系统的基础上配置面向对象的电路，如面向监测对象的前向通道接口电路、面向控制对象的后向通道接口电路、键盘、显示器、打印机等人机交互通道接口、满足远程数据通信要求的串行通信接口等。

因此，单片机应用系统的开发设计包括硬件和软件两部分，开发设计流程如图 4-1-2 所示。

（1）对单片机应用系统进行系统分析，确定系统设计的思路。

（2）根据设计思路画出硬件设计原理图，并利用电路仿真软件 PROTEUS 进行电路仿真，仿真通过后，制作硬件电路。

（3）根据输入/输出应用系统的要求，进行软件设计，编制源程序，进行编译并生成可执行目标文件 .HEX 和 .BIN 文件。

（4）利用 KEIL 及 PROTEUS 等工具软件进行仿真调试、修改直至达到预期效果；也可以将仿真器与设计好的硬件相连接，仿真运行直至达到预期效果。

（5）将程序下载至单片机芯片。

（6）将单片机芯片插入电路中的单片机插座，脱机运行。

4.2　MCS-51 系列单片机结构与原理

掌握单片机芯片的内部结构和引脚等硬件知识是学习、应用单片机的第一步。只有全面了解了单片机硬件系统，才能充分利用引脚资源和内部硬件资源，更好地发挥单片机的作用。本节将系统介绍 MCS-51 系列单片机的体系结构。

4.2.1　MCS-51 单片机的组成与结构

MCS-51 单片机包括 8031、8051、8751 等型号，它们的引脚及指令系统相互兼容，主要是在内部结构和应用上有区别。为叙述方便，今后如不加说明，则常用 8051 代表 MCS-51。

图 4-2-1 为 8051 单片机内部组成方框图，主要包含下列部件：

（1）1 个 8 位 CPU；

（2）4KB 的程序存储器，256B 的数据存储器（含特殊功能寄存器 SFR）；

（3）2 个 16 位的定时器/计数器；

（4）4 个并行可编程 I/O 接口；

（5）1 个可编程全双工串行 I/O 接口；

（6）1 套中断系统：具有 5 个中断源，2 个优先级。

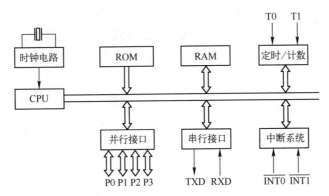

图 4-2-1　8051 单片机内部组成方框图

各功能部件由内部总线连接在一起。图中 4KB 的 ROM 存储器用 EPROM 替换就成为了 8751；而去掉 ROM 就成为 8031。

8051 单片机的内部总体结构框图如图 4-2-2 所示。

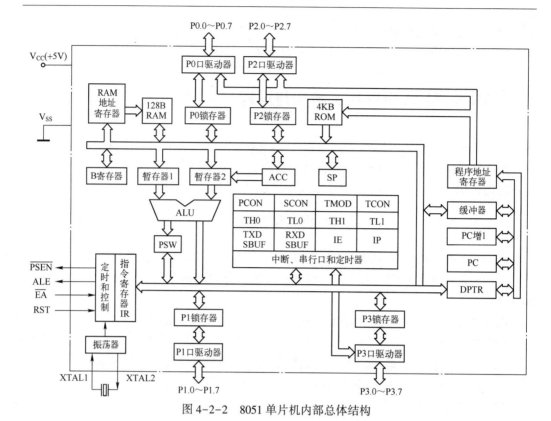

图 4-2-2　8051 单片机内部总体结构

4.2.2　MCS-51 单片机的引脚

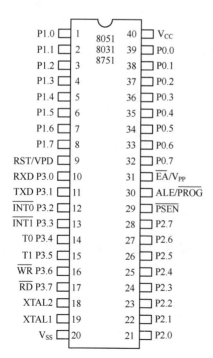

图 4-2-3　MCS-51 芯片引脚图

MCS-51 单片机一共有 40 个功能引脚，常用 40DIP 封装形式，不同芯片之间的引脚可互相兼容，但功能略有差异。图 4-2-3 所示为 DIP 封装的具体引脚定义图，各引脚功能及使用说明如下：

1. 电源引脚

V_{CC}（40 脚）：一般接 5V 电源正端。

V_{SS}（20 脚）：一般接 5V 电源地端（常记为 GND）。

2. 时钟电路引脚

XTAL2（18 脚）和 XTAL1（19 脚）：XTAL1 与 XTAL2 分别为内部振荡电路的反相器输入和输出端。通过外接反馈一个石英晶体（频率范围为 1.2~90MHz）和两个微调电容（30pF 左右）或者外接标准时钟信号两种方式产生单片机工作所需要的基本振荡信号。

3. 控制信号引脚

RST/VPD（9 脚）：RST 是复位信号输入端，

高电平有效，保持两个机器周期以上的高电平将使单片机复位。9 脚的第二功能是 VPD，即备用电源的输入端。当主电源 V_{CC} 发生故障降低到低电平规定值时，由 VPD 向 RAM 供电，以保持内部 RAM 中的数据。

ALE/$\overline{PROG}$（30 脚）：地址锁存允许信号端。在访问外部存储器时，ALE 用来锁存 P0 口扩展地址低 8 位的地址信号。在不访问外部存储器时，ALE 以晶振振荡频率的 1/6 的固定频率输出，因而它又可用作外部定时或其他需要。

30 脚的第二功能是 $\overline{PROG}$，在对片内带有 4KB EPROM 的 875l 编程写入（固化程序）时，作为编程脉冲输入端。

$\overline{PSEN}$（29 脚）：程序存储允许输出信号端。当访问片外程序存储器时，此脚输出负脉冲作为读选通信号。

$\overline{EA}$/V_{PP}（31 脚）：$\overline{EA}$ 是访问外部程序存储器控制信号。对 8051 和 8751，它们片内有 4KB 的程序存储器，当 $\overline{EA}$ 接高电平时，若访问地址空间在 0~4KB 范围内，CPU 访问片内程序存储器；访问地址超出 4KB 时，CPU 将自动访问外部程序存储器，即访问外部 ROM。当 $\overline{EA}$ 接低电平时，CPU 只访问外部 EPROM/ROM，而不管是否有片内程序存储器。对 803l，$\overline{EA}$ 必须接地。第二功能 V_{PP} 是 8751 的 EPROM 的 24V 编程电源的输入端。

4. 输入/输出引脚

P0 口（P0.0~P0.7，32~39 脚）：8 位漏极开路的双向 I/O 端口。第二功能是在访问外部存储器时，分时提供低 8 位地址线和 8 位双向数据总线。在对 8751 片内 EPROM 进行编程和校验时，P0 口用于数据的输入和输出。

P1 口（P1.0~P1.7，1~8 脚）：带内部上拉电阻的 8 位准双向 I/O 端口。一般可作为 I/O 端口。在 P1 作为输入口使用时，应先向 P1 口锁存器写入全 1，此时 P1 口引脚由内部上拉电阻拉成高电平。

P2 口（P2.0~P2.7，21~28 脚）：带内部上拉电阻的 8 位准双向 I/O 端口。在访问片外 EPROM/RAM 时，输出高 8 位地址。

P3 口（P3.0~P3.7，10~17 脚）：带内部上拉电阻的 8 位准双向 I/O 端口，此外 P3 口的每个引脚还具有第二功能如表 4-2-1 所示。

表 4-2-1　P3 口第二功能

引　　脚	第　二　功　能
P3.0	RXD　串行口输入端
P3.1	TXD　串行口输出端
P3.2	外部中断 0 请求输入端，低电平有效　$\overline{INT0}$
P3.3	外部中断 1 请求输入端，低电平有效　$\overline{INT1}$
P3.4	T0　定时器/计数器 0 计数脉冲输入端
P3.5	T1　定时器/计数器 1 计数脉冲输入端
P3.6	外部数据存储器写选通信号输出端，低电平有效　$\overline{WR}$
P3.7	外部数据存储器读选通信号输出端，低电平有效　$\overline{RD}$

4.2.3　MCS-51 单片机存储器配置

8051 单片机存储器在物理结构上分为程序存储器空间和数据存储器空间两大部分，具体分为 4 个存储空间：片内程序存储器和可扩展的片外程序存储器空间，以及片内数据存储器和可扩展的片外数据存储器空间。但从用户使用的角度，8051 存储器空间分为三类：①片内、外统一编址的 64KB 程序存储器（地址范围为 0000H~FFFFH，用 16 位地址表示）；②片内 256B 数据存储器（地址范围为 00~FFH，用 8 位地址表示）；③片外 64KB 数据存储器（地址范围为 0000H~FFFFH，用 16 位地址表示）。图 4-2-4 所示为 8051 存储器空间配置示意图。

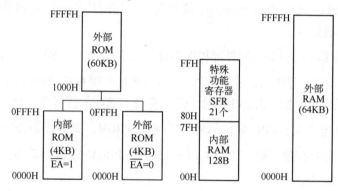

图 4-2-4　8051 存储器空间配置图

1. 程序存储器

程序存储器常用于存放用户程序和固化的表格常数，以程序计数器 PC 作地址指针，使用 16 位地址总线，可寻址的地址空间为 64KB。其中 8051 单片机内部设置有 4KB 的 ROM（8031 无内部 ROM），片外可以扩展到 64KB 的程序存储区，片内程序存储器和片外程序存储器统一编址，片内和片外程序存储器的选择由 $\overline{EA}$ 引脚上的电平控制，片外程序存储器由选通信号 $\overline{PSEN}$ 选通。

程序存储器中的某些地址被固定用于特定程序的入口地址：

（1）0000H 是程序起始地址。系统复位后，PC＝0000H，程序从 0000H 单元开始执行。

（2）0003H 是外部中断 0 入口地址。

（3）000BH 是定时器 T0 溢出中断入口地址。

（4）0013H 是外部中断 1 入口地址。

（5）001BH 是定时器 T1 溢出中断入口地址。

（6）0023H 是串行口中断入口地址。

在编程时，通常在上述入口地址存放一条转移指令，以使相应的程序在指定的程序存储器区域中生成。例如，从 000BH 地址单元开始存放一条转移到 3000H 地址单元的转移类指令，定时器 0 的中断服务程序就可从 3000H 地址单元开始存放。

2. 数据存储器

数据存储器常用于存放数据或中间运行结果。其在物理和逻辑上都分为两个地址空间：一个内部和一个外部数据存储器空间。访问内部数据存储器用 MOV 指令，访问外部数据存储器用 MOVX 指令。

1）片外数据存储器

8051 片外最大可以扩展数据存储器（RAM）的容量是 64KB，地址范围为 0000H ~ FFFFH。实际应依据存储数据需求进行适当扩展。对于片外数据存储器中数据的存取，8051 使用专用的 MOVX 类操作指令进行存、取数操作，和片内数据存储器中数据存储操作指令（使用 MOV 类指令）有所区别。

2）片内数据存储器

8051 片内有数据存储器 256 个字节单元，地址范围为 00H ~ 0FFH，分为低 128B（00H ~ 7FH）数据存储区和高 128B（80H ~ FFH）特殊功能寄存器（SFR）区，如图 4-2-5 所示。

（1）内部数据存储器。

内部 RAM 共有 128 个字节单元，地址范围为 00H ~ 7FH。其中前 32 个单元（地址 00 ~ 1FH）为工作寄存器区，共 32 个寄存器，字节地址 20 ~ 2FH 称为位寻址区，地址 30H ~ 7FH 为一般数据存储区。

① 工作寄存器区（地址 00 ~ 1FH）。

32 个寄存器分为 4 组（0、1、2、3 组）工作寄存器，每组 8 个通用寄存器（R0 ~ R7）。由于每组寄存器区 8 个通用寄存器都记

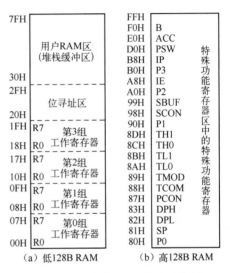

图 4-2-5　片内 RAM 的地址分配

为 R0 ~ R7，因此在任一时刻 CPU 只能使用其中一组寄存器，并且把正在使用的那组寄存器称为当前寄存器组。寄存器工作区的选择由程序状态标志寄存器 PSW 的第 3、4 位也即 RS1、RS0 位的状态决定，PSW 的状态和工作寄存器组的对应关系如表 4-2-2 所示。

表 4-2-2　工作寄存器地址表

组	RS1	RS0	R0	R1	R2	R3	R4	R5	R6	R7
0	0	0	00H	01H	02H	03H	04H	05H	06H	07H
1	0	1	08H	09H	0AH	0BH	0CH	0DH	0EH	0FH
2	1	0	10H	11H	12H	13H	14H	15H	16II	17H
3	1	1	18H	19H	1AH	1BH	1CH	1DH	1EH	1FH

② 位寻址区（地址 20H ~ 2FH）。

地址为 20H ~ 2FH 的 16 个字节单元中共 128 位，每一位都有相应的位地址，可用位寻址方式对其进行置位、复位、内容传送、逻辑运算等操作。128 位的位地址定义为 00H ~ 7FH，其位地址分布如表 4-2-3 所示。

表 4-2-3　位寻址区的位地址表

字 节 地 址	位 地 址							
	D7	D6	D5	D4	D3	D2	D1	D0
2FH	7FH	7EH	7DH	7CH	7BH	7AH	79H	78H
2EH	77H	76H	75H	74H	73H	72H	71H	70H
2DH	6FH	6EH	6DH	6CH	6BH	6AH	69H	68H
2CH	67H	66H	65H	64H	63H	62H	61H	60H
2BH	5FH	5EH	5DH	5CH	5BH	5AH	59H	58H
2AH	57H	56H	55H	54H	53H	52H	51H	50H
29H	4FH	4EH	4DH	4CH	4BH	4AH	49H	48H
28H	47H	46H	45H	44H	43H	42H	41H	40H
27H	3FH	3EH	3DH	3CH	3BH	3AH	39H	38H
26H	37H	36H	35H	34H	33H	32H	31H	30H
25H	2FH	2EH	2DH	2CH	2BH	2AH	29H	28H
24H	27H	26H	25H	24H	23H	22H	21H	20H
23H	1FH	1EH	1DH	1CH	1BH	1AH	19H	18H
22H	17H	16H	15H	14H	13H	12H	11H	10H
21H	0FH	0EH	0DH	0CH	0BH	0AH	09H	08H
20H	07H	06H	05H	04H	03H	02H	01H	00H

　　尽管 20H~2FH 字节单元中的 128 位的地址和内 RAM 低 128 字节单元的地址重名，都被定义为 00H~7FH，但 8051 采用不同寻址方式和指令分别对位和字节进行不同的操作，如 SETB 20H 指令将位 20H 置 1，而 MOV 20H，# 0FFH 指令将 FF 赋给片内 RAM 20H 字节单元。

　　通常把各种程序状态标志、位控制变量设在位寻址区内，将位寻址区的位用作"软件触发器"，由程序直接进行位处理。

　　③ 一般数据存储区（地址 30H~7FH）。

　　供用户以字节为单位读/写临时数据，常用于数据缓冲区或堆栈区。

　　（2）特殊功能寄存器区。

　　8051 片内 RAM 的高 128 字节（地址 80H~FFH）是供给特殊功能寄存器 SFR 使用的。在 8051 内部，除程序计数器 PC 外，还有 21 个专用寄存器，也称特殊功能寄存器（Special Function Register），离散地分布在 80H~FFH 空间中，其中不为 SFR 占用的地址单元，用户也不能使用。8051 的锁存器、定时器、串行口缓冲器及各种控制寄存器和状态寄存器都是以专用功能寄存器 SFR（或称特殊功能寄存器）的形式出现。表 4-2-4 列出了特殊功能寄存器的标识符、名称和地址。

表 4-2-4　特殊功能寄存器（PC 除外）的标识符、名称和地址

标 识 符	名 称	地 址
* A_{CC}	累加器	E0H
* B	B 寄存器	F0H
* PSW	程序状态字	D0H

续表

标 识 符	名 称	地 址
SP	堆栈指针	81H
DPTR	数据指针（包括 DPH 和 DPL）	83H 和 82H
＊P0	并行 I/O 口 0	80H
＊P1	并行 I/O 口 1	90H
＊P2	并行 I/O 口 2	A0H
＊P3	并行 I/O 口 3	B0H
＊IP	中断优先级控制寄存器	B8H
＊IE	中断允许控制寄存器	A8H
TMOD	定时/计数器工作方式选择寄存器	89H
＊TCON	定时/计数器控制寄存器	88H
TH0	定时/计数器 0（高字节）	8CH
TL0	定时/计数器 0（低字节）	8AH
TH1	定时/计数器 1（高字节）	8DH
TL1	定时/计数器 1（低字节）	8BH
＊SCON	串行口控制寄存器	98H
SBUF	串行口数据缓冲器	99H
PCON	电源控制寄存器	87H

注：带"＊"号的寄存器可按字节和按位寻址，其他寄存器只能按字节寻址

4.2.4　MCS-51 单片机时钟电路与时序

1. 时钟电路

时钟电路为单片机内部各部分的工作提供系统时钟信号。8051 单片机的时钟信号可以通过内部时钟方式或外部时钟方式产生。

1）内部时钟电路

在单片机芯片外部 XTAL1 和 XTAL2 引脚之间跨接石英晶体振荡器（或陶瓷谐振器）和微调电容从而构成一个稳定的自激振荡器，即构成单片机的内部时钟电路，如图 4-2-6（a）所示。

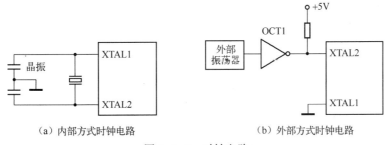

（a）内部方式时钟电路　　　　　（b）外部方式时钟电路

图 4-2-6　时钟电路

电容器的主要作用是帮助振荡器起振，且电容值的大小对频率有微调作用。电容值越大越有利于振荡器的工作稳定，但也会延长振荡器起振的时间。电容值典型取值

为 30pF。振荡频率主要由石英晶体的频率确定，晶体振荡频率高，则系统的时钟频率也高，单片机运行速度也快。目前，51 系列单片机的晶体频率范围为 1.2~90MHz，其典型值为 6MHz、12MHz、11.0592MHz 等。

2）外部时钟电路

外部时钟电路如图 4-2-6（b）所示，XTAL1 接地，XTAL2 接外部振荡器。对外部振荡信号无特殊要求，只要求保证脉冲宽度，一般采用频率低于 12MHz 的方波信号。

2. 时钟信号

CPU 中执行的命令均在时序控制下进行，各种时序均与时钟周期有关。

1）振荡周期

振荡周期即晶振的振荡周期，是单片机最小的时间单位。若晶体振荡频率为 f_{osc}，则振荡周期 $1/f_{osc}$。

2）状态周期

状态周期，是计算机基本的时间单位。在一个状态周期内，CPU 完成一个最基本的动作。

3）机器周期

CPU 访问一次存储器所需要的时间称为机器周期。

$$1 \text{ 个机器周期} = 6 \text{ 个状态周期} = 12 \text{ 个振荡周期}$$

4）指令周期

完成一条指令所需的时间称为指令周期。

振荡周期、状态周期、机器周期和指令周期间关系如图 4-2-7 所示。

MCS-51 的一个机器周期，分为 6 个状态 $S_1 \sim S_6$。每个状态又分为两拍 P_1 和 P_2。因此，一个机器周期中的 12 个振荡周期可表示为 S_1P_1、S_1P_2、…、S_6P_2，如图 4-2-7 所示。

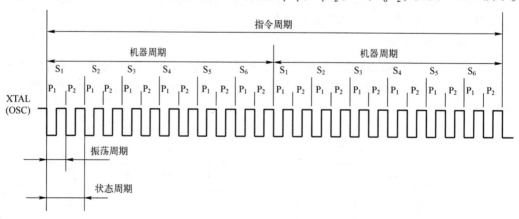

图 4-2-7　MCS-51 机器周期

4.2.5　MCS-51 单片机复位电路

复位是单片机的初始化操作，其作用是使 CPU 中的各个部件都处于一个确定的初始状态，并从这个状态开始工作。当 MCS-51 单片机的 ALE 及 PSEN 引脚输出高电平，

RST 引脚（即 RESET）出现高电平时实现复位和初始化。在振荡器工作的情况下，要实现复位操作，必须使 RST 引脚保持至少两个机器周期（即 24 个振荡周期）的高电平。CPU 在第二个机器周期内执行内部复位操作，以后每个机器周期重复一次，直至 RST 端的电平变为低电平为止。

1. 复位电路

MCS-51 单片机的复位电路有上电复位和手动按钮复位两种形式，RST 端的高电平直接由上电瞬间产生高电平则为上电复位；若通过按钮产生高电平复位信号则称为手动按钮复位。常用复位电路如图 4-2-8 所示。

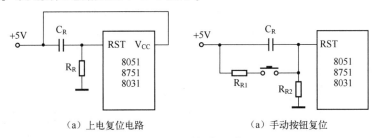

　　　　（a）上电复位电路　　　　　　　　　（a）手动按钮复位

图 4-2-8　复位电路

图 4-2-8（a）所示为上电复位电路。加电瞬间，RST 端的电压值与 V_{CC} 相同，随着 RC 电路充电电流的减小，RST 端电压值逐渐降低，最终到达 0V。一般只要 RST 端维持 10ms 以上的高电平，就能使 MCS-51 单片机有效地复位。复位电路中的 RC 值通常经实验调试确定。当振荡频率选用 6MHz 时，C_R 的值选 22μF，R_R 的值选 1kΩ，便能可靠地实现上电自动复位功能。

图 4-2-8（b）所示的电路增加了手动按钮复位功能，该电路既具有上电复位功能，又具有外部复位功能。C_R 的值可选 10μF，R_{R1} 的值选 1kΩ，R_{R2} 的值选 10kΩ。上电瞬间，C_R 与 R_{R2} 构成充电电路，其功能相当于图 4-2-8（a）所示的上电自动复位电路；当单片机需复位时，按下复位按钮，RST 端出现 $5V \times (10kΩ/11kΩ) = 4.5V$ 的高电平，单片机就进入复位状态，即手动复位。

2. 复位状态

MCS-51 单片机复位后，P0 ~ P3 4 个并行接口全为高电平，单片机冷启动片内 RAM 为随机值，运行中复位不改变片内 RAM 的内容，除 SBUF 寄存器状态不确定外，其他专用寄存器全部清零，如表 4-2-5 所示。

当 RST 引脚变为低电平后，CPU 从 0000H 地址开始执行程序。

表 4-2-5　MCS-51 单片机复位后特殊功能寄存器状态

寄 存 器	内 容	寄 存 器	内 容	寄 存 器	内 容
PC	0000H	P0 ~ P3	FFH	TL0	00H
A_{CC}	00H	IP	×××00000B	TH1	00H
B	00H	IE	0××00000B	TL1	00H
PSW	00H	TMOD	00H	SCON	00H
SP	07H	TCON	00H	SBUF	不定
DPTR	0000H	TH0	00H	PCON	0×××××××B

4.3　单片机编程基础

MCS-51 常用高级编程语言有汇编语言、C51 语言，其中 C51 是由 C 语言演变而来的高级语言。

将 C 语言向单片机上的移植始于 20 世纪 80 年代的中后期，于 20 世纪 90 年代开始且趋于成熟，并成为专业化的单片机高级语言。过去长期困扰人们的所谓"高级语言产生代码太长，运行速度太慢，因此不适合单片机使用"缺点已基本被克服。目前，MCS-51 的 C51 语言的代码长度已经做到了汇编水平的 1.2~1.5 倍，对于 4KB 以上的长度，C51 语言的优越性更能得到充分显示。至于执行速度的问题，只要有好的仿真器的帮助，找出关键代码，进一步用人工优化，就可达到很好的程度。在开发速度、软件质量、结构严谨、程序坚固、代码的可重用性等方面，C51 语言都要优于汇编语言。

MCS-51 单片机使用 C51 语言编写程序具有以下特点：

（1）不要求了解单片机的指令系统，仅需对 8051 的存储器结构有初步了解。

（2）提供 auto，static，const 等存储类型和专门针对 MCS-51 单片机的 data，idata，pdata，xdata，code 等存储类型，自动为变量合理地分配地址。

（3）C51 语言提供的数据类型（数组、结构、联合、枚举、指针等），极大地增强了程序处理能力和灵活性。

（4）C51 语言提供的常用标准函数库，具有较强的数据处理能力。

（5）中断服务程序的现场保护和恢复，中断向量表的填写等直接与单片机相关的，都由 C 编译器自动处理。

（6）头文件中定义宏、说明复杂数据类型和函数原型，有利于程序的移植和支持单片机系列化产品的开发。

4.3.1　C51 程序概述

1. C51 程序结构

单片机 C51 语言继承了 C 语言的特点，其程序结构与一般 C 语言结构没有差别。C51 源程序文件扩展名为".c"，如 test.c、function.c 等。每个 C51 源程序包含一个名为"main( )"的主函数，C51 程序的执行总是从 main( ) 函数开始的。当主函数所有语句执行完毕，则程序执行结束。

C51 源程序示例：

```
# include <at89s51.h>          / * 预处理伪指令 * /
    ⋮
# define uint unsigned int      / * 定义伪指令 * /
    ⋮
uchar rcv;                      / * 变量定义 * /
uchar data flag;
    ⋮
sbit flag1 = flag^1;            / * 位变量定义 * /
```

```
                ⋮
    void delay( ) ;                       / * 全局函数定义 * /
    void delay( )                         / * 函数 * /
    {
        uchar m;
        for( m = 0;m<1000;m + +) {} ;
    }
    void int0( void) interrupt( ) using 1    / * 中断服务程序 * /
    {
                ⋮
    }
    void main( )                          / * 主函数 * /
    {
                ⋮
    }
```

一个典型的 C51 源程序包含预处理伪指令、自定义函数声明、main 主函数和自定义函数。与 C 语言的程序结构完全相似，各个部分的功能如下：

预处理伪指令常用#include 包含一些程序中用到的头文件。如#include<stdio. h>，说明该段程序包含了 stdio. h 头文件。C51 程序除了包含 C 语言标准的头文件外，一般还要包含与单片机硬件有关的头文件，如#include<at89s51. h>，说明该段程序包含 at89s51. h 头文件，与单片机有关的头文件中一般定义对应单片机累加器 A、片内 I/O 口、可位寻址单元的地址、中断矢量的入口地址及特殊单元的名称定义等。

自定义函数声明用来声明源程序中自定义的函数。

main( )主函数是整个 C51 程序的入口。不论 main( )函数位于程序代码中的哪个位置，C51 程序总是从 main( )函数开始执行的。

自定义函数是 C51 源程序中用到的自定义函数的函数体。

2. C51 与标准 C 的区别

不同单片机的 C 编译系统与标准 C 的不同之处，主要是它们所针对的单片机硬件系统不同。Keil C51 的基本语法与标准 C 相同，但对标准 C 进行了扩展。理解 Keil C51 对标准 C 的扩展部分是掌握 Keil C51 的关键。

C51 与标准 C 的主要区别如下：

（1）头文件的差异。51 系列单片机厂家众多，不同型号单片机的差异主要在于内部资源如定时器、中断、I/O 等数量及功能的不同，而对使用者来说，只需要将相应的功能寄存器的头文件加载在程序内，就可实现所具有的功能。因此，Keil C51 系列的头文件集中体现了各系列单片机的不同资源及功能。

（2）数据类型的不同。51 系列单片机包含位操作空间和位操作指令，因此 Keil C51 与 ANSI C 相比又扩展了相应数据类型，以便能够灵活地进行操作。

（3）数据存储类型的不同。C 语言最初是为通用计算机设计的，在通用计算机中只有一个程序和数据统一寻址的内存空间，而 51 系列单片机有片内、外程序存储器，还有片内、外数据存储器。标准 C 并没有提供上述存储器的地址范围的定义。此外，对于 AT89C51 单片机中大量的特殊功能寄存器也没有定义。

（4）标准 C 语言没有处理单片机中断的定义。

（5）Keil C51 与标准 C 的库函数有较大差异。

由于标准 C 中部分库函数不适于单片机系统，因此被排除在 Keil C51 之外，如字符屏幕和图形函数。

有一些库函数可以继续使用，但这些库函数都必须针对 51 单片机的硬件特点作出相应的开发，与标准 C 库函数的构成与用法有很大差异。例如库函数 printf 和 scanf，在标准 C 中，这两个函数通常用于屏幕打印和接收字符，而在 Keil C51 中，它们主要用于串行口数据的收发。

（6）程序结构的差异。由于 51 单片机的硬件资源有限，编译系统不允许太多的程序嵌套。其次，标准 C 所具备的递归特性不被 Keil C51 支持，在 C51 中，要使用递归特性，必须用 reentrant 进行声明才能使用。

但是从数据运算操作、程序控制语句及函数的使用上来说，Keil C51 与标准 C 几乎没有什么明显的差别。如果程序设计者具备了有关标准 C 的编程基础，只要注意 Keil C51 与标准 C 的不同之处，并熟悉单片机的硬件结构，就能够较快地掌握 Keil C51 的编程。

3. C51 编程规范及注意事项

在学习任何一种编程语言的时候，按照一定的规范培养良好的编程习惯很重要。良好的编程规范可以帮助开发人员理清思路、方便整理代码，同时也便于他人阅读、理解，以促进代码的交流。在进行 C51 语言程序设计时，应该注意以下几方面的编程规范。

1）注释

任何编程语言都支持注释语句。注释语句只对代码起到功能描述的作用，在实际的编程链接过程中不起作用。在 C51 语言中可以通过两种方式表示注释内容。

（1）用"//"开头注释一行；

（2）用"/＊"符号开头，并以"＊/"符号结束注释多行。

2）命名

在进行程序设计时，经常需要自定义一些函数或变量。一般来说，只要符合 C51 命名规范即可通过编译。但是，为了便于源程序的理解和交流，在进行命名时应注意以下几点：

自定义函数或者变量的名称最好能反映该函数或变量的功能用途。因此，通常选用有意义的单词或者字母组合来表示。例如 MAX 表示最大值、MIN 表示最小值等。

变量名通常加上表示数据类型的前缀，例如"ucSendData"的前缀"uc"表示 unsigned char。

在命名时不要和系统保留的标识符及关键字产生冲突或者歧义。

3）格式

为了程序阅读方便，在进行 C51 程序设计时，在程序结构及语句书写格式方面应注意以下几点：

虽然 C51 语言对 main（）函数放置位置没有限定，但为了程序阅读的方便，最好把它放置在所有自定义函数的前面，即依次为头文件声明、自定义函数及全局变量声明、main（）函数、自定义函数。

C51 语句可以写在一行上也可以写在多行上。为了程序理解的方便，最好将每个语句单独写在一行，并加以注释。有时某几个相连的语句或者共同执行某个功能则可以放置在一行。

对于源程序文件不同结构部分之间要留有空行。例如，头文件声明、自定义函数声明、main（）函数及自定义函数之间均要空一行，来明显区分不同结构。

对于 if、while 等块结构语句中的"{"和"}"要配对对齐，以便于程序阅读时能够理解该结构的起始和结束。

源代码安排时可以通过适当的空格及 Tab 键来实现代码对齐。

4.3.2　C51 的数据类型与存储类型

1. C51 的数据类型

C51 的数据类型分为基本数据类型和组合数据类型，组合数据类型由基本数据类型构成。C51 与标准 C 中的数据类型基本相同，如表 4-3-1 所示。在 C51 中 int 与 short、float 与 double 相同，另外，C51 中还有专门针对于 MCS-51 单片机的特殊功能寄存器型和位类型。

1）char 字符型

char 字符型的长度是一个字节，通常用于定义处理字符数据的变量或常量。分无符号字符型 unsigned char 和有符号字符型 signed char，默认值为 signed char。Unsigned char 用字节中所有的位来表示数值，所可以表达的数值范围是 0~255。signed char 用字节中最高位字节表示数据的符号，"0"表示正数，"1"表示负数，负数用补码表示（正数的补码与原码相同，负二进制数的补码等于它的绝对值按位取反后加 1）。所能表示的数值范围是-128~+127。unsigned char 常用于处理 ASCII 字符或用于处理小于或等于 255 的整型数。在 51 单片机程序中，unsigned char 是最常用的数据类型。

表 4-3-1　C51 变量数据类型

数 据 类 型	长　　度	取 值 范 围
unsigned char	单字节	0~255
signed char	单字节	-128~+127
unsigned int	双字节	0~65535
signed int	双字节	-32768~+32767
unsigned long	4 字节	0~4294967295
signed long	4 字节	-2147483648~+2147483647
float	4 字节	±1.175494E-38~±3.402823E+38
*	1~3 字节	被指向对象的地址
bit	1 位	0 或 1
sbit	1 位	0 或 1

数 据 类 型	长 度	取 值 范 围
sfr	单字节	0~255
sfr16	双字节	0~65535

2）int 整型

int 整型长度为两个字节，用于存放一个双字节数据。分有符号 int 整型数 signed int 和无符号整型数 unsigned int，默认值为 signed int 类型。signed int 表示的数值范围是 $-32768\sim+32767$，字节中最高位表示数据的符号，"0"表示正数，"1"表示负数。unsigned int 表示的数值范围是 0~65535。

3）long 长整型

long 长整型长度为 4 个字节，用于存放一个 4 字节数据。分有符号 long 长整型 signed long 和无符号长整型 unsigned long，默认值为 signed long 类型。signed long 表示的数值范围是$-2147483648\sim+2147483647$，字节中最高位表示数据的符号，"0"表示正数，"1"表示负数。unsigned long 表示的数值范围是 0~4294967295。

4）float 浮点型

float 浮点型在十进制中具有 7 位有效数字，是符合 IEEE-754 标准的单精度浮点型数据，占用 4 个字节。

5）＊指针型

指针型本身就是一个变量，在这个变量中存放的指向另一个数据的地址。这个指针变量要占据一定的内存单元，对不同的处理器长度也不尽相同，在 C51 中它的长度一般为 1~3 个字节。

6）bit 位型

bit 位型是 C51 编译器的一种扩充数据类型，可定义一个位标量，但不能定义位指针，也不能定义位数组。它的值是一个二进制位，不是 0 就是 1，类似一些高级语言中 Boolean 类型中的 True 和 False。

7）sfr 特殊功能寄存器

sfr 也是一种扩充数据类型，占用一个内存单元，值域为 0~255。利用它可以访问 51 单片机内部的所有特殊功能寄存器。如用 sfr P1＝0x90 定义 P1 为 P1 端口在片内的寄存器，在后面的语句中我们用 P1＝255（对 P1 端口的所有引脚置高电平）之类的语句来操作特殊功能寄存器。

8）sfr1616 位特殊功能寄存器

sfr16 占用两个内存单元，值域为 0~65535。sfr16 和 sfr 一样用于操作特殊功能寄存器，所不同的是它用于操作占两个字节的寄存器，如增强型 51 单片机 8052 的定时器 2。

9）sbit 可寻址位

sbit 同样是 C51 中的一种扩充数据类型，利用它可以访问芯片内部 RAM 中的可寻址位或特殊功能寄存器中的可寻址位。如先前我们定义了

```
sfr P1 = 0x90;          //因 P1 端口的寄存器是可位寻址的,所以可以定义
sbit P1_1 = P1^1;       //P1_1 为 P1 中的 P1.1 引脚
```

同样可以用 P1.1 的地址去写, 如

```
sbit P1_1 = 0x91;
```

这样我们在以后的程序语句中就可以用 P1_1 对 P1.1 引脚进行读写操作了。通常这些可以直接使用系统提供的预处理文件,里面已定义好各特殊功能寄存器的简单名字,直接引用可以省去一点时间。当然你也可以自己写自己的定义文件,用你认为好记的名字。

当数值计算结果隐含着另外一种数据类型时,数据类型可以自动进行转换。例如,将一个位变量赋给一个整型变量时,位型值自动转换成整型值,有符号的变量的符号也能自动进行处理。这些转换也可以用 C 语言的标准指令进行人工转换。

上述数据类型中只有 bit 和 unsigned char 两种数据类型可以直接转换成机器指令。如果不进行负数运算,编程时最好使用无符号格式 (unsigned),以保证程序的运算速度并减少存储空间。有符号字符变量虽然只占一个字节,但需要进行额外的操作来测试代码的符号位,会降低程序的代码效率。所以在 C51 编程时,尽量避免使用大量的、不必要的数据类型,以减轻程序的代码,提高执行速度。

C51 中表示十六进制数据时用 0x34 表示,与汇编语言中表示的十六进制数 34H 等价。

为了书写方便,编程时常使用简化的缩写形式定义数据类型。具体方法是在程序开头使用预处理命令# define, 如:

```
# define uchar unsigned char
# define uint unsigned int
```

这样,在以后的编程中,就可以用 uchar 代替 unsigned char,用 uint 代替 unsigned int 来定义变量。C51 编程中变量可以定义成以上数据类型。如:

```
uchar send-data, rec-data;
```

2. C51 数据的存储类型

因为 C51 是面向单片机及其硬件控制系统的编程语言,利用 C51 编写的程序最后要转换成机器码,并下载到单片机中运行,而单片机中数据的存储空间共有 4 个:片内程序存储器空间、片外程序存储器空间、片内数据存储器空间、片外数据存储器空间。在利用汇编指令编写程序时指令本身就确定了数据的读写位置,如 MOVX 指令用来实现外部数据存储器的读写,所以不必再说明。而利用 C51 编写的程序需要在程序中说明数据的存储空间,这样最后生成的目标代码中的数据才能按要求存储。所以 C51 数据定义时除了数据类型外,还需要明确数据存储空间的说明。这与 C 程序是有区别的。数据的存储类型定义了数据在单片机系统中的存储位置,所以在 C51 中将变量、常量定义成各种存储类型,目的是将它们定位在相应的存储空间。

根据单片机硬件结构的特点,C51 定义了 6 种存储类型:data、bdata、idata、pdata、xdata、code,这些存储类型与 51 单片机实际存储空间的对应关系如表 4-3-2 所示。

表 4-3-2　C51 存储类型与 51 单片机存储空间的对应关系

存 储 类 型	与单片机存储空间的对应关系
data	直接寻址片内数据存储区，访问速度快
bdata	可位寻址片内数据存储区，允许位与字节混合访问
idata	间接寻址片内数据存储区，可访问片内全部 RAM 地址空间
pdata	分页寻址片外数据存储区，由 MOVX @R0 访问
xdata	片外数据存储区，由 MOVX @DPTR 访问
code	程序代码存储区，由 MOVC @A+DPTR 访问

当使用存储类型 data 和 bdata 定义常量和变量时，C51 编译器会将它们定位在片内数据存储区中（片内 RAM），对于 AT89S52 而言，该存储区为 256 字节。变量的存储类型举例如下：

```
unsigned char data var1;
bit bdata flag;
float idata a,b,c;
unsigned int pdata temp;
unsigned char xdata array1[10];
unsigned int code array2[12];
```

上述语句定义了变量 var1、flag、a、b、c、temp 和数组 array1、array2。无符号字符型变量 var1 的存储类型为 data，定位在内部 RAM 区；flag 位变量的存储类型为 bdata，定位在片内数据存储区的位寻址区；a、b、c 浮点变量的存储类型为 idata，定位在片内数据存储区，并只能用间接寻址的方法访问；temp 无符号整型变量的存储类型为 pdata，定位在片外数据存储区，用指令 MOVX @Ri 访问；无符号字符型一维数组变量 array1 的存储类型为 xdata，定位在片外数据存储区，占据 10 个字节；无符号整型一维数组 array2 的变量类型为 code，定位在程序存储区，由 MOVC @DPTR 访问。

变量定义时，有时会略去存储类型的定义，此时，编译器会自动选择默认的存储类型，而默认的存储类型由存储模式决定。

3. C51 的存储模式

C51 有 3 种存储模式 SMALL、COMPACT 和 LARGE，存储模式决定了变量默认的存储类型、参数传递区和无明确存储类型的说明，如表 4-3-3 所示。

表 4-3-3　存储模式及说明

存 储 模 式	参数及局部变量传递区域	范　　围	默认存储类型	特　　点
SMALL	可直接寻址的片内存储区	128B	data	访问方便，所有对象（包括堆栈）都必须嵌入片内 RAM
COMPACT	分页片外存储区	256B/页	pdata	通过 Ri 间接寻址，堆栈位于片内 RAM
LARGE	片外存储区	64KB	xdata	通过 DPTR 间接寻址，效率较低，数据指针不能对称操作

具体采用哪种存储模式可以在 C51 集成开发环境中选择。

4.3.3　C51 变量与常量

1. C51 变量

C51 变量的定义可以使用所有 C51 编译器支持的数据类型，下面是几种变量定义的举例。

```
int code logtab [256];              /* 位于程序存储器中的 256 个整数的常数表 */
char data var1;                     /* 片内直接寻址字符变量 */
char code text [ ] = "GOOD：";      /* 程序存储器中的常量字符数组 */
unsigned long xdata array [100];    /* 外部存储器中长整数型变量数组 */
float idata x, y, z;                /* 片内浮点变量 */
char bdata flags;                   /* 可以位寻址的字符变量 */
```

1) bit 变量类型

例如：

```
static bit done_ flag= 0;            /* bit 变量 */
bit test func(bit flag1, bit flag2) { /* bit 函数,bit 参数 */
    ⋮
return(0);                           /* bit 返回值 */
}
```

2) 可位寻址对象

可以按字、字节或位寻址的对象，bdata 存储类型，必须说明为全局变量。例如：

```
int bdata ibase;             /* 可位寻址 int 变量 */
char bdata bary [4];         /* 可位寻址字符数组 */
    ⋮
sbit mybit0= ibase ^ 0;      /* ibase 变量的 bit0 */
sbit mybit15= ibase ^ 15;    /* ibase 变量的 bit15 */
sbit Ary07= bary [0] ^ 7;    /* bary [0] 的 bit7 */
sbit Ary37= bary [3] ^ 7;    /* bary [3] 的 bit7 */
    ⋮
mybit0= 1;
Ary07= 0;
ibase= 0x3f4C;
mybit15= 1;
```

特殊功能寄存器作为位寻址对象，变量的说明一般包含在对应芯片的头文件中。例如：

```
sfr P1 = 0x90;               /* 头文件中对 P1 口地址的定义 */
sbit P1_ 0= 0x90;            /* P1 端口 bit0 地址 */
char c;
    ⋮
c= P1;                       /* 读取 P1 口数据 */
P1_ 0= 1;                    /* 将 P1 的 bit0 置 1 */
```

3）变量指针

变量指针可以为通用变量指针，占用 3 个字节，执行速度较慢。例如：

```
char * s;
int * n;
```

也可以是指定存储类型的变量指针，占用 2 个字节，执行速度较快。例如：

```
char data * str;
int xdata * number;
long code * powtab;
```

注意，不可以有 bit 变量类型的指针。

2. C51 常量

C51 常量是在程序运行过程中不能改变值的量，常量的数据类型只有整型、浮点型、字符型、字符串型和位标量。

（1）整型常量可以表示为十进制，如 123，0，−89 等。十六进制则以 0x 开头，如 0x34，−0x3B 等。长整型就在数字后面加字母 L，如 104L，034L，0xF340 等。

（2）浮点型常量可分为十进制和指数表示形式。十进制由数字和小数点组成，如 0.888，3345.345，0.0 等，整数或小数部分为 0，可以省略但必须有小数点。指数表示形式为［±］数字［. 数字］e［±］数字，［］中的内容为可选项，其中内容根据具体情况可有可无，但其余部分必须有，如 125e3，7e9，−3.0e−3。

（3）字符型常量是单引号内的字符，如 'a' 'd' 等，不可以显示的控制字符，可以在该字符前面加一个反斜杠 "\" 组成专用转义字符。常用转义字符表样见表 4-3-4。

（4）字符串型常量由双引号内的字符组成，如 "test" "OK" 等。当引号内没有字符时，为空字符串。在使用特殊字符时同样要使用转义字符如双引号。在 C 中字符串常量是作为字符类型数组来处理的，在存储字符串时系统会在字符串尾部加上 \o 转义字符以作为该字符串的结束符。字符串常量 "A" 和字符常量 'A' 是不同的，前者在存储时多占用一个字节的空间。

表 4-3-4 常用转义字符表

转义字符	含 义	ASCII 码（十六/十进制）
\o	空字符（NULL）	00H/0
\n	换行符（LF）	0AH/10
\r	回车符（CR）	0DH/13
\t	水平制表符（HT）	09H/9
\b	退格符（BS）	08H/8
\f	换页符（FF）	0CH/12
\'	单引号	27H/39
\"	双引号	22H/34
\\	反斜杠	5CH/92

（5）位标量，它的值是一个二进制。

常量可用在不必改变值的场合，如固定的数据表、字库等。常量的定义方式如下：

```
#define FALSE 0x0;            //用预定义语句可以定义常量
#define TRUE 0x1;             //这里定义 False 为 0,True 为 1
//在程序中用到 False 编译时自动用 0 替换,同理 True 替换为 1
unsigned int code a = 100;    //这一句用 code 把 a 定义在程序存储器中并赋值
const unsigned int a = 100;   //这一句用 const 关键字把 a 定义在 RAM 中并赋值
```

常量的合理使用可以提高程序的可读性、可维护性。因此，单片机 C 程序必定会用到常量。上面介绍了定义常量的三种方法：宏定义、用 code 关键字定义及用 const 关键字定义。通过宏定义的常量并不占用单片机的任何存储空间，而只是告诉编译器在编译时把标识符替换一下，这在资源受限的单片机程序中显得非常有用。用 code 关键字定义的常量放在单片机的程序存储器中；用 const 关键字定义的常量放在单片机的RAM 中，要占用单片机的变量存储空间。单片机的程序存储器空间毕竟要比 RAM 大得多（S51、C51 只有 128B 的 RAM 空间，S52、C52 只有 256B 的 RAM 空间），所以当要定义比较大的常量数组时，用 code 关键字定义常量要比用 const 关键字定义合理一些。

4.3.4　C51 常用库函数

C51 编译器提供了丰富的库函数，使用库函数大大提高了编程的效率，用户可以根据需要随时调用。每个库函数都在相应的头文件中给出了函数的原型，使用时只需在源程序的开头用编译预处理命令#include 将相关的头文件包含进来即可，下面就常用的C51 库函数分类做简要介绍。

1. 字符库函数 CTYPE. H

一组关于字符处理的函数。主要的函数原型和功能如下：

（1）extern bit isalpha(char)；

检查参数字符是否为英文字母，是则返回 1，否则返回 0。

（2）extern bit isalnum(char)；

检查参数字符是否为英文字母或数字字符，是则返回 1，否则返回 0。

（3）extern bit iscntrl(char)；

检查参数字符是否为控制字符，即 ASCⅡ值为 0x00~0x1F 或 0x7F 的字符，是则返回 1，否则返回 0。

（4）cxtern bit islower(char)；

检查参数字符是否为小写英文字母，是则返回 1，否则返回 0。

（5）extern bit isupper(char)；

检查参数字符是否为大写英文字母，是则返回 1，否则返回 0。

（6）extern bit isdigit(char)；

检查参数字符是否为数字字符，是则返回 1，否则返回 0。

（7）extern bit isxdigit(char)；

检查参数字符是否为十六进制度数字字符，是则返回 1，否则返回 0。

（8）extern char toint(char)；

将 ASCII 字符的 0~9、a~f（大小写无关）转换为十六进制数字。

（9）extern char toupper(char)；

将小写字母转换成大写字母，如果字符不在 'a' ~ 'z' 之间，则不作转换直接返回该字符。

（10）extern char tolower(char)；

将大写字母转换成小写字母，如果字符不在 'A' ~ 'Z' 之间，则不作转换直接返回该字符。

2. 标准函数库 STDLIB. H

（1）extern float atof(chars)；

将字符串 s 转换成浮点数值并返回它。参数字符串必须包含与浮点数规定相符的数。

（2）extern long atol(char s)；

将字符串 s 转换成长整型数值并返回它。参数字符串必须包含与长整型数规定相符的数。

（3）extern float atof(char s)；

将字符串 s 转换成整型数值并返回它。参数字符串必须包含与整型数规定相符的数。

（4）void malloc(unsigned int size)；

返回一块大小为 size 个字节的连续内存空间的指针，如返回值为 NULL，则无足够的内存空间可用。

（5）void free(void p)；

释放由 malloc 函数分配的存储器空间。

（6）void initmempool(void p unsigncd int size)；

清零由 malloc 函数分配的存储器空间。

3. 数学库函数 MATH. H

一组数学函数

（1）extern int abs(int val)；

　　extern char abs(char val)；

　　extern float abs(float val)；

　　extern int abs(long val)；

计算并返回 val 的绝对值。这 4 个函数的区别在于参数的返回值的类型不同。

（2）extern float exp(float x)；

返回以 e 为底的 x 的幂，即 e^x。

（3）extern float log(float x)；

　　extern float log10(float x)；

log 返回 x 的自然对数，即 $\ln x$；log10 返回以 10 为底的 x 的对数，即 $\log_{10} x$。

（4）extern float sqrt(float x)；

返回 x 的正平方根，即 $\sqrt{x}$。

（5）extern float sin(float x)；

　　extern float cos(float x)；

　　extern float tan(float x)；

sin 返回值为 $\sin(x)$；cos 返回值为 $\cos(x)$，tan 返回值为 $\tan(x)$。

（6）extern float pow(float x,float y)；

返回值为 x^y。

4. 绝对地址访问文件 ABSACC. H

（1）#define CBYTE((unsigned char)0x50000L)；

#define DBYTE((unsigned char)0x40000L)

#define PBYTE((unsigned char)0x30000L)

#define XBYTE((unsigned char)0x20000L)

用于对 8051 系列单片机的存储空间进行绝对地址访问，以字节为单位寻址。

CBYTE 寻址 CODE 区；

DBYTE 寻址 DATA 区；

PBYTE 寻址 XDATA 的 00H~FFH 区域（用指令 MOVX@R0，A）；

XBYTE 寻址 XDATA 区（用指令 MOVX@DPTR，A）；

（2）#define CWORD((uncigned int)0x50000L)；

#define DWORD((uncigned int)0x40000L)

#define PWORD((uncigned int)0x30000L)

#define XWORD((uncigned int)0x20000L)

与前面的宏定义相同，只是数据为双字节。

5. 内部函数库 INTRINS. H

（1）unsigned char_crol_(unsigned char val ,unsigned char n)；

unsigned int_irol_(unsigned int val ,unsigned char n)；

unsigned long_crol_(unsigned long val ,unsigned char n)；

将变量 val 循环左移 n 位。

（2）unsigned char_cror_(unsigned char val ,unsigned char n)；

unsigned int_iror_(unsigned int val ,unsigned char n)；

unsigned long_lrol_(unsigned long val ,unsigned char n)；

将变量 val 循环右移 n 位。

（3）void_nop_(void)；

该函数产生一个 8051 单片机的 NOP 指令，用于延时一个机器周期。

如：　　P10=1；

　　　　nop；　　　　　　　 /＊等待一个机器周期＊/

　　　　P10=0

（4）bit_testbit_(bit x)；

测试给定的位参数 x 是否为 1，若为 1，返回 1，同时将该位复位为 0；否则返回。

6. 访问 SFR 和 SFRbit 地址头文件 REGxxx. H

头文件 reg51. h、reg52. h 等文件中定义了 8051 单片机中的 SFR 寄存器名和相关的位变量名。

4.4　单片机的定时/计数器

基于单片机构建的舰船机械监控装置中经常要用到定时、延时、对外部事件计数和检测等功能。MCS-51 单片机内部的两个 16 位可编程定时/计数器，即定时器 T0 和定时器 T1 可用于实现上述功能。

4.4.1　MCS-51 单片机定时/计数器的结构

MCS-51 单片机定时/计数器（T/C）的基本结构框图如图 4-4-1 所示。其基本结构是由两个 8 位的计数器构成一个 16 位的计数器（其中，TH0、TL0 构成 T0；TH1、TL1 构成 T1）。

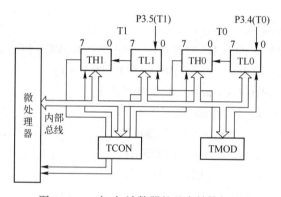

图 4-4-1　定时/计数器的基本结构框图

MCS-51 单片机定时/计数器既可以编程为定时器使用，也可以编程为计数器使用。若计数内部晶振驱动时钟信号为定时器，若计数输入引脚 T0（P3.4）或 T1（P3.5）的脉冲信号则为计数器。

当 T/C 工作在定时器时，对晶振脉冲 12 分频的脉冲计数，即每个机器周期计数值加 1，计数率 $=f_{osc}/12$。当晶振为 6MHz 时，计数率 $=500$kHz，每 2μs 计数值加 1。

当 T/C 工作在计数器时，计数脉冲来自外部脉冲输入引脚 T0（P3.4）或 T1（P3.5），当 T0 或 T1 引脚上电平负跳变时计数值加 1。识别引脚上的负跳变需 2 个机器周期，即 24 个振荡周期。所以 T0 或 T1 引脚输入的可计数外部脉冲的最高频率为 $f_{osc}/24$。当晶振为 12MHz 时，最高计数率为 500kHz，高于此频率将计数出错。

定时/计数器有四种工作方式，有两个专用功能寄存器（TMOD 和 TCON）。用指令改变 TMOD 和 TCON 后，在下一条指令的第一个机器周期的 S1P1 时刻起作用。

1. 定时/计数器的工作方式控制寄存器（TMOD）

专用功能寄存器 TMOD 是定时/计数器的工作方式控制寄存器，其各位定义如表 4-4-1 所示。

表 4-4-1 工作方式控制寄存器位定义表

位	D7	D6	D5	D4	D3	D2	D1	D0
TMOD	GATE	C/$\overline{T}$	M1	M0	GATE	C/$\overline{T}$	M1	M0
	定时器 1				定时器 0			

其中：

M1M0——定时/计数器 4 种工作方式选择（见表 4-4-2）。

C/$\overline{T}$——计数/定时方式选择位。C/$\overline{T}$ = 1 时，用作计数器；C/$\overline{T}$ = 0 时，用作定时器。

GATE——定时/计数器运行控制位，用来确定外部中断请求引脚 INT0 和 INT1 是否参与 T0 和 T1 的启动/停止计数控制。当 GATE = 0 时，仅由 TCON 中的 TR0 和 TR1 来控制启动/停止 T0 和 T1 计数；当 GATE = 1 时，只有在外部中断请求引脚 INT0 和 INT1 是高电平的条件下，TCON 中的 TR0 和 TR1 才能控制启动/停止 T0 和 T1 计数。

表 4-4-2 工作方式选择

M1	M0	方式	说明
0	0	0	13 位定时/计数器
0	1	1	16 位定时/计数器
1	0	2	自动装入时间常数的 8 位定时/计数器
1	1	3	对 T0 分为两个 8 位计数器；对 T1 置方式 3 时停止工作

2. 定时/计数器的操作及中断控制寄存器（TCON）

专用功能寄存器 TCON 是定时器的操作及中断控制寄存器，其各位定义如表 4-4-3 所示。

表 4-4-3 操作及中断控制寄存器位定义表

位	D7	D6	D5	D4	D3	D2	D1	D0
TCON	TF1	TR1	TF0	TR0	IE1	IT1	IE0	IT0
位地址（H）	8F	8E	8D	8C	8B	8A	89	88
	定时器的操作及中断控制				用于外部中断控制			

其中：

TR0——T0 运行控制位，可用软件置位或清零。TR0 = 0 时，停止 T0 计数；TR0 = 1 时，启动 T0 计数。

TF0——T0 溢出中断标志，由硬件自动置位或清零。当 T0 计数溢出时置位，当 CPU 处理中断时清零。

TR1——T1 运行控制位，可用软件置位或清零。TR1 = 0 时，停止 T1 计数；TR1 = 1 时，启动 T1 计数。

TF1——T1 溢出中断标志，由硬件自动置位或清零。当 T1 计数溢出时置位，当

CPU 处理中断时清零。

在系统复位后，TMOD 和 TCON 各位均为零。

4.4.2 MCS-51 单片机定时/计数器工作方式

定时/计数器的 4 种工作方式，可由专用功能寄存器控制。下面以定时/计数器 0（T0）为例分别说明这 4 种工作方式的工作原理。

1. 工作方式 0

当 M1M0 设置为 00 时，定时器选定为方式 0 工作。在这种情况下，16 位寄存器只用了 13 位，TL0 高 3 位未用。由 TH0 的 8 位和 TL0 的低 5 位组成一个 13 位计数器。工作方式 0 的原理图如图 4-4-2 所示。

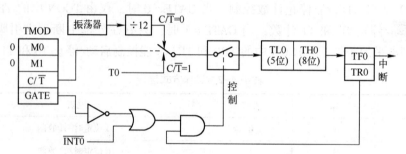

图 4-4-2　工作方式 0（13 位计数器）的原理图

从图 4-4-2 看出，当 C/$\overline{T}$=0 时，工作于定时器模式；当 C/$\overline{T}$=1 时，工作于计数器模式。当 GATE=0 时，只要 TR0=1，定时/计数器即开始计数；当 GATE=1 时，需 TR0=1 且 $\overline{\text{INT0}}$=1，定时 1 计数器才开始计数。

若定时/计数器工作于方式 0，计数初值为 a，时钟频率为 f_{osc}，则定时时间 t 为

$$t = (2^{13} - a) \times 12/f_{osc}(\mu s)$$

2. 工作方式 1

工作方式 1 与工作方式 0 的工作原理一致，唯一的区别是，工作方式 1 是把 T0 设置成 16 位计数器，由 TH0 的 8 位和 TL0 的 8 位组成一个 16 位计数器。工作方式 1 的原理图如图 4-4-3 所示。

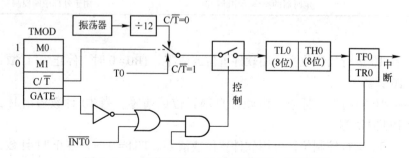

图 4-4-3　工作方式 1（16 位计数器）的原理图

若定时/计数器工作于方式 1，计数初值为 a，时钟频率为 f_{osc}，则定时时间 t 为

$$t=(2^{16}-a)\times12/f_{osc}(\mu s)$$

3. 工作方式 2

工作方式 2 把 TL0 设置成一个可自动装入计数初值的 8 位加 1 计数器，而 TH0 则作为计数初值寄存器，每当 TL0 加满溢出一次，硬件就自动从 TH0 中取出计数初值装入 TL0。所谓计数初值，就是常说的定时时间常数，可由软件预置。工作方式 2 的原理图如图 4-4-4 所示。

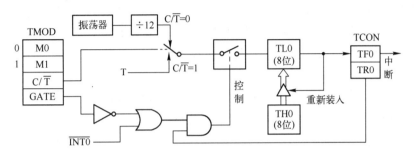

图 4-4-4　工作方式 2（自动装入初值的 8 位计数器）的原理图

从图 4-4-4 看出，保存在 TH0 中的时间常数通过一个选通缓冲器送到 TL0，该缓冲器由计数器 TL0 的溢出信号来选通。它的控制原理与工作方式 0 一致。

工作方式 2 常用于定时控制和串行口通信的波特率发生器。若定时/计数器工作于方式 2，计数初值为 a，时钟频率为 f_{osc}，则定时时间 t 为

$$t=(2^{8}-a)\times12/f_{osc}(\mu s)$$

4. 工作方式 3

工作方式 3 是一种特殊的工作方式，它把 T0 设置成两个 8 位的计数器，若定义 T1 工作于方式 3，则相当于将 TR1 置 0（即停止工作）。工作方式 3 使得 MCS-51 单片机增加了一个独立的计数器，把 T0 分成由 TH0 和 TL0 分别承担的两个独立的 8 位计数器，工作方式 3 的原理图如图 4-4-5 所示。

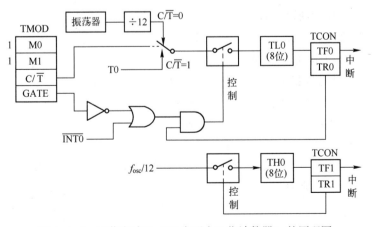

图 4-4-5　工作方式 3（T0 为两个 8 位计数器）的原理图

从图 4-4-5 看出，TL0 有如 T0 原来的工作方式 1 或 2，只是长度为 8 位，其他则完全一样。但 TH0 就不同了，它借用了 T1 的中断申请标志 TF1 和启动/停止计数器控制信号 TR1。它只能作为定时器使用（固定为内部计数信号输入），在这种情况下，TH0 控制了 T1 的中断。因此，这时 T1 只能工作于方式 0~2，且不能用中断方式。

4.4.3　单片机定时/计数应用

1. 定时器/计数器的初始化

在使用 MCS-51 单片机定时/计数器前，需对其进行编程初始化，主要对寄存器 TMOD 和 TCON 编程，计算和装载计数初值。基本步骤如下：

（1）确定 T/C 的工作方式——编程寄存器 TMOD；

（2）计数 T/C 的计数初值，并装载到 TH 和 TL；

（3）T/C 在中断方式工作时，需开放 CPU 中断和中断源——编程寄存器 IE；

（4）启动 T/C——编程寄存器 TCON 中 TR1 或 TR0。

2. 计数初值的计算

1）定时器的计数初值

MCS-51 单片机定时/计数器工作在定时器时，T/C 是对机器周期脉冲计数，若 $f_{osc} = 6\text{MHz}$，一个机器周期为 $12/f_{osc}$，即 $2\mu s$，所以：

方式 0 13 位定时器最大定时间隔 $= 2^{13} \times 2\mu s = 16.383\text{ms}$

方式 1 16 位定时器最大定时间隔 $= 2^{16} \times 2\mu s = 131.072\text{ms}$

方式 2 8 位定时器最大定时间隔 $= 2^{8} \times 2\mu s = 512\mu s$

方式 3 T0 分成 2 个 8 位定时器最大定时间隔 $= 2^{8} \times 2\mu s = 512\mu s$

例 4.1　若使 T/C 工作在定时器方式 1，要求定时 1ms，求计数初值。

设计数初值为 x，则有：

$$(2^{16} - x) \times 2\mu s = 1000\mu s$$

即

$$x = 2^{16} - 500 = 65036 = \text{FE0CH}$$

因此，TH，TL 分别置 FE，0C。

2）计数器的计数初值

MCS-51 单片机定时/计数器工作在计数器时：

方式 0 13 位计数器最大计数值 $= 2^{13} = 8192$

方式 1 16 位计数器最大计数值 $= 2^{16} = 65536$

方式 2 8 位计数器最大计数值 $= 2^{8} = 256$

方式 3 T0 分成 2 个 8 位计数器最大计数值 $= 2^{8} = 256$

例 4.2　若使 T/C 工作在计数器方式 2，要求计数 10 个脉冲，求计数初值。

设计数初值为 x，则有：

$$2^{8} - x = 10$$

即

$$x = 2^{8} - 10 = 246 = \text{F6H}$$

因此，置 TH，TL 为 F6。

3. 定时器/计数器的应用

例 4.3　设单片机晶体振荡频率 $f_{osc}=12MHz$，要求在 P1.0 引脚上输出一个周期为 2ms 的方波信号。由定时器 0 方式 1 采用查询方式实现。

1）确定计数初值 x

周期为 2ms 的方波，要求定时间隔 1ms，每次定时到 P1.0 取反。

晶体振荡频率 $f_{osc}=12MHz$，机器周期 $=12/f_{osc}=12/(12\times10^6)s=1\times10^{-6}s=1\mu s$。

对应方式 1 的 16 位定时器，定时 $1ms=1000\mu s$，可

$$(2^{16}-x)\times1\mu s=1000\mu s$$
$$x=2^{16}-1000=64536=FC18H$$

因此，TH0，TL0 分别置 FC，18。

2）编程寄存器 TMOD、TCON

（1）编程寄存器 TMOD。定时器 0 设置为方式 1，则 TMOD＝0x01。

（2）编程寄存器 TCON。寄存器 TCON 中的 TR0 位控制定时器 T0 运行。令 TR0＝1 启动定时器 T0；反之 TR1＝0，关闭定时器 T0。

（3）编制程序。

```
# include <reg51. h>
sbit P1_0=P1^0;
void main( void)
{
    TMOD=0x01;              /* 定时器 0 方式 1 */
    TR0=1;                  /* 启动 T/C0 */
    For( ; ;)
    {
        TH0= 0xFC;          /* 装载计数初值 */
        TL0=0x18;
        do { } while( ! TF0);   /* 查询等待 TF0 置位 */
        P1_0=! P1_0;        /* 定时时间到 P1.0 取反 */
        TF0=0;             /* 软件清 TF0 */
    }
}
```

4.5　单片机中断

4.5.1　中断的概念

当 CPU 正在处理某项事务的时候，如果外界或内部发生了紧急事件，则要求 CPU 暂停正在处理的工作而去处理这个紧急事件，待处理完后再回到原来被中断的地方，继续执行原来被中断了的程序，这个过程称为中断。图 4-5-1 所示为中断过程示意图。

其中，实现中断功能的部件称为中断系统，产生中断请求的事件称为中断源，中断源向 CPU 提出的处理请求称为中断请求（中断申请），CPU 暂时中止自身事务，转去执行事件处理的过程称为中断响应过程，对事件处理的整个过程称为中断服务（中断处理），事件处理完毕再回到原程序被中止的地方继续执行程序称为中断返回，在中断之前正在运行的程序称为主程序，响应中断之后 CPU 执行的处理程序称为中断服务程序。

因此，中断过程也可描述如下：中断源提出中断请求，CPU 中断系统响应中断之后进行中断处理，处理完毕，中断返回。中断类似于程序调用子程序，存在的主要区别在于中断的发生是随机的，而调用子程序是编程人员在程序上事先安排好的。

微型计算机一般允许有多个中断源。当几个中断源同时向 CPU 发出中断请求时，CPU 优先响应最需紧急处理的中断请求。为此，需要规定各个中断源的优先级，使 CPU 能够在多个中断请求中找到优先级最高的中断源，响应它的中断请求。在优先级高的中断请求处理完后，再响应优先级低的中断请求。

当 CPU 正在处理一个优先级低的中断请求的时候，如果发生另一个优先级比它高的中断请求，CPU 将暂停正在执行的低级中断服务程序，转去响应高级中断请求，在执行完高级中断服务程序以后，再回来执行被暂停的低级中断服务程序，这种高级中断源能中断低级中断源的中断处理的规则称为中断嵌套。图 4-5-2 所示为中断嵌套示意图。

图 4-5-1　中断过程示意图

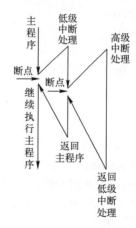

图 4-5-2　中断嵌套示意图

4.5.2　中断系统结构

MCS-51 单片机中断系统的结构如图 4-5-3 所示，允许有 5 个中断源，提供两个中断优先级（能实现二级中断嵌套）。中断源的中断请求是否能得到响应，受到中断允许寄存器 IE 的控制；每一个中断源的优先级的高低都可以通过编程来设定，即由中断优先级寄存器 IP 中的各相应位来确定；同一优先级的各中断源同时申请中断时，由内部的查询逻辑来确定响应的次序。

5 个中断源如下：

（1）INT0 来自 P3.2 引脚的外部中断请求（外中断 0）。

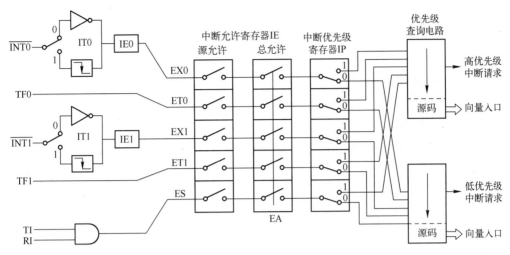

图 4-5-3　MCS-51 中断系统结构

（2）INT1 来自 P3.3 引脚的外部中断请求（外中断 1）。

（3）T0 片内定时/计数器 0 溢出中断请求（TF0）。

（4）T1 片内定时/计数器 1 溢出中断请求（TF1）。

（5）串行口片内串行口完成一帧数据的发送或接收时所发出的中断请求（TI 或 RI）。

每个中断源对应一个中断标志位，它们设在特殊功能寄存器 TCON 和 SCON 中。当这些中断源请求中断时，分别由 TCON 和 SCON 中的相应位来锁存。

1. TCON 寄存器

TCON 寄存器是定时/计数器 T0 和 T1 的控制寄存器，同时锁存 T0 和 T1 的溢出中断申请信号 TF0、TF1 和外部中断申请信号 IE0、IE1。TCON 寄存器与中断有关的位如表 4-5-1 所示。

表 4-5-1　TCON 寄存器与中断有关位定义表

位	D7	D6	D5	D4	D3	D2	D1	D0
TCON	TF1		TF0		IE1	IT1	IE0	IT0
位地址（H）	8F		8D		8B	8A	89	88
	内部定时器控制				外部中断控制			

其中：

TF1——定时/计数器 1（T1）的溢出中断标志。当 T1 从初值开始加 1 计数到产生溢出时，由硬件使 TF1 置"1"，直到 CPU 响应中断时由硬件复位。

TF0——定时/计数器 0（T0）的溢出中断标志，与 TF1 类似。

IT1——INT1 触发方式控制位。当 IT1 = 1 时为边沿触发方式，INT1 从高电平跳到低电平的负跳变有效；当 IT1 = 0 时为电平触发方式，INT1 出现低电平有效。

IE1——外部中断 1 中断请求标志。当 IT1 = 0（即电平触发方式）时，在每个机器周期的 S5P2 时刻采样 INT1，若为低电平，则由硬件使 IE1 置"1"，直到 CPU 响应中断时由硬件复位；当 IT1 = 1（即边沿触发方式）时，若前一个机器周期采样到 INT1 为高电平，而后一个机器周期采样到 INT1 为低电平，则由硬件使 IE1 置 "1"，直到 CPU 响应中断时由硬件复位。

IT0——INT0 触发方式控制位，与 IT1 类似。

IE0——外部中断 0 中断请求标志，与 IE1 类似。

2. SCON 寄存器

串行口控制寄存器 SCON 中的低 2 位用作串行口中断标志，如表 4-5-2 所示。

表 4-5-2　寄存器 SCON 与中断有关位定义表

位	D7	D6	D5	D4	D3	D2	D1	D0
SCON							TI	RI
位地址（H）							99	98

其中：

RI——串行口接收中断请求标志。在串行口工作方式 0 中，每当接收到第 8 位数据时，由硬件置位 RI；在其他方式中，当接收到停止位的中间位置时由硬件置位 RI。注意，当 CPU 转入串行口中断服务程序的入口时没有硬件复位 RI，因此必须由软件来复位 RI。

TI——串行口发送中断标志。在串行口工作方式 0 中，每当发送完第 8 位数据时，由硬件置位 TI；在其他方式中，当发送到停止位时置位 TI。注意，TI 也必须由软件来复位。

4.5.3　中断的控制

1. 中断允许或禁止

中断允许或禁止是通过中断允许寄存器 IE 控制，IE 中的各位定义如表 4-5-3 所示。

表 4-5-3　中断允许寄存器 IE 与中断有关位定义表

位	D7	D6	D5	D4	D3	D2	D1	D0
IE	EA			ES	ET1	EX1	ET0	EX0
位地址（H）	AF			AC	AB	AA	A9	A8

其中：

EA——允许/禁止所有中断，EA 为 "1" 时允许 CPU 中断，否则禁止。

ES——允许/禁止串行口中断，ES 为 "1" 时允许串行口中断，否则禁止。

ET1——允许/禁止定时/计数器 1（T1）溢出中断，ET1 为 "1" 时允许，否则禁止。

EX1——允许/禁止外部中断 1（INT1）中断，EX1 为 "1" 时允许，否则禁止。

ET0——允许/禁止定时/计数器 0（T0）溢出中断，ET0 为 "1" 时允许，否则禁止。

EX0——允许/禁止外部中断 0（INT0）中断，EX0 为"1"时允许，否则禁止。

2. 中断优先级控制

中断优先级控制是通过优先级寄存器 IP 控制，IP 只有两级（高级和低级）优先级别，IP 中的各位定义如表 4-5-4 所示。

表 4-5-4 优先级寄存器 IP 与中断有关位定义表

位	D7	D6	D5	D4	D3	D2	D1	D0
IP				PS	PT1	PX1	PT0	PX0
位地址（H）				BC	BB	BA	B9	B8

其中：

PS——串行口中断优先级控制位，PS 为"1"时为高级，否则为低级。

PT1——定时/计数器 1（T1）溢出中断优先级控制位，PT1 为"1"时为高级，否则为低级。

PX1——外部中断 1 优先级控制位，PX1 为"1"时为高级，否则为低级。

PT0——定时/计数器 0（T0）溢出中断优先级控制位，PT0 为"1"时为高级，否则为低级。

PX0——外部中断 0 优先级控制位，PX0 为"1"时为高级，否则为低级。

MCS-51 单片机中断系统具有两级优先级，遵循下列基本规则：

（1）低优先级中断源可被高优先级中断源所中断，而高优先级中断源不能被任何中断源所中断。

（2）一种中断源（不管是高优先级或低优先级）一旦得到响应，不能被同级中断源所中断。

在同级同时申请中断时，则 CPU 按照片内硬件优先级链路的顺序响应中断。硬件优先级排列顺序如下：

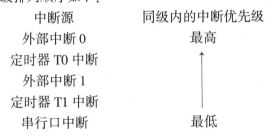

中断源	同级内的中断优先级
外部中断 0	最高
定时器 T0 中断	↑
外部中断 1	
定时器 T1 中断	
串行口中断	最低

4.5.4 中断响应

1. 中断的响应过程

中断响应过程的时序如图 4-5-4 所示。

响应过程如下：

（1）CPU 在每个机器周期的 S5P2 时刻采样中断标志，而在下一个机器周期对采样到的中断进行查询。如果在前一个机器周期的 S5P2 有中断标志，则在查询周期内便会

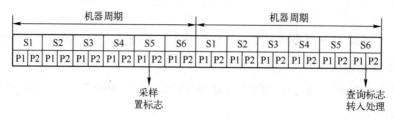

图 4-5-4　中断的响应过程的时序

查询到并按优先级高低进行中断处理，中断系统将控制程序转入相应的中断服务程序。下列 3 个条件中任何一个都能屏蔽 CPU 对中断的响应。

① CPU 正在处理同级或高一级的中断。

② 现行的机器周期不是当前所执行指令的最后一个机器周期。

③ 当前正在执行的指令是返回（RETI）指令或是对 IE 或 IP 寄存器进行读/写的指令。

上述 3 个条件中，第二是保证把当前指令执行完，第三是保证如果在当前执行的是 RETI 指令或是对 IE、IP 进行访问的指令时，必须至少再执行完一条指令之后才会响应中断。

（2）CPU 响应中断时，先置相应的优先级激活触发器，屏蔽同级和低级的中断；然后根据中断源的类别，在硬件的控制下，程序转向相应的中断向量入口单元，执行中断服务程序。

硬件调用中断服务程序时，把程序计数器 PC 的内容压入堆栈（但不能自动保存程序状态字 PSW 的内容），同时把被响应的中断服务程序的入口地址装入 PC 中。5 个中断源服务程序的入口地址如表 4-5-5 所示。通常，在中断入口地址处安排一条跳转指令，以跳转到用户的服务程序入口。

表 4-5-5　中断源的入口地址

中 断 源	入 口 地 址
外部中断 0	0003H
定时器 T0 中断	000BH
外部中断 1	0013H
定时器 T1 中断	001BH
串行口中断	0023H

（3）执行中断返回指令 RETI。CPU 执行完这条指令后，把响应中断时所置位的优先级激活触发器清 0，然后从堆栈中弹出两个字节内容（断点地址）装入程序计数器 PC 中，CPU 就从原来被中断处重新执行被中断的程序。

注：中断查询在每个机器周期中重复执行，所查询到的状态为前一个机器周期的 S5P2 时采样到的中断标志。如果中断标志被置位，但因上述条件之一的原因而未被响应，或上述屏蔽条件已撤销，但中断标志位已不再存在（已不再是置位状态）时，被拖延的中断就不再被响应，CPU 将丢弃中断查询的结果。也就是说，CPU 对中断标志置位后，如未及时响应而转入中断服务程序的中断标志不作记忆。中断服务程序的最

后一条指令必须是中断返回指令 RETI。

2. 中断响应时间

外部中断$\overline{INT0}$和$\overline{INT1}$的电平在每个机器周期的 S5P2 时被采样并锁存到 IE0 和 IE1 中。这个置入到 IE0 和 IE1 的状态在下一个机器周期才被查询电路查询，如果产生了一个中断请求，而且满足响应的条件，CPU 响应中断，由硬件生成一条长调用指令转到相应的服务程序入口。这条指令是双机器周期指令。因此，从中断请求有效到执行中断服务程序的第一条指令的时间间隔至少需要 3 个完整的机器周期。

如果中断请求被前面所述的 3 个条件之一所屏蔽，将需要更长的响应时间。若一个同级的或高优先级的中断已经在进行，则延长的等待时间取决于正在处理的中断服务程序的长度。如果正在执行的一条指令还没有进行到最后一个周期，则所延长的等待时间不会超过 3 个机器周期。这是因为 8051 指令系统中最长的指令（MUL 和 DIV）也只有 4 个机器周期。

假若正在执行的是 RETI 指令或者是访问 IE 或 IP 指令，则延长的等待时间不会超过 5 个机器周期（为完成正在执行的指令还需要一个周期，加上为完成下一条指令所需要的最长时间——4 个周期，如 MUL 和 DIV 指令）。

因此，在系统中只有一个中断源的情况下，响应时间总是在 3 个机器周期到 8 个机器周期之间。

4.5.5　中断编程实例

使用 MCS-51 的中断，需依据中断源编写对应中断服务程序。C51 的中断服务程序是一种特殊的函数，一般形式为

$$\text{void 函数名(void)interrupt n　［using m］}$$
$$\{\text{函数体语句}\}$$

其中，interrupt 和 using 是为 C51 编写中断服务程序而引入的关键字，interrupt 表示该函数是一个中断服务函数，interrupt 后的整数 n 表示该中断服务函数是对应哪一个中断源。MCS-51 的每个中断源都有系统指定的中断编号：

中断源中断	编号
外部中断 0	0
定时器 T0	1
外部中断 1	2
定时器 T1	3
串行口中断	4

using 指定该中断服务程序要使用的工作寄存器组号，m 为 0~3。

关键字 interrupt 和 using 只能用于中断服务函数的说明而不能用于其他函数。

若不使用关键字 using，则编译系统会将当前工作寄存器的 8 个寄存器都压入堆栈。

程序中的任何函数都不能调用中断服务函数，中断服务函数只能由系统调用。

例 4.4　设单片机晶体振荡频率 $f_{osc}=12\text{MHz}$，要求在 P1.0 引脚上输出一个周期为 2ms 的方波信号。由定时器 0 方式 1 采用中断方式实现。

```
# include <reg51. h>
sbit P1_0 = P1^0;
void timer0(void)interrupt1 using1            /* T/C0 中断服务程序入口 */
{
    P1_0 = ! P1_0;                            /* P1.0 取反 */
    TH0 = 0x FC;                              /* 计数初值重装载 */
    TL0 = 0x 18;
}
void main(void)
{
    TMOD = 0x01;                              /* 定时器 0 方式 1 */
    P1_0 = 0;
    TH0 = 0x FC;                              /* 预置计数初值 */
    TL0 = 0x 18;
    EA = 1;                                   /* CPU 开中断 */
    ET0 = 1;                                  /* T/C0 开中断 */
    TR0 = 1;                                  /* 启动 T/C0 */
    do { } while(1);
}
```

4.6　单片机串行通信技术

MCS-51 系列单片机的串行通信技术有着广泛的应用，可以实现单片机与单片机之间或单片机与 PC 之间的串行通信；也可以实现键盘输入和 LED、LCD 显示器输出的控制；还可以进行远程参数检测和控制。

4.6.1　计算机通信的基本概念

通信就是信息的交换过程。它可以在计算机与计算机、计算机与数据设备，以及数据设备与数据设备之间进行。通信涉及的内容很丰富。对于计算机通信而言，信息就是具有特定意义的二进制代码。信息的交换要通过一定的媒质进行，如无线传输、光缆或电缆传输等，通过这些媒质将通信设备连接起来。通信设备的连接需要一定的机械和电气标准，如 RS-232 接口。通信过程还要规定数据的格式，即要建立通信协议。除此以外，通信的各方还要有一定的硬件、软件支持等。

1. 并行通信与串行通信

通信主要有两种方式：并行通信和串行通信。并行通信是在传送数据过程中每个字节的各位同时进行传送的通信方式，而串行通信是指每个字节的各位（通常为 8 位）分别进行传送的通信方式。图 4-6-1 所示是并行通信和串行通信的示意图。

并行通信的传输速度显然比串行通信要快。并行通信需要的传输线较多（一般需要的数据线为 8 条），对于远距离通信来说是很不经济的，因此，并行通信主要适用于短距离、高速通信场合。如计算机与打印机之间的数据传送、芯片间的数据传送等。

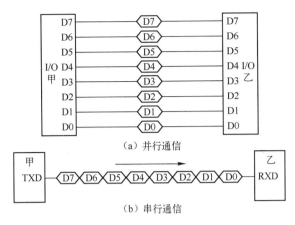

(a) 并行通信

(b) 串行通信

图 4-6-1 通信方式的示意图

串行通信的数据传输速度较慢，但需要的传输线较少，通常为两条。通过采用 RS-232 电气标准，电流传输技术（20mA 环流）及调制解调技术使串行通信的距离大大增加。

2. 异步串行通信和同步串行通信

在异步串行通信中，数据是一帧一帧传送的，每帧数据包括一位起始位、一个字节的数据、一位校验位和一位停止位。每帧数据之间可以插入若干个高电平的空闲位。其基本格式如图 4-6-2 所示。

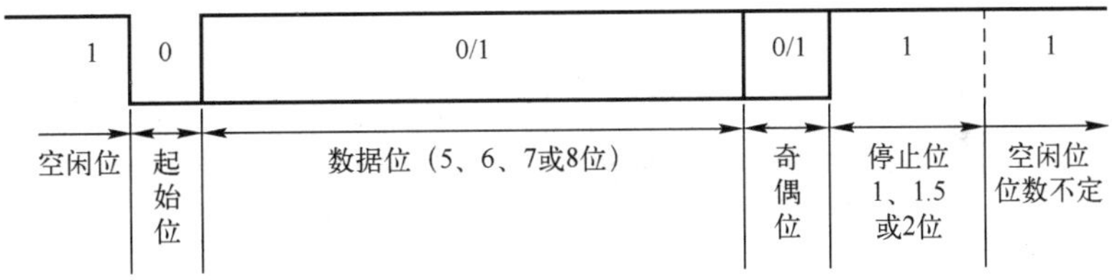

1	0	0/1	0/1	1	1
空闲位	起始位	数据位（5、6、7或8位）	奇偶位	停止位 1、1.5 或2位	空闲位 位数不定

图 4-6-2 异步串行通信数据帧格式

异步串行通信要求发送数据和接收数据双方约定相同的数据格式和速率，用起始位、停止位来协同发送与接收过程。接收和发送端采用独立的移位脉冲控制数据的串行移出与移入，发送移位脉冲与接收移位脉冲是异步的，因此称为异步串行通信。

在异步串行通信中，每帧数据只有一个字节数据，也不需要同步脉冲，因此应用较为灵活。但由于每帧数据都须插入起始位、停止位，故传输速度较慢。

同步串行通信是一种连续的数据传送方式。每次传送一帧数据，每帧数据由同步字符和若干个数据及校验字符组成，其格式如图 4-6-3 所示。

同步字符1	同步字符2	N个连续字节数据	校验字节1	校验字节2

图 4-6-3 同步串行通信数据帧格式

在同步串行通信中，发送和接收双方由同一个同步脉冲控制，数据位的串行移出移入是同步的，因此称为同步串行通信。同步串行通信速度较快，适应于大量数据传输场合，需传送同步脉冲信号。

3. 串行通信的传送方式

串行通信装置的设置不同，通信线路的连接不同，它们通信能力是不同的，按数据的传送方向可分为单工、半双工、全双工通信方式，如图 4-6-4 所示。

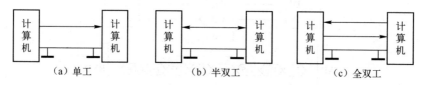

（a）单工　　　　　　　（b）半双工　　　　　　　（c）全双工

图 4-6-4　串行通信方式示意图

1）单工传送方式

单工方式下，只允许数据向一个方向传送，只需一条通信线和一条地线。

2）半双工传送方式

半双工传送方式也只需要一条通信线和一条地线，允许数据双向传送，但分时进行。

3）全双工传送方式

全双工传送方式允许双方同时进行数据的接收和发送。接收和发送需采用两条不同的通信线和一条地线。

4. 波特率

波特率是表征串行口数据传送速率的量，其定义为每秒传送二进制数的位数，单位为 bit/s。单片机常用的波特率数值一般有 1200b/s、2400b/s、4800b/s 和 9600b/s 等。

波特率是串行通信的重要指标。除了表示数据的传输速度外，还可用来表示信道传输能力。波特率越高，信道频带越宽。

无论是异步串行通信还是同步串行通信，它们发送和接收数据的波特率都应相同，否则通信不能正常进行。

4.6.2　MCS-51 单片机串行接口

1. 串行接口的结构

MCS-51 系列单片机串行口的结构简图如图 4-6-5 所示，可分为两大部分：波特率发生器和串行口。

1）波特率发生器

波特率发生器主要由定时器/计数器 T1 及内部的一些控制开关和分频器组成。它向串行口送出的时钟信号为 TXCLOCK（发送时钟）和 RXCLOCK（接收时钟）。相应的控制波特率发生器的特殊功能寄存器有 TMOD、TCON、PCON、TL1 和 TH1 等。

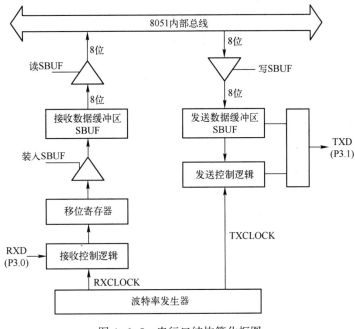

图 4-6-5　串行口结构简化框图

2）串行口

串行口主要包括以下几个部分：

（1）接收寄存器 SBUF 和发送寄存器 SBUF：是 2 个在物理上独立的接收、发送寄存器，但占用同一个地址 99H。

（2）串行口控制逻辑：接收来自波特率发生器的时钟信号 TXCLOCK（发送时钟）和 RXCLOCK（接收时钟）；控制内部的输入移位寄存器将外部的串行数据转换为并行数据，输出移位寄存器将内部的并行数据转换为串行数据输出；控制串行中断（RI 和 TI）。

（3）串行口控制寄存器：SCON。

（4）串行数据输入/输出引脚：TXD（P3.1）为串行输出，RXD（P3.0）为串行输入。

2. 串行口的特殊功能寄存器

与串行口有关的特殊功能寄存器有串行口缓冲器 SBUF、串行口控制寄存器 SCON 和波特率控制寄存器 PCON。

1）串行口缓冲器 SBUF

串行口缓冲器 SBUF 的地址为 99H。从串行口的结构知，SBUF 对应两个物理单元：串行口接收缓冲器和串行口发送缓冲器，但两者共用一个寄存器名 SBUF，共用一个地址 99H。当执行写 SBUF 指令时，数据写入到串行口发送缓冲器中；读 SBUF 就是读串行口接收缓冲器。写 SBUF 时便启动串行口的发送过程。

2）串行口控制器 SCON

SCON 的地址为 98H，用于选择串行口的工作方式和指示串行口的工作状态。其各位定义如表 4-6-1 所示。

表 4-6-1　SCON 的位定义

D7	D6	D5	D4	D3	D2	D1	D0
SM0	SM1	SM2	REN	TB8	RB8	TI	RI

其中：

SM0、SM1——串行口工作方式选择位，具体定义如表 4-6-2 所示。

表 4-6-2　串行口工作方式

SM0	SM1	工作方式	功　　能	波　特　率
0	0	0	移位寄存器方式，用于并行 I/O 扩展	$f_{osc}/12$
0	1	1	8 位通用异步接收/发送器	可变
1	0	2	9 位通用异步接收/发送器	$f_{osc}/64$ 或 $f_{osc}/32$
1	1	3	9 位通用异步接收/发送器	可变

SM2——工作方式 2 和工作方式 3 多机通信使能位。在工作方式 2 或 3 中，若 SM2＝1，且接收到的第 9 位数据（RB8）是 0，则接收中断标志 RI 不会被置 1。在工作方式 1 中，若 SM2＝1，则只有当收到有效的停止位时，RI 才被置 1。在工作方式 0 中，SM2 必须清零。

REN——串行接收使能位。由软件置位和清零，置位时允许接收，清零时禁止接收。

TB8——工作方式 2 或 3 中要发送的第 9 位数据存放位，根据需要用软件置位或清零。

RB8——工作方式 2 或 3 中接收到的第 9 位数据存放位，需要时到这里取。在工作方式 1 中，当 SM2＝0 时，RB8 是收到的停止位存放位。在工作方式 0 中不使用 RB8。

TI——发送中断标志位。在工作方式 0 中，当第 8 位数据发送完成后由硬件置位 TI；在其他工作方式中，在发送停止位的开始时刻由硬件置位 TI。当 TI＝1 时，申请中断，CPU 响应中断后，可继续发送下一帧数据，但必须在中断服务程序中用软件清零 TI，取消此中断请求。

RI——接收中断标志位。在工作方式 0 中，当收到第 8 位数据时由硬件置位 RI；在其他方式中，当收到停止位的中间时刻由硬件置位 RI。当 RI＝1 时申请中断，要求 CPU 取走数据。但在工作方式 1 中，当 SM2＝1 时，若未收到有效的停止位，则 RI 不会被置位。在任何方式中，RI 都必须由软件清零。

3）波特率控制寄存器 PCON

PCON 的地址为 87H，其各位定义如表 4-6-3 所示。

表 4-6-3　PCON 的位定义

D7	D6	D5	D4	D3	D2	D1	D0
SMOD							

PCON 中的最高位 SMOD（PCON.7）是波特率倍增位。其作用是可把波特率提高一倍，即当 SMOD＝0 时，波特率按原设置值不变；当 SMOD＝1 时，波特率按原设置值加倍。PCON 的其他位主要用于掉电控制。

3. 串行口的工作方式

根据实际需要，MCS–51 单片机的串行口可以设置 4 种工作方式，可有 8 位、10 位和 11 位帧格式，具体由 SCON 中的 SM0、SM1 设置。

1）工作方式 0

置 SM0SM1＝00 时，串口工作于方式 0，即同步 8 位移位寄存器输入/输出方式。

方式 0 输出时，RXD 端输出数据，TXD 端输出移位脉冲，发送数据开始于向 SBUF（发送）写入数据的时刻，发送的 8 位数据为低位（D0 位）在前。8 位数据发送完后，置位 TI。

方式 0 输入时，RXD 为数据输入端，TXD 为移位脉冲输出端。方式 0 接收过程只有在满足条件 REN ＝ 1 和 RI＝0 时才进行。在 TXD 端的移位时钟的控制下，将 RXD 端的数据移入输入移位寄存器中。8 位数据接收完毕后，置位 RI。

方式 0 的波特率固定为晶体振荡器频率的 1/12，即 $f_{osc}/12$。

2）工作方式 1

当 SM0SM1＝01 时，串口工作于方式 1，为波特率可变 8 位异步串行通信工作方式。TXD 为发送数据端，RXD 为数据接收端。一帧数据包括一个起始位、8 位数据位（低位在先），一个停止位。

在不发送数据时，TXD 端保持高电平。CPU 执行一条数据写入缓冲器 SBUF 的指令（即"MOV SBUF，A"指令），将数据字节写入 SBUF 后，便启动一次发送过程；发送数据时，先发送一个起始位 0，该位通知接收端开始接收，也使发送和接收过程同步。接下来发送 8 位数据，先发送低位，最后发送的是高电平的停止位。

当 REN＝1，CPU 允许串行口接收数据，当检测到 RXD 端发生 1 到 0 的跳变时开始接收过程。先接收起始位，然后依次采样 RXD 端并将数据移入移位寄存器中。若满足条件 RI＝0 且 SM2＝0 或接收到停止位，则将数据装入 SBUF 并置位 RI；如果上述条件不满足，则数据丢失。

工作方式 1 的波特率由定时器 T1 的溢出率决定，即

$$方式 1 波特率 = \frac{2^{SMOD}}{32} \times T1 \text{ 的溢出率}$$

定时器的溢出率指的是计满溢出的频率，其值为定时时间值的倒数，表达式为

$$溢出率 = 计算速率/计算值$$

其中计数速率为计数器的计数时钟频率，即内部时钟为晶体振荡器频率的 1/12。

例如，单片机的系统时钟频率为 f_{osc} ＝ 11.0592MHz，需设定串行口的波特率为 2400b/s，设定 SMOD＝0，若采用 T1 的工作方式 2，根据串行口方式 1 的波特率公式，T1 的溢出率为

$$溢出率 = 波特率 \times 32 = 76800 \text{ 次/ s}$$

从而决定 T1 的计数值为

$$计数值 = (f_{osc}/ 12)/溢出率 = 12$$

则定时器 T1 的定时初值设定为

$$256-12 = 244 = F4H$$

3）工作方式 2

工作方式 2 为 9 位异步串行通信方式，包括 1 位起始位，8 位数据位（低位在前）、1 位可编程的第 9 位数据（TB8）、1 位停止位。

执行任何写 SBUF 指令都会引起一次发送过程。先发送一位起始位（0），然后依次为 8 位数据（低位在前）、一位可编程的第 9 位数据（TB8）、一位停止位。发送结束后将 TI 置位。

接收开始于检测到 RXD 端 1 到 0 的跳变，确认起始位后，开始接收 8 位数据和第 9 位数据，最后检测到停止位时停止接收，并将 8 位数据和第 9 位数据分别装入 SBUF 和 RB8，并置位 RI。数据装入 SBUF 和 RB8 必须同时满足两个条件：①RI = 0；②SM2 = 0 或者接收的第 9 位数据为 1。否则，接收到的数据将丢失。

工作方式 2 的波特率与晶体振荡器的频率 f_{osc} 及 SMOD 位内容有关，关系式为

$$方式 2 \text{ 波特率} = \frac{2^{SMOD}}{64} \times f_{osc}$$

4）工作方式 3

工作方式 3 为波特率可变 9 位异步串行通信方式，数据帧格式和接收发送过程与方式 2 相同，方式 3 波特率设置与工作方式 1 相同。

4.6.3　MCS-51 单片机串行口应用范例

1. 串行口初始化

在使用 MCS-51 单片机串行口前，应对其进行初始化编程，主要是设置产生波特率的定时器 1，串行口控制和中断控制。基本步骤如下：

（1）确定定时器 1 的工作方式——编程寄存器 TMOD；

（2）计数定时器 1 的计数初值，并装载到 TH1 和 TL1；

（3）启动定时器 1——编程寄存器 TCON 中 TR1；

（4）确定串行口的控制——编程 SCON 等；

（5）串行口在中断方式工作时，需开放 CPU 中断和中断源——编程寄存器 IE。

2. 串行口波特率

串行口常用的波特率及相应的设置如表 4-6-4 所示。

表 4-6-4　串行口常用波特率

常用波特率	振荡频率 f_{osc}/MHz	SMOD	定时器 1		
			C/$\overline{\mathrm{T}}$	方式	重新装入值
方式 0　MAX：1MHz	12	×	×	×	×
方式 2　MAX：35Kb	12	1	×	×	×
方式 1、3：62.5Kb	12	1	0	2	FFH
19.2Kb	11.059	1	0	2	FDH
9.6Kb	11.059	0	0	2	FDH
4.8 Kb	11.059	0	0	2	FAH
2.4 Kb	11.059	0	0	2	F4H
1.2 Kb	11.059	0	0	2	E8H
137.5b	11.059	0	0	2	1DH
110b	6	0	0	2	72H
110b	12	0	0	2	FEEBH

3. 串行口应用范例

例 4.5　将字符串"MCS-51 Serial Communication Bus."带奇偶校验发送。

设单片机 f_{osc}=11.0592MHz，波特率=2400，串行口工作于方式 1。

```
#include <reg51. h>
#include <string. h>
char s[ ] = "MCS-51 Serial Communication Bus. ";
char bdata c;
sbit c7 = c^7;
void main( void)
{
    char a, b = 0;
    TMOD = 0x20;
    SCON = 0x50;
    TH1 = 0xF4;
    TL1 = 0xF4;
    a = strlen(s) ;
    for( ;b<a;b++)
        {
        c = s[ b] ;
        ACC = c;
        c7 = P;
        SBUF = c;
        While( !TI) ;
        TI = 0;
        }
}
```

4.7　基于单片机的舰船机械监控装置

4.7.1　舰船轴功率测量装置

为测量各种工况下的轴系传递功率、扭矩和轴系转速，从而判断舰船动力性能是否良好，为舰船航行提供科学数据，大都配置了轴功率测量装置——遥测功率仪。

遥测功率仪由传感器装置、信号处理和显示装置组成。其中，传感器装置包括扭矩测量传感器、信号发射装置、信号接收装置、供电滑环和碳刷装置、信号激励装置、卡环定位装置、测速装置、防护装置，如图 4-7-1 所示。

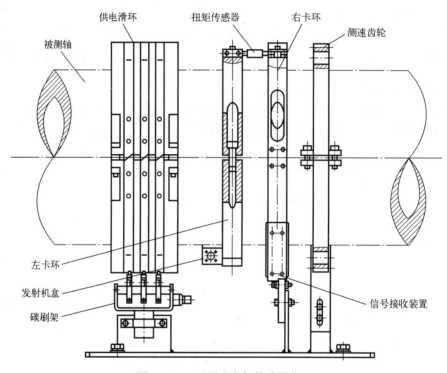

图 4-7-1　遥测功率仪传感器装置

扭矩测量采用卡环式应变传感器，卡环式应变传感器安装在左、右卡环上，卡环用螺栓固定在被测轴上，当轴受到扭矩时，两卡环相对转动一定的角度，扭矩传感器变形，应变片产生应变信号，该信号与扭矩成正比。扭矩信号传输采用非接触遥测技术，经过发射机传至信号接受装置。

发射机由比例放大器、V/F 转换器、调频调制器、功率放大器组成。接收机由隔离放大器、选频放大器、解调/滤波器、脉冲整形电路组成。扭矩传感器将被测扭矩讯号检出后，送至发射机中比例放大器，放大到规定电平，经 V/F 转换器转换成高频信号，由功率放大器功率放大，送至发射天线，接受天线接收的微弱讯号经隔离放大，选频放大后再解调，滤波还原成原来的 V/F 转换器的脉冲，该脉冲经整形后，送至信号处理和显示装置。

转速测量采用磁电传感器，磁电传感器对应于齿轮固定在机架上，探头与齿顶距离 3~5mm，当轴转动时，磁电传感器感应出近似正弦信号的电压，讯号电压经放大整形后形成为方波脉冲讯号，送至信号处理和显示装置，经测出讯号方波频率量，即可得到转速值。

　　遥测功率仪工作原理如图 4-7-2 所示，信号处理和显示装置主要由单片机 8031、I/O 接口芯片 8155、EPROM 芯片 27128、计数器芯片 8253 及若干逻辑驱动芯片组成，是一典型的基于 8031 单片机为核心构建的单片机应用系统。轴系转速与扭矩信号均以脉冲信号形式送入信号处理和显示装置，信号处理和显示核心程序存储在芯片 27128，信号处理程序借助单片机 8031 的定时器功能控制计数器芯片 8253 计数周期，从而将轴系转速与扭矩脉冲信号转换为数字信号，经内部程序运行处理后，通过接口芯片 8155 以 LED 方式数码实时显示轴系转速与扭矩值。

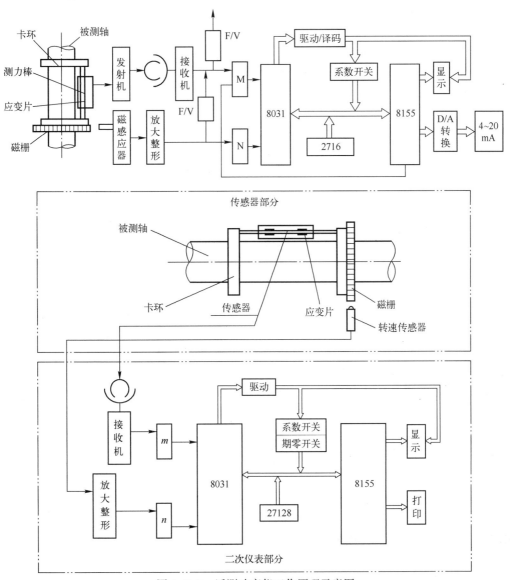

图 4-7-2　遥测功率仪工作原理示意图

4.7.2 舰船柴油机相继增压控制装置

某柴油机配有两台单级废气涡轮增压器以实现相继增压。其中一台为基本增压器，另一台为受控增压器，为了实现受控增压器随着工况的变化而"投入"和"切除"，在受控增压器压气机的出口安装了一个"空气阀"，在涡轮的进口安装了一个"燃气阀"；为了防止增压器喘振，在压气机的出口和涡轮的进口之间安装了一个"旁通阀"；为了防止气缸内爆压过高，在进气前安装了一个"放气阀"。若将空气阀和燃气阀关闭，"切除"受控增压器，一个增压器工作，即为 1TC 工作状态；若空气阀和燃气阀打开，"投入"受控增压器，两个增压器工作，即为 2TC 工作状态。为能根据柴油机的工作状态实现空气阀、燃气阀、旁通阀、放气阀等蝶阀的开关控制，该型柴油机设置了 STC 控制装置——柴油机相继增压控制装置。

STC 控制装置主要由以下部件组成：STC 控制仪和 STC 蝶阀检测、机旁手动、电磁阀箱。其中 STC 控制仪工作原理示意图如图 4-7-3 所示。

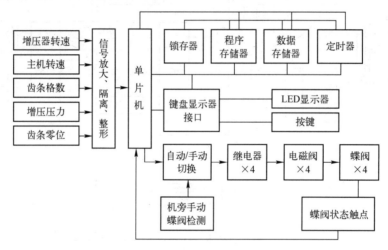

图 4-7-3 STC 控制仪工作原理示意图

控制仪由单片机系统、信号输入部分、键盘显示器部分及控制信号输出部分构成，核心为 8031 单片机。单片机在程序控制下每秒钟检测一次各输入参数，根据需要将一组参数送 LED 显示器显示，同时根据控制模型对各蝶阀进行开、关控制。对发出的控制指令进行跟踪检测，若发现控制指令未被正确执行则发出报警信号。在对增压器转速、主机转速的检测中，如测量参数不正确则以安全模式进行控制，并发出报警信号。

STC 控制系统以 STC 控制仪为核心，控制仪采集主机的增压器转速、主机转速、齿条位置、增压压力、齿条零位信号，根据控制模型对 STC 系统的燃气阀、空气阀、旁通阀、放气阀进行开、关控制。

4.8 单片机控制系统综合设计

舰船机械控制过程中常需测量和记录温度、压力、流量等参数，其中温度巡回检测装置用于监测并记录温度参数。传统的温度巡回检测装置制造工艺复杂，操作烦琐，故障率高，基于单片机可以构成简便、高可靠性的多点温度巡回检测装置。

4.8.1　总体设计

某温度巡回检测装置要求能实现温度的监测并可实时显示当前温度及温度曲线，还需存储温度信息，具体功能如下：

（1）温度监测：系统使用数字式温度传感器 DS18B20 对 4 个监测点进行温度检测。监测点的温度范围为 $-10 \sim +50℃$，检测精度为 $1℃$。

（2）温度显示：系统可采用数字式或图像方式显示监测点的温度值，通过按键可在两种方式间切换。数字方式中系统能够同时显示 4 个点的当前温度值；图像方式下系统根据存储的温度数据显示单个监测点的温度曲线图，通过按键操作可以显示下一监测点的温度曲线图。

（3）温度存储：系统能够存储 4 个监测点的温度值，满足每分钟存储 1 次，4 个监测点 45 天的温度信息的存储。

根据上述功能，基于 AT89C51 单片机、DS18B20 温度传感器、JHD12864 液晶显示器、AT24C512 存储器芯片、MAX708 复位芯片等组成单片机系统构建该多点温度巡回检测装置。按功能，系统可划分为键盘模块、显示模块、温度测量模块、存储模块、复位模块和单片机模块。系统模块图如图 4-8-1 所示。

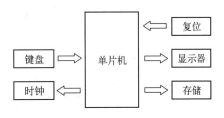

图 4-8-1　系统模块图

（1）键盘模块包括 2 个功能键，采用单线单键结构。一个是 MODE 键，用于数字式显示与图像显示方式间的切换。一个 NEXT 键，在图像显示方式下，用于切换不同监测点的温度图像。

（2）显示模块主要实时显示监测点的温度数值及温度曲线。温度曲线图由温度点组成，使用 LCD 液晶显示器显示。

（3）温度检测模块由 4 个 DS18B20 组成。采用单引脚单传感器方法，即使用 4 条引脚，每个引脚只接一个传感器。

（4）存储模块用于存储温度值，选用具有 I^2C 总线的 24C 系列串行 E^2EPROM。使用字节数据存放温度值，因此对于单个检测点，1 分钟存储 1 次，共 45 天的温度数据量是 $1 \times 60 \times 24 \times 45 = 64800$ 字节，4 个检测点共需 4 片 AT24C512 存储器。

（5）复位模块为 AT89C51 提供复位信号。采用专用复位芯片 MAX708 提供上电及手动复位信号。

4.8.2　硬件电路设计

基于单片机构建的多点温度巡回检测装置主要包括键盘电路、显示电路、温度采集电路、存储器电路、复位电路及单片机相关电路。其中单片机电路是整个装置的主控电路，控制温度采集电路定期采集温度值，经处理后将测量值送显示电路显示，送存储电路存储；通过键盘电路的按键操作，实现数字式显示与图像显示方式的切换。

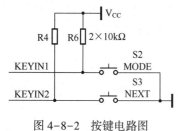

图 4-8-2　按键电路图

1. 键盘电路

按键电路由 2 个按键组成，采用单线单键结构，如图 4-8-2 所示。

注：KEYIN1、KEYIN2 是按键输入线，当有按键按下时，输入低电平，否则由于上拉电阻 R4、R6 输入高电平。实际使用时，若按键输入线接单片机的 P1 口，上拉电阻可以省去。

2. 显示电路

显示器电路采用 JHD12864 液晶显示器，其连接图如图 4-8-3 所示。

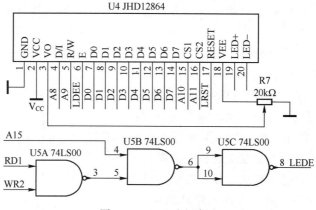

图 4-8-3　显示电路图

从图中可以看出，显示器的 E 信号由单片机的 RD、WR、P0.7 引脚生成。RD、WR 信号经过与非门 U5A 后，与 P2.7 信号再经与非门 U5B、U5C 输出至 E 端。与非门 U5B、U5C 的作用相当于一个与门，因为一片 74LS00 有 4 个与非门，不用增加与门芯片即可实现与门功能，减少了门电路芯片的类型。

当单片机访问外部端口时，由 P2 口、P0 口输出端口地址，由 RD、WR 输出读写控制信号。RD、WR 只要有一个输出低电平，经与非门 U5A 后输出高电平，此时若 P2.7 引脚输出高电平，则经与非门 U5B、U5C 后输出高电平，即 E 输入有效电平，因此端口地址的最高位为 1。CS2、CS1、R/W、D/I 分别由地址信号的 A11、A10、A9、A8 直接给出，最终可以得出系统为显示器分配 4 个端口的地址：左屏写数据端口 F500H、左屏写指令端口 F400H、右屏写数据端口 F900H、右屏写指令端口 F800H。本设计只使用了地址信息的高 8 位，低 8 位值不用考虑，因此系统并未使用地址锁存器。

3. 温度采集电路

温度采集电路主要由 4 个 DS18B20 组成，如图 4-8-4 所示。

注：单片机使用 P1.0~P1.3 分别与上拉电阻 R1~R4 相接，再与 JP2~JP5 的 2 号引脚相接，上拉电阻取值 4.7kΩ，JP2~JP5 用于接 4 个 DS18B20 传感器。温度传感器采用外部供电方案，由 JP2~JP5 的 1、3 引脚提供电源。

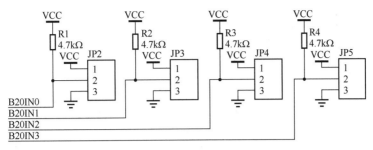

图 4-8-4　温度采集电路图

4. 存储电路

存储电路存储温度数据，主要由 AT24C512 组成，电路如图 4-8-5 所示。

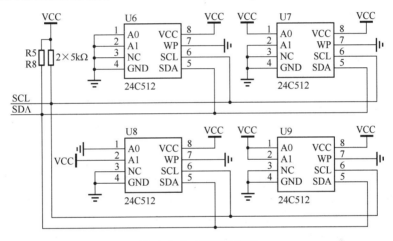

图 4-8-5　存储电路图

AT24C512 采用 I²C 总线接口，使用 SCL、SDA 引脚与系统相接。一组总线最多可连接 4 片 AT24C512，由芯片地址引脚 A1、A0 区分。SCL、SDA 信号线需要外接上拉电阻 R5、R8，取值 5kΩ。U6 的 A1、A0 接地，故芯片地址为 00，同理 U7 的芯片地址为 01；U8 的芯片地址为 02；U9 的芯片地址为 03。

5. 复位电路

系统复位电路由 MAX708 组成，可以实现上电复位和手动复位功能，如图 4-8-6所示。

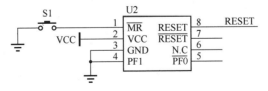

图 4-8-6　复位电路图

注：U2 的 8 号引脚接 AT89C51 的 RST 引脚。当系统接通电源或者按动 S1 键时，RESET 输出 200ms 的高电平信号，用作单片机的复位信号。

6. 单片机电路

单片机使用 AT89C51，电路图如图 4-8-7 所示。

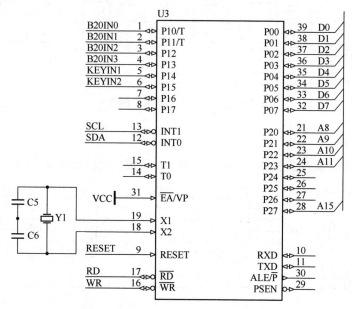

图 4-8-7　单片机电路图

P0 口与显示器的数据口相接。P2 口用于提供显示器的端口地址，其中 P2.0 ~ P2.3 分别与显示器的 D/I、R/W、CS1、CS2 相接，P2.7、WR、RD 用于生成显示器的 E 信号。P1 口的 P1.0 ~ P1.3 分别接 DS18B20 的数据线，P1.4、P1.5 用于接按键。P3.2、P3.3 用于接存储器的 SDA、SCL 引脚。单片机 EA 引脚接 VCC，使得单片机执行片内程序。

注：为了方便定时时间的计算，系统采用 12MHz 的晶振；复位信号由 MAX708 提供。

4.8.3　软件设计

多点温度巡回检测装置主要程序包括主程序、温度采集子程序、按键子程序、显示子程序、存储子程序等。其中温度采集子程序针对电路中的温度检测电路，完成转换并读取温度值；按键子程序针对电路中的按键电路，实现显示功能的切换；显示子程序针对电路中的显示电路，显示温度数值或温度曲线；存储子程序针对电路中的存储电路，存储温度值；主程序通过调用各个子程序，实现系统功能。

1. 常量、变量说明

多点温度巡回检测装置程序的常量和变量及其作用如下：

```
#include <AT89X51. H>              //AT89C51 头文件
#include <intrins. h>             //调令头文件
#include <absacc. h>              //XBYTE 宏定义
typedef unsigned char uchar;      //类型定义
```

```
typedef unsigned int uint;                    //类型定义
#define DISPON 0x3f                            //显示开命令
#define DISPOFF 0x3e                           //显示关命令
#define FIRSTROW 0xc0                          //设置显示起始行命令
#define SETR 0xb8                              //定义页命令
#define SETL 0x40                              //定义行命令
#define LLCD_WR_CMD XBYTE[0xf400]             //左屏写命令端口
#define LLCD_WR_DAT XBYTE[0xf500]             //左屏写数据端口
#define RLCD_WR_CMD XBYTE[0xf800]             //右屏写命令端口
#define RLCD_WR_DAT XBYTE[0xf900]             //右屏写数据端口
#define CHARLINE 0X0A                          //定义'-'字符常量
#define CHARBLANK 0X0B                         //定义空白字符常量
//定义字符的 8×16 点阵字模码,字符依次是 0123456789-空白
    ucharcodeDOTLAT[12][16]=
    {
{0x00,0x07,0x08,0x10,0x10,0x08,0x07,0x00,0x00,0xF0,0x08,0x04,0x04,0x08,0xF0,
0x00},
    {0x00,0x08,0x08,0x1F,0x00,0x00,0x00,0x00,0x00,0x04,0x04,0xFC,0x04,0x04,0x00,
0x00},
    {0x00,0x0E,0x10,0x10,0x10,0x11,0x0E,0x00,0x00,0x0C,0x14,0x24,0x44,0x84,0x0C,
0x00},
    {0x00,0x0C,0x10,0x11,0x11,0x12,0x0C,0x00,0x00,0x18,0x04,0x04,0x04,0x88,0x70,
0x00},
    {0x00,0x00,0x03,0x04,0x08,0x1F,0x00,0x00,0x00,0xE0,0x20,0x24,0x24,0xFC,0x24,
0x00},
    {0x00,0x1F,0x10,0x11,0x11,0x10,0x10,0x00,0x00,0x98,0x84,0x04,0x04,0x88,0x70,
0x00},
    {0x00,0x07,0x08,0x11,0x11,0x18,0x00,0x00,0x00,0xF0,0x88,0x04,0x04,0x88,0x70,
0x00},
    {0x00,0x1C,0x10,0x10,0x13,0x1C,0x10,0x00,0x00,0x00,0x00,0xFC,0x00,0x00,0x00,
0x00},
    {0x00,0x0E,0x11,0x10,0x10,0x11,0x0E,0x00,0x00,0x38,0x44,0x84,0x84,0x44,0x38,
0x00},
    {0x00,0x07,0x08,0x10,0x10,0x08,0x07,0x00,0x00,0x00,0x8C,0x44,0x44,0x88,0xF0,
0x00},
    {0x00,0x00,0x00,0x00,0x00,0x00,0x00,0x00,0x00,0x80,0x80,0x80,0x80,0x80,0x80,
0x80},
    {0x00,0x00,0x00,0x00,0x00,0x00,0x00,0x00,0x00,0x00,0x00,0x00,0x00,0x00,0x00,0x00}
    };
    uchar DOTCODE[]={0X01,0X02,0X04,0X08,0X10,0X20,0X40,0X80};//定义'.'的
图像显示码
    sbit  E2SDA=P3^2;                         //定义 I2C 总线的 SDA 信号
    sbit  E2SCL=P3^3;                         //定义 I2C 总线的 SCL 信号
```

```
uchar B20Temp[4][3];                //定义温度值变量,4路,每路3次
uchar B20AddTemp[4];                //定义温度值累积变量
//结果作为温度数值
uchar SampleCnt,SampleAddCnt;       //定义采集次数、累积采集次数变量
uint saveposi;                      //定义存储器存储位置变量,每次存储4字节
uchar pictureposi;                  //定义显示温度曲线图的传感器号
uchar DispTemp[4];                  //定义显示缓冲区
uchar SysMode;                      //定义系统模式变量
uchar TimeCnt;                      //定义定时变量
uchar SampleCon,DispNextPic;        //定义温度采集控制位,显示温度曲线图控制位
#define KEYPORT P1                  //定义键盘接口
#define NO_KEY 3                    //定义无按键常量
#define KEY1 1                      //定义数字显示与图像显示的切换键
#define KEY2 2                      //定义显示下一路温度曲线图的切换键
#define B20PORT P1                  //定义温度传感器端口
#define SKIP_ROM 0XCC               //定义跳过 ROM 命令字
#define CONVERT_T 0X44              //定义温度转换命令字
#define READ_SCRATCHPAD 0XBE        //定义读取温度命令字
uchar code MASKCODE[] = {0X01,0X02,0X04,0X08};         //定义屏蔽码
#define Delay5us _nop_();_nop_();_nop_();_nop_();_nop_     //延时 5μs
```

2. 温度采集子程序

温度采集子程序通过 DS18B20 实现对 4 路温度的采集,包括 DS18B20 操作子程序和温度转换子程序、温度处理子程序。

1) DS18B20 操作子程序

DS18B20 是单一总线温度传感器,读写须按照严格的时序操作。DS18B20 操作子程序就是实现单一总线的相关操作,由以下函数构成:

函数 Reset_B20:总线复位操作。

函数 Write0_B20:写一位数据 0 操作。

函数 Write1_B20:写一位数据 1 操作。

函数 Read_B20:读一位数据操作。

函数 Read_Byte:读字节数据操作。

注意:函数 Write_Byte:写字节数据操作。

以上函数都须严格按照相关时序编写。

(1) 总线复位函数 ResetB20。

函数 Reset_B20( )对指定 DS18B20 进行复位操作,程序代码如下:

```
/ *
入口参数:
num:DS18B20 序列号
出口参数:复位是否成功
*/
```

```
uchar Reset_B20(uchar num)
{
    uchar mk;
    mk=MASKCODE[num];
    B20PORT&=~mk;              //将数据线拉至低电平
    Delayus(250);              //延时 500μs
    B20PORT|=mk;               // 将数据线置为高电平
    Delayus(32);               //延时 70μs
    mk=B20PORT|(~mk);          //读取状态
    Delayus(240);              //延时 480μs
    return ~mk;                //返回 DS18B20 是否存在,0:不存在
}
```

（2）写 0 函数 Write0_B20。

函数 Write0_B20()用于实现向 DS18B20 写入二进制数 0，程序代码如下：

```
/ *
入口参数:
num:DS18B20 序列号
出口参数:无
*/
void Write0_B20(uchar num)
{
    uchar mk;
    mk=MASKCODE[num];
    B20PORT&=~mk;              //将数据线拉至低电平
    Delayus(37);               //延时 80μs
    B20PORT|=mk;               // 将数据线置为高电平
}
```

（3）写 1 函数 Write1_B20。

函数 Write1_B20 用于实现向 DS18B20 写入二进制数 1，程序代码如下：

```
/ *
入口参数:
num:DS18B20 序列号
出口参数:无
*/
void Write1_B20(uchar num)
{
    uchar mk;
    mk=MASKCODE[num];
    B20PORT&=~mk;              //将数据线拉至低电平
    Delayus(2);                //延时 9μs
    B20PORT|=mk;               // 将数据线置为高电平
```

```
Delayus(32);                    //延时 70μs
}
```

（4）总线复位函数 ReadB20。

函数 Read_B20 实现从 DS18B20 中读取一位二进制数 0，代码如下：

```
/*
入口参数：
num：DS18B20 序列号
出口参数：读取的一位二进制数值。
*/
uchar Read_B20(uchar num)
{
    uchar mk;
    mk=MASKCODE[num];
    B20PORT&=~mk;                //将数据线拉至低电平
    Delay5us();                  //延时 5μs
    B20PORT|=mk;                 // 将数据线置为高电平
    Delay5us();                  //延时 5μs
    mk=B20PORT&mk;               //读取数据线状态
    Delayus(32);                 //延时 70μs
    return mk;                   //返回读取结果
}
```

（5）读字节函数 Read_ Byte。

函数 Read_Byte 从指定 DS18B20 处读取一个字节数据，通过 8 次调用 Read_B20 实现读取功能，程序代码如下：

```
/*
入口参数：
num：DS18B20 序列号
出口参数：读取的字节数据
*/
uchar Read_Byte(uchar num)
{
 uchar i,j;
 for(i=0;i<8;i++)               //一个字节数据包含 8 位二进制位
    {
        j>>=1;                  //先读取的是低位
        if(Read_B20(num)!=0)
        j|=0x80;                //读取的值是 1
    }
 return j;                      //返回读取的数据
}
```

（6）写字节函数 Write_Byt。

函数 WriteByte 向指定的 DS18B20 中写入一个字节数据，通过 8 次调用 Write_B20 或 Write1_B20 实现功能，程序代码如下：

```
/*
入口参数:
num:DS18B20 序列号
s:要写入的数据
出口参数:无
*/
void Write_Byte(uchar s,uchar num)
{
    uchar   i;
    for(i=0;i<8;i++)
      {//写入 8 位二进制数
      if((s & 0x01)==0)
        Write0_B20(num);                //写入 0
      else
        Write1_B20(num);                //写入 1
      s>>=1;                            //先写入低位
      }
}
```

2）温度转换子程序

温度转换子程序读取 DS18B20 生成的数字量，并将其转换成实际温度值，由以下函数构成：

函数 Pre_Convert：发送启动温度转换命令。

函数 Cal_Temp：将数字量转换成温度值。

函数 Read_Temp：读取 DS18B20 生成的数字量，并转换成温度值。

（1）发送转换命令函数 Pre_Convert。

函数 Pre_Convert 用于向指定的传感器发送温度转换命令。DS18B20 温度转换命令属于存储器操作命令，因此函数先发送复位时序，再发送 ROM 操作命令，最后发送温度转换命令，程序代码如下：

```
/*
入口参数:
num:DS18B20 序列号
出口参数:是否发送成功。
*/
uchar Pre_Convert(uchar tnum)
{
  uchar vl;
    if(Reset_B20(tnum)!=0)                //发复位时序
```

```
        {
            vl=SKIP_ROM;
            Write_Byte(vl,tnum);              //发跳过 ROM 命令
            vl=CONVERT_T;
            Write_Byte(vl,tnum);              //发送温度转换命令
            return 1;
        }
    else
        return 0;
}
```

（2）计算温度值函数 Cal_Temp。

函数 Cal_Temp 用于计算读取的温度值。从 DS18B20 中读取的温度值采用 16 位补码表示；范围是 −55 ~ +125℃，Cal_Temp 将其转换成 8 位补码表示，范围是 −10 ~ +50℃，实际温度低于 −10℃ 当作 −10℃ 处理，高于 50℃ 当作 50℃ 处理。转换后的温度再进行加 10 处理，目的是温度值中不出现负数，便于后续的计算，代码如下：

```
/*
入口参数：
ls:DS18B20 生成的数字量
出口参数:实际温度值。
*/
uchar Cal_Temp(uint ls)
{
    uchar j;
    ls>>=4;               //右移 4 位,去掉小数部分
    j=ls%256;             //取整数部分
    j+=10;                //加十处理
    if(j>137)
    j=0;                  //低于 −10℃,为 −10℃
    else if(j>60)
    j=60;                 //高于 50℃,为 50℃
    return j;
}
```

（3）读取温度值函数 Read_Temp。

函数 Read_Temp 从指定的 DS18B20 中读取温度值，并进行温度计算。

由于读取温度值命令属于存储器操作命令，因此函数先发送复位时序，再发送 ROM 操作命令，最后发送读取温度命令，然后调用 Cal_Temp 转换成实际温度值，代码如下：

```
/*
入口参数：
B20num:DS18B20 序列号
```

出口参数:实际温度值。

```
*/
uchar Read_Temp(uchar b20num)
{
    uchar vh,vl;
    uint i;
    if(Reset_B20(b20num)!=0)                    //发送复位命令
    {
        vl=SKIP_ROM;
        Write_Byte(vl,b20num);                  //发送 ROM 命令
        vl=READ_SCRATCHPAD;
        Write_Byte(vl,b20num);                  //发送读取温度命令
        vl=Read_Byte(b20num);                   //读取温度低字节
        vh=Read_Byte(b20num);                   //读取温度高字节
        i=vh*256+vl;
        vl=Cal_Temp(i);                         //计算读取的温度值
    }
    else
    vl=60;
    return vl;                                   //返回温度值
}
```

3) 温度处理子程序

温度处理子程序负责定期采集 4 路温度值,并对采集的数据进行运算和存储,因此由以下函数构成:

函数 MiddlTemp:取温度中间值。

函数 Process_Temp:对采集温度值进行处理。

函数 Sample_Temp:定期采集 4 路温度值。

函数实现如下:

(1) 取中间函数 Middle_Temp。

函数 Middle_Temp 返回 3 个温度值的中间一个值。方法是通过对 3 个数进行排序,然后取中间一个值,代码如下:

```
/*
入口参数:
    *p:温度值首地址
出口参数:3 个温度值的中间一个。
*/
uchar Middle_Temp(uchar *p)
{
uchar i,j,m;
//采用冒泡法进行排序
    for(i=0;i<2;i++)
```

```
        for(j=i+1;j<3;j++)
          {
            if(p[i]<p[j])
                {//如果前一个数比后一个数小,交换两者位置
                m=p[i];
                p[i]=p[j];
                p[j]=m;
                }
          }
        return p[1];                          //返回中间值
    }
```

（2）温度处理函数 Process_Temp。

函数 Process_Temp 对采集的温度进行处理。

系统每 5s 对 4 路温度采集一次，并存放于数组 B20Temp[0..3][i]中。经过 15s，每路温度都采集 3 次。然后调用 Middle_Tem 对每路温度取中间值，即取 B20Temp[i][0..2]中的中间值，并将其累加至累积变量 B20AddTemp[i]中。经过 1min，变量 B20AddTemp[i]累加过 4 次温度值，最后对累积变量 B20AddTemp[i]除 4 求平均值，结果作为温度数值，代码如下：

```
    void Process_Temp()
    {
    uchar i,j;
        for(i=0;i<4;i++)
          {
          j=Middle_Temp(B20Temp[i]);         //取 3 次温度值的中间值
          B20AddTemp[i]+=j;                  //累加温度值
          }
        SampleAddCnt++;                       //累积变量加一
        if(SampleAddCnt>3)
        {//每经过一分钟,累加 4 次
        SampleAddCnt=0;
        for(i=0;i<4;i++)
          B20AddTemp[i]/=4;                   //对累加的温度值取平均值
          save_temp();                        //保存温度值
          saveposi++;                         //保存温度值的位置变量加一
        for(i=0;i<4;i++)
          {
            B20AddTemp[i]=0;                   //累积变量清零
          }
        }
    }
```

（3）采集温度值函数 sample_Temp。

函数 sample_Temp 负责定期采集温度值。函数每 5s 调用 Read_Temp 对 4 路温度采集一次，并存入 B20Temp[0..3][SampleCnt]中，每 15s 调用 Process_Temp 对采集的温度进行处理，代码如下：

```
void Sample_Temp()
{
    uchar i,j;
    for(i=0;i<4;i++)
    {
        j=Read_Temp(i);                  //采集某路温度值
        B20Temp[i][SampleCnt]=j;         //保存温度值
        DispTemp[i]=j;                   //存入显示变量
    }
    SampleCnt++;                         //采集次数变量加一
    if(SampleCnt>2)
    {//15s,采集3次
        SampleCnt=0;
        Process_Temp();                  //温度处理
    }
}
```

3. 显示子程序

显示子程序主要用于在 LCD 显示器上显示 4 路温度值及温度曲线图。JHD12864 液晶显示器不带字库，因此需要使用字模提取软件生成程序中用到字符的字模。显示字符就是将该字符的字模码送入显示器。显示子程序主要包括显示器操作子程序及温度显示子程序。

1）显示器操作子程序

显示器操作子程序实现对 JHD12864 液晶显示器的基本操作，主要由以下函数构成：

函数 Lcd_Wr_Cmd：向显示器写入命令字。

函数 Lcd_Wr_Data：向显示器写入数据。

函数 Lcd_Wr_Char：在显示器指定位置显示字符。

函数 Lcd_Wr_DOt：在显示器指定位置显示一个点。

函数 Lcd_Clr：实现清屏操作。

函数 Lcd_Init：实现显示器的初始化操作。

（1）写命令函数 Lcd_Wr_Cmd。

函数 Lcd_Wr_Cmd 用于向 LCD 显示器左屏或右屏写入命令字，命令字有设置起始地址、设置页地址、设置列地址、显示器开、显示器关等，代码如下：

```
/*
入口参数：
```

```
cmdcode:DS18B20 序列号
right:左半屏或右半屏
出口参数:无。
*/
void Lcd_Wr_Cmd(uchar cmdcode, uchar right)
{
if(right)
    RLCD_WR_CMD = cmdcode;                    //右屏写命令
else
    LLCD_WR_CMD = cmdcode;                    //左屏写命令
}
```

（2）写数据函数 Lcd_Wr_Data。

函数 Lcd_Wr_Data 用于向 LCD 显示器左屏或右屏写入数据，数据包括显示字符的字模码或图像的点阵码，代码如下：

```
/*
入口参数:
dispdata:显示数据
right:左半屏或右半屏
出口参数:无。
*/
void Lcd_Wr_Data(uchar dispdata, uchar right)
{
    if(right)
     RLCD_WR_DAT = dispdata;                  //右屏写入数据
    else
     LLCD_WR_DAT = dispdata;                  //左屏写入数据
}
```

（3）显示字符函数 Lcd_Wr_Char。

函数 Lcd_Wr_Char 用于在 LCD 显示器指定位置上显示一个字符。

函数首先发送命令，设置 LCD 显示器的页地址和列地址；然后发送字符的 8×16 点阵字模码。代码如下：

注：由于字符显示跨越显示器的 2 页，因此写入 8 个点阵码后，要重新设置页地址及列地址。

```
/*
入口参数:
page:显示字符的页号
column:显示字符的列号
po:字符字模码首地址
出口参数:无。
*/
```

```
    void Lcd_Wr_Char(uchar page,uchar column,uchar    * po)
    {
     unsigned char i,j;
     page+=0xb8;                          //生成页命令
       if(column<8)
        {
          j=0;                            //字符位于左屏
        }
       else
        {
          column-=8;
          j=1;                            //字符位于右屏
        }
       column = column*8+0x40;            //生成列命令
       Lcd_Wr_Cmd(page,j);                //写入页地址
       Lcd_Wr_Cmd(column,j);              //写入列地址
    for(i = 0; i<16;i++)                  //16 字节的点阵码
        {
          if(i==8)
           {//写入 8 个点阵码
            Lcd_Wr_Cmd(page+1,j);         //重新设置页地址
            Lcd_Wr_Cmd(column,j);         //重新设置列地址
           }
        Lcd_Wr_Data( * po++,j);           //写入一个字节的点阵码
          }
    }
```

（4）显示点函数 Lcd_Wr_Dot。

函数 Lcd_Wr_Dot 在指定行号、列号的位置上显示一个点。函数根据像素点的行号 row 得出页号及在该页的偏移行号。然后设置 LCD 的显示页号、列号，写入像素点阵码，代码如下：

```
    /*
    入口参数：
    row:点所在位置的行号
    column:点所在位置的列号
    出口参数:无。
    */
    void Lcd_Wr_Dot(uchar row,uchar column)
    {
     unsigned char i,j;
      i=row/8;                            //页号
      row=row%8;                          //页内偏移行号
      i+=0xb8;                            //页地址
```

```
if(column<64)
    {
     j=0;                                //左屏
    }
else
    {
     column-=64;
     j=1;                                //右屏
    }
column += 0x40;                          //列地址
Lcd_Wr_Cmd(i,j);                         //写入页号
Lcd_Wr_Cmd(column,j);                    //写入列号
Lcd_Wr_Data(DOTCODE[row],j);             //写入点阵码
}
```

（5）清屏函数 Lcd_Clr。

函数 Lcd_Clr 将 LCD 显示清屏，代码如下：

```
void Lcd_Clr( )
  {
  uchar i,j;
  for(i=0;i<8;i++)                       //共8页
    {
      Lcd_Wr_Cmd(SETR+i,0);              //设置左屏页地址
      Lcd_Wr_Cmd(SETL,0);               //设置左屏列地址
      Lcd_Wr_Cmd(SETR+i,1);             //设置右屏页地址
      Lcd_Wr_Cmd(SETL,1);               //设置右屏列地址
  for(j=0;j<64;j++)                      //每页64列
        {
          Lcd_Wr_Data(0,0);             // 写入左屏数据
          Lcd_Wr_Data(0,1);             // 写入右屏数据
        }
      }
  }
```

（6）显示器初始化函数 Lcd_Init。

```
void Lcd_Init( )
  {
  Lcd_Wr_Cmd(DISPON,0);                     //设置左屏开显示
  Lcd_Wr_Cmd(FIRSTROW,0);                   //设置左屏显示首列
  Lcd_Wr_Cmd(DISPON,1);                     //设置右屏开显示
  Lcd_Wr_Cmd(FIRSTROW,1);                   //设置右屏显示首列
  Lcd_Clr( );                               //清屏
  }
```

2) 温度显示子程序

温度显示子程序负责显示温度值及温度曲线,由以下函数构成:

函数 Disp_One_Temp:显示 1 路温度值。

函数 Disp_Temp:显示 4 路温度值。

函数 Disp_Pic:显示温度曲线图。

(1) 单路温度显示函数 Disp_One_Temp。

函数 Disp_One_Temp 在指定页号、列号位置显示温度值。温度值采用 3 位表示,第一位是符号位,第二、三位是数值,流程图如图 4-8-8 所示。

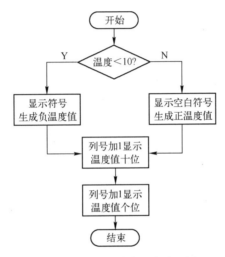

图 4-8-8 显示单路温度流程图

程序代码如下:

```
/ *
入口参数:
page:显示字符的页号
col:显示字符的列号
temp:温度值
出口参数:无。
*/
void Disp_One_Temp(uchar page,uchar col,uchar temp)
{
 uchar i;
 if(temp<10)
   {//表示负温度值
    Lcd_Wr_Char  (page,col,DOTLAT[CHARLINE]);          //显示符号
    temp=10-temp;                                      //生成温度值
    }
 else
```

```
               {
               Lcd_Wr_Char(page,col,DOTLAT[CHARBLANK]);          //显示空白字符
               temp-=10;                                          //生成正温度值
               }
           col++;
           i=temp/10;                                             //取温度值十位
           Lcd_Wr_Char(page,col,DOTLAT[i]);                       //显示十位
           col++;
           i=temp%10;                                             //取温度值个位
           Lcd_Wr_Char(page,col,DOTLAT[i]);                       //显示个位
       }
```

（2）多路温度显示函数 Disp_Temp。

函数 Disp_Temp 负责显示 4 路温度值。函数通过调用 Disp_One_Temp 在指定位置上显示某次采样的 4 路温度值。第一路在 LCD 的 0、1 页显示，第二路在 2、3 页显示，第三路在 4、5 页显示，第四路在 6、7 页显示，代表码如下：

```
       void Disp_Temp()
       {
        uchar i;
        for(i=0;i<4;i++)                                          //显示 4 路温度值
        Disp_One_Temp(i*2,4,B20Temp[i][SampleCnt]);              //在指定位置上显示某次采样的
                                                                  //温度值
       }
```

（3）温度曲线显示函数 Disp_Pic。

函数 Disp_Pic 用于显示某路温度的曲线图。

一屏温度曲线图包含 128 个温度点，因此函数采用循环结构，共循环 128 次。每次循环，调用 Read_saveedtemp 从存储器中读取一个温度值，然后调用 Lcd_Wr_Dot 显示一个点，代码如下：

```
       void Disp_Pic()
       {
           uchar mm,i;
           uint readposi;
           readposi=0;
           for(i=0;i<128;i++)
           {//一屏显示 128 个点
            read_saveedtemp(&mm,readposi);                       //从存储器里读出温度值
            readposi++;                                          //调整指针,指向下一个温度值
            mm=61-mm;                                            //生成温度值在 LCD 上对应的行号
            Lcd_Wr_Dot(mm,i);                                    //在 LCD 上 mm 行 i 列位置显示点
           }
       }
```

4. 键盘子程序

键盘子程序负责扫描键盘，并对按键值进行处理，因此分为键盘扫描子程序和按键处理子程序。

1）键盘扫描子程序

函数 Scan_Key( )用于扫描键盘，返回按键键值，程序流程图如图 4-8-9 所示。

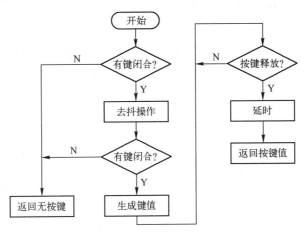

图 4-8-9 键盘扫描流程图

按键扫描程序代码如下：

```
/*
入口参数:无。
出口参数:按键值。
*/
uchar Scan_Key( )
{
 uchar TempK;
 TempK = KEYPORT&0x30;            //读取按键值
 if( TempK = = 0x30)              //判断是否有键按下
     return NO_KEY;              //无键,返回无按键值
 Delay15Ms( );                   //延时 15ms
 TempK = KEYPORT&0x30;            //读取按键值
 if( TempK = = 0x30)             //判断是否有键按下
     return NO_KEY;             //无键,返回无按键值
 if( ( TempK&0x10) = = 0)        //生成按键值
     TempK = KEY1;
 else
     TempK = KEY2;
 while( ( KEYPORT&0X30) ! = 0x30) ;   //等待按键释放
 Delay15Ms( );                   //延时
 Return TempK;                    //返回按键值
```

```
        };
```

2）按键处理程序

按键处理程序负责对按键值进行处理。系统有两种工作模式，数字显示模式和图像显示模式，因此按键处理程序由两个子程序构成，如下所示：

函数 Process_Key_Ms0：模式 0 的按键处理程序。

函数 Process_Key_Ms1：模式 1 的按键处理程序。

（1）模式 0 按键处理程序 Process_Key_Ms0。

函数 Process_Key_Ms0 是模式 0 的按键处理程序。模式 0 主要采用数字方式显示温度值，当按下数字、图像显示切换键时，系统进入模式 1 图像显示方式，程序代码如下：

```
    /*
    入口参数：
    key:按键值。
    出口参数:无。
    */
    void Process_Key_Ms0( uchar key)
    {
    if( key! = NO_KEY)
      {//有按键按下,处理。
      if( key = = KEY1)
        {//切换按键按下
        Ini_Ms1( );                    //初始化模式 1,进入图像显示模式
        }
      }
    }
```

（2）模式 1 按键处理程序 Process_Key_Ms1。

函数 Process_Key_Ms1 是模式 1 的按键处理程序。模式 1 主要采用显示温度曲线图，当按下数字、图像显示切换键时，系统进入模式 0 数字显示方式，当按下 NEXT 键时，显示下一路温度曲线图，程序代码如下：

```
    /*
    入口参数：
    key:按键值。
    出口参数:无。
    */
    void Process_Key_Ms1( uchar key)
    {
    if( key! = NO_KEY)
      {//有按键,处理
      if( key = = KEY1)
        {/按下切换按键
```

```
    Ini_Ms0( );                              //进入模式 0
    }
    else
    {
    DispNextPic = 1;                         //设置显示温度曲线控制变量
    pictureposi++;                           //调整显示传感器号
    if( pictureposi>3)
    pictureposi = 0;
    }
    }
}
```

5. 存储子程序

存储子程序用于实现存储、读取温度值。温度值存放在 I^2C 接口的存储器中,因此存储子程序包括 I^2C 总线子程序及存储器读写子程序。其中存储器读写子程序实现温度存储及读取的功能,由函数 save_temp 和 read_saveedtemp 构成。

1) 存储温度函数 save_temp

函数每次存储一块数,即 4 个字节的温度值。函数使用变量 saveposi 记录存储的块号,程序由 saveposi 生成存储芯片地址及存储芯片内部单元地址,调用 I^2C 总线函数实现启动总线、写入芯片地址、写入单元地址,然后将 B20AddTemp[0..3] 写入存储器中,代码如下:

```
/*
入口参数:无。
出口参数:是否写入成功。
*/
uchar save_temp( )
{
    uint i;
    uchar word_address1,word_address0;
    uchar slave_address;
    slave_address = saveposi/256;                    //生成芯片地址
    slave_address>>= 5;
    i = saveposi<<2;                                 //生成芯片内单元地址
    word_address1 = i/256;                           //生成地址高字节
    word_address0 = i%256;                           //生成地址低字节
    slave_address |= 0xA0;                           //生成器件地址
    slave_address = slave_address&0xfe;
    start( );                                        //发起始位
    if( i2c_write_byte( slave_address) ) return( 1);  //写入芯片地址
    if( i2c_write_byte( word_address1) ) return( 1);  //写入字节地址高字节
    if( i2c_write_byte( word_address0) ) return( 1);  //写入字节地址低字节
```

```
        for( word_address0 = 0;word_address0<4;word_address0++)
        if( i2c_write_byte( B20AddTemp[ word_address0]))return(1);  //写入一块数据
        stop( );                                      //发停止位
        return(0);
    }
```

2) 从存储器中读取温度函数 read_saveedtemp

函数 read_saveedtemp 从指定位置读取温度值。

函数一次从存储器中读取一块数据，即 4 个字节的温度值。使用变量 readposi 记录读取的块号，程序由 readposi 生成存储芯片地址及存储芯片内部单元地址，调用 I²C 总线函数实现启动总线、写入芯片地址、写入单元地址、重启总线，写入读取命令，将指定块号的数据读出，并返回其中第 pictureposi 路的温度值，代码如下：

```
/ *
入口参数:
p:存放返回值。
readposi:读取块号。
出口参数:是否读取成功。
*/
uchar read_saveedtemp( uchar * p, uint readposi)
{
    uint i;
    uchar word_address1,word_address0;
    uchar slave_address;
    uchar temp[4];
    slave_address = readposi/256;
    slave_address>>= 5;                      //生成芯片地址
    i = readposi<<2;                         //生成字节单元地址
    word_address1 = i/256;
    word_address0 = i%256;
    slave_address |= 0xA0;
    start( );                                //发起始位
    slave_address = slave_address&0xfe;
    if( i2c_write_byte( slave_address))return(1);    //写入芯片地址
    if( i2c_write_byte( word_address1))return(1);    //写入字节地址高字节
    if( i2c_write_byte( word_address0))return(1);    // 写入字节地址低字节
    start( );                                //重发起始位
    slave_address = slave_address|0x01;
    if( i2c_write_byte( slave_address))return(1);    //写入芯片地址,读命令
    for( word_address1 = 0;word_address1<3;word_address1++)
    {
        temp[ word_address1] = read_byte_with_ack( );    //读前 3 个字节数据,并发 ACK 信号
    };
```

```
temp[word_address1] = read_byte_without_ack();        //最后一个不发 ACK 信号
stop();                                               //发停止位
    *p = temp[pictureposi];
return(0);
}
```

6. 系统其他子程序

其他程序用于系统及各模块的初始化操作，由以下函数构成：

函数 Ini_Ms0：初始化模式 0。

函数 Ini_Ms1：初始化模式 1。

函数 Ini_Tmer0：初始化 T0。

函数 Timer：T0 的中断服务程序。

函数 Process_Ms0：模式 0 的处理函数。

函数 Process_Ms1：模式 1 的处理函数。

函数 Ini_System：初始化系统。

函数 main：系统主函数。

1）模式 0 初始化函数 Ini_Ms0

函数 Ini_Ms0 用于初始化模式 0。模式 0 主要对温度进行采集，并采用数字方式显示，代码如下：

```
void Ini_Ms0()
{
uchar i;
SysMode = 0;                  //模式 0
    TimeCnt = 0;              //时间变量置 0
SampleCnt = 0;                //温度采集次数置 0
    SampleAddCnt = 0;         //累积采集次数置 0
    for(i = 0;i<4;i++)
    {//将累积变量及显示变量清零
      B20AddTemp[i] = 0;
      DispTemp[i] = 0;
    }
SampleCon = 0;                //采集控制变量清零
    ET0 = 1;                  //开放 T0 中断
}
```

2）模式 1 初始化函数 Ini_Ms1

函数 Ini_Ms1 用于初始化模式 1。模式 1 主要从存储器中读取温度值，并采用图像方式显示，代码如下：

```
void Ini_Ms1()
{
  SysMode = 1;              //模式 1
```

```
        pictureposi = 0;          //显示温度曲线图的传感器号
        DispNextPic = 1;          //显示温度曲线图控制变量置 1
        ET0 = 0;                  //关闭 T0 中断
    }
```

3）T0 初始化函数 Ini_Timer0

函数 Ini_Timer0 初始化定时器 T0。T0 工作于方式 1，定时 50ms，代码如下：

```
    void Ini_Timer0( )
    {
        TMOD& = 0XF0;
        TMOD |= 0X01;                     //模式 1
        TR0 = 0;
        TH0 = (65536−50000)/256;         //赋计数初值
        TL0 = (65536−50000)%256;
        TR0 = 1;
        ET0 = 1;
    }
```

4）T0 中断函数 Timer0

函数 Timer0 是定时器 T0 的中断服务程序。函数每执行一次，将 TimeCnt 加 1，当定时 5s 时，温度采集控制变量置 1，以便主程序采集一次温度，代码如下：

```
    void Timer0( ) interrupt1
    {
        TR0 = 0;                     //重新赋计数初值
        TH0 = (65536−50000)/256;
        TL0 = (65536−50000)%256;
        TR0 = 1;
        TimeCnt++;
        if( TimeCnt> = 100)
            {
        TimeCnt = 0;                 //定时 5s
        SampleCon = 1;
            }
    }
```

5）模式 0 的处理函数 Process_Ms0

函数 Process_Ms0 是模式 0 的处理函数，主要是对温度进行采集、处理、存储及显示；根据按键值决定是否进行显示切换，流程图如图 4-8-10 所示。

代码如下：

```
    void Process_Ms0( )
    {
        uchar i;
```

```
while( SysMode = = 0)
  {
if( SampleCon = = 1)
  {//采集时间到
  SampleCon = 0;
  Sample_Temp( );          //温度采集及存储
  Disp_Temp( );            //温度显示
  }
  i = Scan_Key( );          //扫描按键
  Process_Key_Ms0(i);      //按键处理
  }
  }
```

6) 模式 1 的处理函数 Process_Ms1

函数 Process_Ms1 是模式 1 的处理函数，主要显示温度曲线图；根据按键值决定是否进行显示切换，或显示下一路温度曲线图，流程图如图 4-8-11 所示。

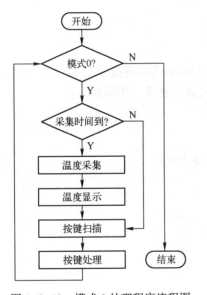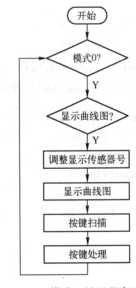

图 4-8-10　模式 0 处理程序流程图　　　图 4-8-11　模式 1 处理程序流程图

代码如下：

```
void Process_Ms1( )
{
uchar i;
while( SysMode = = 1)
  {
    if( DispNextPic = = 1)
    {//是否显示曲线图
    DispNextPic = 0;
    Disp_Pic( );            //显示一路温度曲线图
```

```
        }
   i=Scan_Key();          //扫描按键
   Process_Key_Ms1(i);    //按键处理
        }
    }
```

7）系统初始化函数 Ini_System

函数 Ini_System 用于初始化系统，主要对 DS18B20、LCD 显示器、定时器 T0 等进行初始化，代码如下：

```
   void Ini_System()
   {
   Ini_B20();
   Lcd_Init();
   Ini_Timer0();
     Ini_Ms0();
     EA=1;
   }
```

8）系统主函数 main

函数 main() 是系统主程序，调用 Ini_System 对系统进行初始化，然后不断调用 Process_Ms0()、Process_Ms1() 对两种模式进行处理，代码如下：

```
   void main()
   {
   Ini_System();              //初始化系统
   while(1)
     {
       Process_Ms0();          //处理模式 0
       Process_Ms1();          //处理模式 1
     }
   }
```

4.8.4　设计总结及功能扩展

本设计只是使用 AT89C51 单片机和 DS18B20 等芯片构建一款多点温度巡回检测装置，硬件电路设计中，LCD 显示器电路及存储器电路较复杂。系统采用访问 I/O 端口方式读写 LCD 液晶显示器，因此难点在于生成 LCD 的各种控制信号。存储电路由 4 片 AT24C512 构成，关键是芯片地址的分配及芯片地址引脚的接法。

软件设计难点是 DS18B20 及 LCD 显示器的程序设计。DS18B20 用单总线结构，其读写时序非常严格，必须按照时序图来写相关程序，要注意延时时间。LCD 显示器分左右两个半屏，因此写入时要注意写入哪个屏。由于 LCD 显示器不带字库，因此显示字符时比较复杂。

功能还有待完善，可以增加 DS18B20 的自动搜索功能，以增加温度采集点数目；

可以改用其他存储器芯片，以增大存储温度的时间；可以增加串口通信功能，将采集的温度传给 PC 机进行其他处理。

思考题及习题

1. 单片机与 PC 机有何区别？它的特点是什么？

2. MCS-51 单片机芯片内部包含哪些主要逻辑功能部件？

3. MCS-51 存储器分哪几个地址空间？如何区别不同空间寻址？

4. 简述 MCS-51 片内 RAM 的空间分配。

5. 简述直接位寻址区的空间分配。

6. 片内 RAM 中包含哪些可位寻址单元？

7. MCS-51P0~P3 口结构有何不同？用作通用 I/O 口输入数据时，应注意什么？

8. MCS-51 单片机 EA 引脚有何功能？在使用 8031 时，EA 引脚应如何处理？

9. MCS-51 单片机有哪些信号需要芯片引脚以第二功能方式提供？

10. 片内 RAM 低 128B 单元划分为哪三个主要区域？各区域主要功能是什么？

11. MCS-51 单片机时钟周期与振荡周期之间有什么关系？

12. 一个机器周期时序是如何划分的？

13. 单片机复位有哪几种方法？复位后各寄存器的状态如何？复位对内部 RAM 有何影响？单片机复位后，CPU 使用哪组工作寄存器作为当前工作寄存器？它们的地址是多少？

14. C51 语言有哪些特点？与汇编语言比较有哪些优势？

15. C51 语言有哪些数据类型？它们的取值范围各是多少？

16. C51 语言中的数据和变量可以指定哪些存储器类型？

17. 试举例说明 C51 语言 bit 变量、可位寻址对象和变量指针。

18. 编写延时 10ms 的程序，晶振为 24MHz。

19. MCS-51 单片机内部设有几个定时器/计数器？它们是由哪些特殊功能寄存器组成的？

20. 定时器/ 计数器 T0 和 T1 有几种工作模式？各完成什么功能？

21. 定时器/ 计数器用作定时器时，其定时时间与哪些因素有关？作为计数器时，对外界计数频率有何要求？

22. 利用 T0 方式 0 产生 1ms 的定时，在 P1.0 引脚上输出周期为 2ms 的方波。设单片机振荡频率为 11.059MHz，请编程实现。若方波周期为 1s，该如何实现？

23. 单片机用内部定时方法产生频率为 100kHz 的方波，设其振荡频率为 12MHz，请编程实现。

24. 以定时器/计数器 T1 进行外部事件计数。每计数 1000 个脉冲后，定时器/计数器 T1 转为定时工作方式，定时 10ms 后，再转为计数方式，如此循环不止。设单片机振荡频率为 11.059MHz，请编程实现。

25. 利用 T0 和 P1.0 输出矩形波，高电平宽度为 50μs，低电平宽度为 100μs，振荡频率为 6MHz。

26. 已知单片机的振荡频率为 6MHz，试编写程序，利用定时器 T0 工作在方式 3，使 P1.0 和 P1.1 分别输出周期为 1ms 和 400μs 的方波。

27. 已知单片机的振荡频率为 6MHz，试编写程序，利用定时器 T2 产生 500ms 的延时，在 P1.1 引脚产生周期为 1s 的方波。

28. 什么是中断？什么是中断源？

29. MCS-51 单片机提供了哪几种中断源？在中断管理上有什么特点？各中断源中断优先权的高低是如何排列确定的？

30. MCS-51 单片机响应中断的条件是什么？CPU 响应中断时，不同的中断源，其中断入口地址各是多少？

31. MCS-51 单片机的外部中断有哪两种触发方式？它们对触发脉冲或电平有什么要求？应如何选择和设定？

32. MCS-51 单片机的中断系统中有几个优先级？如何设定？

33. 某 MCS-51 单片机系统定时测量压力、温度，定时用 T0 来实现，压力超限和温度超限报警信号分别由 INT0 和 INT1 输入，中断优先权排列顺序依次为压力超限→温度超限→定时检测，试确定专用寄存器 IE 和 IP 的内容，并编写初始化程序。

34. 计算机的两种通信方式是什么？各有什么特点？

35. 什么是异步串行通信？什么是同步串行通信？各有什么特点？

36. 波特率具体含义是什么？为什么说串行通信的双方波特率必须相同？

37. 试叙述 MCS-51 系列单片机的串行接口结构。

38. MCS-51 单片机串行口的工作方式有几种？各是什么？每种方式的波特率如何计算？

39. 若设 8051 串行口为工作方式 1，允许串行口接收，双机通信，试确定串行口控制寄存器的内容。

40. 若设 8051 串行口为工作方式 1，波特率为 1200bit/s，$f_{osc} = 11.0592$MHz，T1 为初值自动重装工作方式，试确定 T1 的定时时间常数（SMOD=0）。

41. 试叙述利用 SM2 控制位进行多机通信的过程。

42. 分别用中断方式和查询方式编写一段程序，从串行口发送 16 个字节数据。设数据缓冲区的首地址为 40H。

43. 试编写一段程序将 8051 初始化为串行口为工作方式 1，波特率为 2400bit/s，允许串行口中断。设特殊功能寄存器中无关的位为 0，$f_{osc} = 11.0592$MHz。

第 5 章　可编程控制器及其在舰船机械控制中的应用

可编程控制器（Programmable Logic Controller，PLC），是以微处理器为基础的通用工业控制装置，应用面广、功能强大、使用方便，已经广泛地应用在各种机械设备和生产过程的自动控制系统中。目前在舰船辅助机械、电气设备、动力系统等相关的自动控制系统中，PLC 也得到了广泛的应用。本章主要以西门子公司的 S7-200 系列 PLC 为例，介绍 PLC 的组成、工作原理及程序设计方法。

5.1　PLC 概述

5.1.1　PLC 的基本概念

PLC 是在自动控制技术、计算机技术及通信技术的基础上发展起来的一种以微处理器为基础的工业自动控制装置，具有结构简单、性能优越、易于编程、使用方便等优点。PLC 从诞生至今虽然只有近 40 年的历史，但它的发展异常迅猛，其技术和产品日趋先进，代表了当前电气程序控制的最高水平。发展至今，PLC 不仅继续在电气控制领域占据统治地位，在过程控制、机电一体化等领域也得到了广泛应用，特别是当今新型舰船机械装置控制中也大量采用了 PLC。

国际电工委员会（IEC）在 1985 年的 PLC 标准草案第 3 稿中，对 PLC 作了如下定义："可编程序控制器是一种数字运算操作的电子系统，专为在工业环境下应用而设计。它采用可编程序的存储器，用来在其内部存储执行逻辑运算、顺序控制、定时、计数和算术运算等操作的指令，并通过数字式、模拟式的输入和输出，控制各种类型的机械或生产过程。可编程序控制器及其有关设备，都应按易于使工业控制系统形成一个整体，易于扩充其功能的原则设计。"从上述定义可以看出，PLC 是一种用程序来改变控制功能的工业控制计算机，除了能完成各种各样的控制功能外，还有与其他计算机通信联网的功能。

5.1.2　可编程控制器的特点

工业生产中存在多种不同的控制装置，如继电器控制系统、计算机、各种智能控制仪表，PLC 与其他装置相比，具有以下特点。

1. 编程方法简单易学易用

PLC 的编程大多采用类似于继电器控制线路形式的梯形图编程，形象直观，易学易懂。除了梯形图语言之外，PLC 还可以采用其他形式的编程语言，如 STL（语句表）、功能块图（FBD）、顺序功能图（SFC）及高级语言进行编程。

2. 配套齐全、功能完善、适应性强

PLC 产品已经标准化、系列化、模块化，配备有品种齐全的各种硬件装置供用户选用，用户能灵活方便地进行系统配置，组成不同功能、不同规模的系统，用于各种规模的工业控制场合。近年来，PLC 的各种功能模块大量涌现，产品逐渐实现系列标准化，使 PLC 渗透到了位置控制、过程控制、计算机数控等各种工业控制中。加上 PLC 通信能力的增强及人机界面技术的发展，使用 PLC 组成各种控制系统变得非常容易。

3. 功能强，性价比高

一台小型 PLC 内有成百上千个可供用户使用的编程元件，有很强的功能，可以实现非常复杂的控制功能。与相同功能的继电器控制系统相比，具有很高的性价比。PLC 可以通过通信联网，实现分散控制、集中管理。

4. 可靠性高，抗干扰能力强

PLC 用软件代替大量的中间继电器和时间继电器，PLC 外部仅剩下与输入和输出有关的少量硬件元件，接线可减少到继电器控制系统的 1/100～1/10，因触点接触不良造成的故障大大减少。PLC 采取了一系列硬件和软件抗干扰措施，具有很强的抗干扰能力，可以直接用于有强烈干扰的工业生产现场，PLC 已被广大用户公认为最可靠的工业控制设备之一。

5. 系统的设计、安装、调试工作量少

PLC 用软件功能取代了继电器控制系统中大量的中间继电器、时间继电器、计数器等器件，使控制柜的设计、安装、接线工作量大大减少。

PLC 的梯形图程序一般用顺序控制设计法来设计。这种编程方法很有规律，很容易掌握。对于复杂的控制系统，设计梯形图的时间比设计相同功能的继电器控制系统电路图的时间要少得多。

PLC 的用户程序可以在实验室模拟调试，输入信号用小开关来模拟，通过 PLC 上的发光二极管可以观察输出信号的状态。完成了系统的安装和接线后，在现场的统调过程中发现的问题一般通过修改程序就可以解决，系统的调试时间比继电器系统少得多。

6. 具有自诊断功能，维护方便

PLC 具有很强的自诊断能力，能随时检查出自身的故障，并将异常信息显示给操作人员。PLC 或外部的输入装置和执行机构发生故障时，可以根据 PLC 上的发光二极管或编程器提供的信息迅速地查明故障的原因，用更换模块的方法可以迅速地排除故障。

5.1.3　可编程控制器的应用

PLC 已经广泛地应用在很多的工业部门，随着其性价比的不断提高，PLC 的应用范围不断扩大，主要有以下几个方面：

1. 用于数字量控制

PLC 用"与""或""非"等逻辑控制指令来实现触点和电路的串、并联，代替继

电器进行组合逻辑控制、定时控制与顺序逻辑控制。数字量逻辑控制可以用于单台设备，也可以用于自动生产线，其应用领域已遍及各行各业。

2. 用于模拟量控制

模拟量，如电流、电压、温度、压力等，它的大小是连续变化的。PLC 通过模拟量 I/O 模块，实现模拟量和数字量之间的 A/D 转换和 D/A 转换，并对模拟量实行闭环 PID（比例-积分-微分）控制。小型 PLC 用 PID 指令实现 PID 闭环控制。PID 闭环控制功能已经广泛地应用于工业过程控制，同时新型舰船上一些模拟量的闭环控制也采用 PLC。

3. 用于运动控制

PLC 使用专用的运动控制模块，对直线运动或圆周运动的位置、速度和加速度进行控制，可以实现单轴、双轴、三轴和多轴位置控制，使运动控制与顺序控制有机地结合在一起。PLC 的运动控制功能广泛地用于各种机械，如各种机床、装配机械、机器人、电梯等场合。

4. 用于数据处理

现代的 PLC 具有数学运算（包括整数运算、浮点数运算、函数运算、字逻辑运算，以及求反、求补、循环和移位等）、数据传送、转换、排序和查表、位操作等功能，可以完成数据的采集、分析和处理。PLC 也可与计算机通信，由计算机读出 PLC 采集的数据，并由计算机再对这些数据进行处理。

5. 用于通信联网

PLC 的通信包括主机与远程 I/O 之间的通信、多台 PLC 之间的通信、PLC 与其他智能控制设备（如计算机、变频器、数控装置）之间的通信。PLC 与其他智能控制设备一起，可以组成"集中管理、分散控制"的分布式控制系统。

5.2　PLC 的组成与工作原理

可编程控制器的种类很多，目前在舰船机械控制方面应用最多的是西门子公司的 S7 系列 PLC，所以本书主要针对 S7-200 系列进行学习。S7 系列包括 S7-200、S7-300、S7-400。S7-200 针对低性能要求的小型 PLC，S7-300 针对中型 PLC，S7-400 针对大型 PLC。

5.2.1　PLC 的结构类型

根据硬件结构形式的不同，可以将 PLC 分为整体式和模块式两种结构形式。

1. 整体式结构

小型 PLC 一般采用整体式结构。整体式 PLC 将 CPU、存储器单元、I/O 单元、外部设备接口单元和电源装在一个机箱内，形成一个整体，S7-200 系列 PLC 称为 CPU 模块，如图 5-2-1 所示。S7-200 系列 PLC 提供多种具有不同 I/O 点数的 CPU 模块和数字量、模拟量 I/O 扩展模块供用户选用，CPU 模块和扩展模块用扁平电缆连接。

图 5-2-1　S7-200CPU 模块的外形图

2. 模块式结构

大中型 PLC 一般采用模块式结构，图 5-2-2 是西门子的 S7-400 系列 PLC，它由

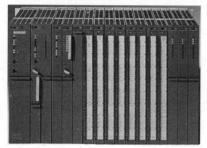

图 5-2-2　S7-400 PLC

机架和模块组成。模块插在模块插座上，后者焊在机架中的总线连接板上，有不同槽数的机架供用户选用，如果一个机架容纳不下选用的模块，可以增设一个或数个扩展机架，各机架之间用接口模块和电缆相连。

用户可以选用不同档次的 CPU 模块、品种繁多的 I/O 模块和特殊功能模块，对硬件配置的选择余地较大，维修时更换模块也很方便。

S7-200 PLC 属于整体式 PLC，硬件主要由 CPU、存储器、输入接口、输出接口、通信接口、扩展接口、电源等部分组成，如图 5-2-3 所示。S7-200 PLC 还配备有许多专用的特殊功能模块，如模拟量输入/输出模块、热电偶模块、热电阻模块、位置控制模块和通信模块等，使 PLC 的功能得到扩展。

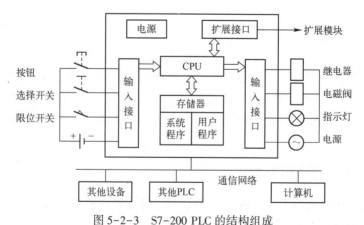

图 5-2-3　S7-200 PLC 的结构组成

5.2.2　CPU 模块

1. CPU 模块简介

S7-200 系列 PLC 主机的型号和规格较多，可以适应不同需求的控制场合，随着控

制系统规模和功能的增加，一个 CPU 模块满足不了需求时，还可以通过扩展 I/O 连接端口进行扩展，以提升 PLC 的控制能力和通信能力。目前，该系列中主流的主机模块有 CPU221、CPU222、CPU224/CPU224XP/CPU224XPsi、CPU226 等 6 种模块。CPU221 无扩展功能，适用于小点数的微型控制器。CPU222 有扩展功能，CPU224 是具有较强控制功能的控制器。CPU224XP 集成有两路模拟量输入（10bit，±DC10V），一路模拟量输出（10bit，DC0~10V 或 0~20mA），有两个 RS-485 通信口，高速脉冲输出频率提高到 100kHz，高速计数器频率提高到 200kHz，有 PID 自整定功能。这种新型 CPU 增强了 S7-200 在运动控制、过程控制、位置控制、数据监视和采集（远程终端应用）及通信方面的功能。CPU226 适用于复杂的中小型控制系统，可扩展到 248 点数字量和 44 路模拟量，有两个 RS-485 通信接口。S7-200 系列产品指令丰富、速度快，具有较强的通信能力，CPU 模块的技术指标如表 5-2-1 所示。

表 5-2-1　S7-200 系列 PLC 主要性能指标

特　　性	CPU221	CPU222	CPU224	CPU224XP/XPsi	CPU226
本机数字量 I/O 本机模拟量 I/O	6DI/4DO	8DI/6DO	14DI/10DO	14DI/10DO 2AI/1AO	24DI/16DO
扩展模块数量	—	2	7	7	7
最大可扩展数字量点数	—	40DI/38DO	94DI/82DO	94DI/82DO	128DI/120DO
最大可扩展模拟量点数	—	16	44	45	44
用户程序区/KB	4	4	8	12	16
数据存储区/KB	2	2	8	8	10
数据存储区/B	2048	2048	8192	10240	10240
高速计数器 单相高速计数器 双相高速计数器	4 路 4 路 30kHz 2 路 20kHz		6 路 6 路 30kHz 4 路 20kHz	6 路 4 路 30kHz 2 路 200kHz 3 路 20kHz 1 路 100kHz	6 路 6 路 30kHz 4 路 20kHz
高速脉冲输出	2 路 20kHz		2 路 20kHz	2 路 100kHz	2 路 20kHz
RS-485 通信口个数/个	1	1	1	2	2

2. CPU 模块中的存储器

S7-200 系列 PLC 使用以下几种物理存储器：

1）随机存取存储器（RAM）

RAM 中的内容可以读出，也可以写入，因此 RAM 又称读/写存储器。它是易失性的存储器，它的电源中断后，储存的信息将会丢失。RAM 的工作速度高、价格便宜、改写方便，S7-200 系列 PLC 通过可选的插入式电池盒可延长 RAM 中的数据存储时间。

2）只读存储器（ROM）

ROM 的内容只能读出，不能写入。它是非易失性的，电源消失后，仍能保存储存的内容。ROM 用来存放 PLC 的系统程序。系统程序相当于个人计算机的操作系统，它使 PLC 具有基本的智能，能够完成 PLC 设计者规定的各种工作。

3）可以电擦除可编程的只读存储器（EEPROM）

EEPROM 是非易失性的，可以用编程装置对它编程，兼有 ROM 的非易失性和

RAM 的随机存取优点，但是写入数据所需的时间比 RAM 长得多。S7-200 系列 PLC 用 EEPROM 来存储用户程序和需长期保存的重要数据，通过选配 EEPROM 卡可扩展 PLC 的存储量。

5.2.3　PLC 的扩展模块

S7-200CPU 为了扩展 I/O 点和执行特殊的功能，可以连接扩展模块，扩展模块主要有数字量 I/O 模块、模拟量 I/O 模块、通信模块、特殊功能模块。

1. 数字量 I/O 模块

1）输入模块

输入电路有直流输入电路和交流输入电路。图 5-2-4 是 S7-200 的直流输入模块的内部电路和外部接线图，图中只代表性地画出了一路输入电路。电路设有 RC 滤波电路，以防止由于输入触点抖动或外部干扰脉冲引起错误的输入信号。S7-200 的输入滤波电路的延迟时间可以用编程软件中的系统块设置。1M 是同一组输入点各内部输入电路的公共点。S7-200 可以用 CPU 模块内部的 DC24V 电源作为输入回路的电源。当图 5-2-4 中的外接触点接通时，光耦合器中两个反并联的发光二极管中的一个亮，光敏三极管饱和导通；外接触点断开时，光耦合器中的发光二极管熄灭，光敏三极管截止，信号经内部电路传送给 CPU 模块。显然，可以改变图 5-2-4 中输入回路的电源极性。各 I/O 点的通/断状态用发光二极管（LED）显示。

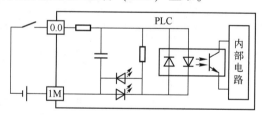

图 5-2-4　直流输入电路

图 5-2-5 是 S7-200 的交流输入模块的内部电路和外部接线图，交流输入电路工作原理与直流输入电路类似。

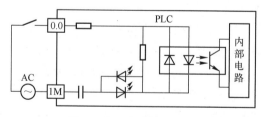

图 5-2-5　交流输入电路

交流输入方式适合在有油雾、粉尘的恶劣环境下使用。S7-200 有 AC120V/230V 输入模块。直流输入电路的延迟时间较短，可以直接与接近开关、光电开关等电子输入装置连接。

2）输出模块

S7-200 的数字量输出电路分为继电器输出、场效应晶体管输出和晶闸管输出三种。

图 5-2-6 是继电器输出电路，继电器同时起隔离和功率放大作用，每一路只给用户提供一对常开触点。与触点并联的 RC 电路和压敏电阻用来消除触点断开时产生的电弧。

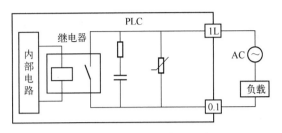

图 5-2-6　继电器输出电路

图 5-2-7 是使用场效应晶体管（MOSFET）的输出电路。输出信号送给内部电路中的输出锁存器，再经光耦合器送给场效应晶体管，后者的饱和导通状态和截止状态相当于触点的接通和断开。图中的稳压管用来抑制关断过电压和外部的浪涌电压，以保护场效应晶体管，场效应晶体管输出电路的工作频率为 20~100kHz。

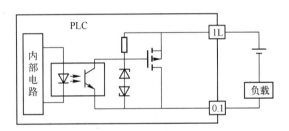

图 5-2-7　场效应晶体管输出电路

图 5-2-8 是三端双向晶闸管输出电路。输出信号通过光耦合晶闸管触发器来触发三端双向晶闸管。S7-200 使用的光耦合晶闸管触发器是零交叉导通类型，即光耦 LED 点亮同时线路电压非常接近零交叉点的时候才会使三端双向晶闸管导通。

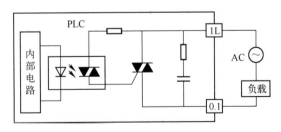

图 5-2-8　三端双向晶闸管输出电路

继电器输出模块既可用于直流负载也可用于交流负载。它的使用电压范围广，导通压降小，承受瞬时过电压和过电流的能力较强，但是动作速度较慢，寿命（动作次数）有一定的限制。场效应晶体管型输出模块用于直流负载，它的反应速度快、寿命长，过载能力稍差。三端双向晶闸管输出模块用于交流负载，它的反应速度快、寿命长，驱动能力要比继电器小但比场效应晶体管大。

2. 模拟量I/O模块

在工业控制中，某些输入量（如压力、温度、流量、转速等）是模拟量，某些执行机构（如电动调节阀和变频器等）要求 PLC 输出模拟量信号。模拟量首先被传感器和变送器转换为标准量程的电流或电压，如 4~20mA，1~5V，0~10V，PLC 用 A/D 转换器将它们转换成数字量。带正负号的电流或电压在 A/D 转换后用二进制补码表示。D/A 转换器将 PLC 中的数字量转换为模拟量电压或电流，再去控制执行机构。模拟量I/O 模块的主要任务就是实现 A/D 转换（模拟量输入）和 D/A 转换（模拟量输出）。

S7-200 相应的模拟量 I/O 模块有模拟量输入模块 EM231、模拟量输出模块 EM232 和模拟量输入/输出混合模块 EM235。

1）模拟量输入模块

模拟量输入模块有多种量程，如 DC0~10V、0~5V、0~20mA、±2.5V 和±5V，可以用模块上的 DIP 开关来设置。模拟量输入模块的分辨率为 12 位，单极性全量程输入范围对应的数字量为 0~32000。双极性全量程输入范围对应得数字量为 -32000~+32000。电压输入时输入阻抗 ≥10MΩ，电流输入时输入电阻为 250Ω。A/D 转换时间小于 25μs，模拟量输入的阶跃响应时间为 1.5ms（达到稳态值的 95% 时）。

模拟量转换为数字量的 12 位读数是左对齐的，图 5-2-9 中的 MSB 和 LSB 分别是最高有效位和最低有效位。最高有效位是符号位，0 表示正值，1 表示负值。在单极性格式中，最低位是 3 个连续的 0，相当于 A/D 转换值被乘以 8。在双极性格式中，最低位是 4 个连续的 0，相当于 A/D 转换值被乘以 16。

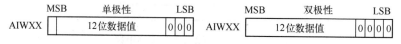

图 5-2-9　模拟量输入数据字的格式

将模拟量输入模块的输出值转换为实际的物理量时应考虑变送器的输入/输出量程和模拟量输入模块的量程，找出被测物理量与 A/D 转换后的数字值之间的比例关系。

例 5.1　量程为 0~10MPa 的压力变送器的输出信号为 DC4~20mA，模拟量输入模块将 0~20mA 转换为 0~32000 的数字量，设转换后得到的数字为 N，试求以 kPa 为单位的压力值。

解： 4~20mA 的模拟量对应于数字量 6400~32000，即 0~1000kPa 对应于数字量 6400~32000，压力的计算公式应为

$$p = \left[\frac{(10000-0)}{(32000-6400)}(N-6400)\right]\text{kPa} = \frac{100}{256}(N-6400)\,\text{kPa}$$

2）模拟量输出模块

模拟量输出模块量程有 ±10V 和 0~20mA 两种，对应的数字量分别为 -32000~+32000 和 0~32000（见图 5-2-10）。满量程时电压输出和电流输出的分辨率分别为 12 位和 11 位。电压输出和电流输出的稳定时间分别为 100μs 和 2ms。最大驱动能力如下：电压输出时负载电阻最小 5kΩ；电流输出时负载电阻最大 500Ω。

模拟量输出数据字是左对齐的，最高有效位是符号位，0 表示正值。最低位是 4 个

连续的 0，在将数据字装载到 DAC 寄存器之前，低位的 4 个 0 被截断，不会影响输出信号值。

图 5-2-10　模拟量输出数据字的格式

3）温度测量模块

温度测量模块是模拟量模块的特殊形式，可以直接连接 TC（热电偶）和 RTD（热电阻）以测量温度。它们各自都可以支持多种热电偶和热电阻，使用时只需简单设置就可以直接得到温度数值。S7-200 相应的温度测量模块有 EM231TC 热电偶输入模块、EM231RTD 热电阻输入模块。

4）特殊功能模块

S7-200 还提供了一些特殊功能模块，用以完成特定的任务。例如：通信模块，实现 PLC 之间或者 PLC 与上位机之间的多种协议的通信；定位控制模块，它能产生脉冲串，通过驱动装置带动步进电机或伺服电机进行速度和位置的开环控制。每个模块可以控制一台电机。

5.2.4　PLC 的工作原理

PLC 是一种专用的工业控制计算机，因此，其工作原理建立在计算机控制系统工作原理的基础上。但为了可靠地应用于工业环境，便于现场电气技术人员的使用和维护，PLC 有大量的接口器件、特定的监控软件、专用的编程器件。所以，不但其外观不像计算机，它的操作使用方法、编程语言及工作过程与计算机控制系统也是有区别的。

1. PLC 的工作过程

S7-200 PLC 的基本功能就是监视现场的输入信号，根据用户程序中编制的控制逻辑进行运算，把运算结果作为输出信号去控制现场设备的运行。这个过程实质上是按顺序循环扫描的过程实现的。

当 PLC 启动后，先进行初始化操作，包括对工作内存的初始化、复位所有的定时器、将输入/输出继电器清零，检查 I/O 单元连接是否完好，如有异常则发出报警信号。初始化之后，PLC 就进入周期性扫描过程。扫描过程分为 5 个阶段。

（1）读输入。在读输入阶段，PLC 扫描所有的输入端子，按顺序把所有外部数字量输入端的信号状态（0 或 1）读入输入映像寄存器。这个过程称为对输入信号的采样，或称为输入刷新阶段。在程序执行期间即使输入端状态发生变化，输入映像寄存器的内容也不会发生改变，而这些变化必须等到下一个工作周期的输入刷新阶段才能被读入。

（2）执行用户程序。执行用户程序阶段，对于常用的梯形图程序来说就是按从上到下、从左到右的顺序，依次执行各个程序指令。在执行指令时，从输入、输出映像寄存器或别的元件映像寄存器读出元件状态，并根据指令的要求执行相应的逻辑运算，运算的结果写入相应的映像寄存器中，因此，各映像寄存器（输入映像寄存器除外）

的内容随着程序的执行而变化。

（3）通信处理。在处理通信请求阶段，CPU 自动监测并处理各种通信接口接收到的任何信息，即检查是否有计算机或上位 PLC 等通信请求，若有则进行响应处理，完成数据通信任务。

（4）自诊断。自诊断包括定期检查 CPU 模块的操作和扩展模块的状态是否正常，将监控定时器复位，以及完成一些别的内部工作。

（5）写输出。CPU 执行完用户程序后，将输出过程映像寄存器的状态送到输出锁存电路，并通过一定输出方式输出，驱动外部负载，这就形成了 PLC 的实际输出。

下面通过电机起停控制电路实例进一步说明 PLC 的工作过程，电机起停控制电路如图 5-2-11 所示。

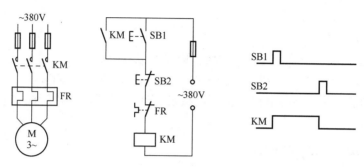

图 5-2-11　电机起停主电路、控制电路和波形图

按下起动按钮 SB1，它的常开触点接通，电流经过 SB1 的常开触点和停止按钮 SB2 的常闭触点，流过交流接触器 KM 的线圈，接触器的衔铁被吸合，使主电路中 KM 的三对常开触点闭合，异步电动机 M 的三相电源接通，电动机开始运行，控制电路中接触器 KM 的辅助常开触点同时接通。放开起动按钮后，SB1 的常开触点断开，电流经 KM 的辅助常开触点和 SB2 的常闭触点流过 KM 的线圈，电动机继续运行。KM 的辅助常开触点实现的这种功能称为"自锁"或"自保持"，它使继电器电路具有类似于 R-S 触发器的记忆功能。

在电动机运行时按下停止按钮 SB2，它的常闭触点断开，使 KM 的线圈失电，KM 的主触点断开，异步电动机的三相电源被切断，电动机停止运行，同时控制电路中 KM 的辅助常开触点断开。当停止按钮 SB2 被放开，其常闭触点闭合后，KM 的线圈仍然失电，电动机继续保持停止运行状态。图 5-2-11 给出了有关信号的波形图，图中用高电平表示 1 状态（线圈通电、按钮被按下），用低电平表示 0 状态（线圈断电、按钮被放开）。图中的热继电器 FR 用于过载保护，电动机过载时，经过一段时间后，FR 的常闭触点断开，使 KM 的线圈断电，电动机停转。

采用图 5-2-12 所示的 PLC 控制系统可以替代图 5-2-11 中的继电器控制电路。起动按钮 SB1 和停止按钮 SB2 的常开触点分别接在编号为 0.1 和 0.2 的输入端，接触器 KM 的线圈接在编号为 0.0 的输出端。如果热继电器 FR 动作（其常闭触点断开）后需要手动复位，可以将 FR 的常闭触点与接触器 KM 的线圈串联，这样可以少用一个 PLC 的输入点。

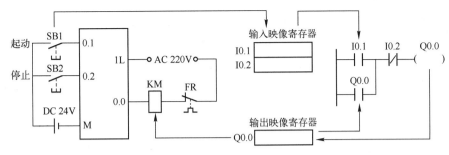

图 5-2-12　PLC 外部接线图与梯形图

图 5-2-12 梯形图中的 I0.1 与 I0.2 是输入变量，Q0.0 是输出变量，它们都是梯形图中的编程元件。I0.1 与接在输入端子 0.1 上的 SB1 的常开触点和输入映像寄存器 I0.1 相对应，I0.2 与接在输入端子 0.2 上的 SB2 的常开触点和输入映像寄存器 I0.2 相对应，Q0.0 与接在输出端子 0.0 上的 PLC 内的输出电路和输出映像寄存器 Q0.0 相对应。

在读输入阶段，CPU 将 SB1 和 SB2 的常开触点的接通/断开状态读入相应的输入映像寄存器，外部触点接通时将二进制数 1 存入寄存器，反之存入 0。

执行第一条指令时，从输入映像寄存器 I0.1 中取出二进制数，并存入堆栈的栈顶，堆栈是存储器中的一片特殊的区域。

执行第二条指令时，从输出过程映像寄存器 Q0.0 中取出二进制数（在初始化阶段该点被清零），并与栈顶中的二进制数相"或"，运算结果存入栈顶。运算结束后只保留运算结果，不保留参与运算的数据。

执行第三条指令时，因为是常闭触点，取出输入映像寄存器 I0.2 中的二进制数后，将它取反，取反后与前面的运算结果相"与"（电路的串联对应"与"运算），然后存入栈顶。

执行第四条指令时，将栈顶中的二进制数传送到 Q0.0 的输出映像寄存器。

在写输出阶段，CPU 将各输出映像寄存器中的二进制数传送给输出模块并锁存起来，如果输出过程映像寄存器 Q0.0 中存放的是二进制数 1，外接的 KM 线圈将通电，反之将断电。起动、停止过程都按上述过程分析。

2. PLC 的信号处理规则

（1）输入映像寄存器中的数据，是在输入采样阶段扫描到的输入信号的状态，在本次扫描周期中，它不随外部输入信号的变化而变化。

（2）输出映像寄存器的状态，是由用户程序中输出指令的执行结果来决定的。

（3）输出锁存器中的数据是在输出刷新阶段，从输出映像寄存器中写进去的，输出端子的输出状态是由输出锁存器中的数据确定的。

3. PLC 的工作模式

S7-200 PLC 有 3 种工作模式，即运行（RUN）模式、暂停（STOP）模式和条件运行（TERM）模式。

1）运行模式

PLC 置于运行模式时，不能向 PLC 写入程序。加电后，PLC 自动运行，反复执行反映控制要求的用户程序来实现控制功能直至 PLC 停机或切换至其他工作状态。PLC 处于运行（RUN）模式时，共完成 PLC 一个工作过程的 5 个阶段的操作。

2）暂停模式

在暂停模式，CPU 不执行用户程序，仍将进行通信处理、自诊断两阶段内容。此模式可以用编程软件创建和编辑用户程序，设置 PLC 的硬件功能，并将用户程序和硬件设置信息下载到 PLC。

3）条件运行模式

在此模式下，PLC 上的工作模式（运行模式或暂停模式）可由编程软件通过通信方式来改变，此种模式多数用于联网的 PLC 网络或现场调试时使用。

4. 扫描周期和响应时间

PLC 在运行状态，执行一次扫描操作（5 个阶段的工作过程）所需的时间称为扫描周期，它是 PLC 的重要指标之一，其典型值为 0.5~100ms。扫描周期的长短主要取决于以下几个因素：CPU 执行指令的速度；执行每条指令占用的时间；程序中指令条数的多少。一般来说，一个扫描过程中，自诊断时间、通信时间、输入采样和输出刷新所占时间较少，执行指令的时间占了绝大部分。

PLC 的系统响应时间，是指 PLC 的外部输入信号发生变化的时刻至它控制的有关外部输出信号发生变化的时刻之间的时间间隔，它由输入电路滤波时间、输出电路滞后时间和因扫描工作方式产生的滞后时间三部分组成。

数字量输入点的数字滤波器用来滤除由输入端引入的干扰噪声，消除因外接输入触点动作时产生的抖动引起的不良影响，CPU 模块集成的输入点的输入滤波器延迟时间可以用系统块来设置。

输出模块的滞后时间与模块的类型有关，继电器型输出电路的滞后时间一般在 10ms 左右，场效应晶体管型输出电路的滞后时间最短为微秒级，最长的约为 100μs。

PLC 总的响应延迟时间一般只有几毫秒至几十毫秒，对于一般的工业控制要求，这种滞后现象是允许的。对要求输入/输出滞后时间尽量短的系统，可以选用扫描速度快的 PLC 或采取其他措施。

5.2.5　I/O 模块地址分配

PLC 系统配置时，要对各类输入、输出模块的输入、输出端子进行编制地址。S7-200CPU 有一定数量的本机 I/O，本机 I/O 有固定的地址。可以用扩展 I/O 模块来增加 I/O 点数，扩展模块安装在 CPU 模块的右边。I/O 模块分为数字量输入、数字量输出、模拟量输入和模拟量输出 4 类。CPU 分配给数字量 I/O 模块的地址以字节为单位，一个字节由 8 个数字量 I/O 点组成。扩展模块 I/O 点的字节地址由 I/O 的类型和模块在同类 I/O 模块链中的位置来决定。以图 5-2-13 中的数字量输出为例，分配给 CPU 模块的字节地址为 QB0 和 QB1，分配给 0 号扩展模块的字节地址为 QB2，分配给 3 号扩展模块的字节地址为 QB3 等。

某个模块的数字量 I/O 点，如果不是 8 的整倍数，最后一个字节中未用的位（图 5-2-13 中的 I1.6 和 I1.7）不会分配给 I/O 链中的后续模块。输出模块一个字节中未用的位可以用作内部存储器标志位。输入模块在每次更新输入时都将输入字节中未用的位清零，因此不能将它们用作内部存储器标志位。模拟量扩展模块以 2 点（4 字节）递增的方式来分配地址，所以图 5-2-13 中 2 号扩展模块的模拟量输出的地址应为 AQW4。虽然未用 AQW2，它也不能分配给 2 号扩展模块使用。

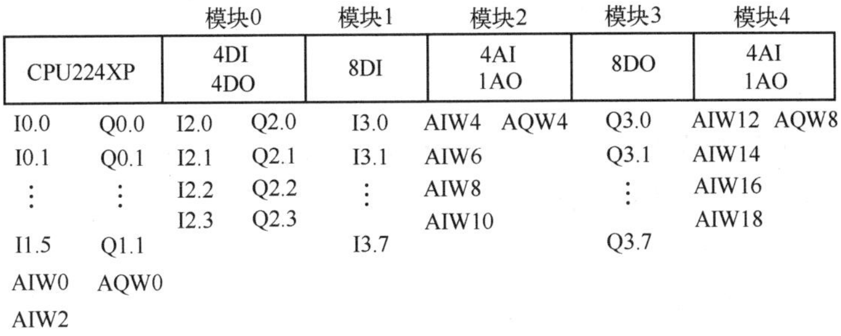

		模块0		模块1	模块2		模块3	模块4	
CPU224XP		4DI 4DO		8DI	4AI 1AO		8DO	4AI 1AO	
I0.0	Q0.0	I2.0	Q2.0	I3.0	AIW4	AQW4	Q3.0	AIW12	AQW8
I0.1	Q0.1	I2.1	Q2.1	I3.1	AIW6		Q3.1	AIW14	
⋮	⋮	I2.2	Q2.2	⋮	AIW8		⋮	AIW16	
		I2.3	Q2.3		AIW10			AIW18	
I1.5	Q1.1			I3.7			Q3.7		
AIW0	AQW0								
AIW2									

图 5-2-13　CPU224XP 的 I/O 地址分配举例

5.3　PLC 程序设计基础

5.3.1　PLC 的编程语言与程序结构

1. PLC 编程语言的国际标准

与个人计算机相比，PLC 的硬件、软件的体系结构都是封闭的而不是开放的。各厂家的 PLC 的编程语言和指令系统的功能及表达方式也不一致，有的甚至有相当大的差异，因此各厂家的 PLC 互不兼容。国际电工委员会（IEC）是为电子技术的所有领域制定全球标准的世界性组织。IEC 于 1994 年 5 月公布了 PLC 标准（IEC61131），它由以下 5 部分组成：通用信息、设备与测试要求、编程语言、用户指南和通信。其中的第三部分（IEC61131-3）是 PLC 的编程语言标准。IEC61131-3 是世界上第一个，也是至今为止唯一的工业控制系统的编程语言标准。

目前已有越来越多的 PLC 生产厂家提供符合 IEC61131-3 标准的产品，IEC61131-3 已经成为 DCS（集散控制系统）、IPC（工业控制计算机）、PAC（可编程计算机控制器）、FCS（现场总线控制系统）、SCADA（数据采集与监视控制）和运动控制系统事实上的软件标准。

IEC61131-3 详细地说明了句法、语义和下述 5 种编程语言（见图 5-3-1）：

（1）顺序功能图（Sequential Function Chart，SFC）。

（2）梯形图（Ladder Diagram，LD）。

（3）功能块图（Function Block Diagram，FBD）。

（4）指令表（Instruction List，IL）。

（5）结构文本（Structured Text，ST）。

标准中有两种图形语言——梯形图和功能块图，还有两种文字语言——指令表和结构文本。可以认为顺序功能图是一种结构块控制程序流程图。

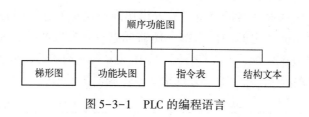

图 5-3-1　PLC 的编程语言

1）顺序功能图

这是一种位于其他编程语言之上的图形语言，用来编制顺序控制程序。顺序功能图提供了一种组织程序的图形方法，步、转换和动作是顺序功能图中的主要元件。

2）梯形图

梯形图是使用得最多的 PLC 图形编程语言。梯形图与继电器控制系统的电路图相似，具有直观易懂的优点，很容易被工厂熟悉继电器控制的技术人员掌握，特别适用于数字量逻辑控制。梯形图由触点、线圈和用方框表示的功能块组成。触点代表逻辑输入条件，如外部的开关、按钮和内部条件等。线圈通常代表逻辑输出结果，用来控制外部的指示灯、交流接触器和内部的输出条件等。功能块用来表示定时器、I/O 数器或者数学运算等指令。

3）功能块图

这是一种类似于数字逻辑电路的编程语言，有数字电路基础的人很容易掌握。该编程语言用类似与门、或门的方框来表示逻辑运算关系，方框的左侧为逻辑运算的输入变量，右侧为输出变量。国内很少有人使用功能图语言。

4）语句表

S7 系列 PLC 将指令表称为语句表。PLC 的指令是一种与微机的汇编语言中的指令相似的助记符表达式，由指令组成指令表程序或语句表程序。

语句表比较适合熟悉 PLC 和程序设计的经验丰富的程序员使用。

5）结构文本

结构文本是为 IEC61131-3 标准创建的一种专用的高级编程语言。与梯形图相比，它能实现复杂的数学运算，编写的程序非常简洁和紧凑。

6）SIMATIC 指令集与 IEC61131-3 指令集

STEP7-Micro/WIN 编程软件提供了 SIMATIC 指令集与 IEC61131-3 指令集两种指令集，前者由西门子公司提供，它的某些指令不是 IEC61131-3 中的标准指令。通常 SIMATIC 指令的执行时间短，可以使用梯形图、功能块图和语句表语言，而 IEC61131-3 指令集只提供前两种语言。

2. S7-200 的程序结构

S7-200 的控制程序由主程序、子程序和中断程序组成。

1）主程序

主程序是程序的主体，每一个项目都必须并且只能有一个主程序。在主程序中可以调用子程序和中断程序。

主程序通过指令控制整个应用程序的执行，每个扫描周期都要执行一次主程序。

STEP7-Micro/WIN 的程序编辑器窗口下部的标签用来选择不同的程序。因为各个程序都存放在独立的程序块中，各程序结束时不需要加入无条件结束指令或无条件返回指令。

2）子程序

子程序是可选的，仅在被其他程序调用时执行。同一个子程序可以在不同的地方被多次调用。使用子程序可以简化程序代码和减少扫描时间。设计得好的子程序容易移植到别的项目中去。

3）中断程序

中断程序用来及时处理与用户程序的执行时序无关的操作，或者不能事先预测何时发生的中断事件。中断程序不是由用户程序调用，而是在中断事件发生时由操作系统调用。中断程序是用户编写的。因为不能预知何时会出现中断事件，所以不允许中断程序改写可能在其他程序中使用的存储器。

5.3.2　存储器的数据类型与寻址方式

1. 数据在存储器中存取的方式

所有的数据在 PLC 中都是以二进制形式表示的，数据的长度和表示方式称为数据格式。S7-200 的指令对数据格式有一定的要求，指令与数据之间的格式一致才能正常工作。

1）位数据

位数据指二进制数的 1 位（bit），只有 0 和 1 这两种不同的取值，可以用来表示开关量（或称数字量）的两种不同的状态。位数据的数据类型为 BOOL（布尔）型。

S7-200 的位存储单元的地址由字节地址和位地址组成，如 I3.2（见图 5-3-2），其中的区域标识符 I 表示输入（Input），字节地址为 3，位地址为 2。这种存取方式称为"字节.位"寻址方式。

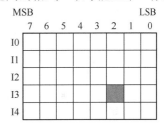

图 5-3-2　位数据的存放

2）多位二进制数

可以用多位二进制数来表示数字，二进制数遵循逢 2 进 1 的运算规则，每一位都有一个固定的权值，从右往左的第 n 位（最低位为第 0 位）的权值为 2^n，第 3 位至第 0 位的权值分别为 8、4、2、1，所以二进制数又称为 8421 码。S7-200 用 2# 来表示二进制常数，如 2#11011010。

3）十六进制数

多位二进制数读写起来很不方便，为了解决这个问题，可以用十六进制数来表示多位二进制数。十六进制数使用 16 个数字符号，即 0~9 和 A~F，A~F 分别对应于十进制数 10~15。可以用数字后面加"H"来表示十六进制常数，如 2FH。S7-200 用数字前面的"16#"来表示十六进制常数。4 位二进制数对应于 1 位十六进制数，如二进制数 2#1010111001110101 可以转换为 16#AE75。表 5-3-1 给出了不同进制的数的表示方法。

表 5-3-1　不同进制的数的表示方法

十进制数	十六进数	二进制数	BCD 码	十进制数	十六进数	二进制数	BCD 码
0	0	00000	00000000	9	9	01001	00001001
1	1	00001	0000001	10	A	01010	00010000
2	2	00010	00000010	11	B	01011	00010001
3	3	00011	00000011	12	C	01100	00010010
4	4	00100	00000100	13	D	01101	00010011
5	5	00101	00000101	14	E	01110	0010100
6	6	00110	00000110	15	F	01111	00010101
7	7	00111	00000111	16	10	10000	00010110
8	8	01000	00001000	17	11	10001	00010111

十六进制数采用逢 16 进 1 的运算规则, 从右往左第 n 位的权值为 16^n。

4) 字节、字与双字

8 位二进制数组成一个字节 (Byte), 其中的第 0 位为最低有效位 (LSB), 第 7 位为最高有效位 (MSB)。输入字节 IB3 (B 是 Byte 的缩写) 由 I3.0～I3.7 这 8 位组成 (见图 5-3-2)。

相邻的两个字节组成一个字, VW100 是由 VB100 和 VB101 组成的一个字 (见图 5-3-3), V 为区域标识符, W 表示字 (Word), 100 为起始字节的地址。注意 VB100 是高位字节。

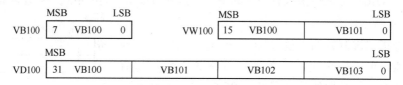

图 5-3-3　对字节、字和双字存取操作的比较

相邻的 4 个字组成一个双字, VD100 是由 VB100～VB103 组成的双字, V 为区域标识符, D 表示双字 (Double word), 100 为起始字节的地址。注意 VB100 是最高位的字节。

5) 负数的表示方法

PLC 一般用二进制补码来表示有符号数, 其最高位为符号位, 最高位为 0 时为正数, 为 1 时为负数, 最大的 16 位正数为 16#7FFF (32767)。正数的补码是它本身, 将正数的补码逐位取反 (0 变为 1, 1 变为 0) 后加 1, 得到绝对值与它相同的负数的补码。将负数的补码的各位取反后加 1, 得到它的绝对值。例如十进制正整数 35 对应的二进制补码为 2#00100011, 十进制数 -35 对应的二进制数补码为 2#11011101。不同数据的取值范围见表 5-3-2。

表 5-3-2　数据的位数与取值范围

数据的位数	无符号整数		有符号整数	
	十进制	十六进制	十进制	十六进制
B (字节), 8 位值	0～255	0～FF	-128～127	80～7F
W (字节), 16 位值	0～65535	0～FFFF	-32768～32767	8000～7FFF
D (双字), 32 位值	0～4294967295	0～FFFFFFFF	-2147483648～2147483647	80000000～7FFFFFFF

6）BCD 码

BCD 是 Binary Coded Decimal Numbers（二进制编码的十进制数）的缩写。BCD 码用 4 位二进制数的组合来表示 1 位十进制数。例如十进制数 23 对应的 BCD 码为 16#23，或 2#00100011，而十六进制数 16#23（2#00100011）对应的十进制数为 35。BCD 码常用于输入/输出设备，例如拨码开关输入的是 BCD 码，送给七段显示器的数字也是 BCD 码。

2. CPU 的存储区

1）输入映像寄存器 I

在每个扫描周期的开始，CPU 对物理输入点进行采样，并将采样值存于输入映像寄存器中。

输入映像寄存器是 PLC 接收外部输入的数字量信号的窗口。PLC 通过光耦合器，将外部信号的状态读入并存储在输入映像寄存器中，外部输入电路接通时对应的映像寄存器为 ON（1 状态），反之为 OFF（0 状态）。输入端可以外接常开触点或常闭触点，也可以接多个触点组成的串、并联电路。在梯形图中，可以多次使用输入位的常开触点和常闭触点。

2）输出映像寄存器 Q

在扫描周期的末尾，CPU 将输出映像寄存器的数据传送给输出模块，再由后者驱动外部负载。如果梯形图中 Q0.0 的线圈"通电"，继电器型输出模块中对应的硬件继电器的常开触点闭合，使接在标号为 0.0 的端子的外部负载通电，反之则外部负载断电。输出模块中的每一个硬件继电器仅有一对常开触点，但是在梯形图中，每一个输出位的常开触点和常闭触点都可以多次使用。

3）变量存储区 V

变量存储器用来在程序执行过程中存放中间结果，或者用来保存与工序或任务有关的其他数据。

I、Q、V、M、S、SM、L 均可按位、字节、字和双字来存取数据。

4）位存储区 M

位存储器（M0.0~M31.7）类似于继电器控制系统中的中间继电器，用来存储中间操作状态或其他控制信息。虽然名为"位存储器区"，但是也可以按字节、字或双字来存取。

有些编程人员习惯于用 M 区作为中间地址，但是 S7-200 的 M 区只有 32 个字节，如果不够用，可以用 V 存储区来代替 M 存储区。

5）定时器存储区 T

定时器相当于继电器系统中的时间继电器。S7-200 有三种定时器，它们的时间基准分别为 1ms、10ms 和 100ms。定时器的当前值寄存器是 16 位有符号整数，用于存储定时器累计的时间基准增量值（1~32767）。定时器位用来描述定时器的延时动作触点的状态。定时器位为 1 时，梯形图中对应的定时器的常开触点闭合，常闭触点断开；定时器位为 0 时，则触点的状态相反。

6）计数器存储区 C

计数器用来累计其计数输入脉冲电平由低到高的次数，CPU 提供加计数器、减计数器和加减计数器。计数器的当前值为 16 位有符号整数，用来存放累计的脉冲数（1~32767）。

7）高速计数器 HC

高速计数器用来累计比 CPU 的扫描速率更快的事件，计数过程与扫描周期无关。其当前值和设定值为 32 位有符号整数，当前值为只读数据。高速计数器的地址由区域标识符和高速计数器号组成，如 HC2。

8）累加器 AC

累加器是可以像存储器那样使用的读/写单元，例如可以用它向子程序传递参数，或从子程序返回参数，以及用来存放的中间值。CPU 提供了 4 个 32 位累加器（AC0~AC3），可以按字节、字和双字来存取累加器中的数据。按字节、字只能存取累加器的低 8 位或低 16 位，按双字存取全部的 32 位，存取的数据长度由所用的指令决定。

9）特殊存储器 SM

特殊存储器用于 CPU 与用户之间交换信息，如 SM0.0 一直为 1 状态，SM0.1 仅在执行用户程序的第一个扫描周期为 1 状态。SM0.4 和 SM0.5 分别提供周期为 1min 和 1s 的时钟脉冲。SM1.0、SM1.1 和 SM1.2 分别是零标志、溢出标志和负数标志。

10）局部存储器 L

S7-200 有 64 个字节的局部存储器，其中 60 个可以作为暂时存储器，或者给子程序传递参数。如果用梯形图编程，编程软件保留局部存储器的后 4 个字节。如果用语句表编程，可以使用所有的 64 个字节，但是建议不要使用最后 4 个字节。

主程序、子程序和中断程序简称为程序组织单元（Program Organizational Unit, POU），各 POU 都有自己的局部变量表，局部变量仅仅在它被创建的 POU 中有效。变量存储器（V）是全局存储器，可以被所有的 POU 存取。

S7-200 给主程序和中断程序各分配 64 字节局部存储器，给每一级子程序嵌套分配 64 字节局部存储器，各程序不能访问别的程序的局部存储器。

11）模拟量输入 AI

S7-200 将现实世界连续变化的模拟量（如温度、压力、电流、电压等）用 A/D 转换器转换为一个字长（16 位）的数字量，用区域标识符 AI、表示数据长度的 W（Word）和起始字节的地址来表示模拟量输入的地址。因为模拟量输入是一个字长，应从偶数字节地址开始存放，如 AIW2、AIW4 等，模拟量输入值为只读数据。

12）模拟量输出 AQ

S7-200 将一个字长的数字用 D/A 转换器转换为现实世界的模拟量，用区域标识符 AQ、表示数据长度的 W 和字节的起始地址来表示存储模拟量输出的地址。因为模拟量输出是一个字长，应从偶数字节地址开始存放，如 AQW2、AQW4 等，模拟量输出值是只写数据，用户不能读取模拟量输出值。

13）顺序控制继电器 S

顺序控制继电器（SCR）用于组织设备的顺序操作，与顺序控制继电器指令配合使用，详细的使用方法见 5.4.9 节。

3. CPU 存储器的范围与特性

S7-200CPU 存储器的范围和操作数的范围分别如表 5-3-3 和表 5-3-4 所示。

表 5-3-3　S7-200CPU 存储器的范围与特性

描　述	CPU221	CPU222	CPU224	CPU224XP	CPU226
输入映像寄存器	I0.0～I15.7				
输入映像寄存器	Q0.0～Q15.7				
模拟量输入（只读）	AIW0～AIW30		AIW0～AIW62		
模拟量输出（只写）	AQW0～AQW30		AQW0～AQW62		
变量存储器（V）	VB0～VB2047		VB0～VB8191	VB0～VB10239	
局部存储器（L）	LB0～LB63				
位存储器（M）	M0.0～M31.7				
特殊存储器（SM）	SM0.0～SM179.7	SM0.0～SM299.7	SM0.0～SM549.7		
特殊存储器（只读）	SM0.0～SM29.7S	SM0.0～SM29.7	SM0.0～SM29.7		
定时器	T0～T255				
计数器	C0～C255				
高速计数器	HC0～HC6				
顺序控制继电器	S0.0～S31.7				
累加寄存器	AC0～AC3				
跳转/标号	0～255				
调用/子程序	0～63			0～127	
中断子程序	0～127				
正负跳变	256				
PID 回路	0～7				
串行通信口	端口 0		端口 0，1		

表 5-3-4　S7-200 操作数的范围

寻址方式	CPU221	CPU222	CPU224	CPU224XP	CPU226
位存取（字节，位）	I0.0～15.7 Q0.0～15.7 M0.0～31.7 S0.0～31.7 T0～255 C0～255 L0.0～63.7				
	V0.0～2047.7		V0.0～8191.7	V0.0～10239.7	
	SM0.0～165.7	SM0.0～299.7	SM0.0～549.7		
字节存取	IB0～15 QB0～15 MB0～31 SB0～31 LB0～63 AC0～3				
	VB0～2047		VB0～8191	VB0～10239	
	SMB0～165	SMB0～299	SMB0～549		
字存取	IW0～14 QW0～14 MW0～30 SW0～30 T0～255 C0～255 LW0～62 AC0～3				
	VW0～2046		VW0～8190	VW0～10238	
	SMW0～164	SMW0～298	SMW0～548		
	AIW0～30AQW0～30		AIW0～62AQW0～62		
双字存取	ID0～12 QD0～12 MD0～28 SD0～28 LD0～60 AC0～3 HC0～5				
	VD0～2044		V0～8188	VD0～10236	
	SMD0～162	SMD0～296	SMD0～546		

4. 直接寻址与间接寻址

在 S7-200 中，通过地址访问数据，地址是访问数据的依据，访问数据的过程称为寻址。几乎所有的指令和功能都与各种形式的寻址有关。

1）直接寻址

直接寻址指定了存储器的区域、长度和位置，例如 VW790 是 V 存储区中的字，其地址为 790。可以用字节（B）、字（W）或双字（DW）方式存取 V、I、Q、M、S 和 SM 存储器区。例如 VB100 表示以字节方式存取，VW100 表示存取 VB100、VB101 组成的字，VD100 表示存取 YB100～VB103 组成的双字。取代继电器控制的数字量控制系统一般只用直接寻址。

2）间接寻址

（1）建立间接寻址的指针。

S7-200 CPU 允许使用指针对下述存储区域进行间接寻址：I、Q、V、M、S、AI、AQ、T（仅当前值）和 C（仅当前值）。间接寻址不能用于位（bit）地址、HC 或 L 存储区。

使用间接寻址之前，应创建一个指向该位置的指针。指针为双字值，用来存放另一个存储器的地址，只能用 V、L 或累加器作指针。建立指针时必须用双字传送指令（MOVD）将需要间接寻址的存储器地址送到指针中，例如 "MOVD&VB200，AC1"。指针也可以为子程序传递参数。&VB200 表示 VB200 的地址，而不是 VB200 中的值。

（2）用指针存取数据。

用指针存取数据时，操作数前加 "＊" 号，表示该操作数为一个指针。图 5-3-4 中的 ＊AC1 表示 AC1 是一个指针，＊AC1 是 AC1 所指的地址中的数据。此例中，存于 VB200 和 VB201 的数据被传送到累加器 AC0 的低 16 位。

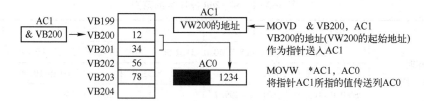

图 5-3-4　使用指针的间接寻址

5.3.3　S7-200 PLC 的程序开发环境与开发过程

1. 开发环境

开发 S7-200 系列 PLC 用户程序需要一台编程器，并将其和 CPU 模块连接起来。编程器可以是专用编程器，也可以是装有编程软件的 PC，后者更普遍一些。如图 5-3-5 所示就是一个常见的 PLC 用户程序开发系统。它是由一台 PC、CPU 模块和将两者连接起来的 PC/PPI 通信电缆组成。

S7-200 系列 PLC 使用的是 STEP7-Micro/WIN 系列编程软件。其操作界面如图 5-3-6 所示。各部分主要功能简介如下：

1）浏览条

浏览条显示编程特性的按钮控制群组。

"视图"按钮控制群中主要有程序块、符号表、状态图、数据块、系统块、交叉引用及通信显示等按钮控制。

"工具"按钮控制群中主要有显示指令向导、TD200 向导、位置控制向导、EM253控制面板和调制解调器扩充向导等按钮控制。

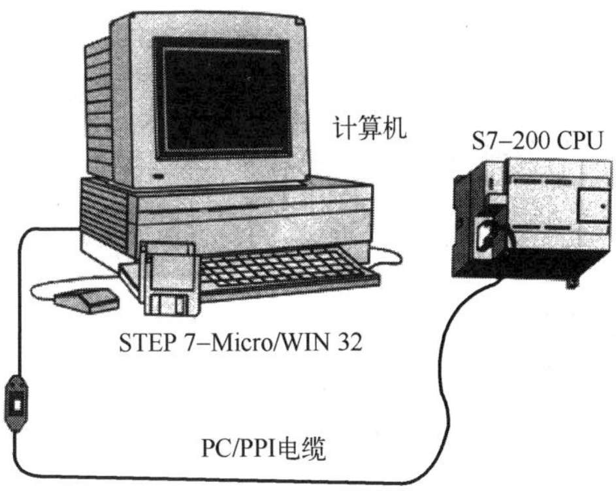

2）指令树

指令数以树形视图的形式为用户列出所有项目对象和当前程序编辑器（LAD、FBD 或 STU）所需的全部指令。通过鼠标右键单击指令树中相应的文件夹可以进行插入附件程序组织单元（POU）、设置密码保护、打开/删除/编辑 POU 属性表，以及重新命名子程序及中断程序等操作。

图 5-3-5　S7-200 PLC 用户程序开发系统

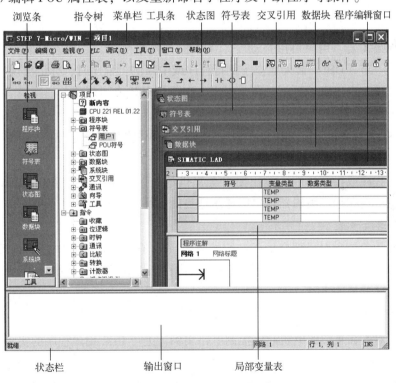

图 5-3-6　STEP7-Micro/WIN 操作界面

3）菜单栏

菜单栏允许使用鼠标或快捷键执行操作。可以定制"工具"菜单，在该菜单中增加自己的工具。

4）工具条

工具条为最常用的 STEP7-Micro/WIN 操作提供便利的鼠标存期。可以定制每个工具条的内容和外观。

5）数据块

数据块允许用户显示和编辑数据块的内容。

6）状态图

状态图窗口允许用户将程序输入、输出或变量置入图表中，以便追踪其状态。可以建立多个状态表，以便从程序的不同部分检视组件。每个状态图在状态表窗口中有自己的标记。

7）交叉引用

交叉引用允许用户检视程序的交叉引用和组件使用信息。

8）符号表

符号表窗口允许用户分配和编辑全局符号（可以在任何 POU 中使用的符号值，不只是建立符号的 POU）。可以建立多个符号表，也可以在项目中增加一个 S7-200 系统符号预定义表。

9）程序编辑窗口

程序编辑窗口包含用于该项目的编辑器（LAD、FBD 或 STL）局部变量表、程序和视图。如果需要，用户可以拖动分割条，扩充程序视图，并覆盖局部变量表。当用户在主程序一节（OBI）之外建立子例行程序或中断例行程序时，标记出现在程序编辑器窗口的底部。可单击该标记，在子程序、中断和 OBI 之间移动。

10）状态栏

当在 STEP7-Micro/WIN 中操作时，状态栏会提供操作状态信息。

11）输出窗口

当编译程序或指令库时，输出窗口会提供信息。当输出窗口列出程序错误时，双击错误信息，会在程序编辑器窗口中显示适当的网络。

12）局部变量表

局部变量表包含对局部变量所进行的赋值（及子例行程序和中断例行程序使用的变量）。在局部变量表中建立的变量使用暂时内存。地址赋值由系统处理，变量的使用仅限于建立此变量的 POU。

2. 开发过程

下面针对 5.2.4 节的电机起停控制电路实例，进行 PLC 用户程序的实际开发。

1）建立新项目

启动 STEP7-Micro/WIN 应用程序，系统自动打开一个新的 STEP7-Micro/WIN 项目，如图 5-3-6 所示。

2）程序输入

步骤 1：根据 PLC 接线图在符号表中输入 I/O 注释，如图 5-3-7 所示。

步骤 2：双击指令树中的程序块，再双击主程序子项，然后在右侧的状态图窗口中逐个输入本例中的控制指令，如图 5-3-8 所示。

程序指令输入完毕后，单击工具栏中的编译按钮进行程序编译，如果程序中有不合法的符号、错误的指令应用等情况，编译就不会通过，出错的详细信息会出现在状态栏里。可根据出错信息更正程序中的错误，然后重新编译。

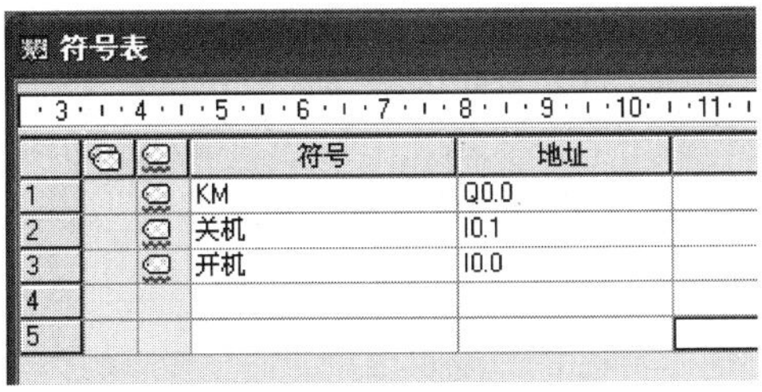

图 5-3-7　输入 I/O 注释

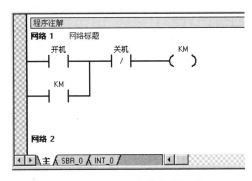

图 5-3-8　电机起停控制程序

3）程序的执行

要执行编译好的程序就要将程序传送到 PLC 中。首先将上位机软件与 PLC 主机之间的通信建立起来，然后将编译好的程序下载到 PLC 中执行，程序下载的具体步骤：

步骤 1：将 PLC 的运行模式设置为"停止"模式。可以通过工具条中的"停止"按钮，或者通过菜单选择"PLC"→"停止"命令。

步骤 2：单击工具条中的"下载"按钮，也可以通过菜单选择"文件"→"下载"命令启动下载。

步骤 3：单击"确定"按钮，开始下载程序。如果下载成功，弹出一个确认框显示以下信息：下载成功。

步骤 4：程序下载成功后，在运行 PLC 程序之前，将 PLC 从"停止"模式切换到"运行"模式。

至此，电动机起停控制程序的开发过程全部结束。

5.4　S7-200 PLC 的指令系统

5.4.1　位操作类指令

顾名思义位操作类指令的操作数是位，主要是对 PLC 存储器中的某一位进行操作，包括位输入操作指令（也称触点指令），位输出操作指令，对位进行与、或、非等逻辑运算指令，对位置 1 的置位指令、对位置 0 的复位指令，以及检测位发生边沿跳变的跳变触点指令等。

1. 触点指令

1）标准触点指令

标准触点包括常开触点（动合触点）和常闭触点（动断触点）。常开触点对应的地址位为 1 状态时，该触点闭合，反之触点断开。在语句表中分别用 LD（Load）、A（And）和 O（Or）指令来表示载入、串联和并联的常开触点（见图 5-4-1 和表 5-4-1）。常闭触点对应的地址位为 0 状态时，该触点闭合，反之触点断开。在语句表中分别用

LDN（LoadNot）、AN（AndNot）和 ON（OrNot）指令来表示载入、串联和并联的常闭触点。标准触点指令的 STL、LAD 形式及功能如表 5-4-1 所示。标准触点指令的寻址范围为 I、Q、M、SM、T、C、V、S 和 L。

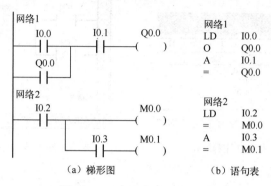

（a）梯形图　　　　　　　（b）语句表

图 5-4-1　标准触点指令应用

表 5-4-1　标准触点指令 STL、LAD 形式及功能

指 令 名 称	STL	LAD	功　　　能
常开触点	LDbit	bit ┤├	载入常开触点
	Abit		串联的常开触点
	Obit		并联的常开触点
常闭触点	LDNbit	bit ┤/├	载入常闭触点
	ANbit		串联的常闭触点
	ONbit		并联的常闭触点

2）立即触点指令

立即触点指令不依赖于 S7-200 的扫描周期刷新，执行立即触点指令时，它会立即刷新。在语句表中分别用 LDI、AI 和 OI 指令来表示开始、串联和并联的常开立即触点，分别用 LDNI、ANI 和 ONI 指令来表示开始、串联和并联的常闭立即触点。

立即触点和标准触点的差别是，执行立即触点指令时，CPU 直接读取其物理输入端子的值，但是不刷新相应映像寄存器的值。而执行标准触点指令时，CUP 读取的是其相应映像寄存器的值。立即触点指令的寻址范围只能是 I。立即触点指令的 STL、LAD 形式及功能如表 5-4-2 所示。

表 5-4-2　立即触点指令 STL、LAD 形式及功能

指 令 名 称	STL	LAD	功　　　能
常开立即触点	LDIbit	bit ┤│├	载入常开立即触点
	AIbit		串联的常开立即触点
	OIbit		并联的常开立即触点
常闭立即触点	LDNIbit	bit ┤/I├	载入常闭立即触点
	ANIbit		串联的常闭立即触点
	ONIbit		并联的常闭立即触点

2. 输出类指令

输出类指令分为（非立即）输出指令和立即输出指令两种。输出指令与线圈相对应，驱动线圈的触点电路接通时，线圈流过"能流"，输出过程映像寄存器中的位为 1，反之则为 0。输出指令的寻址范围为 I、Q、M、SM、T、C、V、S 和 L。立即输出指令执行时，能流值会同时被写到物理输出和相应的过程映像寄存器。立即输出指令的寻址范围只能为 Q。输出和立即输出指令的 STL、LAD 形式及功能如表 5-4-3 所示。

表 5-4-3　输出和立即输出指令 STL、LAD 形式及功能

指令名称	STL	LAD	功　能
输出指令	=bit	bit —( )	将 bit 的新值写入输出过程映像寄存器
立即输出指令	=Ibit	bit —(I)	将 bit 的新值写入对应的实际输出和输出过程映像寄存器

3. 置位、复位指令

置位、复位指令也分为立即和非立即两种。执行置位或复位指令时，从指定的位地址开始的 n 个连续的位地址都被置位（变为 1）或复位（变为 0），$n=1\sim255$。置位指令与复位指令最主要的特点是有记忆和保持功能。执行立即指令，新值被同时写到物理输出端子和相应的映像寄存器，而非立即指令仅仅把新值写到映像寄存器。非立即置位、复位指令的寻址范围为 I、Q、M、SM、T、C、V、S 和 L，立即置位、复位指令的寻址范围只能是 Q。置位/复位指令的 STL、LAD 形式及功能如表 5-4-4 所示。

表 5-4-4　置位/复位指令的 STL、LAD 形式及功能

指令名称	STL	LAD	功　能
置位指令	Sbit, n	bit —(S) n	从 bit 开始的 n 个元件置 1 并保持
复位指令	Rbit, n	bit —(R) n	从 bit 开始的 n 个元件清零并保持
立即置位指令	SIbit, n	bit —(SI) n	从 bit 开始的 n 个元件立即置 1 并保持
立即复位指令	RIbit, n	bit —(RI) n	从 bit 开始的 n 个元件立即清零并保持

例 5.2　根据梯形图 5-4-2 及输入继电器的时序画出输出继电器的时序。

图 5-4-2 表明输入继电器 I0.0 为 1 使 Q0.0 断开并保持，输入继电器 I0.1 为 1 使 Q0.0 接通并保持。若 I0.0 和 I0.1 同时为 1，S 指令写在后面但有优先权，则 Q0.0 为 1。

例 5.3　用基本逻辑指令实现置位/复位功能（图 5-4-3）。

4. 跳变触点指令

跳变触点指令包括正跳变触点指令和负跳变触点指令。正跳变触点指令 EU（Ed-

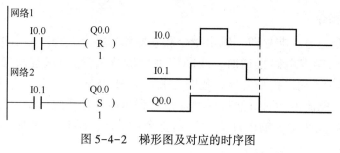

图 5-4-2　梯形图及对应的时序图

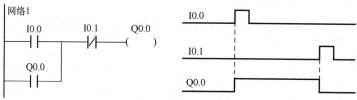

图 5-4-3　基本逻辑指令实现置位/复位功能

geUp）在对应输入条件有一个上升沿（由 0 到 1）时，产生一个宽度为一个扫描周期的脉冲，接受这一脉冲控制的器件应写在这一脉冲出现的语句之后。而负跳变触点指令 ED（EdgeDown）指令则对应输入条件有一个下降沿（由 1 到 0）时，产生一个宽度为一个扫描周期的脉冲，接受这一脉冲控制的器件应写在这一脉冲出现的语句之后。跳变触点指令的寻址范围为 I、Q、M、SM、T、C、V、S 和 L。跳变触点指令的 STL、LAD 形式及功能如表 5-4-5 所示。

表 5-4-5　跳变触点指令的 STL、LAD 形式及功能

指令名称	STL	LAD	功　能
正跳变指令	EU	—┤P├—	上升沿微分
负跳变指令	ED	—┤N├—	下降沿微分

例 5.4　根据梯形图 5-4-4 画出各信号的时序。

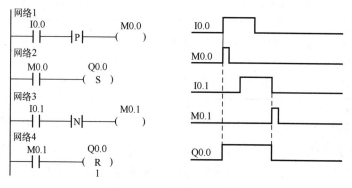

图 5-4-4　梯形图及时序

5. 取反指令

取反指令就是把左边电路的逻辑运算结果取反。当运算结果的状态为 1 时，取反

就是 0；当运算结果的状态为 0 时，取反就是 1。该指令只能与其他指令联合使用，本身没有操作数。取反指令的 STL、LAD 形式及功能如表 5-4-6 所示。

表 5-4-6　取反指令的 STL、LAD 形式及功能

指 令 名 称	STL	LAD	功　　能
取反指令	NOT	─┤NOT├──	状态取反

6. 其他指令

1）电路块的串、并联指令

电路块的并联梯形图，是由多个触点串联构成一条支路，一系列这样的支路再互相并联构成复杂电路，用语句表 OLD（OrLoad）指令表示电路块的并联。

电路块的串联梯形图，是由多个触点并联构成局部电路，一系列这样的局部电路在互相串联构成复杂电路，用语句表 ALD（AndLoad）指令表示电路块的串联，OLD 及 ALD 指令均没有操作元件，电路块的串并联见图 5-4-5。

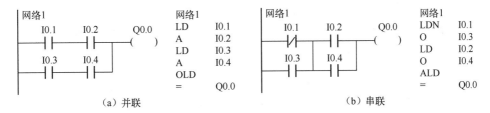

图 5-4-5　电路块的串并联

2）触发器指令

触发器指令的基本功能与置位指令和复位指令的功能相同。

置位优先（SR）触发器是一个置位优先的锁存器。当置位信号 S1 和复位信号 R 同时为 1 时，输出为 1。复位优先（RS）触发器是一个复位优先的锁存器。当置位信号 S 和复位信号 R 同时为 1 时，输出为 0。触发器指令的 LAD 形式及功能如表 5-4-7 所示。

表 5-4-7　触发器指令的 LAD 形式及功能

指 令 名 称	LAD	功　　能
置位优先触发器	┤S1　OUT├ SR ┤R　　　 （bit）	对 bit 进行设置或重设的置位优先触发器
复位优先触发器	┤S　OUT├ RS ┤R1　　 （bit）	对 bit 进行设置或重设的复位优先触发器

3）逻辑堆栈指令

S7-200 PLC 中有一个 9 层堆栈，用于处理逻辑运算结果，称为逻辑堆栈。栈顶用

来存储逻辑运算结果，下面的 8 层用来存储中间运算结果。与堆栈相关的指令主要有 LPS、LRD、LPP 三条指令。

LPS（Logic Push）：逻辑入栈指令（分支电路开始指令）。在梯形图的分支结构中，LPS 指令用于生成一条新的母线，其左侧为原来的主逻辑块，右侧为新的从逻辑块，可直接编程。

LRD（Logic Read）：逻辑读栈指令。在梯形图的分支结构中，当新母线左侧为主逻辑块时，LPS 开始右侧的第一个从逻辑块编程，LRD 开始第二个以后的从逻辑块编程。

LPP（Logic Pop）：逻辑出栈指令（分支电路结束指令）。在梯形图的分支结构中，LPP 用于 LPS 产生的新母线右侧的最后一个从逻辑块编程，它在读取完离它最近的 LPS 压入堆栈内容的同时，复位该条新母线。

例 5.5　根据下列梯形图（见图 5-4-6）写出指令表。

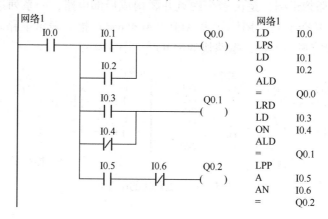

图 5-4-6　逻辑堆栈

5.4.2　定时器指令

定时器由集成电路构成，是 PLC 中重要的编程元件，可以提供等待时间或监控时间，还可以产生一定宽度的脉冲，也可以测量时间，用途非常广泛。S7-200 PLC 为用户提供了 3 种类型的定时器：接通延时定时器（TON）、保持型接通延时定时器（TONR）和断开延时定时器（TOF），共 256 个（T0~T255）。

S7-200 PLC 定时器的分辨率有 3 个等级：1ms、10ms 和 100ms，分辨率等级和定时器号码对应关系如表 5-4-8 所示。虽然接通延时定时器与断开定时器的编号范围相同，但是不能共享相同的计时器号。定时器号码不仅仅是定时器的编号，它还包含两方面的变量信息：定时器位和定时器当前值。

定时器位：存储定时器的状态，当定时器的当前值达到预设值 PT 时，该位发生动作。

定时器当前值：存储定时器当前所累计的时间，它用 16 位有符号整数来表示，故最大计数值为 32767。

定时器定时时间 T 的计算：

$$T = PT \times S$$

式中：PT 为定时预设值，最大计数值为 32767；S 为分辨率（ms）。

表 5-4-8　定时器的类型、分辨率和编号

定时器类型	分辨率	最大值	定时器号码
保持型接通延时定时器 （TONR）	1ms	32.767s	T0，T64
	10ms	327.67s	T1～T4，T65～T68
	100ms	3276.7s	T5～T31，T69～T95
接通延时定时器（TON） 断开延时定时器（TOF）	1ms	32.767s	T32，T96
	10ms	327.67s	T33～T36，T97～T100
	100ms	3276.7s	T37～T63，T101～T255

1. 接通延时定时器 TON

接通延时定时器的 STL、LAD 形式及功能如表 5-4-9 所示。

表 5-4-9　接通延时定时器的 STL、LAD 形式及功能

指令名称	STL	LAD	功　能
接通延时定时器	TON　Tn，PT	T37 ─┤IN　　TON├ ─┤PT　　100ms├	接通延时

TON 为定时器标识符，Tn 为定时器编号，IN 为启动输入端（数据类型为 BOOL 型），PT 为时间设定值输入端（数据类型为 INT 型）。当 IN 接通时，定时器位为 0，当前值从 0 开始计时，当前值等于或大于 PT 端的设定值时，定时器位变为 1，梯形图中对应定时器的常开触点闭合，常闭触点断开，当前值仍连续计数到 32767。输入端断开，定时器自动复位，当前值被清零，定时器位为 0，其工作原理如图 5-4-7 所示。

图 5-4-7　接通延时定时器工作示例

2. 保持型接通延时定时器 TONR

保持型接通延时定时器的 STL、LAD 形式及功能如表 5-4-10 所示。

表 5-4-10　保持型接通延时定时器的 STL、LAD 形式及功能

指令名称	STL	LAD	功　能
保持型接通延时定时器	TONR　Tn，PT	T1 ─┤IN　　TONR├ ─┤PT　　10ms├	保持型接通延时

TONR 为定时器标识符，Tn 为定时器编号，IN 为启动输入端（数据类型为 BOOL 型），PT 为时间设定值输入端（数据类型为 INT 型）。保持型接通延时定时器的原理与

接通延时定时器基本相同。不同之处在于，保持型接通延时定时器的当前值在 IN 从 1 变为 0 时，定时器位和当前值保持下来；当 IN 再次从 0 变为 1 时，当前值从上次的保持值开始继续计时，当累计当前值等于或大于 PT 端的设定值时，定时器位变为 1，当前值可继续计数到 32767。

输入端 IN 断开时，定时器的当前值保持不变，定时器位不变。TONR 指令只能用复位指令 R 使定时器的当前值为 0，定时器位为 0，其工作原理如图 5-4-8 所示。

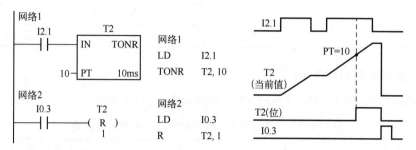

图 5-4-8　保持型接通延时定时器工作示例

3. 断开延时定时器 TOF

断开延时定时器的 STL、LAD 形式及功能如表 5-4-11 所示。

表 5-4-11　断开延时定时器的 STL、LAD 形式及功能

指令名称	STL	LAD	功　能
断开延时定时器	TOF　Tn, PT	T37 IN　　TOF PT　　100ms	断开延时

TOF 为定时器标识符，Tn 为定时器编号，IN 为启动输入端（数据类型为 BOOL 型），PT 为时间设定值输入端（数据类型为 INT 型）。输入端 IN 接通时，定时器位变为 1，当前值为 0。当输入端 IN 由接通到断开时，定时器开始定时，当前值达到 PT 端的设定值时，定时器位变为 0，常开触点断开，常闭触点闭合，停止计时，其工作原理如图 5-4-9 所示。

图 5-4-9　断开延时定时器工作示例

4. 分辨率对定时器的影响

对于 1ms 定分辨率的定时器来说，定时器位和当前值的更新不与扫描周期同步。对于大于 1ms 的程序扫描周期，定时器位和当前值在一次扫描内刷新多次。

对于 10ms 分辨率的定时器来说，定时器位和当前值在每个程序扫描周期的开始刷新。定时器位和当前值在整个扫描周期过程中为常数。在每个扫描周期的开始会将一

个扫描累计的时间间隔加到定时器当前值上。

对于 100ms 分辨率的定时器来说，定时器位和当前值在指令执行时刷新。因此，为了使定时器保持正确的定时值，要确保在一个程序扫描周期中，只执行一次 100ms 定时器指令。

5.4.3　计数器指令

计数器与定时器的结构和使用基本相似，也由集成电路构成，是应用非常广泛的编程元件。计数器用来累计输入脉冲的次数，经常用来对产品进行计数。每个计数器均有一个 16 位当前值寄存器及一个状态位（反映其触点状态）。计数器的当前值、设定值均用 16 位有符号整数来表示，最大计数值为 32767，最小计数值−32768。S7−200 PLC 计数器有 3 种类型：增计数器（CTU）、减计数器（CTD）和增减计数器（CTUD），共 256 个，计数器号范围为（C0~C255）。

1. 增计数器 CTU

增计数器的 STL、LAD 形式及功能如表 5−4−12 所示。

表 5−4−12　增计数器的 STL、LAD 形式及功能

指 令 名 称	STL	LAD	功　　能
增计数器	CTU　Cn，PV	Cn −CU　　CTU −R −PV	递增累计输入脉冲的次数

CTU 为计数器标识符，Cn 为计数器编号，CU 为计数脉冲输入端（数据类型为 BOOL 型），R 为复位信号输入端（数据类型为 BOOL 型），PV 为脉冲设定输入端（数据类型为 INT 型）。

当复位输入端 R 为 0 时，计数器计数有效；当增计数输入端 CU 有上升沿输入时，计数值加 1，计数器作递增计数；当计数器当前值等于或大于设定值 PV 时，该计数器位为 1，计数至最大值 32767 时停止计数。复位输入端 R 为 1 时，计数器被复位，计数器位为 0，并且当前值被清零。其工作原理如图 5−4−10 所示。

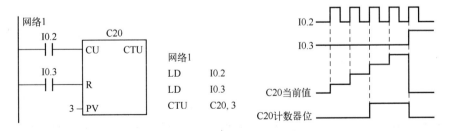

图 5−4−10　增计数器工作示例

2. 减计数器 CTD

减计数器的 STL、LAD 形式及功能如表 5−4−13 所示。

表 5-4-13　减计数器的 STL、LAD 形式及功能

指 令 名 称	STL	LAD	功　　能
减计数器	CTD　Cn，PV	Cn ⊣CD　　CTD ⊣LD ⊣PV	递减累计输入脉冲的次数

CTD 为计数器标识符，Cn 为计数器编号，CD 为计数脉冲输入端（数据类型为 BOOL 型），LD 为装载输入端（数据类型为 BOOL），PV 为脉冲设定值输入端。

当装载输入端 LD 为 1 时，计数器位为 0，并把设定值 PV 装入当前值寄存器中。当装载输入端 LD 为 0 时，计数器计数有效；当减计数输入端 CD 有上升沿输入时，计数器从设定值开始作递减计数，直至计数器当前值等于 0 时，停止计数，同时计数器位被置位。其工作原理如图 5-4-11 所示。

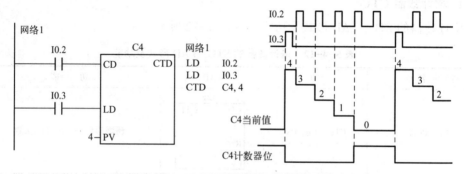

图 5-4-11　减计数器工作示例

3. 增减计数器 CTUD

增减计数器的 STL、LAD 形式及功能如表 5-4-14 所示。

表 5-4-14　增减计数器的 STL、LAD 形式及功能

指 令 名 称	STL	LAD	功　　能
增减计数器	CTUD　Cn，PV	Cn ⊣CU　　CTUD ⊣CD ⊣R ⊣PV	递增或递减累计输入脉冲的次数

CTUD 为计数器标识符，Cn 为计数器编号，CU 为增计数脉冲输入端，CD 为减计数脉冲输入端，R 为复位信号输入端，PV 为脉冲设定值输入端。

当复位输入端 R 为 0 时，计数器计数有效；当增计数输入端 CU 有上升沿输入时，计数器作递增计数，当计数器的当前值大于等于设定值 PV 时，计数器位为 1。这时再来增计数脉冲，计数值仍累加，达到最大值 32767 后，下一个 CU 脉冲上升沿将使计数

器当前值跳变为最小值（-32768）并停止计数。当减计数输入端 CD 有上升沿输入时，计数器作递减计数，当计数器的当前值小于设定值 PV 时，计数器位变为 0。再来减计数脉冲时，计数器当前值仍递减，达到最小值-32768 后，下一个 CD 脉冲上升沿使计数器的当前值跳变为最大值（32767）并停止计数。当复位输入端 R 为 1 时，计数器当前值为 0，计数器位为 0。其工作原理如图 5-4-12 所示。

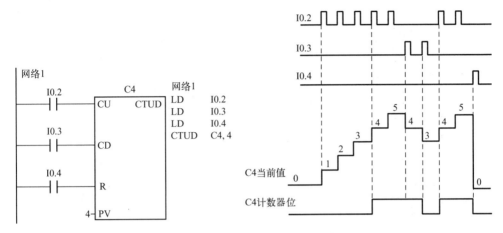

图 5-4-12　增减计数器工作示例

5.4.4　数据处理指令

1. 比较指令

比较指令将两个操作数 IN1 与 IN2 按指定条件进行比较，条件成立时，比较触点就闭合，否则比较触点断开。比较指令的 STL、LAD 形式及功能如表 5-4-15 所示。

表 5-4-15　比较指令的 STL、LAD 形式及功能

指 令 名 称	STL	LAD	功　　能
比较指令	LDB ＝　 IN1, IN2 数据类型　比较符	IN1 =B IN2 比较符　　数据类型	IN1 与 IN2 进行比较

比较指令的比较符有："＞"（大于）、"＞＝"（大于等于）、"＜"（小于）、"＜＝"（小于等于）、"＜＞"（不等于）、"＝"（等于）（STL 中为"＝"，LAD 中为"＝＝"）6 种。IN1 和 IN2 表示操作数，操作数的数据类型有："B"（BYTE）字节比较、"I"（INT）整数比较（STL 中为"W"，LAD 中为"I"）、"D"（DINT）双字整数比较、"R"（REAL）实数的比较 4 类。在实际应用中，使用比较指令为上下限控制及数值条件判断提供了方便。

例 5.6　水位、水温控制。

在热水箱中需要对水位和水温控制：水箱中水位低于水位下限时，打开进水阀给水箱中加水。当水位高于水箱中的上限水位时，关闭进水阀。水箱中的水温低于设定温度下限时，打开加热器给水箱中的水加热。当水温高于设定温度上限时停止加热；在加热器没有工作且进水阀关闭时打开出水阀，以便向外供水。

进水阀继电器与 PLC 的输出端口 Q0.0 连接，出水阀继电器与 PLC 的输出端口 Q0.2 连接，水箱加热器的控制继电器与 PLC 的输出端口 Q0.1 相连接。使用液位计实时将热水器的水位由 PLC 的模拟量输入口输入，并传送到地址 VD10，同样使用温度计实时将热水器中的水温通过模拟量输入口输入后传送到 VD20。水箱中水位的上限、下限分别为 1500、300。水温上限、下限温度分别为 60℃、50℃。

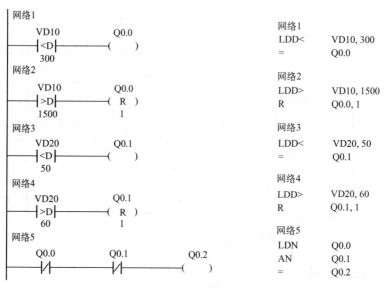

图 5-4-13　水位、水温控制程序

2. 数据传送指令

数据传送指令可用来在各存储单元之间进行一个或多个数据的传送，传送过程中数据值保持不变。

1）单一传送指令

单一传送指令可用来进行一个数据的传送，数据类型可以是"B"（BYTE）字节、"W"（Word）字、"DW"（DoubleWord）双字和"R"（Real）实数。其指令的梯形图和语句表如表 5-4-16 所示。

表 5-4-16　单一传送指令的 STL、LAD 形式

指令名称	STL	LAD
数据传送	MOVB … IN, OUT　数据类型	MOV_B → 数据类型　EN　ENO　IN　OUT
字节立即读	BIR IN, OUT	MOV_BIR　EN　ENO　IN　OUT
字节立即写	BIW IN, OUT	MOV_BIW　EN　ENO　IN　OUT

对于字节传送指令、字传送指令、双字传送指令及实数传送指令，其功能是现在传送信号 EN 为 1 时，把 IN 端口的数据传送到 OUT 所指示的存储单元。

传送字节立即读指令，其功能是在传送允许信号 EN 为 1 时，立即读取单字节物理输入区 IN 端口的数据，并传送到 OUT 所指的字节存储单元，一般用于对输入信号的立即响应。

传送字节立即写指令，其功能是在传送允许信号 EN 为 1 时，立即将 IN 单元的字节数据写到 OUT 所指的物理输出区。

2）数据块传送指令

数据块传送指令可用来进行一次多个（最多 255 个）数据的传送，数据块的类型可以是字节块、字块和双字块，其梯形图和语句表如表 5-4-17 所示。

表 5-4-17　数据块传送指令的 STL、LAD 形式

指令名称	STL	LAD
字节块传送	BMB IN, OUT, N	BLKMOV_B EN　ENO IN　OUT N
字块传送	BMW IN, OUT, N	BLKMOV_D EN　ENO IN　OUT N
双字块传送	BMD IN, OUT, N	BLKMOV_W EN　ENO IN　OUT N

其功能是在传送允许信号 EN 为 1 时，把从输入端子 IN 为起点位置的 N 个相应数据类型的数据传送到 OUT 开始的 N 个对应数据类型的存储单元中。

3）字节交换指令

字节交换指令的梯形图和语句表如表 5-4-18 所示。

其功能是在交换允许信号 EN 为 1 时，将字型输入数据 IN 高位字节与低位字节进行交换，交换的结果仍存在 IN 存储器单元中。

表 5-4-18　数据块传送指令的 STL、LAD 形式

指令名称	STL	LAD
字节交换	SWAP IN	SWAP EN　ENO IN

5.4.5　移位操作指令

1. 移位指令

移位指令（见表 5-4-19）将输入 IN 中的数的各位向右或向左移动 N 位后，送个

输出 OUT 指定的地址。移位指令所移数据的数据类型可以是"B"（BYTE）字节、"W"（Word）字、"DW"（DoubleWord）双字。

表 5-4-19 移位指令的 STL、LAD 形式

指 令 名 称	STL	LAD
数据左移	SLB OUT, N 数据类型	SHL_B → 数据类型 EN ENO IN OUT N
数据右移	SRB OUT, N 数据类型	SHR_B → 数据类型 EN ENO IN OUT N

移位指令对移出位自动补 0，如果移动的位数 N 大于允许值（字节操作为 8，字操作为 16，双字操作为 32），实际移位的位数为最大允许值。字节移位操作是无符号的，对有符号的字和双字移位时，符号位也被移位。

如果移位次数大于 0，"溢出"位 SM1.1 保存最后一次被移除的位的值。如果移位结果为 0，零标志位 SM1.0 被置 1。

2. 循环移位指令

循环移位指令将输入 IN 中的各位向右或向左循环移动 N 位后，送给输出 OUT。循环移位是环形的，即被移出来的位将返回到另一端空出来的位置。循环移位指令所移数据的数据类型可以是"B"（BYTE）字节、"W"（Word）字、"DW"（DoubleWord）双字。循环移位指令的梯形图和语句表如表 5-4-20 所示。

执行循环移位操作，移出的最后一位的数值存放在溢出位 SM1.1。如果实际移位次数为 0，零标志 SM1.0 被置为 1。字节操作是无符号的，对有符号的字和双字移位时，符号位也被移位。

表 5-4-20 循环移位指令的 STL、LAD 形式

指 令 名 称	STL	LAD
数据循环左移	RLB OUT, N 数据类型	ROL_B → 数据类型 EN ENO IN OUT N
数据循环右移	RRB OUT, N 数据类型	ROR_B → 数据类型 EN ENO IN OUT N

3. 寄存器移位指令

寄存器移位指令将一个数值移入移位寄存器中，它提供了一种排列和控制产品流或者数据的简单方法。寄存器移位指令的梯形图和语句表如表 5-4-21 所示。

表 5-4-21　寄存器移位指令的 STL、LAD 形式

指 令 名 称	STL	LAD
寄存器移位	SHRB DATA,S_BIT,N	SHRB EN　ENO DATA S_BIT N

移位寄存器指令把输入端 DATA 的数值送入移位寄存器，S_BIT 指定移位寄存器的最低位，N 指定移位寄存器的长度（从 S_BIT 开始，共 N 位）和移位的方向（正数表示左移，负数为右移）。

当移位寄存器允许输入端 EN 有效时，每个扫描周期寄存器各位都移动一位，移出的数据影响 SM1.1。N 为字节型数据类型，移位寄存器的最大长度为 64 位。操作数 DATA、S_BIT 为 BOOL 变量，其工作原理如图 5-4-14 所示。

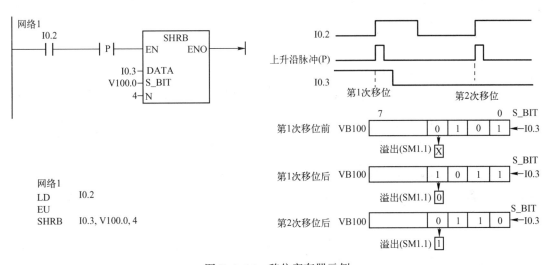

网络1
LD　　I0.2
EU
SHRB　I0.3, V100.0, 4

图 5-4-14　移位寄存器示例

5.4.6　数据转换指令

PLC 中不同性质的指令对操作数的类型要求不同，因此在指令使用之前需要将操作数转化成相应的类型，数据转换指令就可以完成这样的任务，数据转换指令主要包括：标准转换指令，ASCII 码转换指令，字符串转换指令，编码、译码指令 4 类。

1. 标准转换指令

标准转换又有数字转换、四舍五入和取整、段码转换等。其中数字转换可以实现字节转为整数（BTI）、整数转为字节（ITB）、整数转为双整数（ITD）、双整数转为整数（DTI）、双整数转为实数（DTR）、BCD 码转为整数（BCDI）和整数转为 BCD 码（IBCD）。四舍五入指令（ROUND）将一个实数转为一个双整数值，并将四舍五入的结果存入 OUT 指定的变量中。取整指令（TRUNC）将一个实数转为一个双整数值，并将

实数的整数部分作为结果存入 OUT 指定的变量中。段码转换是指用段码指令（SEG）产生一个点阵，用于点亮七段码数码管的各个段。各指令的梯形图、语句表及其有关的信息如表 5-4-22 所示。其功能是，在输入允许信号 EN 为 1 的条件下，按照指令把 IN 输入的数据根据指令的形式转化为相应的数据输出到 OUT，根据转换的结果自动改变有关的特殊寄存器的值。

表 5-4-22　标准转换指令的 STL、LAD 形式

指 令 名 称	字节转为整数	整数转为字节	整数转为双整数	双整数转为整数
LAD	B_I EN　ENO IN　OUT	I_B EN　ENO IN　OUT	I_DI EN　ENO IN　OUT	DI_I EN　ENO IN　OUT
STL	BTI IN, OUT	ITB IN, OUT	ITD IN, OUT	DTI IN, OUT
备注	IN 的范围 0 到 255 的整数，转换后超出允许范围 SM1.1 置 1		符号位扩展到高字节中	转换数值太大而无法输出，SM1.1 置位

指 令 名 称	BCD 码转换为整数	整数转换为 BCD 码	双整数转为实数
LAD	BCD_I EN　ENO IN　OUT	I_BCD EN　ENO IN　OUT	DI_R EN　ENO IN　OUT
STL	BCDI OUT	IBCD OUT	DTR IN, OUT
备注	IN 范围 0 到 9999，若 BCD 码无效则 SM1.6 置 1		IN 为有符号数

指 令 名 称	四舍五入	取整指令	段码转换
LAD	ROUND EN　ENO IN　OUT	TRUNC EN　ENO IN　OUT	SEG EN　ENO IN　OUT
STL	ROUND OUT	TRUNC OUT	SEG OUT
备注	将实数 IN 转换成双整数，小数部分四舍五入	将实数 IN 转换成双整数，小数部分被舍去	

2. ASCII 码转换指令

1）ASCII 码与十六进制数之间的转换指令

ASCII 码与十六进制数之间的转换指令的梯形图和语句表如表 5-4-23 所示。

表 5-4-23　标准转换指令的 STL、LAD 形式

指 令 名 称	ASCII 码转换为十六进制数	十六进制数转化为 ASCII 码
LAD	ATH EN　ENO IN　OUT LEN	HTA EN　ENO IN　OUT LEN
STL	ATH IN, OUT, LEN	HTA IN, OUT, LEN

ASCII 码转化为十六进制数指令的功能是：当允许信号 EN 为 1 时，ASCII 码转化为十六进制数指令（ATH）将从 IN 开始的长度为 LEN（最大长度为 255）的 ASCII 码转化为十六进制数，并将结果送到 OUT 开始的字节进行输出。有效的 ASCII 码输入字

符是 0~9（十六进制数值 30~39）和大写字符 A~F（十六进制数值 41~46）。而十六进制数转换为 ASCII 码指令的功能是：当允许信号 EN 为 1 时，十六进制数转化为 ASCII 码指令（HTA）将从输入字节 IN 开始的长度为 LEN（最大长度为 255）的十六进制数字转换为 ASCII 字符，并将结果送到 OUT 开始的字节进行输出。有效的十六进制输入数值是 30~39（ASCII 码字符 0~9）和 41~46（ASCII 码大写字符 A~F）。

2）整数转换为 ASCII 码指令

整数转换为 ASCII 码指令的梯形图和语句表如表 5-4-24 所示。

表 5-4-24　整数转换为 ASCII 码指令的 STL、LAD 形式

指 令 名 称	STL	LAD
整数转换为 ASCII 码	ITA IN, OUT, FMT	ITA EN　ENO IN　OUT FMT

当允许信号 EN 为 1 时，将输入端 IN 的有符号整数根据格式 FMT 要求转换成 ASCII 码，转换结果置于 OUT 为起始字节地址的 8 个连续字节输出缓冲区中。

格式 FMT 指定 ASCII 码字符串中分隔符的位置和表示方法，即小数点右侧的转换精度，以及是否将小数点显示为逗号或点号。FMT 占用一个字节，高 4 位必须为 0，低 4 位用 cnnn 表示。c 位指定整数和小数之间的分隔符：c＝1，用逗号分隔；c＝0，用小数点分隔。nnn 指定输出缓冲区中小数点右侧的位数，nnn 的有效范围是 0~5。指定小数点右侧的数字为 0 会使显示的数值无小数点。对于大于 5 的 nnn 数值为非法格式，此时无输出，用 ASCII 空格填充输出缓冲区。

输出缓冲区的格式符合以下规则：正值写入输出缓冲区时不带正号，负值写入缓冲区时带负号，小数点左侧的无效 0 被省略，输出缓冲区内数值右对齐。

3）双整数转换为 ASCII 码指令

双整数转换为 ASCII 码指令的梯形图和语句表如表 5-4-25 所示。

表 5-4-25　双整数转换为 ASCII 码指令的 STL、LAD 形式

指 令 名 称	STL	LAD
双整数转换为 ASCII 码	DTA IN, OUT, FMT	DTA EN　ENO IN　OUT FMT

当允许信号 EN 为 1 时，将输入端（IN）的有负号双整数根据格式 FMT 要求转换成 ASCII 码，转换结果存入以 OUT 为起始字节地址的 12 个连续字节的输出缓冲区中。格式 FMT 与 ITA 指令中的 FMT 格式相同。

4）实数转换为 ASCII 码指令

实数转换为 ASCII 码指令的梯形图和语句表如表 5-4-26 所示。

当允许信号 EN 为 1 时，将输入端（IN）的实数根据格式 FMT 要求转换成 ASCII 码，转换结果置于 OUT 为起始字节的 3~15 个连续字节的输出缓冲区中。

表 5-4-26　实数转换为 ASCII 码指令的 STL、LAD 形式

指 令 名 称	STL	LAD
实数转换为 ASCII 码	RTA IN, OUT, FMT	RTA EN　　ENO IN　　OUT FMT

格式 FMT 指定 ASCII 码字符串中分隔符的位置和表示方法，即小数点右侧的转换精度，以及是否将小数点显示为逗号或点号。FMT 占用一个字节，高 4 位用 ssss 表示，ssss 的值指定输出缓冲区的字节数（3~15 个），0、1 或 2 个字节无效，并且输出缓冲区的字节数应大于输入实数小数点右边的位数，低 4 位的定义与 ITA 指令相同。

输出缓冲区的格式符合以下规则：正值写入输出缓冲区时不带正号、负值写入输出缓冲区时带负号、小数点左侧的开头的 0（除去靠近小数点的那个之外）被省略、小数点右侧的数值按照指定的小数点右侧的数字位数被四舍五入、输出缓冲区的大小应至少比小数点右侧的数字位数多 3 个字节、输出缓冲器内数值右对齐。

3. 字符串转换指令

1）整数、双整数与实数转换为字符串指令

整数、双整数与实数转换为字符串指令的梯形图和语句表如表 5-4-27 所示。

表 5-4-27　整数、双整数与实数转换为 ASCII 码指令的 STL、LAD 形式

指 令 名 称	整数转换为字符串	双整数转换为字符串	实数转换为字符串
LAD	I_S EN　　ENO IN　　OUT FMT	DI_S EN　　ENO IN　　OUT FMT	R_S EN　　ENO IN　　OUT FMT
STL	ITS IN, OUT, FMT	DTS IN, OUT, FMT	RTS IN, OUT, FMT

指令 ITS、DTS 和 RTS 分别将整数、双整数和实数值（IN）转换为 ASCII 码字符串，存放到 OUT 指定的地址区中。这 3 条指令的操作和 FMT 的定义与 ASCII 码转换指令的定义基本上相同，两者的区别在于，字符串转换指令转换后得到的字符串的起始字节中是字符串的长度。对于整数和双整数的转换，起始字节中分别为转换后字符的个数 8 和 12，实数转字符串的长度由 FMT 的高 4 位中的数来决定。

2）字符串转换为数字量指令

字符串转换为数字量指令的梯形图和语句表如表 5-4-28 所示。

表 5-4-28　字符串转换为数字量指令的 STL、LAD 形式

指 令 名 称	字符串转换为整数	字符串转换为双整数	字符串转换为实数
LAD	S_I EN　　ENO IN　　OUT INDX	S_DI EN　　ENO IN　　OUT INDX	S_R EN　　ENO IN　　OUT INDX
STL	STI IN, INDX, OUT	STD IN, INDX, OUT	STR IN, INDX, OUT

指令 STI、STD 和 STRIKE 分别将从偏移量 INDX 开始的字符串 IN 转换为整数、双整数和实数值，存放到 OUT 指定的地址区中。

转换到字符串的结尾或遇到一个非法的字符（不是数字 0~9）时，停止转换。转换产生的整数值超过有符号的范围时，溢出标志 SM1.1 将被置位。

4. 编码、译码指令

编码、译码指令的梯形图和语句表如表 5-4-29 所示。

表 5-4-29　编码、译码指令的 STL、LAD 形式

指 令 名 称	编码指令	译码指令
LAD	ENCO EN　ENO IN　OUT	DECO EN　ENO IN　OUT
STL	ENCO IN, OUT	DECO IN, OUT

编码指令 ENCO 的功能是当允许信号 EN 为 1 时，将 16 位字型输入数据 IN 中值为 1 的最低有效位的位号（0~15）编码成 4 位二进制数，输出到 OUT 所指定的字节型单元的低 4 位。而译码指令（DECO）的功能是当允许信号 EN 为 1 时，根据 8 位字节型输入数据 IN 的低 4 位所表示的位号（0~15）将 OUT 所指定的字单元的对应位置 1，其他位置 0。

5.4.7　数据运算指令

随着计算机技术的发展，新型 PLC 具备了越来越强的数据运算功能，来满足复杂控制对控制器计算能力的要求。数据运算指令包括数学运算指令和逻辑运算指令两大类。

1. 数学运算指令

1）加法运算指令

当允许输入端 EN 有效时，加法运算指令执行加法操作，把两个输入端（IN1，IN2）指定的数据相加，将运算结果送到输出端（OUT）指定的存储器单元中。

加法运算指令是对有符号数进行加法运算，可分为整数（ADD_I）、双整数（ADD_DI）、实数（ADD_R）加法运算指令，指令的梯形图和指令表格式如表 5-4-30 所示。其操作数数据类型依次为有符号整数（INT）、有符号双整数（DINT）、实数（REAL）。

表 5-4-30　加法运算指令的 STL、LAD 形式

指 令 名 称	整数加法	双整数加法	实数加法
LAD	ADD_I EN　ENO IN1　OUT IN2	ADD_DI EN　ENO IN1　OUT IN2	ADD_R EN　ENO IN1　OUT IN2
STL	+I IN1, OUT	+D IN1, OUT	+R IN1, OUT

执行加法运算时，使用梯形图编程和指令表编程时对存储单元的要求是不相同的。使用梯形图编程时，执行 IN1+ IN2 =OUT，因此 IN2 和 OUT 指定的存储单元可以相同也可以不相同；使用指令表编程时，执行 IN1+OUT =OUT，因此 IN2 和 OUT 要使用相

同的存储单元。

2）减法运算指令

当允许输入端 EN 有效时，减法运算指令执行减法操作，把两个输入端（IN1，IN2）指定的数据相减，将运算结果送到输出端（OUT）指定的存储器单元中。

减法运算指令是对有符号数进行减法运算，可分为整数（ADD_I）、双整数（ADD_DI）、实数（ADD_R）减法运算指令，指令的梯形图和指令表格式如表 5-4-31 所示。其操作数数据类型依次为有符号整数（INT）、有符号双整数（DINT）、实数（REAL）。

表 5-4-31　减法运算指令的 STL、LAD 形式

指令名称	整数减法	双整数减法	实数减法
LAD	SUB_I EN　ENO IN1　OUT IN2	SUB_DI EN　ENO IN1　OUT IN2	SUB_R EN　ENO IN1　OUT IN2
STL	-I IN2，OUT	-D IN2，OUT	-R IN2，OUT

执行减法运算时，使用梯形图编程和指令表编程时对存储单元的要求是不相同的。使用梯形图编程时，执行 IN1- IN2＝OUT，因此 IN1 和 OUT 指定的存储单元可以相同也可以不相同；使用指令表编程时，执行 OUT-IN2＝OUT，因此 IN1 和 OUT 要使用相同的存储单元。

3）乘法运算指令

当允许输入端 EN 有效时，乘法运算指令，把两个输入端（IN1，IN2）指定的数相乘，将运算结果送到输出端（OUT）指定的存储单元中。

乘法运算指令是对有符号数进行乘法运算，可分为整数、双整数、实数乘法指令和整数完全乘法指令，指令的梯形图和指令表格式如表 5-4-32 所示。

表 5-4-32　乘法运算指令的 STL、LAD 形式

指令名称	整数乘法	双整数减法	实数减法	整数完全乘法
LAD	MUL_I EN　ENO IN1　OUT IN2	MUL_DI EN　ENO IN1　OUT IN2	MUL_R EN　ENO IN1　OUT IN2	MUL EN　ENO IN1　OUT IN2
STL	*I IN1，OUT	*D IN1，OUT	*R IN1，OUT	MUL IN1，OUT

整数乘法运算指令是将两个单字长符号整数相乘，产生一个 16 位整数；双整数乘法运算指令是将两个双字长符号整数相乘，产生一个 32 位整数；实数乘法运算指令是将两个双字长实数相乘，产生一个 32 位实数；整数完全乘法运算指令是将两个单字长符号整数相乘，产生一个 32 位整数；执行乘法运算时，使用梯形图编程和指令表编程时对存储单元的要求是不相同的。使用梯形图编程时，执行 IN1 * IN2 ＝OUT，因此 IN2 和 OUT 指定的存储单元可以相同也可以不相同；使用指令表编程时，执行 IN1 * OUT＝OUT，因此 IN2 和 OUT 要使用相同的存储单元（整数完全乘法运算指令的 IN2 与 OUT 的低 16 位使用相同的地址单元）。

对标志位的影响如下。

加法、减法、乘法指令影响的特殊存储器位：SM1.0（零）、SM1.1（溢出）、SM1.2（负）。

4）除法运算指令

当允许输入端 EN 有效时，除法运算指令，把两个输入端（IN1，IN2）指定的数相除，将运算结果送到输出端（OUT）指定的存储单元中。

除法运算指令是对有符号数进行除法运算，可分为整数、双整数、实数除法指令和整数完全除法指令，指令的梯形图和指令表格式如表 5-4-33 所示。

表 5-4-33　除法运算指令的 STL、LAD 形式

指令名称	整数除法	双整数除法	实数除法	整数完全除法
LAD	DIV_I EN　ENO IN1　OUT IN2	DIV_DI EN　ENO IN1　OUT IN2	DIV_R EN　ENO IN1　OUT IN2	DIV EN　ENO IN1　OUT IN2
STL	/I IN2, OUT	/D IN2, OUT	/R IN2, OUT	DIV IN2, OUT

整数除法运算指令是将两个单字长符号整数相除，产生一个 16 位商，不保留余数；双整数除法运算指令是将两个双字长符号整数相除，产生一个 32 位商，不保留余数；实数除法运算指令是将两个双字长实数相除，产生一个 32 位商，不保留余数；整数完全除法运算指令是将两个单字长符号整数相除，产生一个 32 位的结果；其中高 16 位是余数，低 16 位是商。

执行除法运算时，使用梯形图编程和指令表编程对存储单元的要求是不相同的。使用梯形图编程时，执行 IN1/IN2＝OUT，因此 IN1 和 OUT 指定的存储单元可以相同也可以不同；使用指令表编程时，执行 OUT/IN2＝OUT，因此 IN1 和 OUT 要使用相同的存储单元（整数完全除法指令运算指令的 IN1 与 OUT 的低 16 位使用相同的地址单元）。

除法运算指令对特殊存储器位的影响：SM1.0（零）、SM1.1（溢出）、SM1.2（负）、SM1.3（除数为 0）。

5）加 1 和减 1 指令

加 1 和减 1 指令用于自增、自减操作，当允许输入端 EN 有效时，把输入端（IN）指定的数相加 1 或减 1，将运算结果送到输出端（OUT）指定的存储单元中。

加 1 和减 1 指令操作数长度可以是字节（无符号数）、字或双字（有符号数），所以指令可以分为字节、字、双字加 1 或减 1 指令，指令的梯形图和指令表格式如表 5-4-34 所示。

表 5-4-34　加 1 和减 1 指令的 STL、LAD 形式

指令名称	字节加 1	字加 1	双字加 1
LAD	INC_B EN　ENO IN　OUT	INC_W EN　ENO IN　OUT	INC_DW EN　ENO IN　OUT
STL	INCB OUT	INCW OUT	INCD OUT

续表

指令名称	字节减1	字减1	双字减1
LAD	DEC_B EN ENO IN OUT	DEC_W EN ENO IN OUT	DEC_DW EN ENO IN OUT
STL	DECB OUT	DECW OUT	DECD OUT

字节加 1 和减 1 指令影响的特殊存储器位：SM1.0（零）、SM1.1（溢出）。字、双字加 1 和减 1 指令影响的特殊存储器位：SM1.0（零）、SM1.1（溢出）、SM1.2（负）。

6）数学功能指令

数学功能指令包括平方根、自然对数、自然指数、三角函数等常用的函数指令，除平方根函数指令外，其他数学函数需要在 CPU224 1.0 以上版本支持。数学功能指令的操作数均为实数（REAL）。指令的梯形图和指令表格式如表 5-4-35 所示。

表 5-4-35　数学功能指令的 STL、LAD 形式

指令名称	平方根	自然对数	自然指数
LAD	SQRT EN ENO IN OUT	LN EN ENO IN OUT	EXP EN ENO IN OUT
STL	SQRT IN, OUT	LN IN, OUT	EXP IN, OUT
指令名称	正弦	余弦	正切
LAD	SIN EN ENO IN OUT	COS EN ENO IN OUT	TAN EN ENO IN OUT
STL	SIN IN, OUT	COS IN, OUT	TAN IN, OUT

（1）平方根指令。平方根指令（SQRT），把输入端（IN）的 32 位实数开方，得到 32 位实数结果，并把结果存放到 OUT 指定的存储单元中。

（2）自然对数指令。自然对数指令（LN），把输入端（IN）的 32 位实数取自然对数，得到 32 位实数结果，并把结果存放到 OUT 指定的存储单元中。

（3）自然指数指令。自然指数指令（EXP），把输入端（IN）的 32 位实数取以 e 为底的指数，得到 32 位实数结果，并把结果存放到 OUT 指定的存储单元中。

（4）正弦、余弦、正切指令。正弦、余弦、正切指令，对输入端（IN）指定的 32 位实数的弧度值取正弦、余弦、正切，得到 32 位实数结果，并把结果存放到 OUT 指定的存储单元中。

数学功能指令影响的特殊存储器位：SM1.0（零）、SM1.1（溢出）、SM1.2（负）。

2. 逻辑运算指令

1）逻辑与指令

逻辑与指令是指当允许输入端 EN 有效时，对两个输入端（IN1，IN2）的数据按位与，产生一个逻辑运算结果，并把结果存入 OUT 指定的存储器单元中。逻辑与指令按操作数的数据类型可分为字节、字、双字，指令的梯形图和指令表格式如表 5-4-36 所示。

表 5-4-36　逻辑与指令的 STL、LAD 形式

指 令 名 称	字节逻辑与	字逻辑与	双字逻辑与
LAD	WAND_B EN　ENO IN1　OUT IN2	WAND_W EN　ENO IN1　OUT IN2	WAND_DW EN　ENO IN1　OUT IN2
STL	ANDB IN1, OUT	ANDW IN1, OUT	ANDD IN1, OUT

2）逻辑或指令

逻辑或指令是指当允许输入端 EN 有效时，对两个输入端（IN1，IN2）的数据按位或，产生一个逻辑运算结果，并把结果存入 OUT 指定的存储器单元中。逻辑或指令按操作数的数据类型可分为字节、字、双字，指令的梯形图和指令表格式如表 5-4-37 所示。

表 5-4-37　逻辑或指令的 STL、LAD 形式

指 令 名 称	字节逻辑或	字逻辑或	双字逻辑或
LAD	WOR_B EN　ENO IN1　OUT IN2	WOR_W EN　ENO IN1　OUT IN2	WOR_DW EN　ENO IN1　OUT IN2
STL	ORB IN1, OUT	ORW IN1, OUT	ORD IN1, OUT

3）逻辑异或指令

逻辑异或指令是指当允许输入端 EN 有效时，对两个输入端（IN1，IN2）的数据按位异或，产生一个逻辑运算结果，并把结果存入 OUT 指定的存储器单元中。逻辑异或指令按操作数的数据类型可分为字节、字、双字，指令的梯形图和指令表格式如表 5-4-38 所示。

表 5-4-38　逻辑异或指令的 STL、LAD 形式

指 令 名 称	字节逻辑异或	字逻辑异或	双字逻辑异或
LAD	WXOR_B EN　ENO IN1　OUT IN2	WXOR_W EN　ENO IN1　OUT IN2	WXOR_DW EN　ENO IN1　OUT IN2
STL	XORB IN1, OUT	XORW IN1, OUT	XORD IN1, OUT

4）逻辑取反指令

逻辑取反指令是指当允许输入端 EN 有效时，对输入端（IN）的数据按位取反，产生一个逻辑运算结果，并把结果存入 OUT 指定的存储器单元中。逻辑"取反"指令按操作数的数据类型可分为字节、字、双字，指令的梯形图和指令表格式如表 5-4-39 所示。

表 5-4-39　逻辑取反指令的 STL、LAD 形式

指 令 名 称	字节逻辑取反	字逻辑取反	双字逻辑取反
LAD	INV_B EN　ENO IN　OUT	INV_W EN　ENO IN　OUT	INV_DW EN　ENO IN　OUT
STL	INVB OUT	INVW OUT	INVD OUT

逻辑运算指令影响的特殊存储器位：SM1.0（零）。

5.4.8　表功能指令

表功能指令是数据管理指令，使用它可建立一个不大于 100 个字的数据表，依次向数据区填入或取出数据，也可在数据区查找符合设置条件的数据。表功能指令包括填表指令、查表指令，先进先出指令、后进先出指令及填充指令。

1. 填表指令

填表指令的梯形图和语句表如表 5-4-40 所示。

表 5-4-40　填表指令的 STL、LAD 形式

指 令 名 称	STL	LAD
填表指令	ATT DATA，TBL	AD_T_TBL EN　　ENO DATA TBL

一个表有表地址（表的首地址）。表地址和第二个字地址所对应的单元分别存放两个参数值，第一个是最大填表数（TL），第二个是实际填表数（EC），指出已填入表的数据个数。当 EN 端口执行条件存在时，把 DATA 端的数据填加到 TBL 指定的数据表中。新的数据添加在表中已有数据的后面。每向表中添加一个新的数据，实际填表数 EC 会自动加 1。一个表最多可填入 100 个数据（不包括最大填表数 TL 和实际填表数 EC）。

2. 查表指令

查表指令的梯形图和语句表如表 5-4-41 所示。

表 5-4-41　查表指令的 STL、LAD 形式

指 令 名 称	STL	LAD
查表指令	FND=TBL，PTN，INDX FND<>TBL，PTN，INDX FND<TBL，PTN，INDX FND>TBL，PTN，INDX	TBL_FIND EN　　ENO TBL PTN INDX CMD

查表指令是指当 EN 端口执行条件存在时，从 INDX 开始搜索表 TBL，查找符合条件 PTN 和 CMD 的数据。TBL 指明表格的首地址；PTN 设置要查找的具体数据；CMD 设置查找条件，它是一个 1~4 的数值，分别表示 =、<>、<、>；INDX 用来存放表中符合查找条件的数据的地址。查表指令 FND 是从 INDX 开始搜索表 TBL，查表前，INDX 的内容应清零。当 EN 端口执行条件存在时，从 INDX 开始查找符合条件的数据，若没有发现符合条件的数据，则 INDX 的值等于 EC；若找到一个符合条件的数据，则将该数据在表中的地址存放到 INDX 中。找到一个符合条件的数据后，若想继续查找下一个符合条件的数据，在激活查表指令前，必须先对 INDX 加 1。

3. 表取数指令

从表中取出一个字型数据有两种方式：先进先出和后进先出。表取数指令的梯形图和语句表如表 5-4-42 所示。

表 5-4-42　表取数指令的 STL、LAD 形式

指 令 名 称	先 进 先 出	后 进 先 出
LAD	FIFO EN　　ENO TBL　　DATA	LIFO EN　　ENO TBL　　DATA
STL	FIFO TABLE, DATA	LIFO TABLE, DATA

先进先出指令是指当 EN 端口执行条件存在时，将表中的字型数据按照"先进先出"的方式取出，并将该数据输出到 DATA 指定的存储单元中，表中剩余数据依次上移一个位置，每取一个数，实际填表数 EC 值自动减 1。

后进先出指令是指当 EN 端口执行条件存在时，将表中的字型数据按照"后进先出"的方式取出，并将该数据输出到 DATA 指定的存储单元中，表中剩余数据位置保持不变，每取一个数，实际填表数 EC 值自动减 1。

4. 存储器填充指令

存储器填充指令是指用输入值（IN）填充从输出单元（OUT）开始的 N 个字的内容。N 为 $1 \sim 255$。指令的梯形图和指令表格式如表 5-4-43 所示。

表 5-4-43　存储器填充指令的 STL、LAD 形式

指 令 名 称	STL	LAD
存储器填充指令	FILL IN, OUT, N	FILL_N EN　　ENO IN　　OUT N

5.4.9　程序控制类指令

程序控制指令用于对程序的走向进行控制。可以控制程序的结束、分支、循环、子程序或中断程序调用等。合理使用该类指令，可以优化程序结构，增强程序功能和灵活性。

该类指令主要包括：结束指令、暂停指令、监视定时器复位指令、跳转与标号指令、循环指令、子程序调用等指令等。

1. 有条件结束指令和停止指令

有条件结束指令和停止指令的梯形图和指令表格式如表 5-4-44 所示。

表 5-4-44　有条件结束指令和停止指令的 STL、LAD 形式

指 令 名 称	有条件结束指令	停 止 指 令
LAD	——(END)	——(STOP)
STL	END	STOP

执行有条件结束指令后，系统结束主程序，返回主程序的起点，有条件结束指令只能用于主程序中，不能在子程序和中断程序中使用。

执行停止指令使 PLC 的运行方式从 RUN 状态转为 STOP 状态，同时立即终止用户程序的执行。停止指令可以用在主程序、子程序和中断程序中。若在中断程序中执行了 STOP 指令，则立即终止该中断处理程序，并且忽略所有等待的中断，继续扫描程序的剩余部分，在本次扫描结束后，完成将 PLC 从 RUN 状态到 STOP 状态的切换。

2. 监视定时器复位指令

监视定时器复位指令的梯形图和指令表格式如表 5-4-45 所示。

表 5-4-45　监视定时器复位指令的 STL、LAD 形式

指 令 名 称	STL	LAD
监视定时器复位	WDR	——(WDR)

监视定时器又称看门狗（Watchdog），它的定时时间为 500ms，每次扫描它都被自动复位一次，正常工作时扫描周期小于 500ms，它不起作用。系统在发生故障的情况下，扫描时间大于 WDT 设定值，该定时器不能及时复位，则报警并停止 CPU 运行，同时复位输出，以防止因系统故障或程序进入死循环而引起的扫描周期过长。

系统正常工作时，如果希望扫描时间大于 500ms，或者预计发生大量中断时间，或者使用循环指令使扫描时间过长在 500ms 内不能返回主程序，为防止这些情况下看门狗动作，可以将监视定时器复位指令 WDR 插入到程序中适当的地方，使监视定时器复位。

下列程序只有在扫描循环完成后才能执行：通信（自由端口模式除外）；I/O 更新（立即 I/O 除外）；强制更新；SM 位更新；运行时间诊断程序；中断程序中的 STOP 指令。

3. 跳转与标号指令

跳转与标号指令的梯形图和指令表格式如表 5-4-46 所示。

表 5-4-46　跳转与标号指令的 STL、LAD 形式

指 令 名 称	跳转指令	标号指令
LAD	——(JMP)　n	n LBL
STL	JMP n	LBL n

跳转指令（JMP）是指当条件满足时，可使程序跳转到同一程序中 N 所指定的相应标号处。标号指令（LBL），标记跳转目的地的位置（N），由 N 来标记与哪个 JMP 指令对应。指令操作数 N 为常数（0~255）。

JMP 和 LBL 指令必须成对应用于主程序、子程序或中断程序中。不能在不同的程序块中相互跳转。多条跳转指令可以对应于同一个标号，但一条跳转指令不能对应多个相同的标号，即在程序中不能出现两个相同的标号。执行跳转指令后，被跳过的程序段中各元件的状态如下：

（1）各输出线圈保持跳转前的状态。

（2）计数器 C 停止计数，当前值存储器保持跳转前的计数值。

（3）分辨率为 1ms、10ms 的定时器保持跳转之前的工作状态，原来工作的继续工作，到设定值后可以正常动作，其当前值一直累计到 32767 才停止。分辨率为 100ms 的定时器在跳转期间停止工作，但不会复位，当前值保持不变，跳转结束后，若输入条件允许，可继续计时，但计时已不准确了。

4. 循环指令

当需要重复执行相同功能的程序段时，可采用循环程序结构。循环指令有两条：循环开始指令 FOR 和循环结束指令 NEXT。这两条指令的梯形图和指令表格式表 5-4-47 所示。

表 5-4-47　循环指令的 STL、LAD 形式

指 令 名 称	循环开始指令	循环结束指令
LAD	FOR EN　ENO INDX INIT FINAL	——(NEXT)
STL	FOR INDX, INIT, FINAL	NEXT

循环开始指令 FOR 的功能是标记循环程序的开始。循环结束指令 NEXT 的功能是标记循环程序的结束，无操作数。FOR 和 NEXT 之间的程序部分称为循环体。

FOR 指令中 INDX 指定当前循环计数器，用于记录循环次数，INIT 指定循环次数的初值，FINAL 指定循环次数的终值。当使能输入有效时，开始执行循环体，当前循环计数器从 INIT 指定的初值开始，每执行 1 次循环体，当前循环计数器值增加 1，并且将结果同终值进行比较，如果大于终值，循环结束。

5. 子程序指令

在程序设计中，可以把功能独立的，且需要多次使用的程序段单独编写，设计成子程序的形式，供主程序调用。子程序操作指令有两条：子程序调用指令和子程序返回指令其梯形图和指令表格式表 5-4-48 所示，n 为子程序标号（0~63）。

表 5-4-48　子程序操作指令的 STL、LAD 形式

指 令 名 称	子程序调用指令	子程序返回指令
LAD	SBR_0 EN	——(RET)
STL	CALL SBR_n	CRET

子程序的调用由在主程序内使用的调用指令完成。当子程序调用允许时，调用指令将程序控制转移给子程序（SBR_n），程序扫描将转到子程序入口处执行。当执行子程序时，子程序将执行全部指令直至满足返回条件才返回，或者执行到子程序末尾而返回。当子程序返回时，返回到原主程序出口的下一条指令执行，继续往下扫描程序。

应用子程序操作指令应注意以下问题：

（1）子程序由子程序标号开始，到子程序返回指令结束。S7-200 PLC 的 STEP-Micro/WIN 编程软件为每个子程序自动加入子程序标号和无条件子程序返回指令，无须编程人员手工输入。

（2）如果在子程序的内部又对另一个程序执行调用指令，则这种调用称为子程序的嵌套。子程序嵌套的深度最多为 8 级，但是不允许子程序直接递归调用。

（3）对于带参数的子程序调用指令应遵守下列原则：参数必须与子程序局部变量表内定义的变量完全匹配；参数顺序应为输入参数最先，其次是输入/输出参数，最后时输出参数；各子程序调用的输入/输出参数的最大限制是 16 个。

（4）累加器可在调用程序和被调用子程序之间自由传递，所以累加器的值在子程序调用时既不保持也不恢复。

6. 顺序控制继电器指令

顺序控制继电器指令有 3 条：顺序控制开始指令（SCR）、顺序控制转移指令（SCRT）和顺序控制结束指令（SCRE）其梯形图和指令表格式表 5-4-49 所示。顺序控制程序从 SCR 开始到 SCRT 结束。

表 5-4-49　顺序控制继电器指令的 STL、LAD 形式

指 令 名 称	顺序控制开始指令	顺序控制转移指令	顺序控制结束指令
LAD	Sn SCR	—(Sn SCRT)	—(SCRE)
STL	LSCR Sn	SCRT Sn	SCRE

Sn 为顺序控制继电器位（S0.0~S31.7），顺序控制开始指令定义一个顺序控制程序段的开始，Sn 是本段的标志位，当顺序控制继电器位 Sn 为 1 时，启动 SCR Sn 段的顺序控制程序。顺序控制结束指令用于结束本程序段。

顺序控制转移指令用来指定要启动的下一个程序段，实现本程序段与另一程序段之间的切换。当执行该指令时，一方面对下一段的 Sn 置位，另一方面同时对本段的 Sn 复位。只有等执行到顺序控制结束指令时才能过渡到下一个顺序控制程序段。

5.4.10　时钟指令

时钟指令可以实现调用系统实时时间或设定时间，这对实现监控、记录、定时完成数据传送等与实时时间有关的控制十分方便。时钟指令共有两条：读实时时钟指令和设置实时时钟指令。

读实时时钟指令和设置实时时钟指令的梯形图和语句表如表 5-4-50 所示。

表 5-4-50　时钟指令的 STL、LAD 形式

指 令 名 称	读实时时钟	设置实时时钟
LAD	READ_RTC EN ENO T	SET_RTC EN ENO T
STL	TODR T	TPDW T

读实时时钟指令是指当 EN 端口执行条件存在时，系统读当前时间和日期，并把它装入由 T 端口指定起始地址的 8 个连续字节的缓冲区。

设置实时时钟指令是指当 EN 端口执行条件存在时，系统将包含时间和日期的 8

字节缓冲区的内容装入 PLC 的时钟，操作数 T 指定 8 个连续字节的缓冲区的起始地址。

8 字节时钟缓冲区（T）格式如表 5-4-51 所示。

表 5-4-51　字节时钟缓冲区格式

缓冲区	T	T+1	T+2	T+3	T+4	T+5	T+6	T+7
内容	年	月	日	时	分	秒	0	星期
范围	00~99	01~12	01~31	00~23	00~59	00~59	0	01~07

注意：
（1）所有日期和时间数据均要以 BCD 表示，对于年份用最低两位数表示，如 2008 年表示为 08 年。
（2）PLC 不执行检查和核实输入日期是否正确，无效时间也可以被系统接受，所以必须确保输入数据准确性。
（3）不能同时在主程序和中断程序中使用读写时间指令，否则会产生非常致命的错误。

5.4.11　中断指令

中断是计算机在实时处理和实时控制中不可缺少的一项技术。所谓中断，是当控制系统执行正常程序时，系统中出现了某些需要急需处理的事件或者特殊请求，当 CPU 响应中断请求后，暂时中断现行程序，转去对随机发生的更加紧急的事件进行处理（执行中断服务程序），一旦处理结束，系统自动回到原来被中断的程序继续执行。

中断主要由中断源和中断服务程序构成。而中断控制指令包括中断允许、中断禁止指令和中断连接、分离指令。

1. 中断源

1）中断源简介

中断源是中断事件向 PLC 发出中断请求的信号。S7-200 系列 PLC 至多具有 34 个中断源，每个中断源都被分配了一个编号加以识别，称为中断事件号。不同的 CPU 模块，可使用的中断源有所不相同，具体如表 5-4-52 所示。

表 5-4-52　不同 CPU 模块可使用的中断源

CPU 模块	CPU221、CPU222	CPU224	CPU224XP、CPU226
可使用的中断源（中断事件）	0~12，19~23，27~33	0~23，27~33	0~33

34 个中断源大致可分为 3 大类：通信中断、I/O 中断、时基中断。

（1）通信中断。在自由口通信模式下（通信口由程序来控制），可以通过编程来设置通信的波特率、每个字符位数、起始位、停止位及奇偶校验，可以通过接收中断和发送中断来简化程序对通信的控制。

（2）I/O 中断。I/O 中断包含了上升沿和下降沿中断、高速计数器中断、高速脉冲输出中断。上升沿和下降沿中断是系统利用 I0.0~I0.3 的上升沿或下降沿所产生的中断，用于连接某些一旦发生就必须引起注意的外部事件；高速计数器中断可以响应诸如当前值等于预置值、计数方向的改变、计数器外部复位等事件所产生的中断；高速脉冲输出中断可以响应给定数量脉冲输出完毕所产生的中断。

（3）时基中断。时基中断包括定时中断和定时器中断。定时中断按指定的周期时间循环执行，周期时间以 1ms 为计量单位，周期可以设定为 1～255ms。S7-200 系列 PLC 提供了两个定时中断，即定时中断 0 和定时中断 1，对于定时中断 0，把周期时间值写入 SMB34；对于定时中断 1，把周期时间值写入 SMB35。当定时中断允许，则相关定时器开始计时，当达到定时时间值时，相关定时器溢出，开始执行定时中断所连接的中断处理程序。定时中断一旦允许就连续地运行，按指定的时间间隔反复执行被连接的中断程序，通常可用于模拟量的采样周期或执行一个 PID 控制。定时器中断就是利用定时器来对一个指定的时间段产生中断，只能使用 1ms 定时器 T32 和 T96 来实现，在定时器中断被允许时，当定时器的当前值和预置值相等，则执行被连接的中断程序。

2）中断优先级

中断优先级是指当多个中断事件同时发出中断请求时，CPU 响应中断的先后次序。优先级高的先执行，优先级低的后执行。SIMEMENS 公司 CPU 规定的中断优先级由高到低的顺序是：通信中断、输入/输出中断、时基中断。同类中断中的不同中断事件也有不同的优先权，如表 5-4-53 所示。

表 5-4-53　中断事件及其优先级

中断事件号	中断描述	优先组	组内优先级
8	通信口 0：接收字符	通信（最高）	0
9	通信口 0：发送信息完成		0
23	通信口 0：接收信息完成		0
24	通信口 1：接收信息完成		1
25	通信口 1：接收字符		1
26	通信口 1：发送信息完成		1
19	PTO0 脉冲串输出完成中断	I/O 中断（中等）	0
20	PTO1 脉冲串输出完成中断		1
0	I0.0 上升沿		2
2	I0.1 上升沿		3
4	I0.2 上升沿		4
6	I0.3 上升沿		5
1	I0.0 下降沿		6
3	I0.1 下降沿		7
5	I0.2 下降沿		8
7	I0.3 下降沿		9
12	HSC0 当前值等于预置值中断		10
27	HSC0 输入方向改变中断		11
28	HSC0 外部复位中断		12
13	HSC1 当前值等于预置值中断		13

续表

中断事件号	中断描述	优　先　组	组内优先级
14	HSC1 输入方向改变中断		14
15	HSC1 输入方向改变中断		15
16	HSC2 当前值等于预置值中断		16
17	HSC2 输入方向改变中断		17
18	HSC2 外部复位中断		18
32	HSC3 当前值等于预置值中断		19
29	HSC4 当前值等于预置值中断		20
30	HSC4 输入方向改变中断		21
31	HSC4 外部复位中断		22
33	HSC5 当前值等于预置值中断		23
10	定时中断 0		0
11	定时中断 1	定时中断（最低）	1
21	定时器 T32 当前值等于预置值中断		2
22	定时器 T96 当前值等于预置值中断		3

在 PLC 中，CPU 按先来先服务的原则处理中断，一个中断程序一旦执行，它会一直执行到结束，不会被其他高优先级的中断事件所打断。在任一时刻，CPU 只能执行一个用户中断程序，正在处理某中断程序时，新出现的中断事件，则按照优先级排队等候处理，中断队列可保存的最大中断数是有限的，如果超出队列容量，则产生溢出，某些特殊标志存储器被置位。S7-200 系列 PLC 各 CPU 模块最大中断数及溢出标志位见表 5-4-54。

表 5-4-54　各 CPU 模块最大中断数及溢出标志位

中断队列种类	CPU221CPU222CPU224	CPU226CPU224XP	中断队列溢出标志位
通信中断队列	4	8	SM4.0
I/O 中断队列	16	16	SM4.1
时基中断队列	8	8	SM4.2

2. 中断程序

中断程序是用户为处理中断事件而事先编制的程序，建立中断程序的方法如下：选择编程软件中的"编辑"菜单中的"插入"子菜单下的"中断程序"选项就可以建立一个新的中断程序。默认的中断程序名（标号）为 INT_N，编号 N 的范围为 0~127，从 0 开始按顺序递增，也可以通过"重命名"命令为中断程序改名。

中断程序名 INT_N 标志着中断程序的入口地址，可以通过中断程序名在中断连接指令中将中断源和中断程序连接起来。在中断程序中，可以用有条件中断返回指令或无条件中断返回指令，来返回主程序。

3. 中断连接/分离指令

中断连接指令（ATCH）、中断分离指令（DTCH）的梯形图和指令表格式如表 5-4-55

所示。

中断连接指令（ATCH）是指当 EN 端口执行条件存在时，把一个中断事件（EVENT）和一个中断程序（INT）联系起来，并允许该中断事件，INT 为中断服务程序的标号，EVNT 为中断事件号。

表 5-4-55 中断连接/分离指令的 STL、LAD 形式

指令名称	中断连接指令	中断分离指令
LAD	ATCH EN ENO INT EVNT	DTCH EN ENO EVNT
STL	ATCH INT, EVENT	DTCH EVENT

中断分离指令（DTCH）是指当 EN 端口执行条件存在时，切断一个中断事件和中断程序之间的联系，并禁止该中断事件。EVNT 端口指定被禁止的中断事件。

4. 中断允许/禁止指令

中断允许指令（ENI）、中断禁止指令（DISI）梯形图和指令表格式如表 5-4-56 所示。

表 5-4-56 中断允许/禁止指令及中断返回指令的 STL、LAD 形式

指令名称	中断允许指令	中断禁止指令	有条件中断返回指令
LAD	——(ENI)	——(DISI)	——(RETI)
STL	ENI	DISI	CRETI

中断允许指令（ENI）是指当逻辑条件成立时，全局地允许所有被连接的中断事件。该指令无操作数中断禁止指令（DISI）是指当逻辑条件成立时，全局地禁止所有被连接的中断事件。该指令无操作数。

5. 中断返回指令

中断返回指令包含有条件中断返回指令（CRETI）和无条件中断返回指令（RETI）两条。中断返回指令梯形图和指令表格式如表 5-4-56 所示。

有条件中断返回指令（CRETI）：当逻辑条件成立时，从中断程序中返回到主程序，继续执行。

无条件中断返回指令（RETI）：由编程软件在中断程序末尾自动添加。

中断处理提供了对特殊的内部或外部事件的快速响应。因此，中断程序应短小、简单，执行时间不宜过长。在中断程序中不能使用 DISI、ENI、HDEF、LSCR 和 END 指令。中断程序的执行影响触点、线圈和累加器状态，中断前后，系统会自动保存和恢复逻辑堆栈、累加器及特殊存储标志位（SM），来保护现场。

5.4.12 高速计数器与高速脉冲输出指令

1. 高速计数器

PLC 中普通计数器受到扫描周期的影响，对高速脉冲的计数会发生脉冲丢失现象，导致计数不准确。高速计数器（High Speed Counter，HSC）脱离主机的扫描周期而独立计数，它可用来累计比 PLC 的扫描频率高得多的脉冲输入（最高可达 30kHz）。高速计数器常用于电动机转速控制等场合，使用时，可由编码器将电动机的转速转化为高频脉冲信号，通过对高频脉冲的计数和编程来实现对电动机的控制。

1) 高速计数器指令

高速计数器指令包括定义高速计数器指令（HDEF）、高速计数器指令（HSC），指令的梯形图及指令表格式如表 5-4-57 所示。

S7-200 系列 PLC 中规定了 6 个高速计数器编号，使用时每个高速计数器都有地址编号 HSCn，n 的取值范围为 0~5。每个高速计数器包含两个方面的信息：计数器位和计数器当前值，该当前值是一个只读的 32 位双字长的符号整数。不同的 CPU 模块中可使用的高速计数器是不同的，CPU221 和 CPU222 可以使用 HC0、HC3、HC4 和 HC5；CPU224 和 CPU226 可以使用 HC0~HC5。

表 5-4-57　高速计数器指令的 STL、LAD 形式

指 令 名 称	定义高速计数器	高速计数器
LAD	HDEF EN　ENO HSC MODE	HSC EN　ENO N
STL	HDEF HSC, MODE	HSC N

2) 指令功能

定义高速计数器指令（HDEF）：HSC 端口指定高速计数器编号，为 0~5 的常数；MODE 端口指定工作模式，为 0~11 的常数（各高速计数器至多有 12 种工作模式）。当 EN 端口执行条件存在时，HDEF 指令为指定的高速计数器选定一种工作模式，即用来建立高速计数器与工作模式之间的联系。在一个程序中，每一个高速计数器只能使用一次 HDEF 指令。

高速计数器指令（HSC）：当 EN 端口执行条件存在时，根据高速计数器特殊存储器位的状态，按照 HDEF 指令所指定的工作模式，设置高速计数器并控制其工作。操作数 N 指定了高数计数器号，为 0~5 的常数。

3) 高速计数器的工作模式及输入端子分配

每种高速计数器都有多种功能不相同的工作模式，所使用的输入端子也不相同，主要分为脉冲输入端子、方向控制输入端子、复位输入端子、启动输入端子等，见表 5-4-58、表 5-4-59。

表 5-4-58　HSC0、HSC3~ HSC5 的外部输入信号及工作模式

运行 模式	HSC0			HSC3	HSC4			HSC5
	I0. 0	I0. 1	I0. 2	I0. 1	I0. 3	I0. 4	I0. 5	I0. 4
0	计数			计数	计数			计数
1	计数		复位		计数	复位		

续表

运行模式	HSC0			HSC3	HSC4			HSC5
	I0.0	I0.1	I0.2	I0.1	I0.3	I0.4	I0.5	I0.4
3	计数	方向			计数	方向		
4	计数	方向	复位		计数	方向	复位	
6	增计数	减计数			增计数	减计数		
7	增计数	减计数	复位		增计数	减计数	复位	
9	A 相计数	B 相计数			A 相计数	B 相计数		
10	A 相计数	B 相计数	复位		A 相计数	B 相计数	复位	

表 5-4-59 HSC1、HSC2 的外部输入信号及工作模式

运行模式	HSC1				HSC2			
	I0.6	I0.7	I1.0	I1.1	I1.2	I1.3	I1.4	I1.5
0	计数				计数			
1	计数		复位		计数		复位	
2	计数		复位	启动	计数		复位	启动
3	计数	方向			计数	方向		
4	计数	方向	复位		计数	方向	复位	
5	计数	方向	复位	启动	计数	方向	复位	启动
6	增计数	减计数			增计数	减计数		
7	增计数	减计数	复位		增计数	减计数	复位	
8	增计数	减计数	复位	启动	增计数	减计数	复位	启动
9	A 相计数	B 相计数			A 相计数	B 相计数		
10	A 相计数	B 相计数	复位		A 相计数	B 相计数	复位	
11	A 相计数	B 相计数	复位	启动	A 相计数	B 相计数	复位	启动

从表中可以看出，高速计数器工作模式主要分为 4 类。

（1）带内部方向控制的单向增/减计数器（模式 0~2），它有一个计数输入端，没有外部控制方向的输入信号，由内部控制计数方向，只能进行单向增计数或减计数。如 HC1 的模式 0，其计数方向控制位为 SM47.3，当该位为 0 时为减计数，该位为 1 时为增计数。

（2）带外部方向控制的单向增/减计数器（模式 3~5），它由外部输入信号控制计数方向，有一个计数输入端，只能进行单向增计数或减计数。如 HC2 的模式 3，I1.3 为 0 时为减计数，I1.3 为 1 时为增计数。

（3）带增减计数输入的双向计数器（模式 6~8），它有两个计数输入端，一个为增计数输入，另一个为减计数输入。

（4）A/B 相正交计数器（模式 9~11），它有两个计数脉冲输入端：A 相计数脉冲输入端和 B 相计数脉冲输入端。A/B 相正交计数器利用两个输入脉冲的相位确定计数方向，当 A 相计数脉冲超前于 B 相脉冲计数脉冲时为增计数，反之为减计数。

4）高速计数器控制位、当前值、预置值及状态位定义

要正确使用高速计数器，必须正确设置高速计数器的控制字节、当前值与预置值。状态位表明了高速计数器的工作状态，可以作为编程的参考点。

（1）高速计数器控制字节。

每个高速计数器都有一个控制字节，如表 5-4-60 所示。通过对控制字节的编程来确定计数器的工作方式。例如：复位及启动输入可以设置为高电平有效还是低电平有效；可设置正交计数器的计数倍率；可设置在高速计数器运行过程中是否允许改变计数方向；是否允许更新当前值和预置值；以及是否允许执行高速计数器指令。

表 5-4-60　高速计数器控制字节

HSC0	HSC1	HSC2	HSC3	HSC4	HSC5	控制位功能描述
SM37.0	SM47.0	SM57.0		SM147.0		复位有效电平控制位；0（高电平有效），1（低电平有效）
	SM47.1	SM57.1				启动有效电平控制位；0（高电平有效），1（低电平有效）
SM37.2	SM47.2	SM57.2		SM147.2		正交计数器计数速率选择，0（4X），1（1X）
SM37.3	SM47.3	SM57.3	SM137.3	SM147.3	SM157.3	计数方向控制位；0（减计数），1（增计数）
SM37.4	SM47.4	SM57.4	SM137.4	SM147.4	SM157.4	向 HSC 中写入计数方向；0（不更新），1（更新计数方向）
SM37.5	SM47.5	SM57.5	SM137.5	SM147.5	SM157.5	向 HSC 中写入预置值，0（不更新），1（更新预置值）
SM37.6	SM47.6	SM57.6	SM137.6	SM147.6	SM157.6	向 HSC 中写入新的当前值，0（不更新），1（更新当前值）
SM37.7	SM47.7	SM57.7	SM137.7	SM147.7	SM157.7	HSC 允许，0（禁止 HSC），1（允许 HSC）

（2）高速计数器的当前值和预置值的设置。

每个高速计数器都有一个当前值和预置值，表 5-4-61 为当前值和预置值单元分配表。当前值和预置值都是有符号双字整数。必须将当前值和预置值存入表 5-4-61 所示的特殊存储器中，然后执行 HSC 指令，才能够将新值传送给高速计数器。

表 5-4-61　高速计数器的当前值和预置值

HSC0	HSC1	HSC2	HSC3	HSC4	HSC5	说明
SMD38	SMD48	SMD58	SMD138	SMD148	SMD158	新当前值
SMD42	SMD52	SMD62	SMD142	SMD152	SMD162	新预置值

（3）高速计数器的状态位。

每个高速计数器都有一个状态字节，其中某些位表明了当前计数方向、当前值是否等于预置值、当前值是否大于预置值的状态，具体如表 5-4-62 所示。可以通过监视高速计数器的状态位产生相应中断，来完成重要的操作。

表 5-4-62　高速计数器的状态位

HSC0	HSC1	HSC2	HSC3	HSC4	HSC5	状态位功能描述
SM36.0~ SM36.4	SM46.0~ SM46.4	SM56.0~ SM56.4	SM136.0~ SM136.4	SM146.0~ SM146.4	SM156.0~ SM156.4	不用
SM36.5	SM46.5	SM56.5	SM136.5	SM146.5	SM156.5	当前计数方向状态位：0 （减计数）、1（增计数）
SM36.6	SM46.6	SM56.6	SM136.6	SM146.6	SM156.6	当前值等于预置值状态位： 0（不等）、1（相等）
SM36.7	SM46.7	SM56.7	SM136.7	SM146.7	SM156.7	当前值大于预置值状态位： 0（小于等于）、1（大于）

2. 高速脉冲输出

高速脉冲输出功能可以使 PLC 在指定的输出点上产生高速脉冲，用来驱动负载实现精确控制，如可以用于对步进电动机和直流伺服电动机的定位控制和调速。高速脉冲输出不受 PLC 的扫描周期的影响。

1）高速脉冲输出指令

高速脉冲输出指令的 STL 和 LAD 格式如图 5-4-63 所示。

表 5-4-63　高速脉冲输出指令的 STL、LAD 形式

指令名称	STL	LAD
高速脉冲输出	PLSQ	PLS EN　ENO Q0.X

高速脉冲的输出方式可分为高速脉冲串输出（PTO）和宽度可调脉冲输出（PWM）两种方式。高速脉冲串输出（PTO）提供方波（占空比为 50%）输出，用户控制脉冲周期和脉冲数；宽度可调脉冲输出（PWM）提供连续、占空比可调的脉冲输出，用户控制脉冲周期和脉冲宽度。

S7-200 系列 PLC 的 CPU 有两个 PTO/PWM 发生器产生高速脉冲串和脉冲宽度可调的波形，一个发生器分配给数字输出端 Q0.0，另一个分配给 Q0.1。PLS 指令只有一个输入端 Q，字型数据，只能取常数 0 或 1，对应从 Q0.0 或 Q0.1 输出高速脉冲。PTO/PWM 发生器和输出映像寄存器共同使用 Q0.0 和 Q0.1。如果 Q0.0 和 Q0.1 在程序执行时用作高速脉冲输出，则只能被高速脉冲输出使用，禁止使用数字量输出的通用功能，任何输出更新、立即输出等指令均无效；如果没有进行高速脉冲输出，Q0.0 和 Q0.1 可以作为普通的数字量输出点使用。

PLS 脉冲输出指令的功能是指当 EN 端口执行条件存在时，检测脉冲输出特殊存储器的状态，激活由控制字节定义的脉冲操作，从 Q 端口指定的输出端口输出高速脉冲。

2）与高速脉冲输出相关的特殊功能寄存器

每个高速脉冲输出对应一定数量的特殊功能寄存器，寄存器分配如表 5-4-64 所示。

表 5-4-64　高速脉冲输出的特殊功能寄存器分配

与 Q0.0 对应的寄存器	与 Q0.1 对应的寄存器	功 能 描 述
SMB66	SMB76	状态字节，PTO 方式，监控脉冲串的运行状态
SMB67	SMB77	控制字节，定义 PTO/PWM 脉冲的输出格式
SMW68	SMW78	设置 PTO/PWM 脉冲的周期值，范围：2~65535
SMW70	SMW80	设置 PWM 的脉冲宽度值，范围：0~65535
SMD72	SMD82	设置 PTO 脉冲的输出脉冲数，范围：1~4294967295
SMB166	SMB176	设置 PTO 多段操作时的段数
SMW168	SMW178	设置 PTO 多段操作时包络表的起始地址

（1）状态字节。

每个高速脉冲输出都设定了一个状态字节，Q0.0 或者 Q0.1 是否空闲，是否溢出，当采用多个脉冲串输出时，输出终止的原因，这些信息在程序运行时，都能使状态字节置位或者复位。可以通过程序来读取相关位的状态，以此作为判条件来实现相应的操作。具体状态字节功能如表 5-4-65 所示。

表 5-4-65　高速脉冲输出指信令的状态字节

Q0.0	Q0.1	状态位功能
SM66.0~SM66.3	SM76.0~SM76.3	不用
SM66.4	SM76.4	PTO 包络表因增量计算错误终止，0（无错误），1（有错误）
SM66.5	SM76.5	PTO 包络表因用户命令终止，0（不终止），1（终止）
SM66.6	SM76.6	PTO 管线溢出，0（无溢出），1（溢出）
SM66.7	SM76.7	PTO 空闲，0（执行中），1（空闲）

（2）控制字节。

每个高速脉冲输出都对应一个控制字节，用来设置高速脉冲输出的时间基准、具体周期、输出模式（PTO/PWM）、更新方式、PTO 的单段或多段输出选择等。控制字节中各控制位的功能描述如表 5-4-66 所示。

表 5-4-66　高速脉冲输出控制位功能

Q0.0	Q0.1	控制位功能
SM67.0	SM77.0	允许更新 PTO/PWM 周期，0（不更新），1（允许更新）
SM67.1	SM77.1	允许更新 PWM 脉冲宽度值，0（不更新），1（允许更新）
SM67.2	SM77.2	允许更新 PTO 输出脉冲数，0（不更新），1（允许更新）
SM67.3	SM77.3	PTO/PWM 的时间基准选择，0（1μs/时基），1（1ms/时基）
SM67.4	SM77.4	PWM 的更新方式，0（异步更新），1（同步更新）
SM67.5	SM77.5	PTO 单段/多段输出选择，0（单段管线），1（多段管线）
SM67.6	SM77.6	PTO/PWM 的输出模式选择，0（PTO 模式），1（PWM 模式）
SM67.7	SM77.7	允许 PTO/PWM 脉冲输出，0（禁止脉冲输出），1（允许脉冲输出）

3）PWM 脉冲输出设置

PWM 脉冲是指占空比可调而周期固定的脉冲。其周期和脉宽的增量单位可以设为微秒（μs）或毫秒（ms）。周期变化范围分别为 50~65535μs 和 2~65535ms，在设置周期时，一般应设定为偶数，否则将引起输出波形的占空比失真。周期设置值应大于 2，若设置小于 2，系统将默认为 2。该冲宽度的变化范围分别为 0~65535μs 和 0~65535ms，占空比为 0%~100%，当脉宽大于等于周期时，占空比为 100%，即输出连续接通，当脉冲宽度为 0 时，占空比为 0%，即输出断开。

由于 PWM 占空比可调，且周期可设置，所以脉冲连续输出时的波形可以更新。有两个方法可改变波形的特性：同步更新和异步更新。

同步更新：PWM 脉冲输出的典型操作是周期不变而变化脉冲宽度，所以不需要改变时间基准。不改变时间基准，可以使用同步更新。同步更新时，波形特性的变化发生在周期的边沿，可以形成波形的平滑转换。

异步更新：若在脉冲输出时要改变时间基准，就要使用异步更新方式。但是异步更新会导致 PWM 功能暂时失效，造成被设备的振动。

4）PTO 脉冲串输出设置

PTO 脉冲串输出占空比为 1∶1 的方波，可以设置其周期和输出的脉冲数量。周期以微秒或毫秒为单位，周期变化范围为 10~65535μs 或 2~65535ms。周期设置时，一般设置为偶数，否则会引起输出波形占空比的失真。如果周期时间小于最小值，系统将默认为最小值。脉冲数设置范围为 1~4294967295，如果设置值为 0，系统将默认为 1。

状态字节中的 PTO 空闲位（SM66.7 或 SM76.7）为 1 时，则表示脉冲串输出完成，可根据该冲串输出的完成调用相应的中断程序，来处理相关的重要操作。

在 PTO 输出形式中，允许连续输出多个脉冲串，每个脉冲串的周期和脉冲数可以不相同。当需要输出多个脉冲串时，允许这些脉冲串进行排队，即在当前的脉冲串输出完成后，立即输出新的脉冲串，从而形成管线。根据管线的实现形式，将 PTO 分为单段和多段管线两种。

（1）单段管线。

在单段管线 PTO 输出时，管线中只能存放一个脉冲串控制参数，在当前脉冲串输出期间，就要立即为下一个脉冲串设置控制参数，待当前脉冲串输出完成后，再次执行 PLS 指令，就可以立即输出新的脉冲串。重复以上过程就可输出多个脉冲串。

采用单段管线的优点是各个脉冲串的时间基准可以不相同，其缺点是编程复杂，当参数设置不当时，会造成各个脉冲串之间的不平滑转换。

（2）多段管线。

采用多段管线 PTO 输出高速脉冲串时，需要在变量存储区（V）建立一个包络表。包络表中包含各脉冲串的参数（初始周期、周期增量和脉冲数）及要输出脉冲的段数。当执行 PLS 指令时，系统自动从包络表中读取每个脉冲串的参数进行输出。

编程时，必须向 SMW168 或 SMW178 装入包络表的起始变量的偏移地址（从 V0 开始计算偏移地址），例如包络表从 VB500 开始，则需要向 SM168 或 SM178 中写入十进制数 500。包络表中的周期增量可以选择微秒或毫秒，但一个包络表中只能选择一个时间基准，运行过程中也不能改变。包络表的格式见表 5-4-67。

表 5-4-67　包络表的格式

从包络表开始的字节偏移地址	包络表各段	描　　述
VBn		段数（1~255），设为 0 产生非致命性错误，不产生 PTO 输出
VWn+1	第 1 段	初始周期，数据范围：2~65535
VWn+3		每个脉冲的周期增量，范围：-32768~32767
VDn+5		脉冲数（1~4294967295）
VWn+9	第 2 段	初始周期，数据范围：2~65535
VWn+11		每个脉冲的周期增量，范围：-32768~32767
VDn+13		脉冲数（1~4294967295）
…		

　　包络表每段的长度有 8 个字节，由周期值（16bit）、周期增量值（16bit）和本段内输出脉冲的数量（32bit）组成。

　　一般来说，为了使各脉冲段之间能够平滑过渡，各段的结束周期（ECT）应与下一段的初始周期（ICT）相等。

　　高速脉冲输出指令应用举例图 5-4-15 表示出了步进电动机起动加速、恒速运行、减速停止过程中脉冲频率—时间的关系，其中加速部分在 200 个脉冲内达到最大脉冲频率（10kHz），减速部分在 400 个脉冲内完成，试编写控制程序。

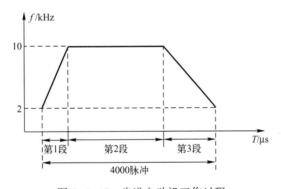

图 5-4-15　步进电动机工作过程

　　计算周期增量：

加速部分（第 1 段）：周期增量 =（100μs-500μs）/200 =-2μs

恒速部分（第 2 段）：周期增量 =（100μs-100μs）/3400 = 0μs

减速部分（第 3 段）：周期增量 =（500μs-100μs）/400 = 2μs

　　假定包络表存放在从 VB500 开始的 V 存储器区，相应的包络表参数如表 5-4-68 所示。

表 5-4-68　包络表值

V 存储器地址	参　数　值
VB500	3（总段数）
VW501	500（1 段初始周期）

V 存储器地址	参　数　值
VW503	-2（1 段周期增量）
VD505	200（1 段脉冲数）
VW509	100（2 段初始周期）
VW511	0（2 段周期增量）
VD513	3400（2 段脉冲数）
VW517	100（3 段初始周期）
VW519	1（3 段周期增量）
VD521	400（3 段脉冲数）

5.4.13　PID 指令

PID 指令（包含比例、积分、微分）可以用来进行 PID 运算。PID 指令的梯形图和语句表如表 5-4-69 所示。该指令有两个操作数 TBL 和 LOOP，二者都是 BYTE 型，限用 V 区。其中 TBL 是回路表的起始地址；LOOP 是回路号，可以是 0~7 的整数。在程序中最多可以用 8 条 PID 指令。如果两个或两个以上的 PID 指令用了同一个回路号，那么即使这些指令的回路表不同，这些 PID 运算之间也会相互干涉，产生不可预料的后果。

PID 指令根据回路表中的配置信息，对相应的 LOOP 执行 PID 回路计算。回路表包含 9 个参数，用来控制和监视 PID 运算。这些参数分别是过程变量当前值（PV_n），过程变量前值（PV_{n-1}），给定值（SP_n），输出值（M_n），增益（K_C），采样时间（T_s），积分时间（T_I），微分时间（T_D）和积分项前值（MX）。PID 回路表参数如表 5-4-70 所示。

表 5-4-69　PID 指令 STL、LAD 形式

指令名称	PID 指令
LAD	PID EN　ENO TBL LOOP
STL	PID　TBL，LOOP

表 5-4-70　PID 回路表参数

偏移地址	域	格式	类型	描　述
0	过程变量（PV_n）	实数	输入	过程变量，必须在 0.0~1.0
4	设定值（SP_n）	实数	输入	给定值，必须在 0.0~1.0
8	输出值（M_n）	实数	输入/输出	输出值，必须在 0.0~1.0
12	增益（K_C）	实数	输入	增益是比例常数，可正可负
16	采样时间（T_S）	实数	输入	单位为秒，必须是正数

偏移地址	域	格式	类型	描　述
20	积分时间（T_I）	实数	输入	单位为分钟，必须是正数
24	微分时间（T_D）	实数	输入	单位为分钟，必须是正数
28	积分项前项（MX）	实数	输入/输出	积分项前项，必须在 0.0~1.0
32	过程变量前值（PV_{n-1}）	实数	输入/输出	包含最后一次执行 PID 指令时存储的过程变量值
36~79	保留给自整定变量			

PID 指令应用在闭环控制中的情形如图 5-4-16 所示。由于 PLC 属于计算机控制系统，因此 PID 指令采用数字 PID 算法，S7-200 PLC CPU 模块实际使用以下改进形式计算 PID 输出：

$$M_n = MP_n + MI_n + MD_n \tag{5-4-1}$$

式中：M_n 为第 n 采样时刻的计算值；MP_n 为第 n 采样时刻的比例项值；MI_n 为第 n 采样时刻的积分项值；MD_n 为第 n 采样时刻的微分项值。

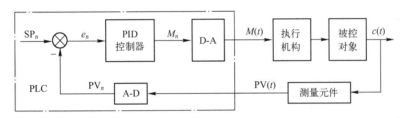

图 5-4-16　PLC PID 控制原理框图

比例项 MP 是增益（K_C）和偏差（e）的乘积。其中 K_C 决定输出对偏差的灵敏度，偏差（e）是给定值（SP）与过程变量值（PV）之差。S7-200 求解比例项的算式是

$$MP_n = K_C(SP_n - PV_n) \tag{5-4-2}$$

式中：MP_n 为第 n 采样时刻比例项的值；K_C 为回路增益；SP_n 为第 n 采样时刻的给定值；PV_n 为第 n 采样时刻的过程变量值。

MI_n 与偏差和成正比，S7-200 求解积分项的算式是

$$MI_n = K_C T_S / T_I(SP_n - PV_n) + MX \tag{5-4-3}$$

式中：MI_n 为第 n 采样时刻的积分项值；K_C 为增益；T_S 为采样时间间隔；T_I 为积分时间；SP_n 为第 n 采样时刻的给定值；PV_n 为第 n 采样时刻的过程变量值。

MD_n 与偏差的变化成正比，S7-200 使用下列算式来求解微分项：

$$MD_n = K_C T_D / T_S(PV_{n-1} - PV_n) \tag{5-4-4}$$

式中：MD_n 为第 n 采样时刻的微分项值；K_C 为回路增益；T_S 为回路采样时间；T_D 为微分时间；PV_n 为第 n 采样时刻的过程变量值；PV_{n-1} 为第 $n-1$ 采样时刻的过程变量值。

在许多控制系统中，只需要一种或两种回路控制类型。例如只需要比例回路或者比例积分回路。通过设置常量参数，可以选择需要的回路控制类型。如果不想要积分项，可以把积分时间（复位）置为无穷大"INF"。如果不想要微分项，可以把微分时间置为零。如果不想要比例回路，但需要积分或积分微分回路，可以把增益设为 0.0，系统会在计算积分项和微分项时，把增益当作 1.0 看待。

PID 回路指令只接受 0.0~1.0 范围的实数（实际上就是百分比）作为反馈、给定与控制输出的有效数值，如果是直接使用 PID 回路指令编程，必须保证数据在这个范围之内，否则会出错。其他如增益、采样时间、积分时间、微分时间都是实数。因此，必须把外围实际的物理量与 PID 回路指令需要的（或者输出的）数据之间进行转换，这就是所谓输入/输出的转换与标准化处理。同时为了让 PID 指令以稳定的采样周期工作，应在定时中断程序中使用 PID 指令，这大大增加了使用 PID 指令的难度。

为了更为方便地使用 PID 回路指令，S7-200 的编程软件 Micro/WIN 提供了 PID 指令向导，以方便地完成这些转换/标准化处理。除此之外，PID 指令也同时会被自动调用。

5.5 PLC 程序设计方法

5.5.1 梯形图的经验设计法

数字量控制系统又称开关量控制系统，继电器控制系统就是典型的数字量控制系统。

可以用设计继电器电路图的方法来设计比较简单的数字量控制系统的梯形图，即在一些典型电路的基础上，根据被控对象对控制系统的具体要求，不断地修改和完善梯形图。有时需要多次反复地调试和修改梯形图，增加一些中间编程元件和触点，最后才能得到一个较为满意的结果。

这种方法没有普遍的规律可以遵循，具有很大的试探性和随意性，最后的结果不是唯一的，设计所用的时间、设计的质量与设计者的经验有很大的关系，所以有人把这种设计方法叫做经验设计法，它可以用于较简单的梯形图（如手动程序）的设计。下面先介绍经验设计法中一些常用的基本电路。

1. 有记忆功能的电路

在 5.2.5 节中已经介绍过起动-保持-停止电路（简称为起保停电路），由于该电路在梯形图中的应用很广，现在将它重画在图 5-5-1 中。图中的起动信号 I0.0 和停止信号 I0.1（例如起动按钮和停止按钮提供的信号）持续为 ON 的时间一般都很短。起保停电路最主要的特点是具有"记忆"功能，按下起动按钮，I0.0 的常开触点接通，如果这时未按停止按钮，I0.1 的常闭触点接通，Q0.0 的线圈"通电"，它的常开触点同时接通。放开起动按钮，I0.0 的常开触点断开，"能流"经 Q0.0 的常开触点和 I0.1 的常闭触点流过 Q0.0 的线圈，Q0.0 仍为 ON，这就是所谓的"自锁"或"自保持"功能。按下停止按钮的常闭触点断开，使 Q0.0 的线圈"断电"，其常开触点断开，以后即使放开停止按钮，I0.0 的常闭触点恢复接通状态，Q0.0 的线圈仍然"断电"。这种记忆功能也可以用图 5-5-1 中的 S 指令和 R 指令来实现。

在实际电路中，起动信号和停止信号可能由多个触点组成的串、并联电路提供。

2. 定时器应用电路

例 5.7 用定时器设计延时接通/延时断开电路，要求输入 I0.0 和输出 Q0.1 的波

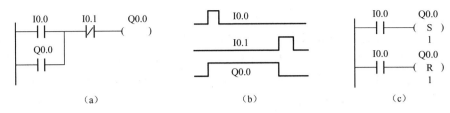

图 5-5-1　有记忆功能的电路

形如图 5-5-2 所示。

图 5-5-2 中的电路用 I0.0 控制 Q0.1，I0.0 的常开触点接通后，T37 开始定时，9s 后 T37 的常开触点接通，使断开延时定时器 T38 的线圈通电，T38 的常开触点接通，使 Q0.1 的线圈通电。I0.0 变为 0 状态后 T38 开始定时，7s 后 T38 的定时时间到，其常开触点断开，使 Q0.1 变为 0 状态。

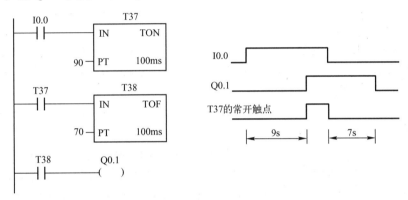

图 5-5-2　延时接通/延时断开电路

例 5.8　用计数器设计长延时电路。

S7-200 的定时器最长的定时时间为 3276.7s，如果需要更长的定时时间，可以使用图 5-5-3 中 C2 组成的计数器电路。周期为 1min 的时钟脉冲 SM0.4 的常开触点为加计数器 C2 提供计数脉冲。I0.1 由 ON 变为 OFF 时，解除了对 C2 的复位操作，C2 开始定时。图中的定时时间为 30000min。

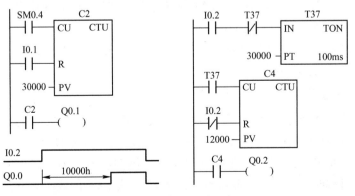

图 5-5-3　长延时电路

例 5.9　用计数器扩展定时器的定时范围。

图 5-5-3 中的 T37 和 C4 组成了长延时电路。I0.2 为 OFF 时，100ms 定时器 T37 和加计数器 C4 处于复位状态，它们不能工作。I0.2 为 ON 时，其常开触点接通，T37 开始定时，3000s 后 T37 的定时时间到，其当前值等于设定值，它的常闭触点断开，使它自己复位，复位后 T37 的当前值变为 0，同时它的常闭触点接通，使它自己的线圈重新"通电"，又开始定时。T37 将这样周而复始地工作，直到 I0.2 变为 OFF。从上面的分析可知，图 5-5-3 右边最上面一行电路是一个脉冲信号发生器，脉冲周期等于 T37 的设定值（3000s）。这种定时器自复位的电路只能用于 100ms 的定时器，如果需要用 1ms 或 10ms 的定时器来产生周期性的脉冲，应使用下面的程序：

```
LDN    M0.0          //T32 和 M0.0 组成脉冲发生器
TON    T32,500       //T32 的设定值为 500ms
LD     T32
=      M0.0
```

图 5-5-3 中 T37 产生的脉冲送给 C4 计数，计满 12000 个数（即 10000h）后，C4 的当前值等于设定值，它的常开触点闭合。设 T37 和 C4 的设定值分别为 K_T 和 K_C，对于 100ms 定时器，总的定时时间（s）为 $T=0.1K_TK_C$。

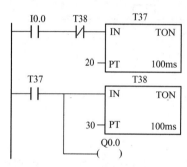

图 5-5-4　闪烁电路

例 5.10　用定时器设计输出脉冲的周期和占空比可调的振荡电路（即闪烁电路）。

图 5-5-4 中 I0.0 的常开触点接通后，T37 的 IN 输入端为 1 状态，T37 开始定时。2s 后定时时间到，T37 的常开触点接通，使 Q0.0 变为 ON，同时 T38 开始定时。3s 后 T38 的定时时间到，它的常闭触点断开，T37 因为 IN 输入电路断开而被复位。T37 的常开触点断开，使 Q0.0 变为 OFF，同时 T38 因为 IN 输入电路断开而被复位。复位后其常闭触点接通，T37 又开始定时。以后 Q0.0 的线圈将这样周期性地"通电"和"断电"，直到 I0.0 变为 OFF。Q0.0 的线圈"通电"和"断电"的时间分别等于 T38 和 T37 的设定值。

闪烁电路实际上是一个具有正反馈的振荡电路，T37 和 T38 的输出信号通过它们的触点分别控制对方的线圈，形成了正反馈。

特殊存储器位 SM0.5 的常开触点提供周期为 1s，占空比为 0.5 的脉冲信号，可以用它来驱动需要闪烁的指示灯。

3. 经验设计法举例

图 5-5-5 是三相异步电动机正反转控制的主电路和继电器控制电路图，其中 KM1 和 KM2 分别是控制正转运行和反转运行的交流接触器。用 KM1 和 KM2 的主触点改变进入电动机的三相电源的相序，即可以改变电动机的旋转方向。图中的 FR 是热继电器，在电动机过载时，它的常闭触点断开，使 KM1 或 KM2 的线圈断电，电动机停转。

按下左行起动按钮 SB2 或右行起动按钮 SB3 后，要求小车在左限位开关 SQ1 和右限位开关 SQ2 之间不停地循环往返，直到按下停止按钮 SB1。

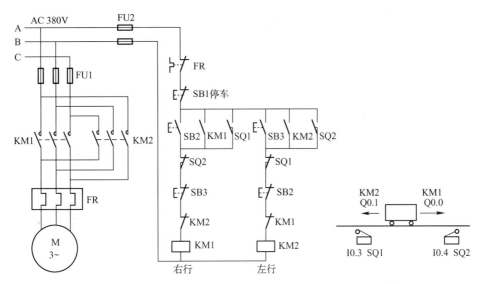

图 5-5-5　小车自动往复运动的继电器控制电路图

图 5-5-6 和图 5-5-7 分别是功能与图 5-5-5 所示系统相同的 PLC 控制系统的外部接线图和梯形图。各输入信号均由常开触点提供，因此继电器电路和梯形图中各触点的常开和常闭的类型不变。如果在编程软件中用梯形图语言输入程序，可以采用与图 5-5-5 中的继电器电路完全相同的结构来画梯形图。根据 PLC 外部接线图给出的关系，来确定梯形图中各触点的地址。转换为语句表后，会出现一条入栈指令和一条出栈指令。

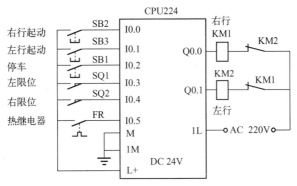

图 5-5-6　PLC 的外部接线图

图 5-5-7 用两个起保停电路来分别控制电动机的正转和反转。与继电器电路相比，多用了两个常闭触点，但是电路的逻辑关系比较清晰，并且不需要堆栈指令。

按下正转起动按钮 SB2，I0.0 变为 ON，其常开触点接通，Q0.0 的线圈"得电"并自保持，使 KM1 的线圈通电，电动机开始正转运行。按下停止按钮 SB1，I0.2 变为 ON，其常闭触点断开，使 Q0.0 线圈"失电"，电动机停止运行。

在梯形图中，将 Q0.0 和 Q0.1 的常闭触点分别与对方的线圈串联，可以保证它们不会同时为 ON，因此 KM1 和 KM2 的线圈不会同时通电，这种安全措施在继电器电路中称为"互锁"。除此之外，为了方便操作和保证 Q0.0 和 Q0.1 不会同时为 ON，在梯

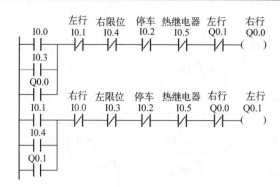

图 5-5-7　梯形图

形图中还设置了"按钮联锁"，即将左行起动按钮控制的 I0.1 的常闭触点与控制右行的 Q0.0 的线圈串联，将右行起动按钮控制的 I0.0 的常闭触点与控制左行的 Q0.1 的线圈串联。设 Q0.0 为 ON，小车右行，这时如果想改为左行，可以不按停止按钮 SB1，直接按左行起动按钮 SB3，I0.1 变为 ON，它的常闭触点断开，使 Q0.0 的线圈"失电"，同时 I0.1 的常开触点接通，使 Q0.1 的线圈"得电"并自保持，小车由右行变为左行。

梯形图中的软件互锁和按钮联锁电路并不保险，在电动机切换方向的过程中，可能原来接通的接触器的主触点的电弧还没有熄灭，另一个接触器的主触点已经闭合了，由此造成瞬时的电源相间短路，使熔断器熔断。此外，如果因为主电路电流过大或接触器质量不好，某一接触器的主触点被断电时产生的电弧熔焊而被黏结，其线圈断电后主触点仍然是接通的，这时如果另一接触器的线圈通电，也会造成三相电源短路的事故。为了防止出现这种情况，应在 PLC 外部设置由 KM1 和 KM2 的辅助常闭触点组成的硬件互锁电路（见图 5-5-6），假设 KM1 的主触点被电弧熔焊，这时它的与 KM2 线圈串联的辅助常闭触点处于断开状态，因此 KM2 的线圈不可能得电。

为了使小车的运动在极限位置自动停止，将右限位开关 I0.4 的常闭触点与控制右行的 Q0.0 的线圈串联，将左限位开关 I0.3 的常闭触点与控制左行的 Q0.1 的线圈串联。为使小车自动改变运动方向，将左限位开关 I0.3 的常开触点与手动起动右行的 I0.0 的常开触点并联，将右限位开关 I0.4 的常开触点与手动起动左行的 I0.1 的常开触点并联。

假设按下左行起动按钮 I0.1，Q0.1 变为 ON，小车开始左行，碰到左限位开关时，I0.3 的常闭触点断开，使 Q0.1 的线圈"断电"，小车停止左行。I0.3 的常开触点接通，使 Q0.0 的线圈"通电"，开始右行。以后将这样不断地往返运动下去，直到按下停止按钮 I0.2。

这种控制方法适用于小容量的异步电动机，且往返不能太频繁，否则电动机将会过热。

4. 常闭触点输入信号的处理

前面在介绍梯形图的设计方法时，实际上有一个前提，就是假设输入的数字量信号均由外部常开触点提供，但是有些输入信号只能由常闭触点提供。在继电器电路图中，热继电器 FR 的常闭触点与接触器 KM1 和 KM2 的线圈串联。电动机长期过载时，

FR 的常闭触点断开，使 KM1 和 KM2 的线圈断电。

如果将图 5-5-6 中接在 PLC 的输入端 I0.5 处的 FR 的触点改为常闭触点，未过载时它是闭合的，I0.5 为 1 状态，梯形图中 I0.5 的常开触点闭合。显然，应将 I0.5 的常开触点而不是常闭触点与 Q0.0 或 Q0.1 的线圈串联。过载时 FR 的常闭触点断开，I0.5 为 0 状态，梯形图中 I0.5 的常开触点断开，使 Q0.0 或 Q0.1 的线圈断电，起到了过载保护的作用。但是继电器电路图中 FR 的触点类型（常闭）和梯形图中对应的 I0.5 的触点类型（常开）刚好相反，给电路的分析带来了不便。

为了使梯形图和继电器电路图中触点的类型相同，建议尽可能地用常开触点作 PLC 的输入信号。如果某些信号只能用常闭触点输入，可以按输入全部为常开触点来设计梯形图，这样可以将继电器电路图直接"翻译"为梯形图。然后将梯形图中外接常闭触点的输入位的触点改为相反的触点，即常开触点改为常闭触点，常闭触点改为常开触点。

5.5.2　顺序控制设计法

1. 顺序控制设计法

用经验设计法设计梯形图时，没有一套固定的方法和步骤可以遵循，具有很大的试探性和随意性，对于不同的控制系统，没有一种通用的容易掌握的设计方法。在设计复杂系统的梯形图时，用大量的中间单元来完成记忆、联锁和互锁等功能，由于需要考虑的因素很多，它们往往又交织在一起，分析起来非常困难，并且很容易遗漏一些应该考虑的问题。修改某一局部电路时，很可能会"牵一发而动全身"，对系统的其他部分产生意想不到的影响，因此梯形图的修改很麻烦，往往花了很长的时间还得不到一个满意的结果。用经验法设计出的梯形图往往很难阅读，给系统的维修和改进带来了很大的困难。

顺序控制，就是按照生产工艺预先规定的顺序，在各个输入信号的作用下，根据内部状态和时间的顺序，在生产过程中各个执行机构自动地有秩序地进行操作。使用顺序控制设计法时首先根据系统的工艺过程，画出顺序功能图，然后根据顺序功能图设计出梯形图。有的 PLC 为用户提供了顺序功能图语言，在编程软件中生成顺序功能图后便完成了编程工作。

顺序功能图（Sequential Function Chart，SFC）是描述控制系统的控制过程、功能和特性的一种图形，又叫作状态转移图、状态图和流程图，是设计 PLC 的顺序控制程序的有力工具。

顺序功能图并不涉及所描述的控制功能的具体技术，它是一种通用的技术语言，可以供进一步设计和不同专业的人员之间进行技术交流之用。

在 IEC 的 PLC 编程语言标准（IEC61131-3）中，顺序功能图被确定为 PLC 位居首位的编程语言。我国也在 1986 年颁布了顺序功能图的国家标准。S7-300/400 的 S7Graph 是典型的顺序功能图语言。

现在还有相当多的 PLC（包括 S7-200）没有配备顺序功能图语言，但是可以用顺序功能图来描述系统的功能，根据它来设计梯形图程序。S7-200 PLC 采用顺序功能图设计时，可用顺序控制继电器（SCR）指令、置位/复位（S/R）指令、移位寄存器指令（SHRB）等实现编程。

2. 基本概念

顺序功能图用约定的几何图形、有向线段和简单的文字来说明和描述 PLC 的处理过程及程序的执行步骤。SFC 的基本要素有 3 个：步、有向连线和转换，主要组成部分由步、有向连线、转换、转换条件和动作（或命令）组成。

1）步的基本概念

（1）步。

顺序控制设计法最基本的思想是将系统的一个工作周期划分为若干个顺序相连的阶段，这些阶段称为步（Step），并用编程元件（如位存储器 M 和顺序控制继电器 S）来代表各步。步是根据输出量的状态变化来划分的，在任何一步之内，各输出量的 ON/OFF 状态不变，但是相邻两步输出量总的状态是不同的，步的这种划分方法使代表各步的编程元件的状态与各输出量的状态之间有着极为简单的逻辑关系。

顺序控制设计法用转换条件控制代表各步的编程元件，让它们的状态按一定的顺序变化，然后用代表各步的编程元件去控制 PLC 的各输出位。

图 5-5-8 中的时序图给出了控制锅炉的鼓风机和引风机的要求。按起动按钮 I0.0 后，应先开引风机，延时 12s 后再开鼓风机。按了停止按钮 I0.1 后，应先停鼓风机，10s 后再停引风机。

根据 Q0.0 和 Q0.1 ON/OFF 状态的变化，显然一个工作周期可以分为 3 步，分别用 M0.1～M0.3 来代表这 3 步，另外还应设置一个等待起动的初始步。图 5-5-9 是描述该系统的顺序功能图，图中用矩形方框表示步，方框中可以用数字表示该步的编号，也可以用代表该步的编程元件的地址作为步的编号，如 M0.0 等，这样在根据顺序功能图设计梯形图时较为方便。

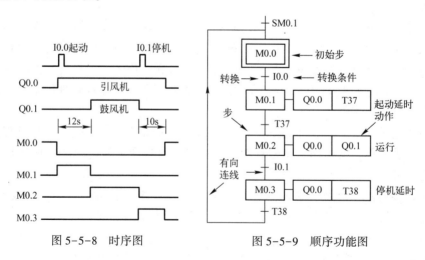

图 5-5-8　时序图　　　　　　　　　图 5-5-9　顺序功能图

与系统的初始状态相对应的步称为初始步，初始状态一般是系统等待起动命令的相对静止的状态。初始步用双线方框表示，每一个顺序功能图至少应该有一个初始步。

（2）与步对应的动作或命令。

可以将一个控制系统划分为被控系统和施控系统，例如在数控车床系统中，数控装置是施控系统，而车床是被控系统。对于被控系统，在某一步中要完成某些"动作"（action）；对于施控系统，在某一步中则要向被控系统发出某些"命令"（command）。

为了叙述方便，下面将命令或动作统称为动作，并用矩形框中的文字或符号表示动作，该矩形框应与相应的步的符号相连。

如果某一步有几个动作，可以用图 5-5-10 中的两种画法来表示，但是并不隐含这些动作之间的任何顺序。说明命令的语句应清楚地表明该命令是存储型的还是非存储型的。例如某步的存储型命令"打开 1 号阀并保持"，是指该步活动时 1 号阀打开，该步不活动时继续打开；非存储型命令"打开 1 号阀"，是指该步活动时打开，不活动时关闭。

图 5-5-10　动作与步相连的画法

除了以上的基本结构之外，使用动作的修饰词（见表 5-5-1）可以在一步中完成不同的动作。修饰词允许在不增加逻辑的情况下控制动作。例如，可以使用修饰词 L 来限制配料阀打开的时间。

表 5-5-1　动作的修饰词

N	非存储型	当步变为不活动步时动作终止
S	置位（存储）	当步变为不活动步时动作继续，直到动作被复位
R	复位	被修饰词 S、SD、SL 或 DS 起动的动作被终止
L	时间限制	到步变为活动步时动作被起动，直到步变为不活动步或设定时间到
D	时间延迟	步变为活动步时延迟定时器被起动，如果延迟之后步仍然是活动的，动作被起动和继续，直到步变为不活动步
P	脉冲	当步变为活动步，动作被起动并且只执行一次
SD	存储与时间延迟	在时间延迟之后动作被起动，一直到动作被复位
DS	延迟与存储	在延迟之后如果步仍然是活动的，动作被起动直到被复位
SL	存储与时间限制	步变为活动步时动作被起动，一直到设定的时间到或动作被复位

由图 5-5-9 可知，在连续的 3 步内输出位 Q0.0 均为 1 状态，为了简化顺序功能图和梯形图，可以在第 2 步将 Q0.0 置位，返回初始步后将 Q0.0 复位（见图 5-5-11）。

（3）活动步。

当系统正处于某一步所在的阶段时，该步处于活动状态，称该步为"活动步"。步处于活动状态时，相应的动作被执行；处于不活动状态时，相应的非存储型动作被停止执行。

2）有向连线

在顺序功能图中，随着时间的推移和转换条件的实现，

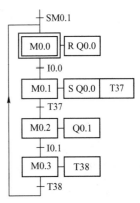

图 5-5-11　顺序功能图

将会发生步的活动状态的进展，这种进展按有向连线规定的路线和方向进行。在画顺序功能图时，将代表各步的方框按它们成为活动步的先后次序顺序排列，并用有向连线将它们连接起来。步的活动状态习惯的进展方向是从上到下或从左至右，在这两个方向有向连线上的箭头可以省略。如果不是上述的方向，应在有向连线上用箭头注明进展方向。在可以省略箭头的有向连线上，为了更易于理解也可以加箭头。

如果在画图时有向连线必须中断（例如在复杂的图中，或用几个图来表示一个顺序功能图时），应在有向连线中断之处标明下一步的标号和所在的页数，如步 83、12 页。

3）转换

转换用有向连线上与有向连线垂直的短划线来表示，转换将相邻两步分隔开。步的活动状态的进展是由转换的实现来完成的，并与控制过程的发展相对应。

使系统由当前步进入下一步的信号称为转换条件，转换条件可以是外部的输入信号，如按钮、指令开关、限位开关的接通或断开等，也可以是 PLC 内部产生的信号，如定时器、计数器常开触点的接通等，转换条件还可能是若干个信号的与、或、非逻辑组合。

图 5-5-9 中的起动按钮 I0.0 和停止按钮 I0.1 的常开触点、定时器延时接通的常开触点是各步之间的转换条件。图中有两个 T37，它们的意义完全不同。与步 M0.1 对应的方框相连的动作框中的 T37 表示 T37 的线圈应在步 M0.1 所在的阶段"通电"，在梯形图中，T37 的指令框与 M0.1 的线圈并联。转换旁边的 T37 对应于 T37 延时接通的常开触点，它被用来作为步 M0.1 和 M0.2 之间的转换条件。

转换条件是与转换相关的逻辑命题，转换条件可以用文字语言、布尔代数表达式或图形符号标注在表示转换的短线旁边，使用得最多的是布尔代数表达式（见图 5-5-12）。

转换条件 I0.0 和 $\overline{I0.0}$ 分别表示当输入信号 I0.0 为 ON 和 OFF 时转换实现。符号↑I0.0 和↓I0.0 分别表示当 I0.0 从 0 状态到 1 状态和从 1 状态到 0 状态时转换实现。实际上不加符号"↑"，转换也是在 I0.0 的上升沿实现的，因此一般不加"↑"。

图 5-5-12（b）中用高电平表示步 M0.3 为活动步，反之则用低电平表示。转换条件 $I0.3+\overline{I0.5}$ 表示 I0.3 的常开触点或 I0.5 的常闭触点闭合，在梯形图中则用两个触点的并联电路来表示这样一个"或"逻辑关系。

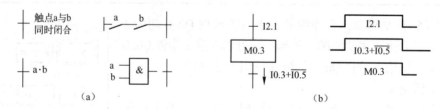

图 5-5-12　转换与转换条件

在顺序功能图中，只有当某一步的前级步是活动步时，该步才有可能变成活动步。如果用没有断电保持功能的编程元件代表各步，进入 RUN 工作方式时，它们均处于 OFF 状态，必须用初始化脉冲 SM0.1 的常开触点作为转换条件，将初始步预置为活动步（见图 5-5-10），否则因顺序功能图中没有活动步，系统将无法工作。如果系统有自动、手动两种工作方式，顺序功能图是用来描述自动工作过程的，这时还应在系统由手动工作方式进入自动工作方式时，用一个适当的信号将初始步置为活动步。在顺序功能图中，步的活动状态的进展是由转换的实现来完成的。转换实现必须同时满足两个条件：①该转换所有的前级步都是活动步。②相应的转换条件得到满足。转换实现时应完成以下两个操作：①使所有由有向连线与相应转换符号相连的后续步都变为活动步。②使所有由有向连线与相应转换符号相连的前级步都变为不活动步。转换实现的基本规则是根据顺序功能图设计梯形图的基础。

3. 基本结构

顺序功能图的基本结构形式有 3 种：单序列、选择序列和并行序列，其他结构都是这 3 种结构的复合。

1）单序列

单序列由一系列相继激活的步组成，每一步的后面仅有一个转换，每一个转换的后面只有一个步（见图 5-5-13（a））。单序列没有下述的分支与合并。

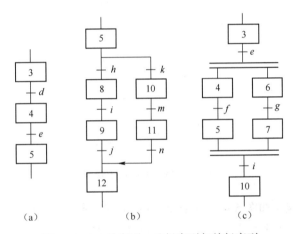

图 5-5-13　单序列、选择序列与并行序列

2）选择序列

选择序列的开始称为分支（见图 5-5-13（b）），转换符号只能标在水平连线之下。如果步 5 是活动步，并且转换条件 $h=1$，则发生由步 5→步 8 的进展。如果步 5 是活动步，并且 $k=1$，则发生由步 5→步 10 的进展，一般只允许同时选择一个序列。

选择序列的结束称为合并（见图 5-5-13（b）），几个选择序列合并到一个公共序列时，用需要重新组合的序列相同数量的转换符号和水平连线来表示，转换符号只允许标在水平连线之上。

如果步 9 是活动步，并且转换条件 $j=1$，则发生由步 9→步 12 的进展。如果步 11 是活动步，并且 $n=1$，则发生由步 11→步 12 的进展。

3）并行序列

并行序列用来表示系统的几个同时工作的独立部分的工作情况。并行序列的开始称为分支（见图 5-5-13（c）），当转换的实现导致几个序列同时激活时，这些序列称为并行序列。当步 3 是活动的，并且转换条件 $e=1$，步 4 和步 6 同时变为活动步，同时步 3 变为不活动步。为了强调转换的同步实现，水平连线用双线表示。步 4 和步 6 被同时激活后，每个序列中活动步的进展将是独立的。在表示同步的水平双线之上，只允许有一个转换符号。

并行序列的结束称为合并（见图 5-5-13（c）），在表示同步的水平双线之下，只允许有一个转换符号。当直接连在双线上的所有前级步（步 5 和步 7）都处于活动状态，并且转换条件 $i=1$ 时，才会发生步 5 和步 7 到步 10 的进展，即步 5 和步 7 同时变为不活动步，而步 10 变为活动步。

4. 顺序控制设计法举例

图 5-5-14 是某剪板机的示意图，开始时压钳和剪刀在上限位置，限位开关 I0.0 和 I0.1 为 ON。按下起动按钮 I1.0，工作过程如下：首先板料右行（Q0.0 为 ON）至限位开关 I0.3 动作，然后压钳下行（Q0.1 为 ON 并保持），压紧板料后，压力继电器 I0.4 为 ON，压钳保持压紧，剪刀开始下行（Q0.2 为 ON）。剪断板料后，I0.2 变为 ON，压钳和剪刀同时上行（Q0.3 和 Q0.4 为 ON，Q0.1 和 Q0.2 为 OFF），它们分别碰到限位开关 I0.0 和 I0.1 后，分别停止上行，都停止后，又开始下一周期的工作，剪完 10 块料后停止工作并停在初始状态。

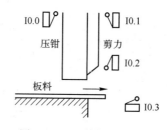

图 5-5-14　剪板机示意图

系统的顺序功能图如图 5-5-15 所示。图中有选择序列、并行序列的分支与合并。步 M0.0 是初始步，加计数器 C0 用来控制剪料的次数，每次工作循环 C0 的当前值在步 M0.7 加 1。没有剪完 10 块料时，C0 的当前值小于设定值 10，其常闭触点闭合，转换条件 C0 满足，将返回步 M0.1，重新开始下一周期的工作。剪完 10 块料后，C0 的当前值等于设定值 10，其常开触点闭合，转换条件 C0 满足，将返回初始步 M0.0，等待下一次起动命令。

步 M0.5 和步 M0.7 是等待，它们用来同时结束两个子序列。只要步 M0.5 和步 M0.7 都是活动步，就会发生步 M0.5、步 M0.7 到步 M0.0 或步 M0.1 的转换，步 M0.5、步 M0.7 同时变为不活动步，而步 M1.0 或步 M0.1 变为活动步。

5. 顺序控制设计法的本质

经验设计法实际上是试图用输入信号 I 直接控制输出信 Q（见图 5-5-16（a）），如果无法直接控制，或者为了实现记忆、联锁、互锁等功能，只好被动地增加一些辅助元件和辅助触点。由于不同系统的输出量 Q 与输入量 I 之间的关系各不相同，以及它们对联锁、互锁的要求千变万化，不可能找出一种简单通用的设计方法。

顺序控制设计法则是用输入量 I 控制代表各步的编程元件（如内部位存储器 M），再用它们控制输出量 Q（见图 5-5-16（b））。步是根据输出量 Q 的状态划分

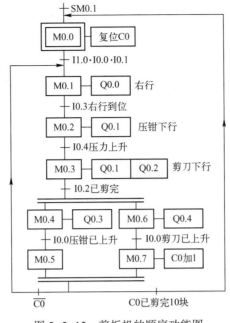

图 5-5-15　剪板机的顺序功能图

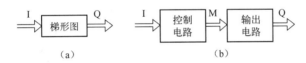

图 5-5-16　信号关系图

的，M 与 Q 之间具有很简单的"与"或相等的逻辑关系，输出电路的设计极为简单。任何复杂系统的代表步任何的位存储器 M 的控制电路，其设计方法都是相同的，并且很容易掌握，所以顺序控制设计法具有简单、规范、通用的优点。由于 M 是依次顺序变为 ON/OFF 状态的，实际上已经基本解决了经验设计法中的记忆、联锁等问题。

5.6　基于 PLC 的舰船机械装置控制

5.6.1　变频恒压供水装置

变频恒压供水装置是将交流变频、可编程控制等技术应用于水泵自动控制的新型供水装置，可根据用水量的变化自动调节系统的运行参数，实现电机平滑加、减泵及自动休眠和唤醒等功能，保持水压恒定，克服了传统的压力水柜供水方式存在的不足，具有以下技术特点：①装置质量轻，体积小，占用空间少；②供水压力稳定且易于设定；③工作噪声低；④工作可靠性高，使用寿命长，可维修性好；⑤运行耗电量小，高效节能；⑥自动化程度高，便于集中监控与管理。目前该装置已经用于海关缉私艇、救捞船、陆军交通艇、陆军侦查艇、海军交通艇、海军医疗救护船等军辅船等。

　　某型舰用变频恒压供水装置由供水模块与变频控制柜组成，另外还有压力传感器、压力表和管路阀件等部件与供水机组集成在同一个机座上。其中，供水模块由两台或两台以上水泵及配套电机并联组成；变频控制柜主要由可编程控制器（S7-200 系列 PLC）、变频器及接触器、继电器、滤波器等电气元件组成，其中变频器作为压力控制单元和执行单元，PLC 主要实现变频/工频自动切换、增减泵、休眠/唤醒等附加外部控制。

　　变频恒压供水装置工作原理如图 5-6-1 所示。压力传感器将供水机组出口压力转换成 4~20mA 的标准电流信号送入交流变频器内置的 PID 控制器中，PID 控制器根据反馈压力信号与设定压力信号的误差，改变变频器的输出频率，即改变电机转速；PLC 实现状态检测及水泵的启停、运行工况的自动切换等外部控制，从而保证供水管网压力始终保持恒定。

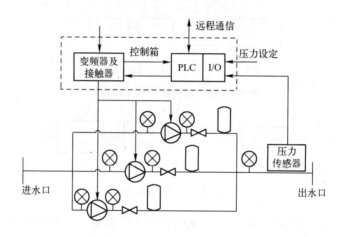

图 5-6-1　变频调速供水装置工作原理框图

　　在自动变频控制模式下，装置以单台泵变频启动供水，并随着用户用水量的增大不断提高变频器输出频率，若单台泵频率已达工频（50Hz）仍不能满足设定压力要求，则第一台泵切换至工频电源供电，自动变频启动第二台、第三台泵供水。相反，若供水压力达到了设定压力上限，则减少投入工作的水泵数量。

　　变频恒压供水装置在控制系统构架上，以 PLC 为控制器、以变频器为执行元件、以压力传感器为反馈元件进行设计，将参数设定、逻辑判断、压力控制算法、开关量控制、安全保护、状态监测等全部集成到 PLC 中，统筹各项功能，达到高度集成。PLC 选用 CPU224XP 自带开关量输入、继电器型数字量输出、模拟量输入、模拟量输出、串口通信等各种接口，另外 PLC 对于供水压力控制算法具有开放性，可以根据具体被控对象不同进行算法上的改变，也可以实现模糊控制等智能控制算法。其电气控制原理图如图 5-6-2 所示。

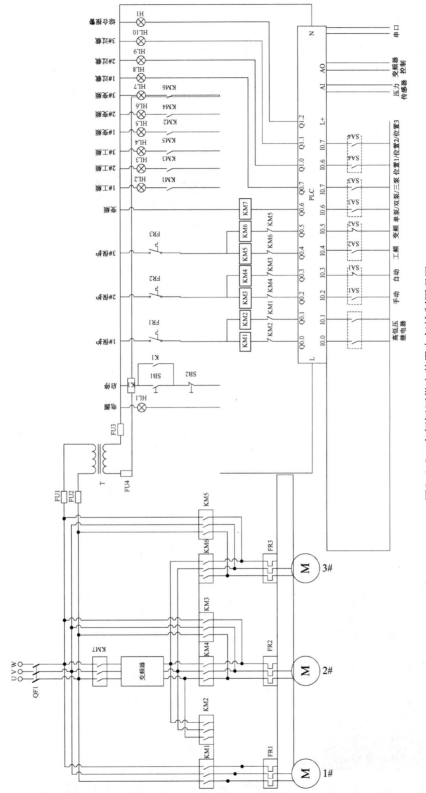

图5-6-2　变频恒压供水装置电气控制原理图

5.6.2 调距桨装置

可调螺距螺旋桨（调距桨，CPP）作为某型舰船主动力推进装置，是一个集机械、液压及控制为一体的负载系统。在主机转向和转速一定的情况下，调距桨可以很方便地通过改变桨叶螺距角度实现主机负荷的增大和减小，从而改变舰船在不同航行工况下的主推进效率和操纵特性。采用调距桨可以获得良好的操作性能，实现船、机、桨的良好配合。某型调距桨的原理图如图 5-6-3 所示。

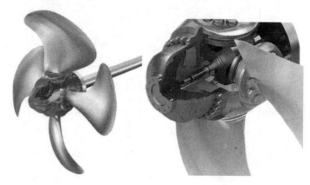

图 5-6-3 某型调距桨装置

调距桨装置由液压系统、电控系统、调距桨组成，其主要功能是按发送的指令改变桨叶的螺距，达到所要求的航速，顺利实现正航、倒航、停航、紧急制动等机动性能。螺距的控制模式有自动控制模式、备用控制模式、本地控制模式，其中自动控制模式是调距桨的主要控制模式，正常状态下，调距桨都在自动控制模式下运行。螺距自动控制原理如图 5-6-4 所示。自动控制模式的控制部位在驾驶室和集控室，自动控

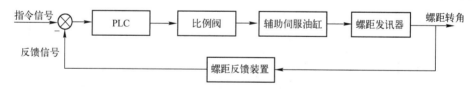

图 5-6-4 螺距自动控制原理

图 5-6-5 某型调距桨装置
中心控制箱

制模式下，由监控系统给出螺距指令信号，调距桨装置电控系统采集指令信号，并根据自身得到的实际螺距反馈信号，由电控系统中心控制箱（见图 5-6-5）内的 PLC（S7-200 系列）进行计算，输出电信号控制液压系统的比例阀，驱动液压系统调节桨叶螺距，使实际螺距反馈与监控系统给出的螺距指令相匹配，实现螺距的自动控制。

PLC 是整个控制系统最重要的设备之一，为系统实现控制部位转换功能、自动控制功能和备用控制、本地控制的冗余控制功能等，并输出螺距控制故障、控制失效的报警信号和零螺距指示。

思考题及习题

1. 简述 PLC 的基本工作原理，并说明 PLC 在输入和输出的处理上有什么特点。

2. 什么是 PLC 的扫描周期？PLC 扫描周期的长短与哪些因素有关？

3. 与一般的计算机控制系统相比，PLC 有哪些优点？

4. 填空

（1）继电器的线圈"断电"时，其常开触点＿＿＿＿，常闭触点＿＿＿＿。

（2）外部的输入电路接通时，对应的输入过程映像寄存器为＿＿＿＿状态，梯形图中对应的常开触点＿＿＿＿，常闭触点＿＿＿＿。

（3）若梯形图中输出 Q 的线圈"断电"，对应的输出过程映像寄存器为＿＿＿＿状态，在修改输出阶段后，继电器型输出模块中对应的硬件继电器的线圈＿＿＿＿，其常开触点＿＿＿＿，外部负载＿＿＿＿。

5. 整体式 PLC 与模块式 PLC 各有什么特点？分别适用于什么场合？

6. 数字量输出模块有哪几种类型？它们各有什么特点？

7. 频率变送器的量程为 $45\sim55$ Hz，输出信号为 $0\sim10$ V DC，模拟量输入模块输入信号的量程为 $0\sim10$ V DC，转换后的数字量为 $0\sim32000$，设转换后得到的数字为 N，试求以 0.01Hz 为单位的频率值。

8. 用接在 I0.0 输入端的光电开关检测传送带上通过的产品，有产品通过时 I0.0 位 ON，如果在 10s 内没有产品通过，由 Q0.0 发出报警信号，用 I0.1 输入端外接的开关解除报警信号。画出梯形图，并写出对应的语句表程序。

9. 有电动机 3 台，希望能够同时启动同时停车。设 Q0.0、Q0.1、Q0.2 分别驱动电动机的接触器。I0.0 为启动按钮，I0.1 为停止按钮，试编写程序。

10. 试设计满足题图 5-1 所示波形的梯形图。

11. 试设计满足题图 5-2 所示波形的梯形图。

12. 画出题图 5-3 所示波形对应的顺序功能图。

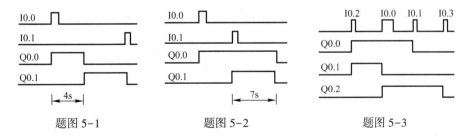

题图 5-1　　　　　题图 5-2　　　　　题图 5-3

第6章　控制网络技术

随着现代舰船自动化的不断提高，舰船机械控制系统逐渐从简单的信号反馈控制、计算机控制技术发展到以计算机网络为依托、以现场总线、工业以太网等技术为基础的控制系统——网络控制系统（Networked Control System，NCS）。

网络控制系统是计算机网络技术、通信技术、传感器技术和控制科学日益发展与交叉融合的产物，是计算机网络技术在控制领域的延伸和应用，是计算机控制系统的更高发展。

6.1　控制网络概述

控制网络作为一种特殊的网络，直接面向生产过程和控制，肩负着工业生产运行一线测量与控制信息传输的特殊任务，并产生或引发物质或能量的运动和转换。因此，它通常应满足强实时性与确定性、高可靠性与安全性、现场恶劣环境的适应性、总线供电与本质安全等特殊要求。较之信息网络，控制网络具有如下区别：

（1）控制网络传输的信息多为短帧信息，长度较小，且信息交换频繁；而信息网络传输的信息长度大，互相交换的信息不频繁。

（2）控制网络周期与非周期信息同时存在，正常工作状态下，周期性信息（如过程测量与控制信息、监控信息等）较多，而非周期信息（如突发事件报警、程序上下载等）较少；而信息网络非周期信息较多，周期信息较少。

（3）一般来说，过程控制网络的响应时间要求为 $0.01\sim0.5s$，制造自动化网络的响应时间要求为 $0.5\sim1.0s$；而信息网络响应时间要求为 $2.2\sim6.0s$，信息网络大部分应用的响应实时性可以忽略。

（4）控制网络的信息流向具有明显的方向性，如测量信息由变送器向控制器传送，控制信息由控制器向执行机构传送，过程监控与突发信息由现场仪表向操作站传送，程序下载由工程师站向现场仪表传输等；而信息网络的信息流向不具有明显的方向性。

（5）控制网络中测量控制信息的传送有一定的顺序性，如测量信息首先需要传送到控制器，由控制器进行控制运算，发出的控制信息传送给执行机构，控制相关执行机构的动作；而信息网络的信息传送没有一定的顺序性。

（6）控制网络应具有良好的环境适应性，即在高温、潮湿、振动、腐蚀、电磁干扰等工业环境中具有长时间、连续、可靠、完整地传送数据的能力，并能抗工业电网的浪涌、跌落和尖峰干扰；而信息网络对环境适应性的要求不高。

（7）在可燃与易爆场合，控制网络还应具备本安防爆性能；而信息网络不需要本安防爆性能。

（8）控制网络的通信方式多为广播或组播的通信方式；而信息网络的通信方式多为点对点的通信方式。

（9）控制网络必须解决多家公司产品与系统在同一网络中的相互兼容问题，即协议一致性与互操作性问题；而信息网络只需要解决互联互通问题，即协议一致性问题。

控制网络是一类特殊的局域网，它既有局域网共同的基本特征，也有控制网络固有的技术特征。

1. 系统的开放性与分散性

控制网络的出现使控制系统的体系结构发生了根本性改变，形成了在功能上管理集中、控制分散，在结构上横向分散、纵向分级的体系结构。把基本控制功能下放到现场具有智能的芯片或功能块中，不同现场设备中的功能块可以构成完整的控制回路，使控制功能彻底分散，直接面对对象，把同时具有控制、测量与通信功能的功能块与功能块应用进程作为网络节点，采用开放的控制网络协议进行互联，形成底层控制网络。图 6-1-1 所示为集散控制系统（Distributed Control System，DCS）向现场总线控制系统（Fieldbus Control System，FCS）的演变示意图。

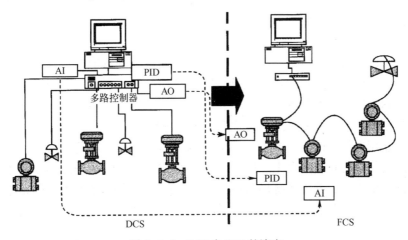

图 6-1-1　DCS 向 FCS 的演变

2. 系统响应的实时性与确定性

控制网络是与现场测量控制设备相连接的一类特殊通信网络，控制网络中数据传输的及时性与系统响应的实时性是控制系统最基本的要求。在工业自动化控制中需要及时地传输现场过程信息和操作指令，工业控制网络不但要完成非实时信息的通信，而且还要求支持实时信息的通信。这就不仅要求工业控制网络传输速度快，而且还要求响应快，即响应实时性要好。实时性是在网络通信过程中能在线实时采集过程的参数，实时对系统信息进行加工处理，并迅速反馈给系统完成过程控制，满足过程控制对时间限制的要求。同时要求网络通信任务的行为在时间上可以预测确定。实时性表现在对内部和外部事件能及时地响应，并作出相应的处理，不丢失信息，不延误操作。工业控制网络处理的事件一般分为两类：一类是定时事件，如数据的定时采集、运算控制等；另一类是随机事件，如事故、报警等。对于定时事件，系统设置时钟，保证定时处理；对于随机事件，系统设置中断，并根据故障的轻重缓急预先分配中断级别，一旦事故发生，保证优先处理紧急故障。

对于控制网络，它主要的通信量是过程信息及操作管理信息，信息量不大，传输速率一般不高于1Mb/s，信息传输任务相对比较简单，但其实时响应时间要求较高，为0.01~0.5s。除了控制管理计算机系统的外部设备外，还要控制管理控制系统的设备，并具有处理随机事件能力。实际操作系统应保证在异常情况下及时处置，保证完成任务，或完成最重要的任务，要求能及时发现并纠正随机性错误，至少保证不使错误影响扩大，应具有抵制错误操作和错误输入信息的能力。

3. 网络产品要具有互操作性与互用性

对于同一类型协议的不同制造商产品可以混合组态，构建成一个开放系统，使它具有互操作性。一致性测试是通过一系列具体应用，对现场总线的硬件和软件产品进行的行为测试，以确定具体应用中的行为与相应的协议标准一致，从而确定被测设备或系统对通信协议的各种应用与现场总线标准规范的符合程度。互操作性是指在没有任何功能损失的条件下，不同厂家的多个设备可以在一个系统中协同工作，即这些设备能够实现控制功能上的相互连接与操作。因此，各制造商产品要通过所属各类总线协议符合其规定的一致性测试及互操作性测试，并通过专门的测试认证。

4. 要求极高的可靠性

工业控制网络必须连续运行，它的任何中断和故障都可能造成停产，甚至引起设备和人身事故。因此工业控制网络必须具有极高的可靠性，如工业控制网络要求过程信息和操作指令实现零丢包率。

工业控制网络的高可靠性通常包含3个方面内容：

（1）可使用性好，网络自身不易发生故障。这要求网络设备质量高，平均故障间隔时间长，能尽量防止故障发生。提高网络传输质量的一个重要的技术是差控制技术。

（2）容错能力强，网络系统局部单元出现故障，不影响整个系统的正常工作。如在现场设备或网络局部链路出现故障的情况下，能在很短的时间内重新建立新的网络链路。

在网络的可靠性设计中，主要强调的是尽量防止出现故障，但是无论采取多少措施，要保证网络绝对无故障是不可能的，也是不现实的。容错设计则是从全系统出发，以另一个角度考虑问题，其出发点是承认各单元发生故障的可能，进而设法保证即使某单元发生故障，系统仍能完全正确地工作，也就是说给系统增加了容忍故障的能力。

提高网络容错能力的一个常用措施是在网络中增加适当的冗余单元，以保证当某个单元发生故障时能由冗余单元接替其工作，原单元恢复后再恢复出错前的状态。

（3）可维护性高，故障发生后能及时发现和及时处理，通过维修使网络及时恢复。这是考虑当网络系统万一出现失效时，系统一是要能采取安全性措施，如及时报警、输出锁定、工作模式切换等；二是要能具有极强的自诊断和故障定位能力，且能迅速排队除故障。

5. 需要良好的恶劣环境适应能力

工业控制网络应具有良好的环境适应性，即工业控制网络强调恶劣环境下数据传输的完整性、可靠性。由于工业生产现场环境与一般商业环境不同，如温度与湿度变化范围大，空气污浊、粉尘污染大，振动、电磁干扰大，并常常伴随有腐蚀性、有毒气体等。由此，要求工业控制网络必须具有机械环境适应性（如耐振动、耐冲击）、气候环境适应性（工作温度要求为−40～85℃，至少为−20～70℃，并要耐腐蚀、防尘、防水）、电磁环境适应性或电磁兼容性 EMC 等要求，在这些指标上工业控制网络设备需要经过严格的设计和测试。

6. 必须具备严格的网络安全性

工业控制网络主要用于各种大中型企业的生产及管理控制过程中，哪怕是一点信息的失密，或者遭到病毒破坏都有可能导致巨大的经济损失，更不要说由于敌对者的恶意破坏而导致网络不能正常运行了。因此，信息本身的保密性、完整性、鉴别性及信息来源和去向的可靠性是每一个管理者和操作者始终不可忽视，也是整个工业控制网络系统必不可少的重要组成部分。

控制网络的基本技术要素包括网络拓扑结构、介质访问控制技术、差错控制技术。

6.1.1　网络拓扑结构

网络中互联的点称为节点或站，节点间的物理连接结构称为拓扑。通常有星形、环形、总线形和树形拓扑结构，如图 6-1-2 所示。

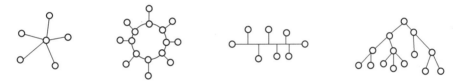

图 6-1-2　网络拓扑结构

1. 星形结构

星形的中心节点是主节点，它接受各分散节点的信息再转发给相应节点，具有中继交换和数据处理功能。当某一节点想传输数据时，它首先向中心节点发送一个请求，以便同另一个目的节点建立连接。一旦两节点建立了连接，则在这两点间就像是有一条专用线路连接起来一样，进行数据通信。可见，中心节点负担重，工作复杂。可靠性差是星形结构的最大弱点。归纳星形结构网络的特点如下：网络结构简单，便于控制和管理，建网容易；网络延迟时间短，传输错误率较低；网络可靠性较低，一旦中央节点出现故障将导致全网瘫痪；网络资源大部分在外围点上，相互之间必须经过中央节点中转才能传送信息；通信电路都是专用线路，利用率不高，故网络成本较高。

2. 环形结构

其各节点通过环接连于一条首尾相连的闭合环形通信线路中，环网中，数据按事先规定好的方向从一个节点单向传送到另一个节点。任何一个节点发送的信息都必须经过环路中的全部环接口。只有当传送信息的目的地址与环上某节点的地址相等时，信息才被该节点的环接口接收；否则，信息传至下一节点的环接口，直到发送到该信息发送的节点环接口为止。由于信息从源节点到目的节点都要经过环路中的每个节点，故任何节点的故障均导致环路不能正常工作，可靠性差。环形结构网络具有以下特点：

信息流在网络中沿固定的方向流动,故两节点之间仅有唯一的通路,简化了路径选择控制;环路中每个节点的收发信息均由环接口控制,因此控制软件较简单;环路中,当某节点故障时,可采用旁路环的方法,提高了可靠性;环结构其节点数的增加将影响信息的传输效率,故扩展受到一定的限制。环形网络结构较适合于信息处理和自动化系统中使用,是微机局部网络中常有的结构之一。特别是 IBM 公司推出令牌环网之后,环形网络结构就被越来越多的人所采用。

3. 总线形

在总线形结构中,各节点接口通过一条或几条通信线路与公共总线连接。其任何节点的信息都可以沿着总线传输,并且能被总线中的任何一节点所接收。由于它的传输方向是从发送节点向两端扩散,类同于广播电台发射的电磁波向四周扩散,因此,总线形结构网络又被称为广播式网络。总线形结构网络的接口内具有发送器和接收器。接收器接收总线上的串行信息,并将其转换为并行信息送到节点;发送器则将并行信息转换成串行信息广播发送到总线上。当在总线上发送的信息目的地址与某一节点的接口地址相符时,传送的信息就被该节点接收。由于一条公共总线具有一定的负载能力,因此总线长度有限,其所能连接的节点数也有限。总线形网络具有如下特点:结构简单灵活,扩展方便;可靠性高,响应速度快;共享资源能力强,便于广播式工作;设备少,价格低,安装和使用方便;由于所有节点共用一条总线,因此总线上传送的信息容易发生冲突和碰撞,故不宜用在实时性要求高的场合。解决总线信息冲突(通常称为瓶颈)是总线结构的重要问题。

4. 树形

树形结构是分层结构,适用于分级管理和控制系统。与星形结构相比,由于通信线路总长度较短,故它联网成本低,易于维护和扩展,但结构较星形结构复杂。网络中除叶节点外,任一节点或连线的故障均影响其所在支路网络的正常工作。

上述 4 种网络结构中,总线形结构是目前使用最广泛的结构,也是一种最传统的主流网络结构,这种结构最适于信息管理系统、舰船自动化系统等领域的应用。

实际组建网时,其网络结构不一定仅限于其中的某一种,通常是几种结构的综合。

6.1.2 介质访问控制技术

介质访问控制方式又称为网络的控制方法,用于对网络中各节点之间的信息进行合理传输和信道进行合理分配。典型的介质访问控制方式有 3 种:带冲突检测的载波侦听多路访问(CSMA/CD)、令牌环(TokenRing)、令牌总线(TokenBus)。

1. 带冲突检测的载波侦听多路访问(CSMA/CD)

CSMA/CD 是由美国 Xerox 公司提出,又称随机访问技术或争用技术,主要用于总线形和树形网络结构。该控制方法的工作原理是:当某一节点要发送信息时,首先要侦听网络中有无其他节点正发送信息,若没有则立即发送;否则,即网络中已有某节点发送信息(信道被占用),该节点就须等待一段时间再侦听,直至信道空闲,开始发送。载波侦听多路访问是指多个节点共同使用同一条线路,任何节点发送信息前都必须先检查网络的线路是否有信息传输。

CSMA 技术中，须解决信道被占用时等待时间的确定和信息冲突两个问题。

确定等待时间的方法是：当某节点检测到信道被占用后，继续检测下去，待发现信道空闲时，立即发送；当某节点检测到信道被占用后就延迟一个随机时间，然后再检测。重复这一过程，直到信道空闲，开始发送。

解决冲突的问题有多种办法，这里只说明冲突检测的解决办法。当某节点开始占用网络信道发送信息时，该点再继续对网络检测一段时间，也就是说该点一边发送一边接收，且把收到的信息和自己发送的信息进行比较，若比较结果相同，说明发送正常进行，可以继续发送；若比较结果不同，说明网络上还有其他节点发送信息，引起数据混乱，发生冲突，此时应立即停止发送，等待一个随机时间后，再重复以上过程。

CSMA/CD 方式原理较简单，且技术上较易实现。网络中各节点处于不同地位，无须集中控制，但不能提供优先级控制，所有节点都有平等竞争的能力，在网络负载不重情况下，有较高的效率，但当网络负载增大时，发送信息的等待时间加长，效率显著降低。

2. 令牌环

令牌环全称是令牌通行环（Token Passing Ring），仅适用于环形网络结构。在这种方式中，令牌是控制标志，网中只设一张令牌，只有获得令牌的节点才能发送信息，发送完后，令牌又传给相邻的另一节点。令牌传递的方法是：令牌依次沿每个节点传送，使每个节点都有平等发送信息的机会。令牌有"空"和"忙"两个状态。"空"表示令牌没有被占用，即令牌正在携带信息发送。当"空"的令牌传送至正待发送信息的节点时，该节点立即发送信息并置令牌为"忙"状态。在一个节点占令牌期间，其他节点只能处于接收状态。当所发信息绕环一周后，由发送节点清除，同时将"忙"令牌置为"空"状态，绕环传送令牌，以便其他节点能有机会发送信息。

令牌环的优点是能提供可调整的访问控制方式，能提供优先权服务，有较强的实时性。缺点是需要对令牌进行维护。且空闲令牌的丢失将会降低环路的利用率，控制电路复杂。

3. 令牌总线

令牌总线方式主要用于总线形或树形网络结构中。受令牌环的影响，它把总线或树形传输介质上的各个节点形成一个逻辑环，即人为地给各节点规定一个顺序（例如，可按各节点号的大小排列）。逻辑环中的控制方式类同于令牌环。不同的是令牌总线中，信息可以双向传送、任何节点都能"听到"其他节点发出的信息。为此，节点发送的信息中要有指出下一个要控制的节点的地址。由于只有获得令牌的节点才可发送信息（此时其他节点只收不发），因此该方式不需要检测冲突就可以避免冲突。

令牌总线具有如下优点：吞吐能力大，吞吐量随数据传输速率的提高而增加；控制功能不随电缆线长度的增加而减弱；不需冲突检测，故信号电压可以有较大的动态范围；具有一定的实时性。

可见，采用总线方式的网络的联网距离较 CSMA/CD 及令牌环方式的网络远。

令牌总线的主要缺点是节点获得令牌的时间开销较大，一般一个节点都需要等待多次无效的令牌传送后才能获得令牌。表 6-1-1 对 3 种访问控制方式进行了比较。

表 6-1-1　3 种介质访问控制方式的性能比较

性　　能	CSMA/CD	令 牌 总 线	令 牌 环
低负载	好	差	中
高负载	差	好	好
短包	差	中	中
长包	中	差	好

6.1.3　差错控制技术

由于通信线路上的各种干扰，传输信息时会使接收方收到错误信息。提高传输质量的方法有两种：第一种方法是改善信道的电性能，使误码率降低；第二种方法是接收方检验出错误后，自动纠正错误，或让发送方重新发送，直至接收到正确的信息。差错控制技术包括检验错误和纠正错误。检错方法有两种：奇偶校验、循环冗余校验。纠错方法有 3 种：重发纠错、自动纠错、混合纠错。

奇偶校验（Parity Check）也称垂直冗余校验，是以字符为单位的检错方法。一个字符由 8 位组成，低 7 位是信息字符的 ASCII 代码，最高位为"奇偶校验码"。校验位可以使每个字符代码中"1"的个数为奇数或偶数，若字符代码中"1"的个数为奇数，称为"奇校验"；若"1"的个数为偶数，称为"偶校验"。例如，一个字符的 7 位代码为"1010110"，有 4 个"1"。若规定奇校验，则校验位为"1"，即整个字符为"11010110"；若为偶校验，则校验位应为"0"，即整个字符为"01010110"。

如果采用奇校验，发送方发送一个字符编码（8 位，含一位校验码）时，"1"的个数一定为奇数个；在接收方对 8 个二进位中的"1"进行统计时，如果"1"的个数为偶数个，则意味着传输过程中至少有一位（或奇数位）发生差错。事实上，在传输过程中，偶尔一位出错的机会最多，故奇偶校验法经常被采用。虽然奇偶校验方法简单，当有一位误码时可检错，若有两位及以上误码时则无法有效进行，检错能力差，因此一般只用于通信要求较低的场合。

循环冗余校验法（Cyclic Redundancy Check，CRC）是一种较为复杂的校验方法。它将要发送的二进制数据（比特序列）当作一个多项式 $F(X)$ 的系数，在发送方用收发双方预先约定的生成多项式 $G(X)$ 去除，求得一个余数多项式。将此余数多项式加到数据多项式 $F(X)$ 之后发送到接收方。接收方用同样的生成多项式 $G(X)$ 去除收到的数据多项式 $F(X)$，得到计算余数多项式。如果此计算余数多项式与传过来的余数多项式相同，则表示传输无误；反之，表示传输有误。

重发纠错方式：发送方发送能够检错的信息码，接收方根据该码的编码规则，判断传输中有无错误，并把判断结果反馈给发送方。如果传输错，则再次发送，直到接收方认为正确为止。

自动纠错方式：发送方发送能够纠错的信息码，而不仅仅是检错的信息码。接收方收到该码后，通过译码不仅能自动地发现错误，而且能自动地纠正错误，但是，纠错位数有限，如果为了纠正比较多的错误，则要求附加的冗余码将比基本信息码多，因而传输效率低，译码设备也比较复杂。

混合纠错方式：上述两种方法的综合，发送方发送的信息码不仅能发现错误，而且还具有一定的纠错能力。接收方收到该码后，如果错误位数在纠错能力以内，则自动地进行纠错；如果错误多，超过了纠错能力，则接收方要求发送方重发，直到正确为止。

6.1.4　网络协议及其层次结构

在计算机网络中，网络的层次式结构、网络协议、网络体系结构是重要的基本概念。现代计算机网络都采用层次式结构，即一个计算机网络可分为若干层，其高层仅仅使用其较低层的接口所提供的功能，而不需了解其较低层实现该功能时所采用的算法和协议；其较低层也仅仅是使用从高层传送来的参数。这就使得一个层次中的模块用一个新的模块取代时，只需新模块与旧模块具有相同的功能和接口，即使它们执行着完全不同的算法和协议也无妨。在计算机网络中，为使各计算机之间或计算机与终端之间能正确地传送信息，必须在关于信息传输顺序、信息格式和信息内容等方面有一组约定或规则，这组约定或规则即所谓的网络协议。网络协议含有语义、语法、规则 3 个要素，协议的语义是指对协议含义的解释。实质上，网络协议是实体间通信时使用的一种语言，计算机网络的层次及其协议的集合，就是所谓的网络体系结构。具体地说，网络体系结构是关于计算机网络应设置哪几层，每个层次又应提供哪些功能的精确定义。

6.2　现场总线 CAN

CAN 总线最初是德国 Bosch 公司于 1986 年为汽车内部总线而设计开发的串行数据通信现场总线，目前已扩展应用到火车、轮船、机械制造、数控机床、工厂自动化等各个工业领域，在舰船机械控制领域也得到了广泛应用。

CAN 是最早成为国际标准的现场总线技术之一，采用了许多新技术及独特的设计，与其他总线技术相比具有突出的可靠性、实时性和灵活性，满足了控制系统及其他较高数据要求的系统需求。

CAN 总线主要技术特性如下：

（1）CAN 遵从 ISO/OSI 模型，采用了其中的物理层、数据链路层与应用层。采用双绞线，通信速率最高达到$(1Mb/s)/40m$，直接传输距离最远可达 $10km/(5kb/s)$。最多可挂接 110 个设备。

（2）CAN 的信号传输采用短帧结构，每一帧有效字节数为 8 个。因而，传输时间短，受干扰的概率低。当节点发生严重错误时，具有自动关闭的功能，切断该节点与总线的联系，使总线上其他节点不受影响，具有很强的抗干扰能力。

（3）CAN 支持多主工作方式，网络上任一节点均可在任何时候主动向其他节点发送信息，支持点对点、一点对多点和全局广播方式接收/发送数据，而优先级低的节点则主动停止发送，从而避免了总线冲突。

（4）CAN 总线上用"显性"（Dominant）和"隐性"（Recessive）两个互补的逻辑值表示"0"和"1"。

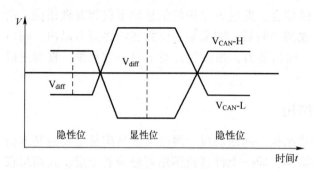

图 6-2-1　总线位电平的数值表示

如图 6-2-1 所示，V_{CAN}-H 和 V_{CAN}-L 为 CAN 总线收发器与总线之间的两接口引脚，信号以两线之间的"差分"电压形式出现。在隐性状态，V_{CAN}-H 和 V_{CAN}-L 被固定在平均电压电平附近，V_{diff} 近似于 0。在总线空闲或隐性位期间，发送隐性位。隐性位以大于最小阈值的差分电压表示。当总线上出现同时发送显性和隐性位时，其结果是总线数值为显性（即"0"与"1"的结果为"0"）。

随着 CAN 的广泛应用，对其技术规范的标准化提出了要求。为此，1991 年 9 月发布了 CAN 规范 V2.0（CAN Specification Version 2.0）。CAN 规范 V2.0 包括 A 和 B 两部分。1993 年 11 月，ISO 正式将 CAN 规范颁布为道路交通运输工具—数据信息交换—高速通信控制器局域网国际标准，即 ISO11898。

6.2.1　CAN 的通信模型

CAN 遵从 OSI 模型，按照 OSI 基准模型，CAN 被划分为数据链路层和物理层，如图 6-2-2 所示，数据链路层再细划分为逻辑链路控制子层（Logic Link Control，LLC）

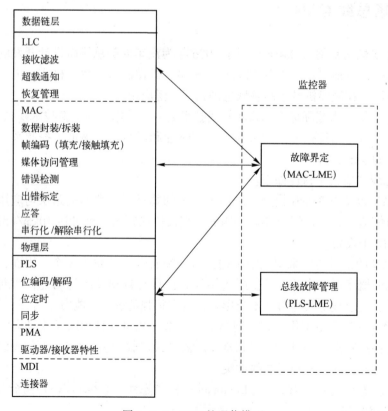

图 6-2-2　CAN 的通信模型

和介质访问控制子层（Medium Access Control，MAC），物理层又划分为物理信令子层（Physical Signalling，PLS）、物理媒体连接件子层（Physical Medium Attachment，PMA）和媒体相关接口（Medium Dependent Interface，MDI）。

MAC 子层主要负责制定传输规则，即控制帧结构、执行仲裁、错误检测、出错标定和故障界定。其中，故障界定是能够判别短暂干扰和永久性故障的自检机制。

LLC 子层用于报文过滤、过载通知及恢复管理，为数据传输和远程数据请求提供服务，确认报文已被 LLC 子层接收。

物理层规定了信号的传输方式，涉及位定时、位编码/解码、同步的解释。CAN 规范未定义物理层的驱动器/接收器特性，允许根据具体应用设计用于收发的传输介质和信号电平。

6.2.2　CAN 的报文及结构

CAN 系统以报文形式传送数据，报文传送由 4 种不同类型的帧表示和控制：数据帧携带数据由发送器到接收器；远程帧通过总线单元发送，以请求发送具有相同标识符的数据帧；出错帧由检测出总线错误的任何单元发送；超载帧用于提供当前的和后续的数据帧的附加延迟。

数据帧和远程帧可以使用标准帧及扩展帧两种格式，借助帧间空间与当前帧分开。

1. 数据帧

数据帧由 7 个不同的位场组成，即帧起始、仲裁场、控制场、数据场、CRC 场、应答场和帧结束。数据场长度可为 0。CAN2.0A 数据帧的组成如图 6-2-3 所示。

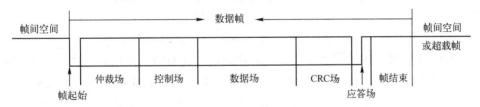

图 6-2-3　CAN2.0A 数据帧的组成

CAN2.0B 中存在两种不同的帧格式，其主要区别在于标识符的长度，具有 11 位标识符的帧称为标准帧，包括 29 位标识符的帧称为扩展帧。标准格式和扩展格式的数据帧如图 6-2-4 所示。

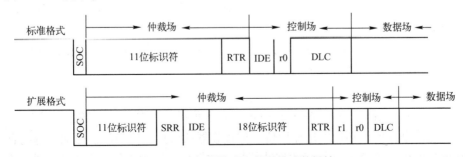

图 6-2-4　标准格式和扩展格式数据帧

为使控制器设计相对简单，并不要求执行完全的扩展格式（如以扩展格式发送报文或由报文接收数据），但必须不加限制地执行标准格式。例如，新型控制器至少具有下列特性，则可被认为同 CAN 技术规范兼容：每个控制器均支持标准格式；每个控制器均接收扩展格式报文，即不至于因为它们的格式而破坏扩展帧。

CAN2.0B 对报文滤波特别加以描述，报文滤波以整个标识符为基准。屏蔽寄存器可用于选择一组标识符，以便映像至接收缓存器中，屏蔽寄存器每一位都需是可编程的。它的长度可以是整个标识符，也可以是其中的一部分。

1）帧起始（SOF）

SOF 标志数据帧和远程帧的起始，它仅由一个显性位构成。只有在总线处于空闲状态时，才允许站点开始发送数据。所有站都必须同步于首先开始发送的那个站的帧起始前沿。

2）仲裁场

仲裁场由标识符和远程发送请求（RTR）组成。仲裁场如图 6-2-5 所示。

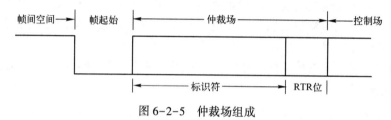

图 6-2-5 仲裁场组成

对于 CAN2.0B 标准，标识符的长度为 11 位，这些位以从高位到低位的顺序发送，最低位为 ID.0。其中最高 7 位（ID.10~ID.4）不能全为隐性位。

RTR 位在数据帧中必须是显性位，而在远程帧中必须为隐性位。

对于 CAN2.0B 标准格式和扩展格式的仲裁场格式不同。在标准格式中，仲裁场由 11 位标识符和远程发送请求位 RTR 组成，标识符位为 ID.28~ID.18；而在扩展格式中，仲裁场由 29 位标识符和替代远程请求 SRR 位、标识位和远程发送请求位组成，标识符位为 ID.28~ID.0。

为区别标准格式和扩展格式，将 CAN2.0B 标准中的 r1 改记为 IDE 位。在扩展格式中，先发送基本 ID，其后是 IDE 位和 SRR 位。扩展 ID 在 SRR 位后发送。

SRR 位为隐性位，在扩展格式中，它在标准格式的 RTR 位上被发送，并替代标准格式中的 RTR 位。这样，标准格式和扩展格式的冲突由于扩展格式的基本 ID 与标准格式的 ID 相同而得以解决。

IDE 位对于扩展格式属于仲裁场，对于标准格式属于控制场。IDE 在标准格式中以显性电平发送，而在扩展格式中为隐性电平。

3）控制场

控制场由 6 位组成，如图 6-2-6 所示。由图可见，控制场包括数据长度码和两个保留位，这两个保留位必须发送显性位，但接收器认可显性位与隐性位的全部组合。

数据长度码 LLC 指出数据场的字节数目。数据长度码为 4 位，在控制场中被发送。数据长度码中数据字节数目编码如表 6-2-1 所示。表 6-2-1 中，d 表示显性位，r 表示

图 6-2-6　控制场组成

隐性位。数据字节的允许使用数目为 0~8，不能使用其他数值。

表 6-2-1　数据长度码中数据字节数目编码

数据字节数目	数据长度码			
	DLC3	DLC2	DLC1	DLC0
0	d	d	d	d
1	d	d	d	r
2	d	d	r	d
3	d	d	r	r
4	d	r	d	d
5	d	r	d	r
6	d	r	r	d
7	d	r	r	r
8	r	d	d	d

4）数据场

数据场由数据帧中被发送的数据组成，它可包括 0~8 个字节，每个字节 8 位。首先发送的是最高有效位。

5）CRC 场

CRC 场包括 CRC 序列，后随 CRC 界定符、CRC 场结构如图 6-2-7 所示。

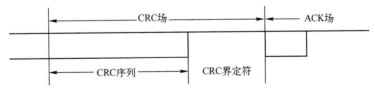

图 6-2-7　CRC 场组成

CRC 序列由循环冗余码求得的帧检查序列组成，最适用于位数小于 127（BCD 码）的帧。为实现 CRC 计算，被除的多项式系数由包括帧起始、仲裁场、控制场、数据场（若存在）在内的无填充的位流给出，其 15 个最低位的系数为 0，此多项式被发生器产生的下列多项式除（系数为模 2 运算）：

$$x^{15}+x^{14}+x^{8}+x^{7}+x^{4}+x^{3}+x^{1}+1$$

发送/接收数据场的最后一位后，CRC-RG 包含 CRC 序列。CRC 序列后面是 CRC 界定符，它只包括一个隐性位。

6）应答场（ACR）

应答场为两位，包括应答间隙和应答界定符，应答界定符如图 6-2-8 所示。

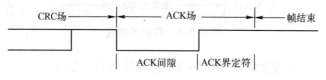

图 6-2-8　应答界定符

在应答场中，发送器送出两个隐性位。一个正确地接收到有效报文的接收器，在应答间隙，将此信息通过发送一个显性位报告给发送器。所有接收到匹配 CRC 序列的站，通过在应答间隙内把显性位写入发送器的隐性位来报告。

应答界定符是应答场的第 2 位，并且必须是隐性位。因此，应答间隙被两个隐性位（CRC 界定符和应答界定符）包围。

7）帧结束

每个数据帧和远程帧均由 7 个隐性位组成的标志序列界定。

2. 远程帧

激活为数据接收器的站可以借助于传送一个远程帧初始化各自源节点数据的发送。远程帧由 6 个不同分位场组成：帧起始、仲裁场、控制场、CRC 场、应答场和帧结束。

同数据帧相反，远程帧的 RTR 位是隐性位。远程帧不存在数据场。DLC 的数据值是没有意义的，它可以是 0~8 中的任何数值。远程帧的组成如图 6-2-9 所示。

图 6-2-9　远程帧组成

3. 出错帧

出错帧由两个不同的场组成，第一个场由来自各帧的错误标志叠加得到，随后的第二个场是出错界定符。出错帧的组成如图 6-2-10 所示。

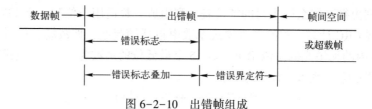

图 6-2-10　出错帧组成

为了正确地终止出错帧，一种"错误认可"节点可以使总线处于空闲状态至少 3 位时间（如果错误认可接收器存在本地错误），因而总线不允许被加载 100%。

错误标志具有两种形式，一种是活动错误标志（Active Error Flag），活动错误标志由 6 个连续的显性位组成，另一种是认可错误标志，它由 6 个连续的隐性位组成，除非被来自其他节点的显性位冲掉重写。

4. 超载帧

超载帧包括两个位场：超载标志和超载界定符，如图 6-2-11 所示。

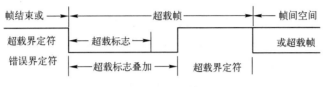

图 6-2-11　超载帧组成

存在两种导致发送超载标志的超载条件：一个是要求延迟下一个数据帧或远程帧的接收器的内部条件；另一个是在间歇场检测到显性位。由前一个超载条件引起的超载帧起点，仅允许在期望间歇场的第一位时间开始，而由后一个超载条件引起的超载帧在检测到显性位的后位开始。在大多数情况下，为延迟下一个数据帧或远程帧，两种超载帧均可产生。

超载标志由 6 个显性位组成。全部形式对应于活动错误标志形式。超载标志形式破坏了间歇场的固定格式，因而，所有其他站都将检测到一个超载条件，并且由它们开始发送超载标志（在间歇场第 3 位期间检测到显性位的情况下，节点将不能正确理解超载标志，而将 6 个显性位的第一位理解为帧起始）。第 6 个显性位违背了引起出错条件的位填充规则。

超载界定符由 8 个隐性位组成。超载界定符与错误界定符具有相同的形式。发送超载标志后，站监视总线直到检测到由显性位到隐性位的发送。在此站点上，总线上的每一个站均完成送出其超载标志，并且所有站一致地开始发送剩余的 7 个隐性位。

5. 帧间空间

数据帧和远程帧同前面的帧相同，不管是何种帧（数据帧、远程帧、出错帧或超载帧）均以称为帧间空间的位场分开。相反，在超载帧和出错帧前面没有帧间空间，多个超载帧前面也不被帧间空间分隔。

帧间空间包括间歇场和总线空闲场，对于前面已经发送报文的"错误认可"站还有暂停发送场。对于非"错误认可"或已经完成前面报文的接收器，其帧间空间如图 6-2-12 所示；对于已经完成前面报文发送的"错误认可"站，其帧间空间如图 6-2-13 所示。

图 6-2-12　非"错误认可"帧间空间

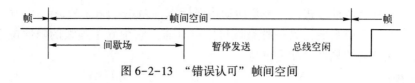

图 6-2-13 "错误认可"帧间空间

间歇场由 3 个隐性位组成。间歇期间，不允许启动发送数据帧，它仅起标注超载条件的作用。

总线空闲周期可为任意长度。此时，总线是开放的，任何需要发送的站均可访问总线。在其他报文发送期间，暂时被挂起的待发报文紧随间歇场从第一位开始发送。此时，总线上的显性位被理解为帧起始。

暂停发送场是指：错误认可站发送完一个报文后，在开始下一次报文发送或认可总线空闲前，它紧随间歇场后送出 8 个隐性位。如果其间开始一次发送（由其他站引起），本站将变为报文接收器。

6.2.3 错误类型与界定

在 CAN 总线中存在 5 种错误类型（它们并不互相排斥）。

（1）位错误。向总线送出一位的某个单元同时也在监视总线，当监视到总线位数值与送出的位数值不同时，则在该位时刻检测到一个位错误。例外情况是，在仲裁场的填充位流期间或应答间隙送出隐性位而检测到显性位时，不视为位错误。送出认可错误标志的发送器，在检测到显性位时，也不视为位错误。

（2）填充错误。在使用位填充方法进行编码的报文中，出现了第 6 个连续相同的位电平时，将检出一个位填充错误。

（3）CRC 错误。CRC 序列是由发送器 CRC 计算的结果组成的。接收器以与发送器相同的方法计算 CRC。如果计算结果与接收到的 CRC 序列不同，则检出一个 CRC 错误。

（4）形式错误。当固定形式的位场中出现一个或多个非法位时，则检出一个形式错误。

（5）应答错误。在应答间隙，发送器未检测到显性位时，则由它检出一个应答错误。

检测到出错条件的站通过发送错误标志进行标定。当任何站检出位错误、填充错误、形式错误或应答错误时，由该站在下一位开始发送出错误标志。

当检测到 CRC 错误时，出错标志在应答界定符后面的一位开始发送，除非其他出错条件的错误标志已经开始发送。

在 CAN 总线中，任何一个单元可能处于下列 3 种故障状态之一：错误激活（Error Active）、错误认可（Error Passive）和总线关闭。

对于错误激活节点，其为活动错误标志；而对于错误认可节点，其为认可错误标志。

错误激活单元可以照常参与总线通信，并且当检测到错误时，送出一个活动错误标志。不允许错误认可节点送出活动错误标志，它可参与总线通信，但当检测到错误时，只能送出认可错误标志，并且发送后仍被错误认可，直到下一次发送初始化。总线关闭状态不允许单元对总线有任何影响（如输出驱动器关闭）。

为了界定故障，在每个总线单元中都设有两种计数：发送出错计数和接收出错计数。这些计数按照下列规则进行（在给定报文传送期间，可应用其中一个以上的规则）。

（1）接收器检出错误时，接收器出错计数加 1，除非所检测错误是发送活动错误标志或超载标志期间的位错误。

（2）接收器在送出错误标志后的第一位检出一个显性位时，接收器错误计数加 8。

（3）发送器送出一个错误标志时，发送错误计数加 8。其中有两个例外情况：一个是如果发送器为错误认可，由于未检测到显性位应答或检测到一个应答错误，并且在送出其认可错误标志时，未检测到显性位；另一个是如果由于仲裁期间发生的填充错误，发送器送出一个隐性位错误标志，但发送器送出隐性位而检测到显性位。在以上两种例外情况下，发送器错误计数不改变。

（4）发送器送出一个活动错误标志或超载标志时，它检测到位错误，则发送器错误计数加 8。

（5）接收器送出一个活动错误标志或超载标志时，它检测到位错误，则接收器错误计数加 8。

（6）在送出活动错误标志、认可错误标志或超载标志后，任何节点都允许多至 7 个连续的显性位。在检测的第 11 个连续的显性位后（在活动错误标志或超载标志情况下），或紧随认可错误标志检测到第 8 个连续的显性位后，以及附加的 8 个连续的显性位的每个序列后，每个发送器的发送错误计数都加 8，并且每个接收器的接收错误计数也加 8。

（7）报文成功发送后（得到应答，并且直到帧结束未出现错误），则发送错误计数减 1，若它已经为 0，则仍保持为 0。

（8）报文成功接收后（直到应答间隙无错误接收，并且成功地送出应答位），若它处于 1 和 127 之间，则接收错误计数减 1；若接收错误计数为 0，则仍保持为 0；而若大于 127，则将其值计为 119 和 127 之间的某个数值。

（9）当发送错误计数器或接收错误计数器等于或大于 128 时，节点为错误认可。导致节点变为错误认可的错误条件使节点送出一个活动错误标志。

（10）当发送错误计数大于或等于 256 时，节点为总线关闭状态。

（11）当发送错误计数和接收错误计数两者均小于或等于 127 时，错误认可节点再次变为错误激活节点。

（12）在监测到总线上 11 个连续的隐性位发生 128 次后，总线关闭节点将变为两个错误计数器的值均为 0 的错误激活节点。

当错误计数数值大于 96 时，说明总线被严重干扰。它提供测试此状态的一种手段。

若系统启动期间仅有一个节点在线，此节点发出报文后将得不到应答，检出错误并重复该报文。它可以变为错误认可，但不会因此关闭总线。

6.2.4 位定时与同步要求

1. 正常位速率

正常位速率为在非重同步情况下，借助理想发送器每秒发出的位数。

2. 正常位时间

正常位时间即正常位速率的倒数。

正常位时间可分为几个互不重叠的时间段。这些时间段包括同步段（SYNC -SEG）、传播段（PROP - SEG）、相位缓冲段 1 （PHASE - SEGl） 和相位缓冲段 2（PHASE-SEG2），如图 6-2-14 所示。

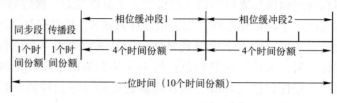

图 6-2-14　位时间组成

3. 同步段

同步段用于同步总线上的各个节点，此段内需要有一个跳变沿。

4. 传播段

传播段用于补偿网络内的传输延迟时间，它是信号在总线上传播时间、输入比较器延迟和驱动器延迟之和的两倍。

5. 相位缓冲段 1 和相位缓冲段 2

相位缓冲段用于补偿沿的相位误差，通过重同步，这两个时间段可被延长或缩短。

6. 采样点

它是这样一个时点，在此时点上，仲裁电平被读，并被理解为各位的数值，位于相位缓冲段 1 的终点。

7. 信息处理时间

由采样点开始，保留用于计算子序列位电平的时间。

8. 时间份额

由振荡器周期派生出的一个固定时间单元。存在一个可编程的分度值，其整体数值范围为 1~32，以最小时间份额为起点，时间份额为

$$时间份额 = m \times 最小时间份额$$

式中：m 为分度值。

正常位时间中各时间段长度数值如下：SYNC-SEG 为 1 个时间份额；PROP-SEG 长度可编程为 1~8 个时间份额；PHASE-SEGl 可编程为 1~8 个时间份额；PHASE-SEG2 长度为 FHASE-SEG 和信息处理时间的最大值；信息处理时间长度小于或等于两个时间份额。在位时间内，时间份额的总数必须被编程为至少 8~25。

9. 硬同步

硬同步后，内部位时间从 SYINC-SEE 重新开始，因而，硬同步强迫由于硬同步引起的沿处于重新开始的位时间同步段之内。

10. 重同步跳转宽度

由于重同步，PHASE-SEGl 可被延长或 PHASE-SEG2 可被缩短。这两个相位缓冲段的延长或缩短的总和上限由重同步跳转宽度给定。重同步跳转宽度可编程为 1 和 4（PHASF-SEGl）之间。

时钟信息可由一位数值到另一位数值的跳转获得。由于总线上出现连续相同位的位数的最大值是确定的，这提供了在帧期间重新将总线单元同步于位流的可能性。可被用于重同步的两次跳变之间的最大长度为 29 个位时间。

11. 沿相位误差

沿相位误差由沿相对于 SYNG-SEG 的位置给定，以时间份额度量。相位误差的符号定义如下：

若沿处于 SYNC-SEG 之内，则 $e=0$；

若沿处于采样点之前，则 $e>0$；

若沿处于前一位的采样点之后，则 $e<0$。

12. 重同步

当引起重同步沿的相位误差小于或等于重同步跳转宽度的编程值时，重同步的作用与硬同步相同；当相位误差大于重同步跳转宽度且相位误差为正时，则 PHASE-SEG1 延长总数为重同步跳转宽度；当相位误差大于重同步跳转宽度且相位误差为负时，则 PHASE-SEG2 缩短总数为重同步跳转宽度。

13. 同步规则

硬同步和重同步是同步的两种形式，它们遵从下列规则：

（1）在一个位时间内仅允许一种同步。

（2）只要在先前采样点上监测到的数值与总线数值不同，沿过后立即有一个沿用于同步。

（3）在总线空闲期间，当存在一个隐性位至显性位的跳变沿时，则执行一次硬同步。

（4）所有履行以上规则（1）和（2）的其他隐性位至显性位的跳变沿都将被用于重同步。例外情况是，对于具有正相位误差的隐性位至显性位的跳变沿，只要隐性位至显性位的跳变沿被用于重同步，发送显性位的节点将不执行重同步。

6.2.5　CAN 总线系统位数值表示与通信距离

CAN 总线上用"显性"和"隐性"两个互补的逻辑值表示"0"和"1"。当在总线上出现同时发送显性位和隐性位时，其结果是总线数值为显性（即"0"与"1"的结果为"0"）。如图 6-2-1 所示，V_{CAN}-H 和 V_{CAN}-L 为 CAN 总线收发器与总线之间的两接口引脚，信号以两线之间的"差分"电压形式出现。在隐性状态下，V_{CAN}-H 和 V_{CAN}-L 被固定在平均电压电平附近，V_{diff} 近似于 0。在总线空闲或隐性位期间，发送隐性位。显性位以大于最小阈值的差分电压表示。

CAN 总线上任意两个节点之间的最大传输距离与其位速率有关，表 6-2-2 列举了相关的数据。

表 6-2-2　CAN 总线上任意两节点间最大传输距离与位速率对应关系表

位速率/(kb/s)	1000	500	250	125	100	50	20	10	5
最大距离/m	40	130	270	530	620	1300	3300	6700	10000

注：这里的最大通信距离是指在同一条总线上两个节点之间的距离

6.3　CAN 总线及其在舰船控制中的应用

6.3.1　舰船控制常用 CAN 总线器件

基于 CAN 总线构建舰船控制系统常用的 CAN 总线器件，可分为两大类：一类是独立的 CAN 控制器，如 82C200、SJA1000、Intel82527 及 NEC72005 等；另一类是带有 CAN 的微控制器，如 P87C591、C8051F040/1、PIC18F248 及 Intel87C196CA/CB 等。常用 CAN 总线器件如表 6-3-1 所示。

表 6-3-1　CAN 总线器件表

制 造 商	产品型号	功 能 特 点
INTEL	82526 82527	CAN 通信控制器，符合 CAN2.0A CAN 通信控制器，符合 CAN2.0B
PHILIPS	82C200 8XC592 8XCE598 82C150 82C250	CAN 通信控制器，符合 CAN2.0A 8051 微控制器+CAN 通信控制器+A/D+PWM，符合 CAN2.0A 8051 微控制器+CAN 通信控制器+A/D+PWM 并具有电磁兼容性，符合 CAN2.0A 带有数字/模拟输入/输出功能的 CAN 器件，可用于传感器或执行机构，符合 CAN2.0A CAN 总线收发器，可用于 CAN 器件与物理总线间的连接
MOTOROLA	68HC05X4 68HC05X16	68HC05 微控制器+CAN 通信控制器，符合 CAN2.0A 68HC05 微控制器+CAN 通信控制器，符合 CAN2.0A
SIEMENS	81C90/91 C167C	CAN 通信控制器，符合 CAN2.0A 微控制器+CAN 通信控制器，符合 CAN2.0A/B
NEC	72005	CAN 通信控制器，符合 CAN2.0A/B
SILIONI	SI9200	CAN 总线收发器

1. 独立 CAN 总线控制器 SJA1000

SJA1000 是菲利浦公司推出的一种应用于汽车和一般工业环境的独立式 CAN 总线控制器，以作为 PCA82C200 的替代产品。PCA82C200 支持 CAN2.0A 协议，可实现基本 CAN 模式（BasicCAN）。而 SJA1000 可完成 CAN 总线的物理层和数据链路层的所有功能，支持 CAN2.0B 协议，实现增强 CAN 模式（PeliCAN）。

1）SJA1000 的主要特性

（1）引脚及电气参数与 PCA82C200 兼容。

（2）扩展接收缓冲器（64 字节 FIFO）。

（3）支持 CAN2.0B 协议，同时支持 11 位和 29 位标识符。

（4）位通信速率最高可达 1Mb/s。

（5）增强 CAN 模式（PeliCAN）。

（6）采用 24MHz 时钟频率。

（7）支持多种微处理器接口。

（8）可编程的 CAN 输出驱动配置。

2）SJA1000 的新增功能

（1）支持 CAN2.0B 协议。

SJA1000 完全支持 CAN2.0B 协议，这意味着实现了扩展的振荡器容差和处理扩展帧报文，在基本 CAN 方式中，仅可发送和接收标准帧报文（11 位标识符），若检测到 CAN 总线上的扩展帧报文（29 位标识符），将允许，并在确认报文正确后给予应答，但不会产生接收中断。标识符作为报文的名称将被用于接收器的验收滤波过程中，同时在仲裁处理期间，也用来确定总线访问的优先权。标识符二进制数值越低，其优先权越高。

（2）扩展的接收缓冲器。

利用 SJA1000 可将原有的 PAC82C200 双接收缓冲器被接收 FIFO 替代，并可用来存储来自 CAN 总线上被接收和滤波的报文，作为 CPU 能访问的一个 FIFO 的 13 字节窗口，接收 FIFO 总长度为 64 字节。通过 FIFO，CPU 可以在处理一个报文的同时接收其他报文。

（3）增强的错误处理能力。

在增强 CAN 模式功能中，SJA1000 为增强错误处理功能增加了一些新的特殊功能寄存器，包括：仲裁丢失捕捉寄存器（ALC），出错码捕捉寄存器（ECC），错误警告极限寄存器（EWLR），RX 出错计数寄存器（RXERR）和 TX 出错计数寄存器（TXERR）等。借助于这些错误寄存器可以找到丢失仲裁位的位置，分析总线错误类型和位置，定义错误警告极限值及记录发送和接收时出现错误的数等。

（4）增强的验收滤波功能。

SJA1000 带有验收滤波器功能，它的作用是自动检查报文中的标识符和数据字节。通过设置滤波，与该总线节点不相关的一个报义或一组报义将不被 SJA1000 所接收，这样可以提高 CPU 的利用效率。在增强型 CAN 方式中，SJA1000 还增加了单滤波方式和双滤波方式，可以对标准帧和扩展帧实现更复杂的滤波功能。

3）SJA1000 的内部功能模块

SJA1000 独立型 CAN 总线控制器内部结构如图 6-3-1 所示，由以下几部分构成。

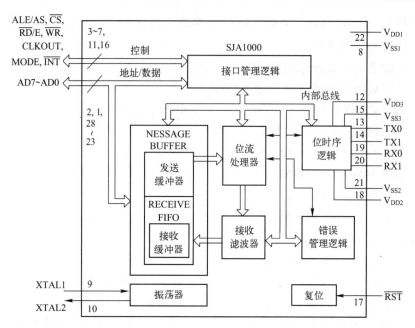

图 6-3-1　SJA1000 功能模块图

（1）接口管理逻辑：它接收来自微处理器的命令，控制 CAN 寄存器的地址，并为微处理器提供中断和状态信息。

（2）发送缓冲器：13 字节长，位于 CPU 位流处理器（BSP）之间，能存储一条将在 CAN 总线上发送的完整的报文，报文由 CPU 写入，由 BSP 读出。

（3）接收缓冲器（RXB，RXFIFO）：是 CPU 和接收滤波器之间的接口，用来存储从 CAN 总线接收并通过了滤波的报文。接收缓冲器 RXB 是提供给 CPU 可访问的 13 字节的窗口，这个窗口是属于接收 FIFO（RXFIFO）的一部分，共有 64 字节长。有了这个 FIFO，可以在 CPU 处理一个报文的同时继续接收其他到来的报文。

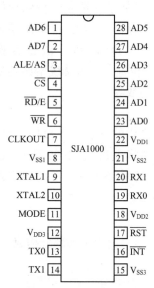

图 6-3-2　SJA1000 引脚图

（4）接收滤波器：它把报文头中的标识符和接收滤波寄存器中的内容进行比较，以判断该报文是否被接收。如果被接收，报文存入 RXFIFO。

（5）位流处理器：它是一个控制发送缓冲器、RXFIFO 并行数据和 CAN 总线（串行数据）之间数据的序列发生器，同时它也执行错误检测、仲裁、位填充和 CAN 总线错误处理功能。

（6）位定时逻辑：将 SJA1000 同步于 CAN 总线上的位流。

（7）错误管理逻辑：按照 CAN 协议完成错误界定。

4）SJA1000 的引脚说明

SJA1000 为引脚芯片，有 DIP 和 SO 两种封装，引脚如图 6-3-2 所示，引脚介绍见表 6-3-2。

5）SJA1000 的寄存器

由于 SJA1000 具有两种工作模式（BasicCAN 模式和

PeliCAN 模式），因此 SJA1000 的寄存器在不同的工作模式下的配置有较大的区别，详见 SJA1000 的相关介绍。

6）SJA1000 的设计要点

在利用 SJA1000 构成应用系统时，要注意以下设计要点：

（1）在设计微处理器 SJA1000 的接口电路时，首先要根据微处理器合理选择 SJA1000 的接口模式，其次注意 SJA1000 的片选地址应与其他的外部存储器无冲突，还应注意 SJA1000 的复位电路应为低电平有效。

（2）微处理器对 SJA1000 的控制访问是以外部存储器的方式来访问 SJA1000 的内部寄存器，所以应该正确定义微处理器访问 SJA1000 及其内部寄存器的访问地址。

表 6-3-2　SJA1000 引脚及功能表

符　号	引　脚	说　　　明
AD7~AD0	2，1，28~23	多路地址/数据总线
ALE/AS	3	ALE 输入信号 Intel 模式 AS 输入信号 Motorola 模式
/CS	4	片选输入低电平允许访问 SJA1000
/RD/E	5	微控制器（CPU）的/RD 信号 Intel 模式或 E 使能信号 Motorola 模式
/WR	6	微控制器（CPU）的/WR 信号 Intel 模式或 RD//WR 信号 Motorola 模式
CLKOUT	7	SJA1000 产生的提供给微控制器（CPU）的时钟输出信号时钟信号来源于内部振荡器且通过编程驱动时钟控制寄存器的时钟关闭位可禁止该引脚
V_{SS1}	8	接地
XTAL1	9	输入到振荡器放大电路外部振荡信号由此输入
XTAL2	10	振荡放大电路输出使用外部振荡信号时左开路输出
MODE	11	模式选择输入：1＝Intel 模式 0＝Motorola 模式
V_{DD3}	12	输出驱动的 5V 电压源
TX0	13	从 CAN 输出驱动器 0 输出到物理线路上
TX1	14	从 CAN 输出驱动器 1 输出到物理线路上
V_{SS3}	15	输出驱动器接地
/INT	16	中断输出用于中断微控制器（CPU）/INT 在内部中断寄存器各位都被置位时低电平有效，/INT 是开漏输出且与系统中的其他/INT 是线或的，此引脚上的低电平可以把 IC 从睡眠模式中激活
/RST	17	如 $C=1F$；$R=50\text{k}\Omega$
V_{DD2}	18	输入比较器的 5V 电压源
RX0，RX1	19，20	从物理的 CAN 总线输入到 SJA1000 的输入比较器；支配控制电平将会唤醒 SJA1000 的睡眠模式；如果 RX1 比 RX0 的电平高，就读支配控制电平，反之读弱势电平，如果时钟分频寄存器的 CBP 位置位就旁路 CAN 输入比较器以减少内部延时（此时连有外部收发电路）这种情况下只有 RX0 是激活的；弱势电平被认为是高，而支配电平被认为是低
V_{SS2}	21	输入比较器的接地端
V_{DD1}	22	逻辑电路的 5V 电压源

（3）微处理器访问 SJA1000 的方式，可以通过中断或轮询的方式来访问 SJA1000。

（4）微处理器访问 SJA1000 时，有两种不同的模式：工作模式和复位模式。对

SJA1000 的初始化只能在 SJA1000 的复位模式下进行。初始化包括设置验收滤波器、总线定时器、输出设置、时钟分频中的特定控制等。设置复位请求后一定要校验，以确保设置成功。

（5）向 SJA1000 的发送缓冲区中写入数据时，一定要检查发送缓冲区是否处于锁定状态。如果缓冲区被锁定，这时写入的数据将丢失。

（6）对 SJA1000 的操作难点在于总线定时器的设置。设置总线定时器包括：设置总线波特率、同步跳转宽度、微周期的长度、采样点的位置和在每个采样点的采样数目。

2. CAN 总线驱动器 PCA82C250

PCA82C250 是 CAN 协议控制器和物理传输线路之间的接口，并对总线提供差动发送能力和对 CAN 控制器提供差动接收能力。

1）主要特点

（1）完全符合"ISO11898"标准。

（2）高速率（最高可达 1Mb/s）。

（3）具有抗汽车环境下的瞬间干扰，保护总线能力。

（4）采用斜率控制（Slope Control），降低射频干扰（RFI）。

（5）差分收发器具有宽范围的抗共模干扰能力，有很强的抗电磁干扰（EMI）的能力。

（6）过热保护。

（7）总线与电源及地之间的短路保护。

（8）低电流待机模式。

（9）未上电节点不会干扰总线。

（10）总线至少可连接 110 个节点，在汽车环境中，对总线提供瞬变保护。

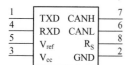

（11）工作温度范围宽：−40~+125℃。

2）引脚介绍

PCA82C250 为 8 引脚芯片，有 DIP 和 SO 两种封装，引脚如图 6-3-3 所示，引脚介绍见表 6-3-3。

图 6-3-3　PCA82C250 引脚图

表 6-3-3　PCA82C250 引脚及功能表

符　号	引　脚　号	描　　述
TXD	1	发送数据输入
GND	2	地
V_{CC}	3	电源电压
RXD	4	接收数据输出
V_{ref}	5	参考电压输出
CANL	6	输入/输出低电平 CAN 电压
CANH	7	输入/输出高电平 CAN 电压
RS	8	斜率电阻输入

3）功能描述

PCA82C250 驱动电路内部具有限流电路，可防止发送输出级对电源、地或负载短路。虽然短路出现时功耗增加，但不致使输出级损坏。若温度超过大约 160℃，则两个发送器输出端极限电流减小，由于发送器是功耗的主要部分，因而限制了芯片的温升。器件的所有其他部分将继续工作。PCA82C250 采用双线差分驱动，有助于抑制汽车等恶劣电气环境下的瞬间干扰。

引脚 8（Rs）用于选定 PCA82C250 的工作模式。有三种不同的工作模式可供选择：高速、斜率控制和待机，如表 6-3-4 所示。

表 6-3-4　引脚 RS 用法

Rs 提供条件	工 作 模 式	Rs 上的电压或电流
$V_{Rs}>0.75V_{cc}$	待机	$-10\mu A<I_{Rs}<10\mu A$
$-10\mu A<I_{Rs}<-200\mu A$	斜率控制	$0.3V_{cc}<V_{Rs}<0.6V_{cc}$
$V_{Rs}<0.3V_{cc}$	高速	$I_{Rs}<-500\mu A$

对于高速工作模式，发送器输出级晶体管被尽可能快地启动和关闭。在这种模式下，不采取任何措施限制上升和下降的斜率。此时，建议采用屏蔽电缆以避免射频干扰问题的出现。通过把引脚 8 接地可选择高速工作模式。

对于较低速度或较短的总线长度，可使用非屏蔽双绞线或平行线作总线。为降低射频干扰，应限制上升和下降的斜率。上升和下降的斜率可以通过由引脚 8 至地连接的电阻进行控制，斜率正比于引脚 8 上的电流输出。

如果引脚 8 接高电平，则电路进入低电平待机模式。在这种模式下，发送器被关闭，接收器转至低电流。如果检测到显性位，RXD 将转至低电平。微控制器应通过引脚 8 将驱动器变为正常工作状态来对这个条件作出响应。由于在待机模式下接收器是慢速的，因此将丢失第一个报文。PCA82C250 真值表如表 6-3-4 所示。

表 6-3-5　CAN 驱动器真值表

电　源	TXD	CANH	CANL	总线状况	RXD
(4.5~5.5) V	0	高	低	显性	0
(4.5~5.5) V	1 或悬空	悬空	悬空	隐性	1
<2V（未上电）	×	悬空	悬空	隐性	×
2V<V_{cc}<4.5V	>0.75V_{cc}	悬空	悬空	隐性	×
2V<V_{cc}<4.5V	×	若 $V_{Rs}>0.75V_{cc}$悬空	若 $V_{Rs}>0.75V_{cc}$悬空	隐性	×

利用 PCA82C250 还可方便地在 CAN 控制器与驱动器之间建立光电隔离，以实现总线各节点间的电气隔离。

双绞线并不是 CAN 总线的唯一传输介质。利用光电转换按门器件及星形光纤耦合器可建立光纤介质的 CAN 总线通信系统。此时，光纤中有光表示显性位，无光表示隐性位。

利用 CAN 控制器的双相位输出模式，通过设计适当的接口电路，也不难实现人们希望的电源线与 CAN 通信线的复用。另外，CAN 协议中卓越的错误抢出及自动重发功能为建立高效的基于电力线载波或无线电介质（这类介质往往存在较强的干扰）的 CAN 通信系统提供了方便。

6.3.2　舰船控制典型 CAN 总线节点设计

通常采用集成 CAN 控制器的微处理器或独立 CAN 控制器与微控制器接口构成舰船控制典型 CAN 总线节点，其中独立控制器与微控制器接口构成方法最为常用。

1. 网络拓扑及节点基本结构

CAN 总线采用总线网络拓扑结构，在一个网络上至少需要有 2 个 CAN-bus 节点存在。在总线的 2 个终端，各需要安装 1 个 120Ω 的终端电阻；如果节点数目大于 2 个，中间节点就不要求安装 120Ω 终端电阻。网络拓扑示意图如图 6-3-4 所示。

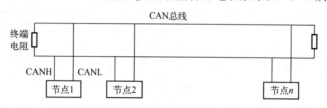

图 6-3-4　CAN 总线网络拓扑示意图

虽然每一个节点根据应用系统的任务有各自控制功能，但完成 CAN-bus 信息交换的功能是相同的。CAN 总线节点一般由微处理器、CAN 控制器、CAN 收发器三部分组成。CAN 总线节点示意图如图 6-3-5 所示。

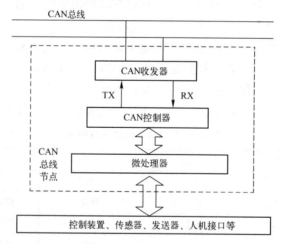

图 6-3-5　CAN 总线节点示意图

2. 硬件设计

舰船控制 CAN 节点通常采用 89S51+SJA1000+82C251 的典型结构，如图 6-3-6 所示。

（1）电源。SJA1000 中有 3 组电源引脚，分别为内部不同的数字和模拟电路供电。设计时需注意将电源分开以保证更好的抗干扰特性。

V_{DD1}/V_{SS1}：内部逻辑（数字）

V_{DD2}/V_{SS2}：输入比较器（模拟）

V_{DD1}/V_{SS1}：输出驱动器（模拟）

（2）复位。SJA1000 的 XTAL1 引脚上必须连接稳定的振荡器时钟。引脚 17 的外部复位需要被同步并由内部延长到 15 个 t_{XTAL}，保证 SJA1000 所有寄存器的正确复位。

（3）振荡器和时钟。SJA1000 可以使用片内振荡器或片外时钟源工作。CLKOUT 引脚可被配置为主控制器时钟频率。如果不需要 CLKOUT 信号，可以置位时钟分频寄存器（lock off = 1）将其关闭。

3. 软件设计

舰船控制 CAN 节点的通信程序设计一般主要包括 CAN 节点初始化、报文发送和报文接收 3 部分。

1）初始化程序

向 SJA1000 控制器内的寄存器写入控制字，确定 CAN 控制器的工作方式、通信速率、报文滤波等。此时，SJA1000 必须在复位模式下，由 CPU 运行初始化程序，配置各个寄存器。初始化流程如图 6-3-7 所示。

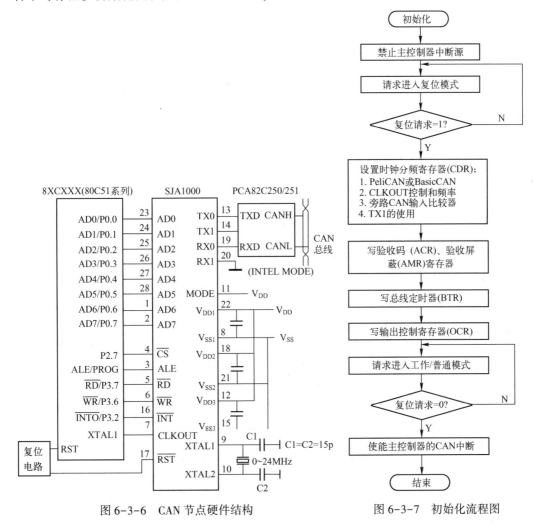

图 6-3-6　CAN 节点硬件结构　　　　　图 6-3-7　初始化流程图

在复位模式下，主控制器需配置寄存器包括如下部分。

（1）模式寄存器（MOD，仅 PeliCAN 模式）。选择以下应用模式：

① 接收过滤器模式;

② 自我测试模式;

③ 只听模式。

（2）时钟分频寄存器（CDR）。配置内容包括：

① 选择使用 BasicCAN 或 PeliCAN 模式;

② 是否使能 CLKOUT 引脚;

③ 是否旁路 CAN 输入比较器;

④ TX1 输出是否被用作专门的接收中断输出。

（3）接收码和接收屏蔽寄存器。用于定义接收码和接收屏蔽码。

（4）总线定时寄存器。用于定义总线上的位速率、位周期的采样点及一个位周期里采样的数目。

（5）输出控制寄存器。用于定义 CAN 总线输出管脚 TX0 和 TX1 的输出模式（正常输出模式、时钟输出模式、双相位输出模式、测试输出模式）和输出引脚配置（悬空、下拉、上拉、推挽）。

2）数据发送程序

SJA1000 自动完成将数据从 CAN 控制器发送缓冲器发送到总线的过程。发送程序仅需将需要发送的数据送入 SJA1000。发送缓冲器，然后将命令寄存器中的发送请求标志位置位。

数据发送可通过中断和查询两种控制方式实现。

（1）中断控制。采用中断控制发送，需编写主程序和中断服务程序。主程序用于控制报文发送，当发送缓冲区满时，将数据暂存到临时存储区内。中断发送程序负责将临时存储区内的暂存数据发送出去。主程序流程图如图 6-3-8 所示，中断服务程序流程图如图 6-3-9 所示。

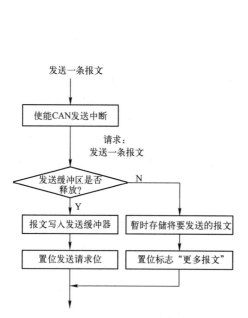
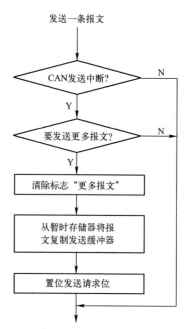

图 6-3-8　中断控制发送主程序流程图　　图 6-3-9　中断控制发送中断服务程序流程图

当 SJA1000 在发送数据时，发送缓冲器写锁定。在将数据送入发送缓冲器前，主控制器必须检查状态寄存器中发送缓冲器状态标志位（THS）。

（2）查询控制。采用查询控制发送的流程如图 6-3-10 所示，此时 SJA1000 的发送中断应被屏蔽。

3）数据接收程序

SJA1000 自动完成将数据从总线接收到 CAN 接收缓冲器的过程。接收过滤器判断所接收报文正确后，自动保存在接收缓冲器内。CPU 通过读操作将数据保存到本地存储器以释放接收缓冲器，并对数据进行相应处理。

数据接收可通过中断请求或查询两种控制方式实现。

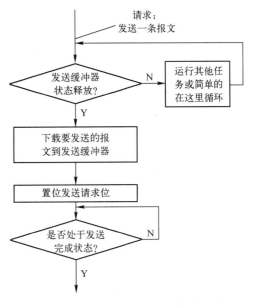

图 6-3-10 查询控制发送程序流程图

（1）查询控制。首先，禁止 CAN 的接收中断。主控制器循环读取 SJA1000 的状态寄存器，检查接收缓冲状态标志位（RBS），查看是否接收到报文，程序流程如图 6-3-11 所示。

（2）中断控制。中断控制接收主程序只需使能 CAN 的接收中断。图 6-3-12 是中断控制接收中断服务程序流程，CAN 控制器的接收中断优先级高于外部中断接收请求。

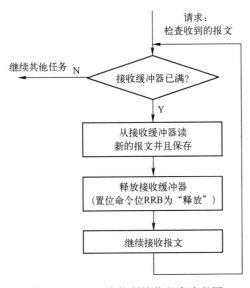

图 6-3-11 查询控制接收程序流程图

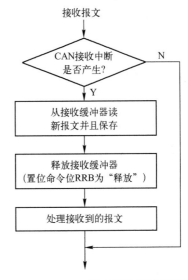

图 6-3-12 中断控制接收程序流程图

6.4　工业以太网

现场总线技术的发展改变了控制系统的结构，具有开放、分散、数字化、可互操作性等特点，极大推动了面向现场的自动化系统的发展。但现场总线存在成本高、传输速率低和支持应用有限等缺陷，加之通信协议的多样性，使得不同总线产品不能互连、互用和互操作等，因而现场总线在控制中的推广应用受到了一定的限制。

随着以太网技术的发展，特别是高速以太网的出现使得以太网通信确定性得到了增强，以太网在自动化领域开始逐渐得到应用，产生了一种新型的、具有工程实用价值的工业以太网。工程应用实践表明，通过采用适当的系统设计和流量控制技术，工业以太网可满足工业自动化领域的通信要求。目前，PLC、DCS 等控制设备或系统已经开始提供以太网接口，基于工业以太网的数据采集、记录仪、变送器、传感器等产品也纷纷面世。如今，工业以太网已成为信息管理层、监控层网络的首选，并有逐渐向下延伸直接应用于现场设备间通信的趋势。

6.4.1　工业以太网概述

Ethernet 最初是由美国 Xerox 公司于 1975 年推出的一个 2.94Mb/s 的持续 CSMA/CD 局域网，它以无源电缆作为总线来传送数据，并以曾经在历史上表示传播电磁波的"以太"来命名。1980 年 9 月，DEC、Intel、Xerox 合作公布了 Ethernet 物理层和数据链路层的规范，称为 DIX 规范。美国电气与电子工程师协会（IEEE）对 DIX 规范进行了适当修改，并据此制定了 IEEE802.3 标准，后来被 ISO 接受而成为 ISO8802.3 标准。严格来讲，IEEE802.3 标准与以太网并不完全相同，但人们通常都将它认为是以太网标准，而且已经成为国际上最为流行的局域网标准之一。

工业以太网，是指技术上与以太网（即 IEEE802.3 标准）兼容，但在产品设计、材质选用、产品强度和适用性方面能够满足工业现场需要的以太网技术，即工业以太网是将以太网应用于工业控制和管理的局域网技术，是商用以太网在控制网络延伸的产物。

以太网是目前应用最为广泛的计算机网络技术，有着广泛的技术支持。相对于其他类型的现场总线，以太网拥有软硬件资源丰富、硬件成本低廉、传输速率高、可持续发展潜力大、易于与以太网连接，可实现办公自动化网络与工业控制网络的信息无缝集成等一系列优点。

毕竟以太网是面向办公自动化设计，没有考虑工业自动化应用的特殊要求，为保证工业以太网在工业现场的可靠应用，急需解决通信实时性、现场设备的总线供电、本质安全、远距离通信、可互操作性等关键技术问题。

1. 通信实时性

以太网采用 CSMA/CD 介质访问控制方式，网络负荷较大时，网络传输的不确定性不能满足工业自动化领域对通信的实时性要求，工业以太网采用星形网络结构、以太网交换技术，可以大大减少（半双工方式）或完全避免碰撞（全双工方式），从而提高通信确定性，以满足工业自动化领域的通信要求。

（1）在网络拓扑上，采用星形连接代替总线形结构，使用网桥或路由器等设备将网络分割成多个网段（Segment）。在每个网段上，以一个多口集线器为中心，将若干个设备或节点连接起来。这样，挂接在同一网段上的所有设备形成一个冲突域（Collision Domain），每个冲突域均采用 CSMA/ CD 机制来管理网络冲突，这种分段方法可以使每个冲突域的网络负荷和碰撞概率都大大减小。

（2）使用以太网交换技术，将网络冲突域进一步细化。用交换式集线器代替共享式集线器，使交换机各端口之间可以同时形成多个数据通道，正在工作的端口上的信息流不会在其他端口上广播，端口之间信息报文的输入和输出已不再受到 CSMA/CD 介质访问控制协议的约束。因此，在以太网交换机组成的系统中，每个端口就是一个冲突域，各个冲突域通过交换机实现了隔离。

（3）采用全双工通信技术，可以使设备端口间两对双绞线（或两根光纤）上同时接收和发送报文帧，从而也不再受到 CSMA/CD 的约束，使得任一节点发送报文帧时不会再发生碰撞，不存在冲突域。

此外，通过降低网络负载和提高网络传输速率，可以使传统共享式以太网上的碰撞大大降低。实际应用经验表明，对于共享式以太网来说，当通信负荷在 25% 以下时，可保证通信畅通，当通信负荷在 5% 左右时，网络上碰撞的概率几乎为零。

2. 总线供电

"总线供电"或"总线馈电"，是指连接到现场设备的线缆不仅传送数据信号，还能给现场设备提供工作电源。

采用总线供电可以减少网络线缆，降低安装复杂性与费用，提高网络和系统的易维护性。在控制网络中，现场设备的位置分散性使得它们有通过总线提供工作电源的要求。由于以太网以前主要用于商业计算机通信，一般的设备或工作站（如计算机）本身已具备电源供电，没有总线供电的要求，因此传输媒体只用于传输信息。现有的工业以太网还没有对网络节点的供电做出专门规定。一种可能的方案是利用现有的 5 类双绞线中另一对空闲线供电。在工业应用中，一般采用 10~36V 低压直流供电。

3. 互操作性

互操作性是指连接到同一网络上不同厂家的设备之间通过统一的应用层协议进行通信与互用，性能类似的设备可以实现互换。

实现基于以太网的工业现场设备间互操作性的有效方法为：在以太网 + TCP（UDP）/IP 协议的基础上，通过制定统一并适用于工业现场控制的应用层技术规范，同时参考 IEC 有关标准，在应用层上增加用户层，将工业控制中的功能块（Function Block，FB）进行标准化，规定各自的输入、输出、算法、事件、参数，并组成为可在现场设备中执行的应用进程，以实现不同厂商设备的混合组态与调用。从而不同厂商设备遵守共同标准化的应用层和用户层，并经过一致性和互操作性测试，即可实现它们之间的互操作。

4. 网络生存性

网络生存性，是指以太网应用于工业现场控制时，必须具备较强的网络可用性。

即需要采用可靠的技术保证在网络维护和改进时，系统不发生中断，以实现网络正常运行时间的最大化。工业以太网的生存性包括以下几个方面的内容。

1）可靠性

工业现场的机械、气候（包括温度、湿度）、尘埃等条件非常恶劣，因此对设备的可靠性提出了更高的要求。

在基于以太网的控制系统中，网络成了相关装置的核心，从 I/O 功能模块到控制器中的任何一部分都是网络的一部分。网络硬件把内部系统总线和外部世界连成一体，同时网络软件驱动程序为程序的应用提供必要的逻辑通道。系统和网络的结合使得可靠性成了自动化设备制造商的设计重点。

2）可恢复性

可恢复性，是指当以太网系统中任一设备或网段发生故障而不能正常工作时，系统能依靠事先设计的自动恢复程序将断开的网络连接重点链接起来，并将故障进行隔离，以使任一局部故障不会影响整个系统的正常运行，也不会影响生产装置的正常生产。同时，系统能自动定位故障，以使故障能够得到及时修复。

可恢复性不仅仅是网络节点和通信信道具有的功能，通过网络界面和软件驱动程序，网络可恢复性以各种方式扩展到其子系统。一般来讲，网络系统的可恢复性取决于网络装置和基础组件的组合情况。

3）可维护性

可维护性是高可用性系统的最受关注的焦点之一。通过对系统和网络的在线管理，可以及时地发现紧急情况，并使得故障能够得到及时处理。

5. 网络安全性

目前工业以太网已经把传统的三层网络系统（即信息管理层、过程监控层、现场设备层）合成一体，使数据的传输速率更快、实时性更高，同时可以接入 Internet，实现数据的共享，但与此同时也引入了一系列的网络安全问题。

对此，一般可采用网络隔离（如网关隔离）的办法，如采用具有包过滤功能的交换机将内部控制网络与外部网络系统分开。该交换机除了实现正常的以太网交换功能外，还作为控制网络与外界的唯一接口，在网络层中对数据包实施有选择的通过（即所谓的包过滤技术），也就是说，该交换机可以依据系统内事先设定的过滤逻辑检查数据流中每个数据包的部分内容后，根据数据包的源地址、目的地址、所用的 TCP 端口与 TCP 链路状态等因素来确定是否允许数据包通过。只有完全满足包过滤逻辑要求的报文才能访问内部控制网络。

此外，还可以通过引进防火墙机制，进一步实现对内部控制网络访问的限制，防止非授权用户得到网络的访问权，强制流量只能从特定的安全点流向外界，防止遭受攻击及限制外部用户在其中的行为等效果。

6. 本质安全与安全防爆技术

在生产过程中，很多工业现场不可避免地存在易燃、易爆与有毒等场合。对应用于这些工业现场的智能装备及通信设备，都必须采取一定的防爆技术措施来保证工业现场的安全生产。

为了促进以太网在工业上的应用，国际上成立了一些工业以太网组织，如工业以太网协会（Industrial Ethernet Association，IEA）、工业自动化开放网络联合会（Industrial Automation Open Networking Alliance，IAONA）等，在世界范围内推进工业以太网技术的发展和应用。在标准化方面，IEC 目前正计划与 IAONA 合作，制定"工业网络化系统安装导则（Installation Guideline for Industrial Cabling System）"，其中就包含了工业以太网媒体行规。

在工业控制网络中，直接采用以太网作为控制网络的通信技术只是工业以太网发展的一个方面，一些现场总线组织，如现场总线基金会、Profibus 国际组织（PNO）、P-Net 用户组织（International P-Net User Organization）、Interbus 俱乐部（Interbus Club）等，提出了用现有的现场总线控制网络与以太网结合，将以太网作为现场总线网络的高速网段，使控制网络与 Internet 融为一体的解决方案，纷纷在其低速现场总线的基础上推出了基于以太网的高速现场总线。例如 FF-H1 的高速网段 FF-HSE、Proibus 的高速网段 ProfiNet 等。

在控制网络中采用以太网技术无疑有助于控制网络与互联网的融合，如果实现了 Ethernet 的"E"网到底，则控制网络无须经过网关转换即可直接连接到互联网，测控节点也有条件成为互联网上的一员。现阶段，提出且正在实现的一个解决方案是：在控制器、PLC、变送器、执行器、I/O 卡等设备中嵌入以太网通信接口、TCP/IP 协议、WebServer，形成支持以太网、TCP/IP 协议和 Web 服务器的 Internet 现场节点。在现场总线应用层协议尚未统一的情况下，借助 IE 等通用的网络浏览器实现对生产现场的监视与控制，进而实现远程监控。

6.4.2 工业以太网体系结构

1. 工业以太网通信模型

工业以太网协议的种类有很多，如 HSE、ProfiNet、EtherNet/IP、Modbus-RTPS 等，它们在本质上仍基于以太网技术，即 IEEE802.3 标准。对应于 ISO/OSI 通信参考模型，工业以太网协议在物理层和数据链路层均采用了 IEEE802.3 标准，在网络层和传输层则采用被称为以太网上的"事实上"的标准 TCP/IP（Transmission Control Protocol/Internet Protocol）协议族，网际协议（IP）用来确定信息传递路线，而传输控制协议（TCP）则是用来保证传输的可靠性，它们构成了工业以太网的低四层。虽然 TCP/IP 并不是专为以太网而设计的，但实际上它们现在已经是不可分离了。在高层协议上，工业以太网协议通常都省略了会话层、表示层，而定义了应用层，有的工业以太网协议还定义了用户层（如 FF-HSE）。工业以太网与 OSI 参考模型的分层对比如图 6-4-1 所示。

2. Ethernet 体系结构简介

按 IEEE802.3 标准规定，IEEE802.3 以太网具有如图 6-4-2 所示的体系结构。

1）物理层

在 IEEE802.3 标准中，将物理层分为两个子层，分别是物理信令（PLS）子层和物理媒体连接件（PMA）子层。PLS 子层向 MAC 子层提供服务，并负责比特流的曼彻斯特编码与译码和载波监听功能。PMA 子层向 PLS 子层提供服务，它完成冲突检测、超长控制及发送和接收串行比特流的功能。媒体相关接口（MDI）与传输媒体的特定形式有关，它定义了连接器及电缆两端的终端负载的特性，是设备与总线的接口部件。

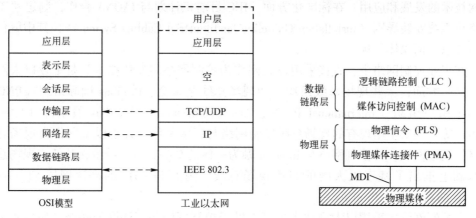

图 6-4-1　工业以太网通信模型与 OSI 模型的比较　　　图 6-4-2　IEEE802.3 以太网的体系结构

2）媒体访问控制子层

数据链路层又细分为媒体访问控制（MAC）和逻辑链路控制（LLC）两个子层。这种分解主要是为了使数据链路功能中与硬件有关的部分和与硬件无关的部分分开，降低不同类型数据通信设备的研制成本。MAC 子层是与硬件相关部分，与 LLC 子层之间通过 MAC 服务访问点相连接。IEEE802.3 以太网帧的格式如图 6-4-3 所示，图中字段下方括号中的数据是指相应字段的长度，即字节个数。从中可以看到，MAC 的帧格式包括 5 个字段，前两个字段分别为目的地址字段和源地址字段，第三个字段为数据长度字段，它指出后面数据字段的字节长度，数据字段就是 LLC 层交下来的 LLC 帧和必要的填充字节（当数据字段长度小于最小长度限制时，需填充字节使达到最小长度），最后一个字段为帧检验序列，它对前 4 个字段进行 CRC 检验。MAC 帧传到物理层时，必须加上一个前同步码，它是 7 个字节的 1、0 交叉序列，即 101010…，供接收方进行比特位同步之用。紧跟前同步码的是 MAC 帧的起始定界符，它占一个字节，为10101011，接收方一旦接收到两个连续的 1 后，后面的数据即是 MAC 帧。

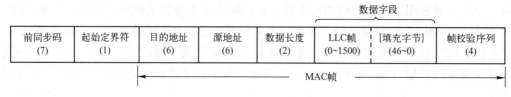

图 6-4-3　IEEE802.3 以太网帧的格式

MAC 子层的工作原理是影响以太网应用于工业控制的重要原因之一。因此，以下将说明其工作方式，可以从中了解产生争议的问题所在。

（1）媒体访问控制协议 CSMA/CD。

在 IEEE802.3 以太网 MAC 层中，媒体的访问控制采用了载波监听多路访问/冲突检测（CSMA/CD）协议。CSMA/CD 的主要思想可用"先听后说，边说边听"来形象的表示。

"先听后说"是指在发送数据之前先监听总线的状态。在以太网上，每个设备可以在任何时候发送数据。发送站在发送数据之前先要检测通信信道中的载波信号，如果没有检测到载波信号，说明没有其他站在发送数据，或者说信道上没有数据，该站可以发送。否则，说明信道上有数据，等待一个随机的时间后再重复检测，直到能够发送数据为止。当信号在传送时，每个站均检查数据帧中的目的地址字段，并依此判定是接收该帧还是忽略该帧。

由于数据在网上的传播有一定的时延，总线上可能会出现两个或两个以上的站点监听到总线上没有数据而发送数据帧，因此就会发生冲突。"边说边听"就是指在发送数据的过程的同时检测总线上的冲突。冲突检测最基本的思想是一边将信息输送到传输媒体上，一边从传输媒体上接收信息，然后将发送出去的信息和接收的信息进行按位比较，如果两者一致，说明没有冲突；如果两者不一致，则说明总线上发生了冲突。一旦检出冲突以后，不必把数据帧全部发完，立即停止数据帧的发送，并向总线发送一串阻塞信号，让总线上其他各站均能感知冲突已经发生。总线上各站点"听"到阻塞信号以后，均等待一段随机时间，然后再重发受冲突影响的数据帧。这一段随机时间的长度通常由网卡中的某个算法来决定。

CSMA/CD 的优势就在于站点无须依靠集中控制就能进行数据发送。当网络通信量较小的时候，冲突很少发生，这种媒体访问控制方式是快速而有效的。当网络负载较重的时候，就容易出现冲突，网络性能也相应降低。

（2）冲突退避算法。

在 IEEE802.3 以太网中，当检测出冲突后，就要重发原来的数据帧。冲突过的数据帧的重发又可能再次引起冲突。为避免这种情况的发生，经常采用错开各站重发时间的办法来解决，重发时间的控制问题就是冲突退避算法问题。

最常用的计算重发时间间隔的算法就是二进制指数退避算法，它本质上是根据冲突的历史估计网上信息量而决定本次应等待时间。按此算法，当发生冲突时，控制器延迟一个随机长度的间隔时间，如下式所示。

$$T_k = R \times S(2^k - 1)$$

式中：T_k 为退避时间；R 为 0~1 的随机数；S 是时间片（可选总线上最大的端到端单程传播延迟时间的 2 倍）；k 是连续冲突的次数。整个算法过程可以如下理解：

① 每个帧在首次发生冲突时的退避时间为 T_1。

② 当重复发生一次冲突，则最大退避时间加倍，然后组织重传数据帧。

③ 在发生 10 次碰撞后，退避时间的最大时间片数将被固定在 1023 上。

④ 发生 16 次碰撞后，控制器将停止发送并向节点微处理器回报失败信息。

这个算法中等待时间的长短与冲突的历史有关，一个数据帧遭遇的冲突次数越多，则等待时间越长，说明网上传输的数据量越大。

3）逻辑链路控制子层

LLC 子层向高层提供一个或多个逻辑接口或称为服务访问点。LLC 支持无应答的无连接服务和面向连接的服务，负责帧的接收和发送，并具有帧顺序控制、错误控制和流控制等功能。在 LLC 帧格式中，指定了源访问点（SSAP）、目的访问点（DSAP）、一个控制字段和 *n* 个字节的数据字段（见图 6-4-4）。LLC 层服务访问点（SSAP/DSAP）是由 LLC 层定义的逻辑端口，它与主处理器地址拼接而构成 LLC 地址。LLC 子层之间数据单元的交换就是根据 LLC 地址来识别的。

DSAP (1)	SSAP (1)	控制 (1)	数据 (*n*)

图 6-4-4　IEEE802.3 以太网 LLC 帧的格式

3. TCP/IP 协议簇

将以太网引入控制网络意味着它已经进入工业控制过程。IEEE802.3 的数据链路层在保证网络之间数据的可靠传输方面存在问题，协议 TCP/IP 提供了该功能，没有它们，使用 Ethernet 是困难的。鉴于 Internet 的巨大影响力及它在控制网络中应用的潜力，大部分工业以太网也选用了 TCP/IP 协议族，因为它们能支持 Internet 功能。下面将着重描述 TCP/IP 应用于工业以太网时所扮演的角色。

1）TCP/IP 协议概述

实际上，TCP/IP 是多年来根据一系列描述要求（Requestfor Comments，RFCs）所制定的一套协议。TCP/IP 协议中，IP 用来确定信息传递路线，相当于 OSI 参考模型中的网络层；TCP 被置于 IP 的上面，用来保证传输的可靠性，对应于 OSI 参考模型中的传输层。TCP 的上一层是应用层，应用层中可以具备部分会话层和表示层的功能。因此，使用 TCP/IP 协议的网络参考模型一般只有 5 层，Ethernet 位于最低层的数据链路层和物理层。模型的扩展描述如图 6-4-5 所示。

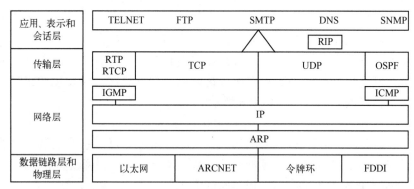

图 6-4-5　TCP/IP 协议参考模型

通常情况下，没有必要使用网络参考模型中的每一层，可以开发一些应用，使之能够直接调用任意一层的服务。大多数应用要求有可靠的端对端的协议，此时就要使用 TCP。不过有一些特殊用途的应用不需要这些服务，例如简单的网络管理协议（SNMP），它使用了另一种端对端的协议，称为用户数据报协议（User Datagram

Protocol，UDP），而其他一些应用则可能会直接利用 IP。已经开发出的那些不用调用 IP 的应用及不需要 TCP 的应用会直接调用网络接入层。

2）数据包

处于数据链路层上面的 IP 数据被称为数据报，它被插入以太网帧的数据区，数据报有自己的数据头和数据区但没有结束区。TCP 位于传输层，该层的数据同样也被用于 IP 的数据报中。TCP 使用数据段，其中包括 TCP 数据头和应用数据。传输层的上面是应用层，应用层的数据及数据头必须插入传输层的数据部分。

应用层发送应用数据，TCP 发送数据段，IP 以数据包的形式在数据链路层发送数据报。一个包可以是一个数据报，也可以是数据报的一部分。数据在发送方的每一层被分别封装（如图 6-4-6 所示），最后，这个数据根据以太网协议进行封装，并发送到网络上。而在接收方相同的层，数据被解封。

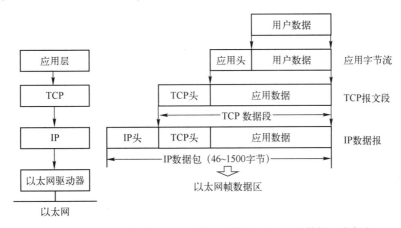

图 6-4-6　TCP/IP 协议中每一层的数据都在下一层的数据区中打包

3）IP 协议

IP 协议提供数据传送的基本单元，包括地址、路径、数据段。在发送端，IP 发送来自高层软件的数据块，附加一个头部，以指定接收端的全球互联网地址及其他一些东西。IP 头部与上层数据结合起来称为网际协议数据单元（internet protocol unit），或简称为数据报。IP 将这些数据块塞入数据链路层，并以一系列数据包的形式发送，就像把一封信送到邮局一样。一般地，它将到达目的地，但是它并不像一封已经注册的邮件一样有更多的信息。在接收端，IP 接收来自以太网数据链路层的数据包，恢复为原始数据。

IP 在源和目的地址之间使用的是无连接传输服务，数据包在网络中或网络之间传输时，可能发生丢失，由此可能导致数据报文被破坏。IP 为每个数据包提供独立寻址能力，但不能保证每个数据包都能正确到达目的地，网络阻塞和传输错误都可能使数据包丢失，因此被称为是一种不可靠的传输服务。保证可靠的端对端的信息传输是传输层 TCP 的任务，而不是网络层 IP 的任务。IP 只是简单地负责确定数据报文的地址及路径。

（1）路由器和主机。

中继器、集线器等用在物理层，网桥用在数据链路层，而路由器则用在网络层。

路由器主要用于 Internet 中的网络互联。Internet 是用来表示一群网络的一个惯用术语，需要严格的编址标准以确保在不同系统中实现通信的互联网不会混淆。我们可以使一个控制网络是独立的，即不与 Internet 相连。若要使它们互联就必须使用路由器。事实上，IP 是一个路由器协议，路由器是执行该协议的元件。

Internet 中的端点设备称为主机，当两台主机处在同一个局域网中，信息可以不经过路由器直接传输，如果它们处在不同的网络中，则必须经过路由器传递信息。

（2）IP 地址。

IP 完成源和目的的编址，最常用的编址规范是 IPv4，它使用 32 位编址，新规范 IPv6 使用 128 位编址。

IP 地址不只定义了一个特定的主机，而且定义了一个特定的网络。不要把 IP 地址和 Ethernet 中 48 位的 MAC 地址相混淆。MAC 地址是在数据链路层中为通信提供便利的，而 IP 地址是为网际间的通信提供便利的，而且必须被确认。

IP 地址编址格式为<netid, hostid>，用 4 个 8 位二进制数表示，每一个是十进制数 0~255。因此 IP 地址通常用 XXX. XXX. XXX. XXX 来表示。也可以用二进制或十六进制来表示，但十进制的形式更为普遍。IP 地址的编址范围为 0.0.0.0~255.255.255.255，如 234.9.240.15。对照编址格式，可以看到，从一个地址上很难区分出哪一个是网络地址（netid），哪一个是主机地址（hostid）。事实上，根据 IP 地址分类可以很容易把它们区分开来。

IP 地址分为 5 类：A、B、C、D 和 E，如图 6-4-7 所示。IP 地址的第一个字节决定地址的类型。

图 6-4-7　IP 地址分类

A 类：第一个字节的第 1 位为 0。第一个字节定义网络，而后 3 个字节定义主机。因此 A 类的每个网络可以有 16277214 台主机。

B 类：第一个字节的前 2 位为"10"。前两个字节定义网络，而后两个字节定义主机，即每个网络可以有 65534 台主机。

C 类：第一个字节的前 3 位为"110"。前 3 个字节定义网络，而后一个字节定义主机，即每个网络可提供 254 台主机。

D 类：第一个字节的前 4 位为"1110"。主要定义多点广播地址，即信息可以从一台主机发给多台主机。

　　E 类：第一个字节的前 5 位为"11110"。保留。

　　此外，还有其他的保留地址，主机地址全"1"保留用作给网络中所有的主机广播信息，而全"0"主机地址则用作表示"该网络"。127 的网络地址用作反馈检测，这样就保留了 16000000 主机地址，网络地址 0 也被保留。

　　如果一个控制网络要连入 Internet 中成为里面的一员，则应遵守编址规则。通常这些地址是由网络管理员或 Internet 服务供应商（ISP）统一分配的。如果一个控制网络是一个私有的网络，那么它可以采用任何一种编址方式，但必须给出一个请求注解（RFC）向导。私有网络只能使用 non-routableIP 地址，这些地址无法通过路由器。这些地址包括：

　　10. 0. 0. 0 ~ 10. 255. 255. 255；

　　172. 16. 0. 0 ~ 172. 31. 255. 255；

　　192. 168. 0. 0 ~ 192. 168. 255. 255。

　　（3）IP 数据报格式。

　　描述 IP 实体之间的协议，最好的办法是参照 IP 数据的格式，如图 6-4-8 所示。IP 传送和接收的数据包由 IP 头及数据组成。IP 头最小为 20 个字节，前 12 个字节提供控制信息，而后 8 个提供 IP 地址信息，地址信息之后是一个选择区。IP 数据格式中的字段如下：

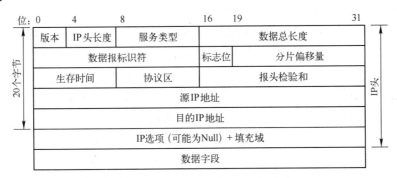

图 6-4-8　IP 数据报格式

　　版本（4 位）：指示 IP 版本。如 4 表示 IPv4，6 表示 IPv6。

　　IP 头长度（4 位）：指明以 32 位为单位的 IP 头长度，最小的值为 5，最大值为 15。也就是说 IP 头的长度最小为 20 个字节，最大不能超过 60 个字节。

　　服务类型（8 位）：定义可靠性、优先级、时延及吞吐量等参数，8 位中只有 6 位可用。这些位是交给路由器的一些信息，在协议的高层被设置。对于一个控制网络来说，这些参数有利于提高网络服务水平，如控制网络需要低延迟、高可靠性等。但是，这些服务在路由器中很少被真正地执行。这点在 IPv6 中做了进一步的改进。

　　数据总长度（16 位）：以字节为单位，表示数据报中数据字段的总长度。需要注意的是，数据总长度不是数据包的长度。如果数据报长度比可发送的最大数据包的长度大时，必须分成一系列的包来发送。在这种情况下，数据总长度表示的是分片传送数据的长度，而不是原始数据报的数据字段长度。

数据报标识符（16 位）：一个序列号，它与源 IP 地址、目的 IP 地址及用户协议结合起来使用，以便唯一地标识出一个数据报。因此，当这个数据报还存在于互联网络中的时候，这个标识符在具有相同源 IP 地址、目的 IP 地址及用户协议的数据报中是唯一的。

标志位（3 位）：3 个标志位中，目前只定义了两位。后续（More）位用于数据的分片和重装，1 表示它是一个大的数据报的一片，0 表示无分片（第一或唯一的一片数据报）或它是最后的一片；不分片（Don't-Fragment）位置位时禁止分片，如果已知目的地没有重装数据片的能力，那么这个位所起的作用就非常重要了。但是，如果不分片位被置位，那么假如某个数据报超出了途经的某个网络的最大的传输单元，这个数据就会被丢弃。接收主机在重组数据时需要用到这些位。

分片偏移量（13 位）：分片即将大的数据报分成易于管理的小数据包，而分片偏移量指的是在原始数据报的数据字段中，该数据字段的起始位置，以 64 位（8 个字节）为计算单位，其言外之意就是除了最后一个数据包之外，所有数据包含的数据字段长度都是 64 位的倍数。

Ethernet 的最大数据包的长度为 1500 个字节，称为最大传输单元（MTU），在局域网中 MTU 是可知并可赋值的。当然，我们希望数据最好不要分片。网络间会出现的问题是，中间网络所允许的 MTU 较小，这就要求路由器将即使是原来没分片的原始数据也分片传送。路由器将数据分片（只要数据没有明确标明"禁止分片"），分片数据由目的主机重组，路由器不能重组分片数据。

默认的 MTU 为 576 个字节，所有路由器都必须能够处理这个长度的传送，将数据报限制在 576 个字节就无须分片。Ethernet 的最大数据包为 1500 个字节，这将给它们带来限制。所以，局域网将它的最大数据包长度作为局域网的 MTU。对于一个控制网络来说，由于其中的数据包长度一般不会超过 256 个字节或 512 个字节，在 MTU 为 576 个字节的网络间传输时，不会存在任何分片问题。

当有分片时，每个 IP 头只做微小的变动，其中包括分片偏移量、后续标志位等。图 6-4-9 给出了一个分片实例，其中第一片数据的长度为 208 个字节，分片偏移量为 0，后续标志位置 1；下一片数据的第一个字节是原始数据的第 209 个字节，分片偏移量为 26（208/8），后续标志位为 0。

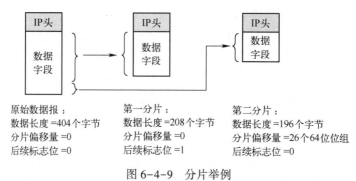

图 6-4-9　分片举例

如上所述，很容易就归纳出 n 次分割的过程。根据数据报标识符、分片偏移量、源 IP 地址和分片数据，即使杂乱无章的报文也可以被接收端重新组合。这就是 IP 的功能，数据包可以选择不同的路由器到达目的端，然后重新被组合。

生存期（8 位）：规定一个数据报可以在网络中的存留时间，以秒为单位。生存期被路由器用来防止一个错误的数据流在网络中无休止地循环传输。源主机将数值放入该字段，每个处理数据报的路由器将其以 1 为单位递减，当它减到 0 时，通知源主机报文传输失败。

协议区（8 位）：用来告知上层协议接收到的数据字段由它使用。通常 IP 的上层协议为 TCP，但还有其他发送、接收数据的协议，协议区会提供它们的区别。

报头检验和（16 位）：仅仅对 IP 头起作用的差错检验码。由于某些 IP 头中的字段在传输中会改变（例如，生存期及与分片相关的字段），所以要在每个路由器上进行检验及重新计算。

源 IP 地址（32 位）：这个编码允许各种各样的配置，以便定义与指定网络相连接的网络或端系统。

目的 IP 地址（32 位）：与源地址特性相同。

IP 选项（长度可变）：IP 选项也可以为空，它主要是给路由器使用的。

填充域（长度可变）：用于确保数据报的 IP 头是 32 位的倍数。

数据字段（长度可变）：数据字段必须是 8 位的整数倍。数据报的最大长度（IP 头与数据总长度之和）为 65536 个字节，即 65536 个 8 位组。

（4）地址分配协议。

如前所述，IP 指明了数据链路层中数据包所传送的源到目的地址的路径。数据链路层无须了解数据的含义及 IP 地址，但是，它知道自己的 MAC 地址及如何与其他的 MAC 地址通信。无论如何，它必须告知每个主机，它的 MAC 地址或物理地址分配了哪个 IP 地址，也必须告诉每个主机局域网中所有其他主机的物理地址以便通信。

通常主机的 IP 地址——物理地址的分配放在一个固定不变的存储区或文件中。使用一个 32 位的 DIP 开关来分配是不切实际的，有时可以利用设备上的一个串行口来编程设置 IP 地址，但是一旦设置了 IP 地址，就必须让所有网络上的其他主机知道。

地址分配协议（Address Resolution Protocol，ARP）用来获知物理地址的分配，ARP 并不使用 IP 的结构，它有自己的结构。ARP 直接与数据链路层进行通信，因此必须注意网络中适配器的不同类型。

当一个主机要向局域网中的另一主机发送数据时必须先校验它的 ARP 表，并获得物理地址作为 IP 的目的地址。如果找到地址，报文发送继续进行。如果没有找到，则向局域网的其他所有主机发送一个广播信息，即 ARP 请求。ARP 请求中包含了源 IP 及物理地址，还有请求的 IP 地址。由于是一个广播式的信息，因此所有主机都能从请求中获得一对 IP 地址和物理地址，并把它们添加入 ARP 表中。只有请求的 IP 地址所在的主机对此作出响应，并提供它的 IP 地址及物理地址，请求者获得该物理地址，则数据报文开始发送。

4）传输层协议

TCP/IP 协议族中含有两个常用的传输层协议：面向连接的传输控制协议（TCP）和无连接的用户数据报协议（UDP）。在过去很长的一段时间里，工业控制网络一般不使用传输层，而是利用应用层来保证通信的可靠性。现在已有一些网络标准（如 HSE、ProfiNet、Modbus 等）将 TCP 或 UDP 用于传输层，以获得可靠的传输。或许在不远的将来，TCP 和 UDP 会得到更广泛的应用。下面将讨论这两种传输层协议。

（1）UDP。

用户数据报协议（UDP）为应用层的过程提供无连接服务。因此从本质上说，UDP 是不可靠的服务，它无法保证不会出现传递和重复的差错。但是这种协议的开销很小，其低成本和执行的快速性对工业控制网络充满了吸引力。另外，UDP 中使用的端口号，对应用层来说是极其有用的。

UDP 之所以得到工业以太网设计者的重视，主要原因在于，某些场合下无连接服务也有立足之地。例如：

① 内部的数据采集：主要是指对数据源定期性的采样，如传感器数据、来自安全设备或网络部件的自检报告。在实时监控状态下，一个数据单元的偶然丢失并不会导致灾难，因为在很短的时间内就会有下一个报告到达。

② 向外的数据分发：向网络广播消息；宣布一个新节点的加入或一个服务地址的改变；以及实时时钟值的发布等。

③ 请求与响应：由公共服务器向多个用户提供事物服务的应用程序，这种情况通常只有一个请求-响应序列。该服务的使用由应用层来协调，而低层的连接通常是不需要的，甚至是个累赘。

④ 实时应用：涉及某种程度的冗余和（或）实时传输要求的应用，如话音和遥感器。它们不一定需要面向连接的功能，如重传等。

UDP 位于 IP 之上。由于它是无连接的，所以 UDP 基本上不需要做什么事情，它只是为 IP 增加了一个端口寻址能力，这一点最好参照图 6-4-10 所示的 UDP 报文格式来说明。UDP 报文由 UDP 报文头和数据组成。报文头共有 4 个字段，分别为源端口、目的端口、长度和检验和，每个字段的长度都为 16 位。长度字段的值是指整个 UDP 报文的长度，包括报文头和数据。检验和的字段用来检验报文头及数据的有效性，使用的算法与 IP 中的一样。对于 UDP，检验和字段应用于整个报文段，而 IP 中的检验和仅用于 IP 头，并不负责数据字段。

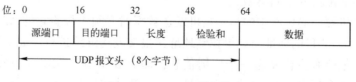

图 6-4-10　UDP 报文格式

UDP 报文头和来自应用层的数据被打包于 IP 的数据字段。提供站地址的 IP 头放在 UDP 报文的前面，整个 IP 数据报都被打包于数据链路层中，送到目的站并反向解包。UDP 提供的只是应用层使用的端口号的分配。使用 UDP，发送者无法得知数据是否被接收，数据的完整性是否受到丢失包、错误顺序包及重复接收包的影响，因为 UDP 不提供这种服务。

UDP 引入了端口号的概念。当一个端接收到 UDP 数据，它就将端口号提供给应用层，应用层会为收到的数据分配一个缓冲区。端口号的重要性在于它可以标识一个特殊的应用。如果有多个端口号，那么同一个站就能同时支持几种不同的应用。

端口号分为 3 种类型：分配的、注册的、动态的。0~1023 是已分配的端口号，它的一些应用由 IANA（the Internet Assignable Numbers Authority）定义，已被认为是 TCP/IP 协议族的一部分，包括 TELNET、FTP 及其他一些应用。这些端口号不能在其他应用中使用。除此之外，剩余的端口号被定义为注册的或动态的。注册的意思是当一个组织想要定义一些功能模块时，必须向 IANA 注册一个端口号，其他组织将不再使用已注册过的端口号。动态端口是指可以由一个站随机地定义，用来表示应用需求的源端口。

例如，如果站 A 要求站 B 转送一个小的文件传输协议服务（FTTP），它将在目的端口中插入 69（FTTP 已被分配的端口号），一个动态端口号（随机但不冲突）将被置入源端口中，并被传送到站 B。站 B 接收到请求，并能理解它是一个 FTTP 请求，然后开始执行。它将 69 放入源端口，将 A 产生的动态端口号放入目的端口，然后将其作为响应发送给站 A。站 B 知道如何处理这个特殊的应用，因为它明白源及目的端口号的意思。端口号及 IP 地址通常被称为蜂窝（Socket），用〈网络号，主机号，端口号〉表示。只要有端口的分配，则蜂窝的分配就变成整个 IP 网络上应用层的特定表示方法。

（2）TCP。

第二种传输层的协议为 TCP，它提供一种基于可靠连接的信息传递。TCP 减轻了应用层保证信息可靠传递的负担。除了保证可靠连接外，TCP 还可以防止站中数据流的泛滥。

站间数据的传输是以一系列包的形式进行的，这些包在站中以一定的顺序被重新组合并产生新的数据流传输。数据包在传送过程中可能出错、丢失、重复或接收顺序混乱，为了解决这些问题，每个包都有一个顺序号。分配给第一个包的顺序号，顺序号的值没有太大的关系，因为下一个包的顺序号是把前一个加 1，即一个数据流的一系列数据包的顺序号是以 1 为单位递增的一系列数。当所有的包被接收后，站将根据顺序号重组数据。丢失的顺序号说明该数据包丢失。重复的顺序号说明有重复的数据包被接收，可以丢弃多余的。如果所有的数据包都被正确地接收，则接收方将向发送方响应一个接收确认，否则，将发送被丢失数据包的重新传送请求，发送方仅重发要求的数据包，而无须重新发送整个数据流。

TCP 提供了一个面向字节的排列协议，它比上面提到的数据包顺序方案更加灵活。TCP 给数据包中的每个字节编号而不是给每个包编号。它给顺序包的第一个字节编号，第二个包的顺序号是第一个包的顺序号加上第一个包的字节数。接收方收到正确的包后发送一个包含下一个期望顺序号的确认包，该顺序号为最后一个接收到的数据包的最后一个字节号加上 1。发送方可以根据确认包中的顺序号判断它发送的数据是否已经被正确地接收。只有当发送方接收到确认包后，才能丢弃这些数据包，因为有可能要求它重新发送数据包。确认包并不需要单独发送，并不是每个数据包都需要确认。为了提高效率，TCP 允许确认包与数据一起发送。例如，站 B 要响应站 A 所要求的数据时，数据与确认包就可以一起发送。这样就可以提高速度。

① TCP 报文段的格式。

TCP 使用的协议数据单元称为报文段，它由 TCP 报文头和数据字段组成，其格式如图 6-4-11 所示。TCP 的报文头比 UDP 的大，而且是可变的，长度范围为 20~40 个字节，但它与 UDP 有相同的源和目的端口字段。TCP 报文头的组成如下：

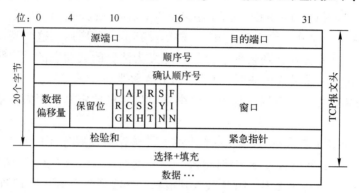

图 6-4-11　TCP 报文段的格式

源端口（16 位）：源 TCP 用户。

目的端口（16 位）：目的 TCP 用户。

顺序号（32 位）：如果 SYN 标志位未被置位，它表示的是这个报文段中第一个数据字节的顺序号。如果 SYN 被置位，那么它就是初始顺序号（ISN），而第一个数据字节的顺序号为 ISN+1。

确认顺序号（32 位）：一种捎带的确认。包含 TCP 实体希望接收的下一个数据字节的顺序号。

数据偏移量（4 位）：TCP 报文头中包含 32 位位组的数量。它可用来确定数据区的开始。

保留位（6 位）：为将来使用而保留的空位。

标志位（6 位）：共有 6 个标志位，所起作用各不相同。URG：紧急指针的含义；ACK：确认字段的含义；PSH：急迫功能；RST：复位连接；SYN：顺序号同步；FIN：发送者没有其他的数据了。

窗口（16 位）：流控制的信用量分配，以字节为单位。其内容为从确认顺序号字段中指出的那个字节开始，接收方愿意接受的字节数量。该字段的目的是防止接收方数据缓冲区的溢出。

检验和（16 位）：用来保证报文头及相关数据的完整性和正确性。该检验和字段应用于整个 TCP 报文段，还要再加上计算时（不论是传输还是接收）在报文头前面附加的伪报文头。伪报文头包括 IP 头中的源 IP 地址、目的 IP 地址和协议区三个字段，再加上报文段长度字段。通过包含这个伪报文头，TCP 可以防止它被 IP 误传递。也就是说，如果 IP 将报文段交付到了错误的主机上，即使报文段本身没有包含错误的比特位，接收 TCP 实体也能检测出这个交付错误。

紧急指针（16 位）：指向紧急数据序列的最后一个字节，它使接收方能够知道共有多少个紧急数据到来。

选项和填充字段的长度是可变的。当选项的长度不是 32 位的整数倍时，需要用填充来补足。目前只定义了一个选项，用来指出能够接受的最大报文段长度。

② TCP 的连接。

当使用 TCP 连接时，必须经过建立连接、数据传送和终止连接三个阶段。

当站 A 要与站 B 通信时，必须先建立连接。TCP 的建立连接过程总是使用三次握手，如图 6-4-12 所示。当报文段的 SYN 标志置位时，这个报文段本身就是一个连接请求。为了初始化一条连接，站 A 发送一个包含 SYN 位和初始顺序号 X（该例子中为10）的报文段给站 B，站 B 响应一个 SYN 和 ACK 标志都置位、初始顺序号为 Y（该例子中为 30）、确认顺序号为 $X+1$（该例子中为 11）的确认。请注意，这个确认指出站 B（接收方）现在希望接收以顺序号为 $X+1$ 的数据字节开始的数据，同时 B 也把自己的顺序号 Y 发给站 A。最后，站 A 响应一个确认顺序号为 $Y+1$（该例子中为 31）的确认。

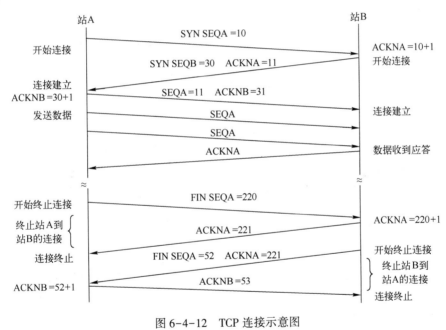

图 6-4-12 TCP 连接示意图

一条连接是由源和目的端口唯一确定的。因此，在任何时候，一对端口之间仅仅存在一条 TCP 连接。然而，一个给定的端口可以支持多个连接，只不过每个连接的对方端口都不相同。

一旦建立连接后，站 A 就可以根据可变的顺序号向站 B 发送数据，然后站 B 确认。这种连接关系一直保持到终止连接。

传输实体在传输和接收时都要将数据缓存起来。正常情况下，TCP 运用自己的判断力来决定何时应当构造一个传输的报文段，以及何时将接收到的数据交给用户。PSH标志则用于强迫传输方将目前已积累的所有数据都发送出去，并让接收方马上交付给高层。这起到了文件结束符的作用。

用户可以将一个数据块定义为紧急数据。TCP可以用紧急指针来指出数据块的末端，并以正常的数据流将它发送出去。接收用户会被警告说正在接收的是紧急数据。

在数据传送期间，如果一个到达的报文段很明显不属于当前连接，那么在输出的报文段中将RST复位。导致这种情况的原因可能是有尚未发送的数据确认等。

当请求的数据传输结束后，双向连接将被终止，以释放两站的缓冲区。用来终止连接的标志位为FIN。站A在它发出的最后一个报文段上将FIN标志置位，这个报文段中包含了在该连接上发送的最后一些数据。站B响应确认请求。一旦确认被站A接收到，则站A到站B的连接就终止了。但这并不意味着站B到站A的连接终止，要使它也终止，则B站也必须请求终止连接。

③ TCP的数据流控制。

数据流的控制是指两站间数据传送的管理。根据站的功能，无论是客户机还是服务器，无论站处理信息的能力有多强，它都不可能跟得上网络通信。为了降低事件的速度，TCP报文头中提供了一个称为窗口的字段，接收站在窗口字段设定一个值以告知发送方它将接收多少字节数据。窗口的值是动态的，它将根据接收方可能获得的缓冲区的大小而定。可以将窗口域的值设为0来终止传送。在这种情况下，如果发送方需要发送重要信息时，就必须将URG标志位置1，并用紧急指针字段给定一个顺序号，指明数据中紧急数据的第一个字节，接收方必须留出空间来接收紧急数据。

4. 互可操作性与应用层协议

工业以太网互可操作性是指连接到同一以太网网络上不同厂家的设备之间通过统一的应用层协议进行通信与互用，性能类似的设备可以实现互换。这一方面有利于提高系统的质量，另一方面为用户提供了更大的市场选择机会。互可操作性是由应用层协议及相关的认证来保证的。

应用层最早使用的是虚拟终端协议（TELNET）、文件传输协议（FTP）和简单邮件传输协议（SMTP）。TELNET允许一台设备上的用户登陆到远程设备上进行工作；FTP提供了有效地将一台设备上的数据移到另一台设备的方法；SMTP最初只是一种文件传输方法，后来为它设计了专门的协议。这些年来又增加了许多应用层协议，例如：用于把主机名映射到网络地址的域名服务（DNS）协议；用于在万维网上获取主页的HTTP协议等。

随着微处理器和工业以太网的发展，在不远的将来，我们也许可以通过在现场设备中嵌入称之为ChipServer的Internet芯片，使工业测控设备成为一台网络服务器。这样以来，上位机和底层设备之间的就能采用客户端/服务器模式（见图6-4-13），使用浏览器网页实现设备的加载、组态和监控。例如注册时，系统可以通过IP自动搜索网络上的硬件，这时组态软件就可以显示这些硬件，并提供组态界面。

现有的工业以太网协议都定义了适合自动化应用的应用层，以保证自身系统的互可操作性。

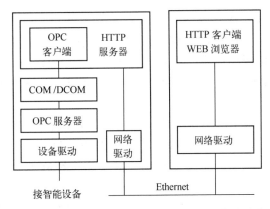

图 6-4-13　基于以太网的客户端/服务器模式连接

6.4.3　工业以太网基本特性

1. 工业以太网拓扑结构

在传统的以太网网络系统中，最常用的网络拓扑结构是星形结构。但在工业以太网网络中，通常将控制区域分为若干个控制子域，根据系统规模和具体情况，灵活采用星形、环形（包括冗余双环）、线形（或类总线形）结构等网络拓扑形式（如图 6-4-14所示）。

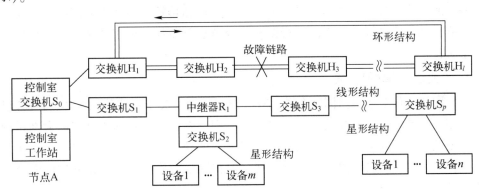

图 6-4-14　工业以太网的几种网络拓扑结构

在星形结构中，每个站利用点对点方式连接到工业以太网集线器（或交换机），任何节点之间的通信都通过工业以太网集线器（或交换机）进行。这种拓扑采用集中式通信控制策略，所有通信均由工业以太网集线器（或交换机）控制，工业以太网集线器（或交换机）必须建立和维护许多并行数据通路，而每个站的通信处理负担很小，只需满足点-点链路的简单通信要求，结构十分简单。星形结构通常用于在某一控制区域内部连接现场设备，如变送器、执行机构、变频器、电机等。

线形结构是工业以太网中较常用的一种网络拓扑形式，通常用于级联不同控制区域中的工业以太网集线器（或交换机）。采用线形拓扑形式连接的集线器（或交换机）通常有一对级连接口，通过相互之间的级联，将不同控制区域联系在一起，形成线形结构。线形结构中，也可通过中继器形成级联，每个中继器至少有三个以太网通信接口，它们或者是双绞线接口，或者是光纤接口，其中两个接口用于级联，另一个接口用于连接每个控制区域内的交换机。在每个控制区域内，通过交换机其他接口以星形方式连接现场设备。例如，在图 6-4-14 中，如果节点 A 需要将数据传送给设备 n，则需要经过工业以太网交换机或中继器 S_0、S_1、R_1、S_3、$\cdots$、S_p，再到设备 n。

线形结构与前面几章中学习过的现场总线（如 CAN、Profibus 等）网络所采用的总线形结构有所不同。在总线形结构中，网络节点可同时并接在一条传输线缆上。所以，这种线形结构又称为类总线形结构，通常用于控制不同区域交换机之间的相互连接。

环形结构也是工业以太网中较常用的一种网络拓扑形式，它将线形结构中的首尾两个交换机（如图 6-4-14 中的 H_1、H_l）的输入/输出接口再用线缆连接在一起，因此它是线形结构的一种特殊形式。

与线形结构相比，环形结构的优点是提高了网络的可靠性和生存性，即具有进行故障的探测与定位，发现故障后能自动容错的能力。如果网络系统中，有一条链路发生故障，通过具有故障探测与恢复能力的交换机或中继器，可以为网络设备找到另外一条可用链路，使通信重新恢复。

实际工业以太网系统中，冗余环网是采用得比较多的另外一种环形结构，即每个交换机或中继器有两对端口用于级联，形成冗余双环。在正常工作时，发送的信息沿一个方向的链路传输，接收的信息沿相反方向的链路传输。当发生故障时，交换机或中继器能自动将信息传输的方向进行调整，为节点重新找到可用链路，从而可以自动恢复系统正常通信。

2. 工业以太网传输介质

以太网用通信线缆包括同轴电缆、双绞线和光缆，关于这些传输媒体，IEEE 已经制定了相关标准，有关内容见表 6-4-1。对于商用网络，这些标准已在以太网系统设计和电缆铺设上都取得了很大成功。工业以太网同样可以使用这些线缆，在用于工业环境时，与通信相关的参数可以保持不变，但在网络结构设计和连接部件的额外保护等方面存在较大差异。

根据工业环境的状况，需要工业以太网对环境的适应性要比传统的商业以太网更强，这也意味着网络设备、通信线缆、连接件等要有更好的防爆性、抗腐蚀性、机械强度、电磁兼容性等，但目前尚无关于以太网在工业环境下的相关标准。

3. 工业与商用以太网设备之间的区别

现在市场上的大多数以太网网络设备所用的接插件、集线器、交换机和电缆等是为办公室应用而设计的，不符合工业现场恶劣环境的要求。在不间断的工业应用领域，为了解决在极端条件下网络的稳定工作问题，美国 Synergetic 微系统公司、德国 Hirschmann 公司、美国科动控制（Contemporary Control）公司、台湾摩莎（Moxa）公司等，专门开发和生产了导轨式收发器、集线器和交换机系列产品，安装在标准 DIN 导轨上，并有冗余电源供电，接插件采用牢固的 DB9 结构。美国 Woodhead Connectivity 公司还专门开发和生产了用于工业控制现场的加固型连接件，如加固的 RJ45 接头、具有加固 RJ45 接头的工业以太网交换机、加固型光纤转换器/中继器、可以用于工业以太网的变送器、执行机构等。目前，所有工业以太网产品可分为两类：一类是工业以太网网络产品，如工业以太网集线器、交换机、中继器、路由器、网关和网卡等；另一类是工业以太网测量与控制设备，如工业以太网 I/O、工业以太网现场设备等。工业以太网设备与商用以太网设备之间的区别如表 6-4-2 所示。

表 6-4-1 以太网通信线缆

链 路	标 准	媒 体		距 离	连接方式
功能单元设备接入链路	Ethernet IEEE802.3	10BASE-2	同轴电缆	185m	BNC
		10BASE-5	同轴电缆	500m	N
		10BASE-T	5 类双绞线	100m	RJ45
		10BASE-FL	62.5μm、50μm、多模光纤 850nm	>2000m	BFOC/ST
① 功能单元上游链路；② 核心层链路；③ 服务器和监控计算机链路	FastEthernet IEEE802.3μ	100BASE-TX	5 类双绞线	100m	RJ45
		100BASE-FX	62.5μm、50μm、多模光纤 1300nm、HDX	412m	双 SC
			62.5μm、单模光纤 1300nm、FDX	>2000m	双 SC
			10μm、50μm、多模光纤 1300nm、FDX	>2000m	双 SC
① 大型工业以太网网络核心层链路；② 需集成监控视频和语音数据	GigabitEthernet IEEE802.3ab IEEE802.3z	1000BASE-TX	5 类双绞线（100Ω）	100m	RJ45
		1000BASE-CX	5 类双绞线（150Ω）	25m	RJ45
		1000BASE-SX	62.5μm、多模光纤 850nm、FDX	260m	SC
			50μm、多模光纤 850nm、FDX	550m	SC
		1000BASE-LX	62.5μm、多模光纤 1300nm、FDX	440m	SC
			50μm、多模光纤 1300nm、FDX	550m	SC
			9μm、多模光纤 1300nm、FDX	>5000m	SC

表 6-4-2 工业与商用以太网设备之间的区别

	工业以太网设备	商用以太网设备
元器件	工业级	商用级
接插件	耐腐蚀、防尘、防水，如加固型 RJ45、DB9、航空接头	一般 RJ45
工作电压	24V DC	220V AC
电源冗余	双电源	一般没有
安装方式	可采用 DIN 导轨或其他方式固定安装	桌面、机架等
工作温度	−40~85℃，至少为−20~70℃	5~40℃
电磁兼容性标准	EN50081-2（工业级 EMC）EN50082-2（工业级 EMC）	EN50081-2（办公室用 EMC）EN50082-2（办公室用 EMC）
平均无故障时间	至少 10 年	3~5 年

4. 工业以太网通信实时性的实现方法探讨

前面已经谈到，以太网采用 CSMA/CD 方法解决通信媒体的竞争，其通信"不确定性"长期以来一直困扰着它在工业现场设备中的应用，是它的致命弱点和主要障碍之一。

但研究表明，在网络负荷较小的情况下，冲突概率很小；加之随着以太网带宽的迅速增加，数据传输的实时性不断提高，也使以太网逐渐趋于具有确定性；如果经过精心设计，工业以太网的响应时间能够小于 4ms，几乎可以满足所有工业过程控制的时间要求。下面将介绍几种实现工业以太网实时性的主要方法。

1）应用工业以太网集线器和交换机

（1）集线器。这里说的集线器一般是指中继型集线器，为多端口设备，有 4、8、12 口等，可级联成分散的星形拓扑。

集线器符合网络中继单元的要求，即生成前导码、对信号进行对称和幅度补偿。另外，它还拥有信号再定时功能，这样收发器和电缆引起的信号抖动不会在多个网段传播时产生积累。这种设备能够侦测出不完整的数据包和碰撞冲突，并产生相应的阻塞信号。它们还会自动隔离存在问题的端口以维持以太网正常工作。

（2）交换机。交换机又称为交换式集线器，可以取代中继型集线器并改善网络的性能。交换机与中继型集线器的不同之处在于，交换机实际上是连接两个数据链路的网桥，也就是说碰撞冲突域在每个交换机端口进行了终结。所以，通过增加交换机可以实现网络的大扩展。

交换机比集线器复杂，交换机的双绞线端口能自动完成速率协商（10Mb/s 或 100Mb/s）和流量控制功能协商。交换机在读取一个完整的帧后，就能根据帧中的源地址查出所连以太网设备的端口位置，随即产生一张端口地址表并维护表的内容。这样，网络通信可仅限于与本次传送有关的端口。表的内容会根据连接信息的变化自动刷新。

在如图 6-4-15 所示的以太网中，使用中继型集线器的各个站点共享同一个带宽，因此需要通过 CSMA/CD 机制解决网络碰撞问题。而在以太网交换机组成的网络中，每个端口就是一个冲突域，各个冲突域通过交换机进行隔离，实现了系统中冲突域的连接和数据帧的交换。这样，交换机各端口之间可以同时形成多个数据通道，正在工作的端口上的信息流不会在其他端口上广播，端口之间报文帧的输入和输出已不再受到 CSMA/CD 媒体访问控制协议的约束。

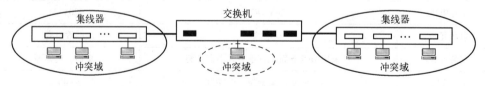

图 6-4-15　共享式以太网与交换式以太网

值得注意的是，交换机作为网桥，在存储、转发整个数据帧的过程中，会产生时间延迟，而中继型集线器在处理网络信号时不会导致延迟。因此，交换机和中继型集线器在工业以太网中都有应用。

2）利用全双工通信

全双工支持端对端之间的同时发送和接收，但只能点对点通信，也不再使用

CSMA/CD 的媒体访问方式，故不存在冲突问题。由于设备可在发送的同时接收数据帧，不需要等待，从而极大地提高了传输的实时性；而且，此时数据传输延迟主要取决于交换机的软硬件性能，基本上是个常数。另外，全双工通信技术在理论上可以使网络带宽增加一倍，如 10M 的以太网带宽可从 10Mb/s 增加到 20Mb/s。

3）使用虚拟局域网——IEEE802.1q

虚拟局域网（Virtual Local Area Network，VLAN）就是一个多播域，它不受地理位置的限制，可以跨多个局域网交换机。一个 VLAN 可以根据部门职能、对象组及应用等因素将不同地理位置的网络用户划分为一个逻辑网段。

对于局域网交换机，其每一个端口只能标记一个 VLAN，同一个 VLAN 中的所有端口拥有一个广播域，而不同 VLAN 之间广播信息是相互隔离的，这样就避免了广播风暴的产生。所以说，VLAN 提供了网段和结构的弹性组合机制，如图 6-4-16 所示。

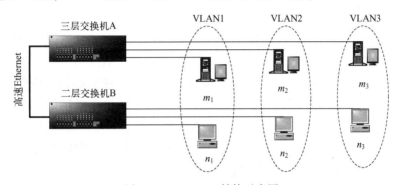

图 6-4-16　VLAN 结构示意图

工业以太网的通信协议和网络结构都是开放的。就网络本身而言，现场控制单元、监控单元、管理单元都是对等的，享受相同的服务。然而，鉴于工业过程控制的需要，控制单元在数据传输实时性和安全性方面都要与普通单元区别开来，要做到这一点，采用虚拟局域网在工业以太网的开放平台上做逻辑分割，就是一个很好的解决办法。VLAN 在工业以太网中的作用在于：

（1）分割功能层。VLAN 可以有效地将管理层与控制层、不同功能单元在逻辑上分割开，使底层控制域的过程控制免受管理层的广播数据包的影响，保证了带宽。同时为了上下层可直接进行必要的通信，可以在网络层（IP）设备上使用"过滤器"，实现上下层之间的"无缝"连接，而传统方式是通过主控计算机实现"代理"功能，因为上下层网络属异种网，无法直接通信。

（2）分割部门。当不同部门和车间处于同一广播域（子网）时，通过 VLAN 划分功能单元，各自的单元子网不受其他网段的影响，每个单元都成为一个实时通信域，保证了本部门（车间）网络的实时性。

（3）提高网络的整体安全性。当工业以太网根据需要划分了 VLAN，不同 VLAN 之间通信必须经过第三层路由。此时，可以在核心层交换机配置路由访问表，控制用户访问权限和数据流向，达到安全的目的。

（4）简化网络管理。对于交换式以太网，如果对某些终端重新进行网段分配，需要网络管理员对网络系统的物理结构重新进行调整，甚至需要追加网络设备，增大网络管理的工作量。而对于采用 VLAN 技术的网络来说，只需网络管理人员在网络中心进行 VLAN 网段的重新分配即可，节省了投资，降低了运营成本。

4）设置报文优先级

在工业以太网交换机中，对多种信息按优先级进行分组传输，有利于满足工业控制应用中某些场合需要严格实时通信的要求。通过在报文中设置优先级标记（如集成在 IEEE802.1d 桥接标准之内的 IEEE802.1p 标准，可为每个分组分配一个 0~7 范围的优先级），交换机就可以根据报文优先级由高到低的顺序，进行报文转发，使具有高优先级的报文不加延迟地及时转发出去。

6.5　舰船综合平台管理系统

综合平台管理系统是应用检测技术、自动控制技术、智能技术、计算机技术、网络技术、信息技术等，以信息为核心、以网络为平台、以集成为手段，将舰船平台中各监控设备和系统融合为一个有机整体，通过软件实现平台信息共享和资源共用，采用通用化、系列化、模块化的硬件，实现舰船平台的信息化和数字化管理，同时提供与作战系统的接口。综合平台管理系统对实现舰船全舰信息化，提高舰船的作战能力、生存能力和保障能力，发挥装备的整体优势具有重要作用，是舰船平台信息化的主要标志。本节以某舰船综合平台管理系统为例进行介绍。

6.5.1　系统功能与组成

该型综合平台管理系统主要包括推进监控分系统、电站监控分系统、损管综合监控分系统、综合保障管理分系统、综合管理与决策分系统和系统附属设备，涵盖了舰船平台中主要的监控系统和信息管理系统。其使命任务是：对舰船平台主要系统（设备）进行实时监测、控制和管理；对舰船平台的使用进行综合辅助决策、管理和保障；实现舰船平台各系统间的信息共享。系统主要功能包括综合监测功能、综合控制功能、综合保障功能、管理与辅助决策功能、信息交互与共享功能，可共享舰船平台重要信息、接收作战系统时统信息、与本舰以外的舰船或岸上保障基地交互保障信息。具体包括：

（1）共享平台重要信息：利用数据机柜，将推进、电站、损管、保障等系统的重要参数数据及信息进行实时收集存储，为指挥及操作人员共享平台各主要系统的数据信息。

（2）接收作战系统时统信息。

（3）与本舰外系统交互保障信息：系统主干网与综合通信系统具备通信接口，借助综合通信系统的对外通信通道，实现本舰与本舰以外的舰船、岸上保障基地交互远程技术支援保障信息。

6.5.2　系统网络组成

综合平台管理系统附属设备由 8 台网络交换机和 2 个电源箱组成，主要为综合平台管理系统提供一体化信息网络环境，并为综合管理与决策分系统提供电源。

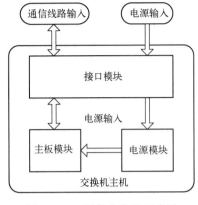

图 6-5-1　网络交换机组成图

网络交换机主要由系统电源模块、主板模块、接口模块组成，如图 6-5-1 所示。电源模块部分完成整个交换机系统的供电任务，由一个 220V AC 到 12V DC 的开关电源和一个 24V DC 到 12V DC 的开关电源组成，实现系统的双冗余电源输入，具有 220V AC 与 24V DC 自动切换功能。主板模块提供了以太网数据帧的接收、存储、转发功能，从硬件上实现了二层及三层数据的全线速转发。接口模块提供了一种可靠的连接方式，实现外部通信线路的接入，通过专用的高可靠性电连接器和光连接器把外部信号送到主板模块，并把经过主板模块处理后的信号送到外部通信线路上。

网络交换机从硬件上实现了二层及三层数据的全线速转发，提供了 20 个 10/100/1000M 以太网电接口、4 个以太网光接口、2 个电源接口和 1 个管理接口。网络交换机可与其他类型的交换机在二、三层互联互通；交换机具有网络程序升级功能，可支持交换机软件在线升级；交换机具有 VLAN 隔离和三层交换路由功能，可以为各应用分系统划分不同 VLAN，增加业务安全性。

6.5.3　工作原理

1. 基本信息流程

综合平台管理系统的基本信息流程如图 6-5-2 所示。

系统通过采集设备获取平台各分系统和设备的监测及管理信息，利用通信网络将这些信息传输至系统各个监控台，在监控台上以人机界面形式展现给指挥员/操作员，同时接受指挥员/操作员的控制和管理指令，并通过网络或操作模块发送到平台各分系统和设备。某些分系统需要对采集信息进行决策建议、计算与评估，对结果进行信息显示；对某些综合控制和管理命令需要进行逻辑处理和任务分解，转成分系统可执行指令和信息。

2. 系统基本结构

综合平台管理系统采用"三层四级"的基本结构，如图 6-5-3 所示，三层即监控管理层、通信层和处理层；四级即指挥员级、操作员级、自动控制处理级和传感器/执行器级。

监控管理层属于系统的顶层（包括指挥员级和操作员级），面向指挥员和操作员提供监控和管理功能。指挥员和操作员通过监控管理层的设备（通用控制台）对平台系统设备进行监控、管理，并提供相关辅助决策。

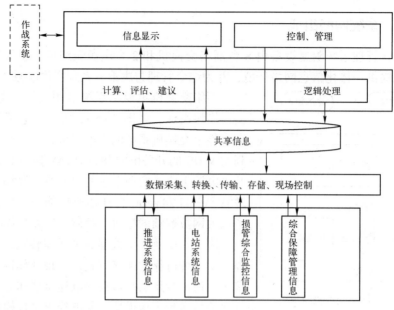

图 6-5-2　综合平台管理系统的基本信息流程

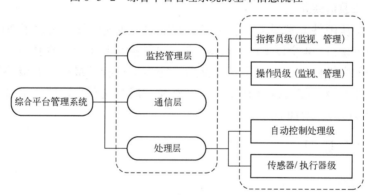

图 6-5-3　综合平台管理系统的基本结构

处理层属于系统的底层（包括自动控制处理级和传感器/执行器级），进行现场信号采集、自动控制解算和设备驱动。处理层通过通用处理单元提供 I/O 接口和现场处理（数据处理和实时自动控制）功能。

通信层由通信网络和网络控制设备等组成，用于监控管理层与处理层设备之间的通信。对于外部系统（如通信系统）的连通需求，可以在通信层通过网络控制设备进行数据的转发，实现与外部系统连通和交互。

3. 系统体系结构

综合平台管理系统采用分布式体系结构，如图 6-5-4 所示。分系统间利用主干网实现互连互通，在综合管理与决策台、舰长室机和机电长室一体机上安装系统软件，通过权限的转换实现必要的互操作；系统采用通用化、系列化、模块化的硬件构建；通信层和监控管理层某一设备损坏后，信息和控制指令通过其他设备到达处理层，从而实现流程的重组；利用标准化硬件模块间的互换性实现系统组件级的替代。系统利用软件和必要的操控设备完成对平台相关设备的信息管理与操作控制。

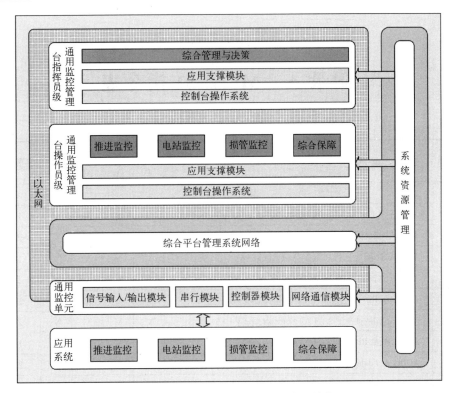

图 6-5-4　综合平台管理系统的体系结构

系统监控管理层（包括指挥员级和操作员级）采用标准化通用控制台，布置在舰船的各个站位上，并通过权限认证对平台各应用系统进行管理，由综合管理与决策分系统对平台系统进行综合管理。

系统通信层作为综合平台管理系统信息传输通道，采用环形双冗余以太网，支持 TCP/IP 通信协议簇。

系统处理层（包括自动控制处理级和传感器/执行器级）采用标准化通用控制单元处理由各分系统传感器采集的信息，并对采集信息进行综合，控制执行器完成各分系统的控制功能，同时完成信息交换的任务。

作战系统向综合平台管理系统提供统一的全舰系统时统信息。系统相关设备定期与时间基准对时，确保系统内部时间一致。基准时间信息来自作战系统的时统设备。

思考题及习题

1. CAN 总线有什么突出特点？

2. 简述 CAN 总线节点设计的基本流程。

3. 与通用以太网相比，工业以太网有什么特点？

4. 工业以太网系统需要遵循哪些工业防护要求？

5. 根据自己对现场总线发展与应用现况的认识，介绍对"E（Ethernet）网到底，一统天下"观点的看法。

附录 A　MCS-51 指令表

十六进制	助 记 符	功　　能	对标志的影响				字节数	周期数
			P	OV	AC	CY		
算术运算指令								
28~2F	ADD A,Rn	(A)+(Rn)→A	√	√	√	√	1	1
25	ADD A,direct	(A)+(direct)→A	√	√	√	√	2	1
26,27	ADD A,@Ri	(A)+((Ri))→A	√	√	√	√	1	1
24	ADD A,#data	(A)+ data →A	√	√	√	√	2	1
38~3F	ADDC A,Rn	(A)+(Rn)+Cy →A	√	√	√	√	1	1
35	ADDC A,direct	(A)+(direct)+ Cy →A	√	√	√	√	2	1
36,37	ADDC A,@Ri	(A)+((Ri))+Cy →A	√	√	√	√	1	1
34	ADDC A,#data	(A)+ data +Cy →A	√	√	√	√	2	1
98~9F	SUBB A,Rn	(A)−(Rn)−Cy →A	√	√	√	√	1	1
95	SUBB A,direct	(A)−(direct)−Cy →A	√	√	√	√	2	1
96,97	SUBB A,@Ri	(A)−((Ri))−Cy →A	√	√	√	√	1	1
94	SUBB A,#data	(A)− data − Cy →A	√	√	√	√	2	1
04	INC A	(A)+ 1 →A	√	×	×	×	1	1
08~0F	INC Rn	(Rn)+ 1→Rn	×	×	×	×	1	1
05	INC direct	(direct)+ 1 →direct	×	×	×	×	2	1
06,07	INC @Ri	((Ri))+ 1 →(Ri)	×	×	×	×	1	1
A3	INC DPTR	(DPTR)+ 1 →DPTR					1	2
14	DEC A	(A)− 1 →A	√	×	×	×	1	1
18~1F	DEC Rn	(Rn)− 1→Rn	×	×	×	×	1	1
15	DEC direct	(direct)− 1 →direct	×	×	×	×	2	1
16,17	DEC @Ri	((Ri))− 1 →(Ri)	×	×	×	×	1	1
A4	MUL AB	(A)·(B)→AB	√	×	×	√	1	4
84	DIV AB	(A)/(B)→AB	√	×	×	√	1	4
D4	DA A	对 A 进行十进制调整	√	√	√	√	1	1
逻辑运算指令								
58~5F	ANL A,Rn	(A)^(Rn)→A	√	×	×	×	1	1
55	ANL A,direct	(A)^(direct)→A	√	×	×	×	2	1
56,57	ANL A,@Ri	(A)^((Ri))→A	√	×	×	×	1	1
54	ANL A,#data	(A)^ data →A	√	×	×	×	2	1

续表

十六进制	助 记 符	功 能	对标志的影响				字节数	周期数
			P	OV	AC	CY		
算术运算指令								
52	ANL direct,A	(direct)^(A)→direct	×	×	×	×	2	1
53	ANL direct,#data	(direct)^ data →direct	×	×	×	×	3	2
48~4F	ORL A,Rn	(A)ᵛ(Rn)→A	√	×	×	×	1	1
45	ORL A,direct	(A)ᵛ(direct)→A	√	×	×	×	2	1
46,47	ORL A,@Ri	(A)ᵛ((Ri))→A	√	×	×	×	1	1
44	ORL A,#data	(A)ᵛ data →A	√	×	×	×	2	1
42	ORL direct,A	(direct)ᵛ(A)→direct	×	×	×	×	2	1
43	ORL direct,#data	(direct)ᵛ data →direct	×	×	×	×	3	2
68~6F	XRL A,Rn	(A)⊕(Rn)→A	√	×	×	×	1	1
65	XRL A,direct	(A)⊕(direct)→A	√	×	×	×	2	1
66,67	XRL A,@Ri	(A)⊕((Ri))→A	√	×	×	×	1	1
64	XRL A,#data	(A)⊕ data →A	√	×	×	×	2	1
62	XRL direct,A	(direct)⊕(A)→direct	×	×	×	×	2	1
63	XRL direct,#data	(direct)⊕ data →direct	×	×	×	×	3	2
E4	CLR A	0 →A	√	×	×	×	1	1
F4	CPL A	/(A)→A	×	×	×	×	1	1
23	RL A	A 循环左移一位	×	×	×	×	1	1
33	RLC A	A 带进位循环左移一位	×	×	×	×	1	1
03	RR A	A 循环右移一位	×	×	×	×	1	1
13	RRC A	A 带进位循环右移一位	×	×	×	×	1	1
C4	SWAP A	A 半字节交换	×	×	×	×	1	1
数据传送指令								
E8~EF	MOV A,Rn	(Rn)→A	√	×	×	×	1	1
E5	MOV A,direct	(direct)→A	√	×	×	×	2	1
E6,E7	MOV A,@Ri	((Ri))→A	√	×	×	×	1	1
74	MOV A,#data	data →A	√	×	×	×	2	1
F8~FF	MOV Rn,A	(A)→(Rn)	×	×	×	×	1	1
A8~AF	MOV Rn,direct	(direct)→Rn	×	×	×	×	2	2
78~7F	MOV Rn,#data	data →Rn	×	×	×	×	2	1
F5	MOV direct,A	(A)→direct	×	×	×	×	2	1
88~8F	MOV direct,Rn	(Rn)→direct	×	×	×	×	2	1
85	MOV direct1,direct2	(direct2) →direct1	×	×	×	×	3	2
86,87	MOV direct,@Ri	((Ri))→direct	×	×	×	×	2	2
75	MOV direct,#data	data→direct	×	×	×	×	3	2

十六进制	助 记 符	功　能	对标志的影响				字节数	周期数
			P	OV	AC	CY		
数据传送指令								
F6,F7	MOV @ Ri,A	(A)→(Ri)	×	×	×	×	1	2
A6,A7	MOV @ Ri,direct	direct →(Ri)	×	×	×	×	2	2
76,77	MOV @ Ri,#data	data →(Ri)	×	×	×	×	2	2
90	MOV DPTR,#data16	data16 →DPTR	×	×	×	×	3	1
93	MOVC A,@ A+DPTR	((A)+(DPTR))→A	×	×	×	×	1	2
83	MOVC A,@ A+PC	((A)+(PC))→A	×	×	×	×	1	2
E2,E3	MOVX A,@ Ri	((Ri)+P2) →A	√	×	×	×	1	2
E0	MOVX A,@ DPTR	((DPTR)) →A	√	×	×	×	1	2
F2,F3	MOVX @ Ri,A	(A)→(Ri)+(P2)	√	×	×	×	1	2
F0	MOV @ DPTR,A	(A)→(DPTR)	×	×	×	×	1	2
C0	PUSH direct	(SP)+1→SP（direct）→SP	×	×	×	×	2	2
D0	POP direct	((direct))→direct（sp)−1→SP	×	×	×	×	2	2
C8~8F	XCH A,Rn	(A)←→(Rn)	√	×	×	×	1	1
C5	XCH A,direct	(A)←→(direct)	√	×	×	×	2	1
C6,C7	XCH A,@ Ri	(A)←→((Ri))	√	×	×	×	1	1
D6,D7	XCHD A,@ Ri	(A)0~3←→((Ri))0~3	√	×	×	×	1	1
位操作指令								
C3	CLR C	0 → Cy	×	×	×	√	1	1
C2	CLR bit	0 → bit	×	×	×		2	1
D3	SETB C	1 → Cy	×	×	×	√	1	1
D2	SETB bit	1 → bit	×	×	×		2	1
B3	CPL C	/(Cy) → Cy	×	×	×	√	1	1
B2	CPL bit	/(bit) → bit	×	×	×		2	1
82	ANL C,bit	(Cy)^(bit) → Cy	×	×	×	√	2	2
B0	ANL C,/bit	(Cy)^/(bit) → Cy	×	×	×	√	2	2
72	ORL C,bit	(Cy)∨(bit) → Cy	×	×	×	√	2	2
A0	ORL C, /bit	(Cy)∨/(bit) → Cy	×	×	×	√	2	2
A2	MOV C, bit	(bit) → Cy	×	×	×	√	2	1
92	MOV bit, C	(Cy) → bit	×	×	×	√	2	1
控制转移指令								
* 1	ACALL addr11	(PC)+2→PC（SP)+1→SP（PC)L→SP (SP)+1→SP（PC)H→SP addr11→PC10~0	×	×	×	×	2	2

十六进制	助　记　符	功　能	对标志的影响				字节数	周期数
			P	OV	AC	CY		
控制转移指令								
12	LCALL addr16	（PC）+2→PC （SP）+1→SP （PC）L→SP （SP）+1→SP （PC）H→SP addr16 →PC	×	×	×	×	3	2
22	RET	（（SP））→PCH （SP）-1→SP （（SP））→PCL （SP）-1→SP	×	×	×	×	1	2
32	RETI	（（SP））→PCH （SP）-1→SP （（SP））→PCL （SP）-1→SP 从中断返回	×	×	×	×	1	2
*1	AJMP addr11	addr11 →PC10~0	×	×	×	×	2	2
02	LJMP addr16	addr16 →PC	×	×	×	×	3	2
80	SJMP rel	（PC）+（rel）→PC	×	×	×	×	2	2
73	JMP @ A+DPTR	（A）+（DPTR）→PC	×	×	×	×	1	2
60	JZ rel	（PC）+2→PC 若（A）= 0,（PC）+（rel）→PC	×	×	×	×	2	2
70	JNZ rel	（PC）+2→PC 若（A）≠0,（PC）+（rel）→PC	×	×	×	×	2	2
40	JC rel	（PC）+2→PC 若（Cy）= 0,（PC）+（rel）→PC	×	×	×	×	2	2
50	JNC rel	（PC）+2→PC 若（Cy）≠0,（PC）+（rel）→PC	×	×	×	×	2	2
20	JB bit,rel	（PC）+3→PC 若（bit）= 1,（PC）+（rel）→PC	×	×	×	×	3	2
30	JNB bit,rel	（PC）+3→PC 若（bit）≠1,（PC）+（rel）→PC	×	×	×	×	3	2
10	JBC bit,rel	（PC）+3→PC 若（bit）= 1, 0 → Cy,（PC）+（rel）→PC	×	×	×	√	3	2
B5	CJNE A,direct,rel	（PC）+3→PC 若（A）≠（direct）,则（PC）+（rel）→PC 若（A）<（direct）,则 1→Cy	×	×	×	√	3	2
B4	CJNE A,#data,rel	（PC）+3→PC 若（A）≠data,则（PC）+（rel）→PC 若（A）<data,则 1→Cy	×	×	×	√	3	2
B8~8F	CJNE Rn,#data,rel	（PC）+3→PC 若（Rn）≠ data,则（PC）+（rel）→PC 若（Rn）<data,则 1→Cy	×	×	×	√	3	2
B6,B7	CJNE @ Ri, #data,rel	（PC）+3→PC 若（（Ri））≠data,则（PC）+（rel）→PC 若（（Ri））<data,则 1→Cy	×	×	×	√	3	2

十六进制	助 记 符	功 能	对标志的影响				字节数	周期数
			P	OV	AC	CY		
控制转移指令								
D8~DF	DJNZ Rn,rel	(PC)+2→PC,(Rn)−1→Rn 若(Rn)≠0,则(PC)+(rel)→PC	×	×	×	×	3	2
D5	DJNZ direct,rel	(PC)+2→PC,(direct)−1→direct 若(direct)≠0,则(PC)+(rel)→PC	×	×	×	×	3	2
00	NOP	空操作	×	×	×	×	1	1

附录 B 西门子 PLC 常用指令

	指令名称	梯形图	语句表
触点指令	常开触点	─┤├─	LD A O 位地址
	常闭触点	─┤/├─	LDN AN ON 位地址
	常开立即触点	─┤I├─	LDI AI OI 位地址
	常闭立即触点	─┤/I├─	LDNI ANI ONI 位地址
	取反触点	─┤NOT├─	NOT
	正转换触点	P	EU
	负转换触点	N	ED
线圈指令	输出指令	─( )	= 位地址
	置位指令	─(S)	S 位地址、个数
	复位指令	─(R)	R 位地址、个数
	立即输出指令	─(I)	= I 位地址
	立即置位指令	─(SI)	SI 位地址、个数
	立即复位指令	─(RI)	RI 位地址、个数
时间指令	接通延时定时器	TON	TON T×× PT(预设值)
	有记忆接通延时定时器	TONR	TONR T×× PT
	断开延时定时器	TOF	TOF T×× PT
	触发时间间隔指令	BGN__ITIME	BITIM OUT
	计算时间间隔指令	CAL__ITIME	CITIM IN OUT
计数器指令	增计数器	CTU	CTU C×× PV(预设值)
	减计数器	CTD	CTD C×× PV
	增减计数器	CTUD	CTUD C×× PV
普通传送指令	字节传送指令	MOV__B	MOVB IN,OUT
	字传送指令	MOV__W	MOVW IN,OUT
	双字传送指令	MOV__DW	MOVD IN,OUT
	实数传送指令	MOV__R	MOVR IN,OUT
字节指令	字节立即读指令	MOV__BIR	BIR IN ,OUT
	字节立即写指令	MOV__BIW	BIW IN ,OUT
块传送指令	字节块传送指令	BLKMOV__B	BMB IN,OUT,N(数目)
	字块传送指令	BLKMOV__W	BMW IN,OUT,N(数目)
	双字块传送指令	BLKMOV__D	BMD IN,OUT,N(数目)

	指　令　名　称	梯　形　图	语　句　表
交换指令	字节交换指令	SWAP	SWAP IN
字节比较指令	字节等于比较指令	= = B	LDB = IN1,IN2　　AB = IN1,IN2　　OB = IN1,IN2
	字节不等于指令	<>B	LDB<>IN1,IN2　　AB<>IN1,IN2　　OB<>IN1,IN2
	字节大于等于指令	>=B	LDB>=IN1,IN2　　AB>=IN1,IN2　　OB>=IN1,IN2
	字节小于等于指令	<=B	LDB<=IN1,IN2　　AB<=IN1,IN2　　OB<=IN1,IN2
	字节大于指令	>B	LDB>IN1,IN2　　AB>IN1,IN2　　OB>IN1,IN2
	字节小于指令	<B	LDB<IN1,IN2　　AB<IN1,IN2　　OB<IN1,IN2
整数比较指令	整数等于比较指令	= = I	LDW = IN1,IN2　　AW = IN1,IN2　　OW = IN1,IN2
	整数不等于指令	<>I	LDW<>IN1,IN2　　AW<>IN1,IN2　　OW<>IN1,IN2
	整数大于等于指令	>=I	LDW>=IN1,IN2　　AW>=IN1,IN2　　OW>=IN1,IN2
	整数小于等于指令	<=I	LDW<=IN1,IN2　　AW<=IN1,IN2　　OW<=IN1,IN2
	整数大于指令	>I	LDW>IN1,IN2　　AW>IN1,IN2　　OW>IN1,IN2
	整数小于指令	<I	LDW<IN1,IN2　　AW<IN1,IN2　　OW<IN1,IN2
双字比较指令	双字等于比较指令	= = D	LDD = IN1,IN2　　AD = IN1,IN2　　OD = IN1,IN2
	双字不等于指令	<>D	LDD<>IN1,IN2　　AD<>IN1,IN2　　OD<>IN1,IN2
	双字大于等于指令	>=D	LDD>=IN1,IN2　　AD>=IN1,IN2　　OD>=IN1,IN2
	双字小于等于指令	<=D	LDD<=IN1,IN2　　AD<=IN1,IN2　　OD<=IN1,IN2
	双字大于指令	>D	LDD>IN1,IN2　　AD>IN1,IN2　　OD>IN1,IN2
	双字小于指令	<D	LDD<IN1,IN2　　AD<IN1,IN2　　OD<IN1,IN2
实数比较指令	实数等于比较指令	= = R	LDR = IN1,IN2　　AR = IN1,IN2　　OR = IN1,IN2
	实数不等于指令	<>R	LDR<>IN1,IN2　　AR<>IN1,IN2　　OR<>IN1,IN2
	实数大于等于指令	>=R	LDR>=IN1,IN2　　AR>=IN1,IN2　　OR>=IN1,IN2
	实数小于等于指令	<=R	LDR<=IN1,IN2　　AR<=IN1,IN2　　OR<=IN1,IN2
	实数大于指令	>R	LDR>IN1,IN2　　AR>IN1,IN2　　OR>IN1,IN2
	实数小于指令	<R	LDR<IN1,IN2　　AR<IN1,IN2　　OR<IN1,IN2
字符串比较指令	字符串等于比较指令	= = S	LDS = IN1,IN2　　AS = IN1,IN2　　OS = IN1,IN2
	字符串不等于指令	<>S	LDS<>IN1,IN2　　AS<>IN1,IN2　　OS<>IN1,IN2
系统指令	条件结束指令	END	END
	停止指令	STOP	STOP
	监视程序复位指令	WDR	WDR
	诊断 LED 指令	DIAG_LED	DLED　　IN
循环指令	FOR 指令	FOR	FOR INDX, INIT,FINAL
	–NEXT 指令	NEXT	NEXT
跳转指令	FOR 指令	JMP	IMP N
	–NEXT 指令	LBL	LBL N

续表

	指 令 名 称	梯 形 图	语 句 表
顺序控制	载入顺序控制继电器指令	SCR	LSCR S __BIT
	顺序控制继电器转换指令	SCRT	SCRT S __BIT
	顺序控制继电器结束指令	SCRE	SCRE
	有条件顺序控制继电器结束指令		CSCRE
子程序指令	子程序调用指令	SBR __N	CALL SBR __N
	子程序条件返回指令	RET	CRET
中断指令	中断允许指令	ENI	ENI
	中断禁止指令	DISI	DISI
	中断条件返回指令	RETI	CRETI
	中断连接指令	ATCH	ATCH INT, EVNT
	中断分离指令	DTCH	DTCH EVNT
	清除中断事件指令	CLR __EVNT	CEVNT EVNT
整数运算指令	整数加法指令	ADD_I	MOVW IN1 , OUT +1 IN2 , OUT
	整数减法指令	SUB_I	MOVW IN1 , OUT −1 IN2 , OUT
	整数乘法指令	MUL_I	MOVW IN1 , OUT ∗1 IN2 , OUT
	整数除法指令	DIV_I	MOVW IN1 , OUT /1 IN2 , OUT
	完全整数乘法指令	MUL	MOVW IN1 , OUT MUL IN2 , OUT
	完全整数除法指令	DIV	MOVW IN1 , OUT DIV IN2 , OUT
双整数四则运算指令	整数加法指令	ADD_DI	MOVD IN1 , OUT +D IN2 , OUT
	整数减法指令	SUB_DI	MOVD IN1 , OUT −D IN2 , OUT
	整数乘法指令	MUL_DI	MOVD IN1 , OUT ∗D IN2 , OUT
	整数除法指令	DIV_DI	MOVD IN1 , OUT /D IN2 , OUT
增指令	字节增指令	INC_B	MOVB IN , OUT INCB , OUT
	字增指令	INC_W	MOVB IN , OUT INCW , OUT
	双字增指令	INC_DW	MOVB IN , OUT INCD , OUT
减指令	字节减指令	DEC_B	MOVB IN , OUT DECB , OUT
	字减指令	DEC_W	MOVB IN , OUT DECW , OUT
	双字指令	DEC_DW	MOVB IN , OUT DECD , OUT
实数四则运算指令	实数加法指令	ADD_R	MOVR IN1 , OUT +R IN2 , OUT
	实数减法指令	SUB_R	MOVR IN1 , OUT −R IN2 , OUT
	实数乘法指令	MUL_R	MOVR IN1 , OUT ∗R IN2 , OUT
	实数除法指令	DIV_R	MOVR IN1 , OUT /R IN2 , OUT
三角函数指令	正弦函数	SIN	SIN IN, OUT
	余弦函数	COS	COS IN, OUT
	正切函数	TAN	TAN IN, OUT

	指令名称	梯形图	语句表
数学功能指令	自然对数	LN	LN IN, OUT
	自然指数	EXP	EXP IN, OUT
	平方根函数	SQRT	SQRT IN, OUT
逻辑与指令	字节逻辑与指令	WAND_ _ B	MOVW IN1, OUT ANDB IN2, OUT
	字逻辑与指令	WAND_ _ W	MOVW IN1, OUT ANDW IN2, OUT
	双字逻辑与指令	WAND_ _ DW	MOVW IN1, OUT ANDD IN2, OUT
逻辑或指令	字节逻辑或指令	WOR_ _ B	MOVW IN1, OUT ORB IN2, OUT
	字逻辑或指令	WOR_ _ W	MOVW IN1, OUT ORW IN2, OUT
	双字逻辑或指令	WOR_ _ DW	MOVW IN1, OUT ORD IN2, OUT
逻辑异或指令	字节逻辑异或指令	WXOR_ _ B	MOVW IN1, OUT XORB IN2, OUT
	字逻辑异或指令	WXOR_ _ W	MOVW IN1, OUT XORW IN2, OUT
	双字逻辑异或指令	WXOR_ _ DW	MOVW IN1, OUT XORD IN2, OUT
取反指令	字节取反指令	INV_ _ B	MOVW IN1, OUT INVB IN2, OUT
	字取反指令	INV_ _ W	MOVW IN1, OUT INVW IN2, OUT
	双字取反指令	INV_ _ DW	MOVW IN1, OUT INVD IN2, OUT

参 考 文 献

［1］ 于海生，等．计算机控制技术［M］.2 版．北京：机械工业出版社，2016.

［2］ 刘士荣，等．计算机控制系统［M］.2 版．北京：机械工业出版社，2016.

［3］ 高伟，等．动力工程计算机控制［M］.武汉：华中科技大学出版社，2013.

［4］ 牛军，等.MCS-51 单片机技术项目驱动教程（C 语言）［M］.北京：清华大学出版社，2015.

［5］ 周国运．单片机原理及应用教程［M］.北京：中国水利水电出版社，2014.

［6］ 李萍，等．单片机应用技术项目教程［M］.北京：人民邮电出版社，2012.

［7］ 廖常初.S7-200PLC 编程及应用［M］.4 版．北京：机械工业出版社，2014.

［8］ 范圆伟．电气控制与 PLC 应用技术［M］.北京：人民邮电出版社，2013.

［9］ 赵江稳．西门子 S7200PLC 编程从入门到精通［M］.北京：中国电力出版社，2013.

［10］ 张帆，等．工业控制网络技术［M］.北京：机械工业出版社，2016.

［11］ 阳宪惠．网络化控制系统——现场总线技术［M］.2 版．北京：清华大学出版社，2014.

［12］ 王振力，等．工业控制网络［M］.北京：人民邮电出版社，2012.

反侵权盗版声明

电子工业出版社依法对本作品享有专有出版权。任何未经权利人书面许可，复制、销售或通过信息网络传播本作品的行为；歪曲、篡改、剽窃本作品的行为，均违反《中华人民共和国著作权法》，其行为人应承担相应的民事责任和行政责任，构成犯罪的，将被依法追究刑事责任。

为了维护市场秩序，保护权利人的合法权益，本社将依法查处和打击侵权盗版的单位和个人。欢迎社会各界人士积极举报侵权盗版行为，本社将奖励举报有功人员，并保证举报人的信息不被泄露。

举报电话：(010) 88254396；(010) 88258888

传　　真：(010) 88254397

E-mail：dbqq@ phei. com. cn

通信地址：北京市海淀区万寿路 173 信箱

　　　　　电子工业出版社总编办公室

邮　　编：100036